Rapid und den Block
Allianz
adidas

Für di schlogt mei Herz

Woarst seit den Tagen meiner Kindheit
die Liebe auf den ersten Blick
seither bestimmt Rapid mei Lebn
und ist grün-weiß mei größtes Glück
und du woarst do, woarst do für mi
mei Familie, im Hanappi - Rapid

Für di schlogt mei Herz, für di brennt mei Sö
für di gib i ois, was i gebn kann
a Leben lang
für di schlogt mei Herz, ohne die wars die Hö
ob Niederlage oder Sieg
wos i brauch find i nur bei Rapid

Bist voller Mythen und Legenden
a Kultverein mit Tradition
host a ned imma guade Tage
egal, dabei zu sein des is mei Lohn
und weil allan des Gfühl, dass mit ganz vü Wülln
olles geht und uns viare bringt zum Zü - Rapid

Für di schlogt mei Herz, für di brennt mei Sö
für di gib i ois, was i gebn kann
a Leben lang
für di schlogt mei Herz, ohne die wars die Hö
ob Niederlage oder Sieg
wos i brauch find i nur bei Rapid

Und geht's bergo, i bin für di do
Es geht bergauf, verloss di drauf
Des is Rapid, so is nur Rapid

Für di schlogt mei Herz, für di brennt mei Sö
für di gib i ois, was i gebn kann
a Leben lang
für di schlogt mei Herz, ohne die wars die Hö
ob Niederlage oder Sieg
wos i brauch find i nur bei Rapid

(Text/Musik: Christian Fichtinger)

Dieses Lied wurde 2009 auf einer Rapid-CD veröffentlicht. Ich durfte es singen. Seither wird es immer vor einem Match im Stadion gespielt.

ANDY MAREK

MEIN LEBEN MIT RAPID

Impressum

Autor und Herausgeber (für den Inhalt verantwortlich): Andy Marek

Co-Autor: Mag. (FH) Günther Bitschnau

Co-Autor: Lukas Marek, BA

Korrektorat: Martina Wagner

Gestaltung: Sandra Böhm

Gesamtherstellung: Druckerei Janetschek GmbH, 3860 Heidenreichstein

Bilder: Danke an alle, die Fotos für die Umsetzung dieses Buches bereitgestellt haben: Dieter Brasch, Chaluk, Franz Fiala, GEPA-Pictures, Gerhard Gradwohl, Dominik Hahn (Tornados Rapid), Christian Hofer, Johannes Kernmayer, Roland Kresa, Erich Marschik, Christoph Rozsenich (Ultras Rapid), Günter Schatzer, Gunther Schmidek, Johann „Blacky" Schwarz, Daniel Widner, Robert Zolles
Der Bildnachweis befindet sich auf der letzten Seite.

1. Auflage 2021

In diesem Buch wird oftmals von Fans, Anhängern etc. geschrieben, womit, ebenso wie bei anderen Bezeichnungen im Sinne der Gleichberechtigung, immer beide Geschlechter gemeint sind. Aus Gründen der leichteren Lesbarkeit wird auf eine weiterführende Unterscheidung überwiegend verzichtet.

ISBN: 978-3-200-07641-9

ANDY MAREK

MEIN LEBEN MIT RAPID 27,5

27 Jahre, 6 Monate und 23 Tage Rapid – 599 Spiele in Serie

Einleitung

Es war ein Montag in der Früh, als ich die Tür zu meiner Stammbäckerei im Waldviertel öffnete. „Na Andy, du schaust müde aus, obwohl du gestern nichts zu tun hattest! Es ist ja gar kein Tor gefallen“, begrüßte mich der Bäcker. Hinter mir lag ein 0:0 in einem Heim-Derby, bei dem, bis aufs Resultat, alles passte. Ich war für die gesamte Organisation im Stadion verantwortlich und auch in Sachen Fans lief es perfekt. Ich konnte also zufrieden sein, aber da war wieder dieser gewisse Punkt, der mich doch etwas ärgerte. Meine Arbeit als Stadionsprecher war bekannt, jene dahinter ist manchen Menschen nicht aufgefallen. Doch diese machte eigentlich den Löwenanteil aus, forderte mich und kostete mir sehr viel Energie. Auch deshalb war es mir damals schon klar, dass ich irgendwann ein Buch über mein Leben mit Rapid schreiben werde ...

Jetzt ist es so weit. Die nachfolgenden 109 Geschichten sammeln einen Teil meiner Erlebnisse aus 27,5 Jahren beim österreichischen Rekordmeister, dem populärsten und größten Verein des Landes. Anekdoten, persönliche Erfahrungen und auch Menschen, die mich begleitet haben, finden hier ihren Platz. Meine Dankbarkeit ihnen gegenüber ist grenzenlos, ebenso meine Leidenschaft für Rapid. Weil das Buch allerdings nicht endlos sein kann, darf sich niemand gekränkt fühlen, wenn er oder sie hier drinnen nicht namentlich vorkommt. Vielmehr können sich alle, die mich einen Teil meines Weges begleitet haben, meiner Wertschätzung sicher sein.

Viel Spaß beim Lesen!

Inhalt

Kapitel 1
Musik, Mode und ein bisschen Rapid

Sängerknabe, DJ und die eigenen Schallplatten 13
Marek Moden – jetzt erst recht 18
Vom kleinen Rapid-Fan zum Schönwetter-Rapidler 22

Kapitel 2
„Ich heiße Andy Marek und komme aus dem Waldviertel"

Der Stadionsprecher 25
Mein Platz in der Glasbox und: Soll es das schon wieder gewesen sein 28
Mein erster Kontakt zu den Fans – ich dachte, eine Choreo wird getanzt 30
Ein Hype mit einem kleinen Wermutstropfen 34

Kapitel 3
Was Fleischknödel alles bewirken

Bau' das grün-weiße Haus 37
Das SK Rapid Klubservice – eine Abteilung für die Fans 39
Fanbindung pur – Rapid wächst und wächst 41

Kapitel 4
Seavas, Andy! Gegenseitige Wertschätzung

15 Trainer – mit jedem ging es gut 45
Die Nähe zu den Spielern – ich suchte sogar den Hochzeitsanzug aus 54
Die Präsidenten – sie müssen verstehen, wie Fans ticken 61

Kapitel 5
„Wir sind die Grünen, die Grünen vom Block West"

Die Bühne Block West 67
Die Choreos 71
Da flog das Dach weg 76

Die Angst vor den Ultras 80
Scheiss EM – Interessenskonflikt 83
Haut sie doch alle raus! 85
Es geht nicht um Aktionismus, sondern Menschlichkeit 90

Kapitel 6
In Hütteldorf sind wir zu Hause

Das Hanappi-Stadion – eine Festung 93
„Daaaaanke – Bitte“ – in Hütteldorf wurde es zum Kult 97
Nicht so geliebt, aber schon gut: „Das EHS“ 99
Das Abschiedsspiel – dann gingen die Lichter aus 102
Versteigerung und Abrissparty 104

Kapitel 7
Europäische Weltklasse – die internationalen Auswärtsreisen

Vom Abflug bis zur Ankunft, es musste perfekt sein 109
Corteos in ganz Europa 114
Glasgow und das Malheur 118
Die Wunder von Kazan 121
Die Polonaise in 10 000 Metern Höhe 126
Die Reeperbahn ist grün-weiß 130
Mein Ritt auf der Rasierklinge – Angst hatte ich nie 134

Kapitel 8
Herr Präsident, ich würde gerne „Merchandising“ machen

Vom Schal bis zum Flagship-Store 139
Das 0:7 – am Heimweg starteten die Druckmaschinen 144
Da hat einfach alles gepasst – Wir sind Rapid! Und wer seid ihr? 147
Die 28 verschiedenen Trikots 149
Ein schwerer Vorwurf 152

Kapitel 9
Schwere Stunden

Der Platzsturm 155
Polizei stand vor der Tür 159
Causa Ivanschitz 162
Saloniki 167
Streik 172
Er half jedem und plötzlich … 176

Kapitel 10
Des gibt's nur bei Rapid

Klagenfurt, wir kommen! 181
Ausnahmezustand im Rapid-Dorf 185
Und das kann dir keiner nehmen 188

Kapitel 11
Mein Versuch, es allen recht zu machen

Die Foren kosten mich viel Energie 191
Querschüsse der Enttäuschten 194
Reputationsverlust 196
VIPs, Familien und Ultras –
alle sollten in Rapid die Verbindung finden 198

Kapitel 12
Dreimal Party und jede Menge Stress

100 Jahre Rapid – der Rathausplatz war unser 203
110 Jahre Rapid – plötzlich waren es zwei Jubiläumsspiele 206
120 Jahre Rapid – der Geburtstags-Abend war sehr kultig 210

Kapitel 13
Und täglich grüßt das Murmeltier

Jeden Tag 296 km 215
Tausende Mails und das Telefon 218
Soziale Medien – nichts für mich 221

Kapitel 14
„Andy, moch wos!" und mein soziales Engagement

Der Hilfe-Leister 225
Für den Opernball ausgestattet 228
Die Spenden für die Heimat 231

Kapitel 15
Sportliche Sternstunden und Niederlagen mit Folgen

Die Meistertitel und ihre Feiern 237
Die schönsten Europacup-Nächte 242
Einprägende Erfolge 248
Bittere Niederlagen 253

Kapitel 16
Die Stimme Rapids und ...

... der Rapid-Stadionsprecher 599 x 259
... für Österreich im Einsatz – der „Teamspeaker" 263
... der Moderator und Eventorganisator 267
... endlich auf Sendung 270
... wir fühlten uns von ihm angezogen 274

Kapitel 17
Ich glaube es erst, wenn es dasteht

Die Mitglieder waren die ersten 277
Erste Reihe fußfrei 281
Der Business BANG 284
Das „Weststadion" – Die Überzeugung der Skeptiker 287
Ein Stadion ohne Innenleben 289
Der Tag X 291

Kapitel 18
Das werde ich nie vergessen #1

Als Dejan den Papst umarmte 297
Als ich in Brüssel beim Finale sprach 302
Hoit de Pappn … 305
Top 20 im österreichischen Fußball 309

Kapitel 19
Die Nr. 1 bei Veranstaltungen sind wir

Die größten Veranstaltungen Österreichs 313
Weihnachtsfeier-Kult 315
TdoT: Ein Fest der Rapid-Familie 319
Ihr müsst was machen 323
Zu viel Eventverein, zu viel Kommerz – eine Gratwanderung 326
Die Hawaii-Partie 329

Kapitel 20
Was unbedingt notwendig war

Ein Museum – Am Anfang ohne Exponate 333
Keiner kümmerte sich um die Legenden 336
Weihnachten im Stadion 339
Drück' nicht den falschen Knopf 343

Kapitel 21
Triplecheck

Alles nach Protokoll: Die Arbeit mit der UEFA 347

Kapitel 22
Hinter jedem erfolgreichen Mann ...

... steht eine starke Frau 353

Kapitel 23
Das werde ich nie vergessen #2

Sie rufen deinen Namen 357
Schlaflos wegen der Ballons 359
Umzingelt 362
Zoki und die Taschentücher 364

Kapitel 24
Gemeinsam. Kämpfen. Siegen.

Sie organisierte mich: Martina Mosovsky 367
Mit Rat und Tat an meiner Seite: Clemens Pieber 370

Alle wussten, was ich wollte: Das Klubservice-Team 372
„Wer unter mir Geschäftsführer wird, ist mir egal" 375
Wir fanden schnell zusammen: SHFG 11 378
Mein Freund Fredi 381

Kapitel 25
Rapid verlässt man nicht, außer man wird krank

Mir kann so etwas nicht passieren 385
Die Entscheidung 387
Die Hauptversammlung 390

Kapitel 26
Vom Beifahrer zum Nachfolger

Lukas als ständiger Begleiter 395
Der eine Marek geht – der andere Marek kommt 398

Kapitel 27
Der Abschied

Der letzte Tag 403
Nach dem Schlusspfiff 406
Das Denkmal im Block West 410

Kapitel 27,5
Daaaaanke! – Bitte!

27,5 Jahre Andy Marek bei Rapid 413

Kapitel 1

Musik, Mode und ein bisschen Rapid

Sängerknabe, DJ und die eigenen Schallplatten

All das, was sich viele Jahre später und darüber hinaus bei Rapid zeigen sollte, all das nahm hier seinen Anfang. Oder, um es anders zu sagen, einzelne Bruchstücke davon. Aspekte, die sich mit der Zeit entwickeln und reifen sollten, die ich bewusst oder auch unbewusst in mir aufnahm und die mich auf meiner weiteren Karriere begleiten sollten. Aber das wusste ich zu diesem Zeitpunkt noch nicht. Sport und Fußball? Das war für mich noch nicht so von Bedeutung. Man orientiert sich gemeinhin in den Kinderjahren meistens an seinem Umfeld und versucht, hier Anknüpfungspunkte oder zumindest Wegweiser für das weitere Leben auszumachen. Diese zu entdecken, war eine Mammutaufgabe, denn, wie jedes Kind, wusste ich zu Beginn noch nicht recht, wohin es für mich gehen sollte. Die klaren Anzeichen waren allerdings unverkennbar da, mein Weg scheinbar schon eingeschlagen, bevor ich mir selbst noch allzu sehr im Klaren darüber war.

Ich wurde in einer musikalischen Familie geboren, mit meinem Vater, der ausgebildeter Sänger war, und meiner Mutter, die sich in der Region Waldviertel ebenfalls durch ihre Gesangsauftritte einen Namen gemacht und es zu einer kleinen, lokalen Bekanntheit geschafft hatte. Sehr zeitig, also in den späteren Kinderjahren meines Lebens, machte man mich auf meine Stimme aufmerksam. Einem selbst fällt das nicht sonderlich auf, aber immer wieder hörte ich: „Der Bub soll sich bei den Sängerknaben anmelden, da ist Potenzial da.“ Natürlich nicht bei der weltbekannten Wiener Vertretung, aber immerhin bei den Altenburger Sängerknaben, die damals einen der besten Chöre Österreichs stellten. „Warum eigentlich nicht?“, dachte ich mir, die eigene Stimme könnte den weiteren Weg weisen. Gesagt, getan. Ich absolvierte die Aufnahmeprüfung und schaffte es in den Chor der Sängerknaben im Stift Altenburg. Ich war zehn Jahre alt und mir war klar: Ich möchte Sänger werden.

Die ganze Szenerie ist mir noch jetzt sehr gut in Erinnerung. Vom heutigen Standpunkt lässt es sich ja leicht reden, aber damals war ich, auch wenn ich nun das Ziel vor mir hatte, immerhin noch ein Kind. Und am ersten Tag im Internat hieß es vom dortigen Erzieher: „Verabschiede dich von deinen Eltern, du siehst sie jetzt drei Wochen nicht mehr." Keine Eltern, keine Geschwister, keine gewohnte Umgebung. Weil einem noch die ganzen Lebenserfahrungen fehlen und natürlich die Bezugspersonen, ist man zunächst ganz auf sich allein gestellt. Mit 16 anderen Buben in einem großen Schlafsaal, die ersten Nächte wurde mal nur geheult, alle hatten Heimweh. Aber auch das verging mit der Zeit. Ich freundete mich immer mehr mit meiner Stimme und meiner Position als Teil der Altenburger Sängerknaben an und irgendwann sah ich das Ganze nicht mehr nur als notwendige Ausbildung oder Chance, sondern auch als großes Vergnügen. Denn unser Chor ermöglichte es uns durch Einladungen im In- und Ausland auch, viel zu reisen. Was für ein Abenteuer für junge Burschen, denn allzu viel hatte ich von der großen, weiten Welt da draußen ja selbst noch nicht gesehen – woher auch. Neben zahlreichen Konzerten in Österreich tourten wir auch in Deutschland, Holland, Italien, Frankreich oder England und mit der Zeit freundete ich mich nicht nur mit dem Reisen an, sondern auch mit der Doppelbelastung – ein Begriff, der mir im Fußball viele Jahre später wieder begegnen sollte. Denn die schulische Ausbildung im Gymnasium Horn war mein zweites Standbein.

Altenburger Sängerknaben: Wer mich nicht findet, ein Hinweis: Ich bin der fünfte von links in der hinteren Reihe.

Eine anstrengende, herausfordernde Zeit, aber schaffbar. Das nahm ich mir vor, denn so lernte ich, nicht nur auf mich allein gestellt zu sein, sondern auch mit Stress umzugehen, Herausforderungen anzunehmen und es einfach mal zu versuchen. „Das wird dich dein Leben lang prägen", bläuten mir meine Eltern ein. Ich nickte wissend, verstand aber natürlich nichts. Ich wusste nicht, wie recht sie haben sollten.

Und mir war auch nicht bewusst, welche Privilegien mit meiner gesanglichen Ausbildung einhergingen. Ein jeder junge (oder ältere) Mensch hätte sich das gewünscht, mir war es vergönnt, aber damals nahm ich es einfach als gegeben wahr: Ich sang mit den Altenburger Sängerknaben in der weltberühmten Royal Albert Hall, in der Pariser Notre-Dame oder in der Wiener Staatsoper. Wir bestaunten die imposanten Bauwerke, die Architektur, freuten uns auf die Auftritte, alles in allem ein großes Abenteuer für sehr junge Menschen! Aber in mir schlummerte etwas und das erkannte ich nun. Ich absolvierte die Auftritte nicht nur, weil ich sie als Teil meiner Ausbildung und meines Weges sah, sondern es machte mir tatsächlich Spaß. Es freute mich immer mehr, auf der Bühne zu stehen. Ich fühlte mich richtiggehend wohl, ich redete es mir und meinen Eltern zuliebe nicht nur ein. Da waren sie, die Bretter, die einem das Leben bedeuten. Ich stand im Rampenlicht – auch so ein Aspekt, der mich immer weiter begleitete und den ich nie mehr wirklich loslassen konnte. Mit jedem Auftritt, mit jeder Reise gewann ich an Selbstvertrauen, stärkte meine Persönlichkeit und auch meine Stimme, die nun von professionellen Trainern weiterentwickelt wurde zusammen mit einer Sprechausbildung. Klar, jeder kann sprechen, aber die richtige Betonung der Wörter und Silben ist vor allem beim Gesang elementar. „Artikuliere dich deutlich, sodass dich jeder versteht", wurde mir eingetrichtert. Ein Ratschlag, der sich in meinen noch jungen Geist einbrennen sollte.

Mein Verlangen, diesen Weg weiterzugehen, war also geweckt, mein Ehrgeiz sowieso. Und viel Neues lag vor mir, denn mit knapp 14 Jahren verließ ich die Altenburger Sängerknaben, natürlich mit einer gewissen Wehmut. Aber der Stimmbruch war gekommen, dagegen ließ sich nicht mehr ankämpfen, und damit war meine Gesangskarriere fürs Erste auch vorbei.

Meine Eltern überlegten sich eine andere Art von Berufsausbildung für mich. Nicht aus Jux und Tollerei oder Experimentierfreude, vielmehr war auch dieser berufliche Gang familiär bedingt. Die Familie besaß einen kleinen Textilhandel mit Modegeschäften im Bezirk Waidhofen/Thaya. So ging es für mich in die Bundeshauptstadt, da es in Wien eine Lehr- und Versuchsanstalt für Textilindustrie gab und man im Auge hatte, dass ich eines Tages mal den Familienbetrieb übernehmen sollte. Und was wartete neben Abenteuern in Wien und einem neuen Umfeld auf mich? Wieder ein Internat! Mit meinen gerade mal 14 Jahren hatte ich aber nun schon einiges an Selbstbewusstsein gesammelt und nahm es diesmal nicht mehr ganz so emotional. An das Reisen, die Standortwechsel und die Zeit ohne Familie hatte ich mich gewöhnt. Weniger an die HTL, die ich besuchte. Die Theorie, die es zu lernen gab, war trocken, Wien für mich zunächst trist und diesmal fehlte mir die Bühne so wirklich. Kein Gesang, kein Applaus, keine Aufmerksamkeit. Das nagte an mir, darum gründete ich kurzerhand mit einigen Mitschülern, mit denen ich mich angefreundet hatte, eine Band mit dem schrägen Namen „Bumstanazl". Wir spielten zahlreiche kleine Konzerte in einigen richtig urigen Absteigen und ich hatte den Spaß wiedergefunden. Auch, weil ich als Sänger und quasi „Anführer" der Band voll in meiner Rolle auflebte. So vergingen die Jahre, schulisch war ich mittelmäßig, aber ich schaffte den Abschluss der Fachschule.

Nach einiger Zeit in der Musikbranche durfte ich meine eigene Autogrammkarte haben (links). Warum ich hier unter Palmen stehe? Weil meine damalige Schallplatte „Kokosnuss" hieß. Und wenn ich auf der Bühne war, ging die Post so richtig ab (rechts).

Das Kapitel Wien war für mich vorerst beendet, es ging wieder nach Hause ins Waldviertel. Und jetzt sollte die Arbeit im elterlichen Betrieb so richtig losgehen. Sollte, denn es kam anders. Ich hatte sprichwörtlich Blut geleckt.

Denn bevor ich mich ganz dem Ernst des Lebens und dem Familiengeschäft zu widmen hatte, bat ich meinen Vater darum, mir ein wenig Zeit zu geben. Ich wollte noch viele andere Dinge erleben, vielleicht im Ausland arbeiten oder wieder nach Wien zurück gehen. Mich einfach ausprobieren. Auf Deutsch, ein bisschen „die Hörner abstoßen." Wenn es funktioniert, super, wenn nicht, auch egal, ich hätte es immerhin versucht. Und mir fehlte wieder die Bühne. Denn so kreativ die Textilindustrie auch war, ich vermisste das Rampenlicht. Also suchte ich es und fand es, aber diesmal nicht als Sänger, sondern als DJ an den Plattentellern und Musikreglern. „Orient Bar Gramanitsch" hieß das Lokal, das damals eine der coolsten Diskotheken überhaupt war, mit lebenden Krokodilen, Schlangen und Affen. Ja, wirklich! Das ist heutzutage gar nicht mehr vorstellbar, was damals noch erlaubt war (oder auch nicht, so genau habe ich nie nachgefragt; es war wohl besser so). Ich spielte recht gute Musik, unterhielt die Leute, hatte wieder meine Bühne, verdingte mich weiter mit ein paar anderen Gelegenheitsjobs und war rundum zufrieden.

Und ich blieb neugierig. Durch Zufall wurde ich auf ein Casting der ORF-Sendung „Die große Chance" aufmerksam. Ich bewarb mich und ein Verantwortlicher, der offenbar Talent in mir sah, lud mich in eine Radiosendung für Nachwuchskünstler ein. „Zeig mal, was du so draufhast", gab er mir mit und ich stellte mein Repertoire vor – Coverversionen, die ich selbst arrangiert hatte, und eine Eigenkomposition. Während der Großteil unter ferner liefen zu verbuchen war, schien man von meinem eigenen Lied beeindruckt. Denn plötzlich meldete sich ein Plattenlabel bei mir, gab mir einen Vorvertrag und ich durfte meine eigene erste Single aufnehmen, ohne auch nur einen Schilling investieren zu müssen. Was für ein Glück! Ich schrieb und musizierte, brachte zwei weitere Singles auf den Markt und schließlich wurde auch eine LP produziert. Na bitte, es lief ja! Fragt man mich allerdings heute, in welche Musikrichtung sich meine Gattung einordnen ließ, würde ich antworten: „Von allem etwas. Schlager, Pop, Austropop, egal. Hauptsache auf der Bühne und im Radio!" Es lief richtig gut, alle um mich herum waren begeistert und mir war, als hätte ich es fast geschafft und das mit nur 21 Jahren. Bis mich die Nachricht ereilte, dass mein Vater plötzlich und unerwartet gestorben war.

„Andy, was machen wir jetzt, ich kann das alles nicht allein", war meine Mutter aufgelöst. Zusammen mit dem Vater konnte sie vier Textilgeschäfte leiten, die sie gemeinsam aufgebaut hatten. Mein Vater gab als dominanter Mann die Richtung vor, jetzt fehlte er so schmerzhaft. Und das nicht nur auf geschäftlicher Ebene. Familiär war uns der Boden unter den Füßen weggerissen worden. Eine unglaubliche Leere. „Kommst du zurück ins Waldviertel und wir führen die Firma gemeinsam weiter?", fragte mich meine Mutter und eigentlich war es eine flehentliche Bitte, auf die sie die Antwort schon kannte: „Sonst muss ich alles verkaufen." Mich überkam das Gefühl, wieder nach Hause zu müssen ins Waldviertel, um allen, auch dem Schicksal, zu zeigen, dass ich, dass wir es schaffen würden. Die Bühne, der Gesang, der Job als DJ – alles nicht mehr wichtig. Ich brach meine Zelte in Wien ab, packte meine Sachen und reiste heim, um im elterlichen Betrieb „Marek Moden" mitzuhelfen. Wo ich eigentlich schon viel früher hätte beginnen sollen.

Marek Moden – jetzt erst recht

Es war im September 1983. Die letzten Sommertage gingen zu Ende und es wurde schön langsam unwirtlicher, kälter und grauer. Auch für mich, denn der Tod meines Vaters kam für uns alle nicht nur urplötzlich, sondern riss ein gewaltiges Loch ins Familienleben. Und, weil damit auch der eigene Betrieb „Marek Moden" untrennbar verbunden war, auch in den geschäftlichen Bereich hinein. Hier war er ein Experte, der nicht nur exzellent verhandeln konnte, sondern in seiner patriarchalischen Art auch alle Entscheidungen getroffen und das Unternehmen auf stabile Beine gestellt hatte. Meine Mutter half und unterstützte als Verkäuferin, wo sie nur konnte. Auch sie leistete großartige Arbeit – bis zu diesem mehr als einschneidenden Erlebnis für uns. Nun drohte alles zusammenzubrechen, was aufgebaut wurde. Und so mussten, ganz im Sinne meines Vaters, Entscheidungen her. Wir gründeten einen Familienrat, der aus meiner Mutter, meinen Geschwistern, unserem Steuerberater und mir bestand. Mit meinen 21 Jahren stellten sie mich vor die Wahl: „Willst du der Chef dieses Unternehmens werden und es weiterführen? Das ist eine riesige Verantwortung und eine große Aufgabe." Überlegte ich? Nicht wirklich. Denn für mich war es schon längst klar. Es gab nur eine Antwort und die bestand aus zwei Buchstaben: „Ja."

Die Unterstützung meiner Familie war mir gewiss, aber dennoch war dieser Punkt eine richtige Zäsur in meinem noch jungen Leben. Denn es änderte sich von einer Minute zur anderen fast alles bei mir. Weg vom unbeschwerten Leben als Playboy zwischen DJ-Set und Gesangsauftritten, hin zum kompromisslosen Werken und Wirken mit viel Einsatz, Schweiß und Ehrgeiz. Es brauchte eine andere Einstellung zu allen grundsätzlichen Dingen, aber das musste man mir, durch den Verlust meines Vaters, nicht mehr weiter sagen. Ich wusste es selbst. Ich wollte es allen beweisen, dass ich es kann, dass ich es schaffen werde. Ich wollte alles niederreißen. Jugendliche Ambition? Womöglich. Aber es war vermutlich auch der Beginn des Workaholics Andy Marek, der sich allen Herausforderungen stellen und so viel erledigen wollte wie nur möglich. Eine Einstellung, die mich bis in meine spätere, lange Rapid-Karriere prägen und von der ich in der Zukunft viel profitieren sollte. Ich redete mir selbst ein, dass mir viele Leute das Ganze nicht zutrauen, und daraus entwickelte ich meine Selbstmotivation: „Ich kann es, ich schaffe es!"

Die ersten Hürden stellten sich ein, denn von der Rampensau auf der Bühne zum Textileinzelhändler, dem Modefachmann, das war schon ein anderes Paar Schuhe. Die Theorie, die ich mir in meinen Wiener Jahren in der Textilschule angeeignet hatte, war das eine, die Praxis im harten Berufsalltag das andere. Zugute kam mir, dass ich immer modebewusst war und somit ein gewisses Grundverständnis für die Stile, Variationen und Qualität selbst hatte. Aber die neue Aufgabe mitsamt ihrer großen Verantwortung lag auf mir nicht wie eine leichte Sommer-Weste, sondern wie ein bleiernes Korsett. 21 Mitarbeiterinnen waren bei uns beschäftigt, also musste ich Sorge tragen, auch langfristig 21 Arbeitsplätze zu sichern – ein gewaltige Last auf meinen Schultern.

Die ersten Monate waren sehr schwer. Es war ein gewisses Neuland mit vielen Themen und Herausforderungen, aber meine Mutter und ich ergänzten uns wirklich super. Alle Mitarbeiter zogen an einem Strang, die Umsätze passten und es lief immer besser. Irgendwann stellte sich bei mir Routine ein und auch der Geist der Zeit spielte uns in die sprichwörtlichen Karten. Denn Mode an sich und die große Auswahl, die wir hatten, bekamen in unserer Waldviertler Region einen immer größeren Stellenwert und in diese Nische setzten wir uns. Die Bevölkerung war sehr angetan, von den Produkten begeistert, kaufte und lobte uns. Ich bekam zwar keinen Applaus, spürte aber ihre Wertschätzung und hatte so meine neue, persönliche Bühne gefunden. Ich war zufrieden. Aber meine Mutter merkte, dass da noch mehr in mir schlummerte. Eines Tages sagte sie: „Andy, du machst das alles sehr gut und ich bin sehr stolz auf dich. Aber ich weiß, wie gerne du früher gesungen und musiziert hast. Magst du das nicht

Das „M8", der sehr beliebte Jeans- und Sportswearladen, war, wie der Name schon sagt, unser achtes Geschäft, das wir 1991 eröffneten.

wieder ausprobieren, zusätzlich?" Es war eine Frage, die wie ein Startschuss für mich schien. Ich meldete mich bei nächster Gelegenheit beim bekannten Song Contest an und hoffte, dass ich mein Gesangstalent nicht ganz unter den Bergen von Mode vergraben hatte. Es funktionierte, ich hatte Glück und mit meiner Lied-Einsendung schaffte ich es von 300 Bewerbern unter die besten 12. Man lud mich auf den Küniglberg in die ORF-Livesendung „Aus 12 mach 1". Vera Russwurm moderierte mich an, ich präsentierte mein Lied „Top-Secret", das heute bei vielen bekannt ist und für große Heiterkeit und Schmunzeln sorgt, aber hey, ich hatte es damals versucht. Somit war ich auch nicht allzu traurig, dass die Wahl schlussendlich nicht auf mich fiel und ich ausschied. Denn die Sendung an sich war im Gegenzug für „Marek Moden" eine unbezahlbare Werbung. In einer Zeit, in der ich vom Begriff Marketing nicht mal ansatzweise etwas wusste, machte ich so weiter und verband den modischen Weg mit großer Freude mit dem musikalischen nebenbei. Ich veröffentlichte vier weitere Singles, die gut im Radio liefen und spielte nebenbei größere Konzerte mit meiner eigenen Live-Band. Das beeindruckendste für mich war hier sicher, wie wir als Vorgruppe von Status Quo bei einem Open Air anno 1986 in Zwettl richtig gut aufgeigten.

Meine Hauptbühne blieb aber „Marek Moden", wo ich immer auch auf die große Unterstützung meiner Geschwister zählen durfte. Es lief gut, wir waren erfolgreich und konnten zu den bestehenden vier Standorten noch weitere Modegeschäfte in der Gegend eröffnen, bis es insgesamt acht waren: zwei in Groß-Siegharts, je eines in Raabs/Thaya und in Allentsteig sowie ganze vier in Waidhofen/Thaya. Der achte und letzte Shop, ein cooler Jeansladen, bekam den Namen „M8".

Der Erfolg war eigentlich auf beiden Seiten groß, doch die Zeit wurde immer knapper. Denn durch die Konzentration auf „Marek Moden" blieb für die Musik viel weniger Platz. Ich erkannte allerdings von Tag zu Tag mehr meine Liebe zum Moderieren und machte hier meine ersten Schritte als Conferencier unserer betriebseigenen Modeschauen. Auch das sollten Schritte sein, die später bei einem weiteren Betätigungsfeld in meinem Leben – dem grün-weißen – zum Tragen kommen würden. Die Firma wuchs weiter, bald waren wir 50 Mitarbeiter, was für das Waldviertel doch eine respektable Größe darstellte. Wir hatten viele treue Stammkunden und besonders wichtig war mir auch zu diesem Zeitpunkt immer schon, dass alle möglichst zufrieden oder gar begeistert waren – ein Antrieb, den ich mir erhalten konnte. Auch, als es Mitte der 90er wirtschaftlich schwieriger wurde. Im Waldviertel sperrten viele große Fabriken zu, viele Menschen wurden arbeitslos und die Kaufkraft litt. Die Geburt von großen Einkaufszentren hatte begonnen, eine Konkurrenz auch für Marek Moden.

Es stellte sich wieder eine Schnittstelle in meiner Lebensplanung ein. 1998 bekam ich ein Job-Angebot, das ich unbedingt annehmen wollte. Nicht aus finanziellen Gründen, sondern als Erfüllung eines gewissen Lebenstraums. Aber um diesen Weg zu gehen, musste ich zunächst alles dahin Bestehende absichern. Mir war wichtig, dass meine Mitarbeiterinnen ihren Job soweit wie möglich behalten konnten. Meine Mutter hatte ein Alter erreicht, wo sie längst ihren verdienten Ruhestand antreten konnte, und meine Frau Sabine hatte mit unserem kleinen Lukas, damals erst ein Jahr alt, alle Hände voll zu tun. Sie wollte nur, dass es mir mit der Entscheidung gut geht. Sie motivierte mich, den neuen Schritt zu wagen.

Also machte ich mich auf die Suche nach einem Nachfolger für meine Firma. Das erste Jahr sollte es wahnsinnig schwierig werden mit dem neuen Beruf in Wien und der gleichzeitigen Besinnung auf „Marek Moden" im Waldviertel. Nachdem ich 1999 aber eine Firma für die Übernahme gefunden hatte, konnte ich mich ganz auf die neue Herausforderung konzentrieren. Es hatte mich in den

Westen Wiens verschlagen zu einer Aufgabe, bei der ich viele Tugenden meiner bisherigen Karriere einbringen konnte und bei der mir in Sachen Einstellung alles abverlangt werden sollte.

Vom kleinen Rapid-Fan zum Schönwetter-Rapidler

Oft habe ich Rapid-Fans die Frage gestellt, wie sehr sie mit Rapid verbunden sind, wie lange sie schon Rapidler sind. Häufig wurde geantwortet „Schon seit meiner Kindheit" oder „Schon als Baby, denn das hat mir mein Vater vererbt". Würde man mir genau dieselbe Frage stellen, so müsste ich ehrlich antworten: „Erst viel später." Das mag man angesichts meiner vielen grün-weißen Jahre kaum glauben, aber oft ist es nun mal so, dass sich die große Liebe erst herausstellt, wenn man sich viel und intensiv damit beschäftigt, und alles erst bewusst schätzen lernt, was damit einhergeht.

Gehen wir zurück ins Jahr 1972. Ich habe das Rapid-Gen nicht in die Wiege gelegt bekommen. Das war bei mir nicht so. Ein Grundinteresse für Fußball war zwar da, man schaute in die Zeitung oder hörte sich eine Übertragung im Radio an. Die große Fußball-Verbundenheit war aber nicht vorhanden. Dennoch machte es auch mir Spaß, dem runden Leder nachzujagen, etwa bei den Altenburger Sängerknaben und in meiner Gymnasialzeit in Horn. Wir kickten sehr oft und begannen uns über das aktuelle Fußballgeschehen zu unterhalten. Ich schnappte irgendwann den Namen Bjerregaard auf, sein Vorname „Johnny" taugte mir er hatte was Pfiffiges, und der Stürmer selbst, so erfuhr ich, schoss bei Rapid viele Tore. Das war mein erster Bezugspunkt, wenn auch nur aus Erzählungen. Andere Klassenkollegen waren für die Wiener Austria, ich als kleiner „Johnny" mit zehn Jahren schoss meine Tore und träumte, wie mein Idol zu sein. Bjerregaard verließ Rapid nach einer Weile, ich fühlte mich Grün-Weiß aber weiter verbunden und schaute mich nach einem neuen Idol um, dem ich nacheifern konnte. Ich fand es in Hans Krankl.

Ich war 12 Jahre, als es zur ersten Begegnung mit meiner späteren großen Liebe kommen sollte. Der SK Rapid kam ins beschauliche Groß-Siegharts und absolvierte hier ein Testspiel im Rahmen seiner Sommer-Vorbereitung. Mein Vater besaß damals ein Auto, auf das man einen Lautsprecher montieren konnte. Die Verantwortlichen des SV Groß-Siegharts kamen auf ihn zu und baten ihn, für dieses anstehende Testspiel zu werben – man kennt sich in diesen Gegenden und ergreift jede Gelegenheit. Also sprang ich zu meinem Vater ins Auto, „Auf geht's“, sagte dieser und wir fuhren quer durchs Waldviertel und bewarben das Spiel über die Anlage auf dem Dach: „Rapid kommt!“ Am Tag X war dann Rapid da und die Partie war eigentlich völlig nebensächlich für mich. Ich erinnere mich auch nicht mehr an das Resultat. Viel ergreifender war, meinen Idolen ganz nah zu sein. Da waren Hans Krankl, Ernst Dokupil, Werner Walzer, Rainer Schlagbauer und viele andere und ich lief nach dem Abpfiff zu ihnen hin und holte mir meine Autogramme und durfte sogar mit der Nummer 9 ein Foto machen. Von da an, wir schrieben das Jahr 1974, war für mich klar: Rapid ist mein Verein, es wird keinen anderen mehr geben!

Als Waldviertler war ich dennoch so etwas wie ein Schönwetter-Fan. Ich sollte im Verlauf der Jahre nur nach Wien kommen, wenn es sportlich um etwas ging und Rapid vor einer wichtigen Partie stand. Die Entfernung war dann doch ein Hindernis, mich immer auf den Weg zu machen. Heute lache ich darüber, sollte ich doch später täglich pendeln. Ab 1998 fuhr ich schließlich jeden Tag nach Hütteldorf und wieder zurück, aber dazu später. Was sich hier schon dazu gesellte, war eine gewisse Leidensfähigkeit. Die 70er-Jahre waren nicht sonderlich erfolgreich in der grün-weißen Historie und somit freute ich mich zwar über Siege, wenn sie sich einstellten, die ganz großen Sternstunden fehlten aber wei-testgehend. Somit war es auch nicht verwunderlich, dass mich die Musik weiter mehr in ihren Bann ziehen sollte als der Fußball. Rapid-Fan ja, aber es fehlte noch dieses Feuer, diese gewisse Leidenschaft. Das verstärkte sich erst mit den kommenden Jugendjahren, als ich mich in den Mitzwanzigern bis knapp 30 befand. Natürlich, große und unvergessliche Europacup-Entscheidungen wie die Spiele gegen Dynamo Dresden, Inter Mailand in den 80ern oder zahlreiche Derbys, Meisterschafts- oder Cup-Krimis ließ ich mir nicht entgehen. Aber zu jedem Spiel kommen, wie es viele eingefleischte Fans machten, das konnte ich mir beim besten Willen nicht vorstellen. „Dass es so eine Begeisterung, aber auch Leidensfähigkeit gibt ...“ Denn klar war ja, dass es nicht jede Woche die Fußball-Schmankerln zu sehen gab, sondern oft auch die Rohkost. Also, wie gesagt, ich war zu dieser Zeit mehr der Schönwetter-Rapidler, nicht ahnend, dass ich später mehr als 27 Jahre lang, zwischen 1992 bis 2020, kein einziges Heimspiel mehr versäumen würde.

RAPID

Kapitel 2

„Ich heiße Andy Marek und komme aus dem Waldviertel"

Der Stadionsprecher

Sommer 1992, ich saß im Modecenter Wien, ließ meinen Blick durch das von Hitze belegte Wien streifen und war guter Dinge. Ich war wieder hierhergekommen, um neue Modeartikel für meine Geschäfte einzukaufen, und hatte den Kopf voller Ideen und Gedanken. Ziemlich teilnahmslos blätterte ich, während ich auf den Verkäufer, der mich betreuen sollte, wartete, durch eine Tageszeitung – „täglich Alles", wer sie noch kennt. Bei den Kleinanzeigen blieb mein Blick hängen: „Stadionsprecher gesucht – SK Rapid Wien". Angehängt war eine Telefonnummer. Neugierig wie ich war, riss ich die Anzeige heraus und ging zur nächstbesten Telefonzelle. Als sich eine sonore Stimme meldete, musste ich erst mal schlucken: „SK Rapid, hier spricht Franz Binder." Das war nicht irgendjemand da am anderen Ende der Leitung, sondern der Manager des Vereins aus Hütteldorf, der Sohn des legendären Rapid-Stürmers Franz „Bimbo" Binder, eines der treffsichersten Stürmer unseres Klubs. „Ich melde mich wegen der Anzeige", antwortete ich, und was darauf folgte, lässt sich unter dem Begriff Spontaneität sehr treffend umschreiben: „Sie wollen Stadionsprecher werden? Dann müssen Sie sofort vorbeikommen." „Jetzt gleich?" – „Ja." Ich wusste zwar nicht, was das sollte und wie mir geschah, vertröstete den Modeverkäufer aber auf einen Folgetermin, stieg ins Auto und fuhr schnurstracks nach Hütteldorf. Zahlreiche Gedankenspiele strömten mir durch den Kopf, aber ich dachte mir: Probier's, diese Chance gilt es zu nutzen. Weil, was habe ich zu verlieren?

Ich kam also zum Haupteingang der ehemaligen Südtribüne, der mir natürlich von meinen Besuchen bei den Spielen bestens bekannt war. Ein stattlicher Mann, eine imposante Gestalt, kam mir entgegen mit einem Mikrofon in der Hand. Es war Franz Binder. „Sie haben angerufen, oder? Gut, dass Sie so schnell gekommen sind, wir haben nämlich heute Tag der offenen Tür und da können Sie gleich auf der Bühne zeigen, was Sie können." Sagte es, streckte mir das Mikro entgegen und hob eine Augenbraue. Würde ich zusagen? Ich war enorm nervös, fand kaum meine Stimme. Aber er merkte, ich mach's. Also gingen wir durch einen schmalen Gang nach innen zu den Kabinen. „Gäste“ stand da, aber auch „Rapid“. Da war er, der heilige Raum meiner Idole. Der aber sehr schmucklos aussah, denn die Tür stand offen, die Kabine war leer. „Sie sind alle draußen, Autogramme schreiben für die Fans“, erklärte Binder und ging mit mir innen weiter bis hinauf zum Vorplatz des Blocks West: „Da haben'S einen Zettel, da stehen alle Spielernamen drauf. Die können Sie dann draußen durchsagen. Reden's einmal und zeigen Sie, was Sie können!“ – „Worüber und wie lange soll ich denn reden?“ – „Lassen Sie sich was einfallen, 20 Minuten sollten es schon sein“, lachte Binder: „Wenn Sie bei Rapid Stadionsprecher werden wollen, dann müssen Sie uns jetzt überzeugen.“ Die Tür nach draußen ging auf, ich mit dem flatternden Zettel und dem Mikrofon in der Hand stolperte hinaus und schwitzte. Ich stieg auf die kleine Bühne, die gerade mal 3 x 3 Meter groß war, vor mir so um die 400 Rapid-Fans. Das Bühnenleben kannte ich durch meine früheren Erfahrungen, das war auch nicht das Problem. Vielmehr dachte ich mir aber, dass die meisten Fans hier aus Wien sind, denn es ist nachmittags und unter der Woche, da wird wohl niemand aus den Bundesländern anwesend sein. Ich betone das deswegen, weil ich schon aus der Provinz war und

Mit dem Tag der offenen Tür hat bei Rapid alles für mich begonnen. Am Anfang war alles ziemlich überschaubar. Im Laufe der Jahre sollten bis zu 7 000 Rapidler zu dieser Veranstaltung kommen.

deshalb nach meinen ersten Worten schallendes Gelächter aufkommen sollte. Sie hatten mich im Visier, sie kannten mich nicht, ich war keiner von ihnen. Aber, so eine Chance bekommt man kein zweites Mal. Ich brauchte einen Plan.

Franz Binder stellte mich vor und ich ließ meinen Blick schweifen: Links saßen die Mannschaft und Trainer Gustl Starek, die schrieben Autogramme. Rechts holten sich Fans auf einem kleinen Flohmarkt grün-weiße Utensilien. Vor mir selbst standen viele, die auf meine ersten Worte warteten. Ich schaltete das Mikro ein: „Grüß Gott meine Damen und Herren, ich heiße Andy Marek und komme aus dem Waldviertel. Ich möchte sehr gerne Stadionsprecher bei Rapid werden!" Alle lachten, nicht mit mir, sondern über mich. So ein Provinzler, was will der bei uns?! Aber es motivierte mich nur mehr und ich hatte ja 20 Minuten zu füllen. Diese wollten genützt werden. Ich bat Gustl Starek auf die Bühne, über den ich kurz zuvor eine Geschichte gelesen hatte. Somit war die Basis für ein lockeres Gespräch gegeben. Ein Neuzugang, ein gewisser Didi Kühbauer, war mein nächster Interview-Partner – noch nicht ganz so redselig, wie in den späteren Jahren, aber alles lief bestens. Als nächstes kam Jan Age Fjörtoft, der damals Everybody's Darling in Hütteldorf war, ein absoluter Rhetoriker, der die Leute unterhalten konnte. Ein Volltreffer. Gemeinsam plauderten wir, ehe ich zum ersten Mal die Mannschaftsaufstellung verlas. Danach war es vorbei. „Ich weiß nicht, ob ich jetzt überzeugt habe, aber ich würde mich freuen, wenn ich der neue Stadionsprecher des SK Rapid sein könnte", stieß ich noch hervor, ging von der Bühne und der Applaus, den ich bekam, tat ungemein gut.

Weniger gut tat das gespannte Warten danach, wieder im langen Gang bei der Mannschaftskabine. Die Spieler waren bereits fertig mit den Autogrammen und kamen zurück. „Gut gemacht", lobte mich Michael Konsel im Vorbeigehen und zwinkerte mir zu. Innerlich freute mich das sehr, aber noch war keine Entscheidung getroffen worden. Durch ein Fenster sah ich Franz Binder nebenan mit zwei weiteren Herrschaften reden, die damaligen Geschäftsführer des SK Rapid, Schmid und Böhmert. Dazu kamen noch drei Rapid-Fans, die in das Gespräch miteinbezogen wurden. Sie sprachen über mich. Nach einer Weile ging die Tür auf. Binder: „Herr Marek, wir probieren das jetzt mit Ihnen. Ab dem kommenden Samstag sind Sie unser Stadionsprecher und können gleich beim nächsten Heimspiel kommen." Ich grinste, jubelte innerlich und ließ mir nach außen nicht allzu viel anmerken. Ab da begann es. Der Waldviertler, den man zuerst noch auslachte, sollte 599 Heimspiele in Serie moderieren.

Mein Platz in der Glasbox und: Soll es das schon wieder gewesen sein

Es war einen Tag vor meinem 30. Geburtstag, am 24. Juli 1992, und ich parkte mich gerade am Gelände meines neuen Arbeitgebers ein – in Hütteldorf. Voller Stolz und Selbstvertrauen, mich dem ersten Heimspiel Rapids zu nähern, bei dem ich als Stadionsprecher moderieren würde, stieg ich aus und machte mich für die Vorbesprechung mit Franz Binder bereit. Plötzlich lief ich im Innenbereich, im Bauch der Südtribüne, in ein Rudel mit meinen Idolen: Michael Konsel, Didi Kühbauer, Jan Age Fjörtoft, Peter Schöttel, Robert Pecl und viele mehr. Auch Gustl Starek war da. „Das ist heute dein erster Tag, oder?", legte der Trainer seinen Arm väterlich um mich: „Mach's gut und gleich eine Bitte: Wenn wir aufs Spielfeld kommen, spiel uns ‚We will rock you' von Queen – das bringt uns in die richtige Stimmung beim Einlaufen!" Es gibt Zufälle im Leben und das war wieder so einer. Ich hatte die Kassette von Queen im Auto, lief zurück und strahlte über meinen ersten, kleinen Erfolg. Aber wo sollte ich jetzt eigentlich hin?

Es ging für mich in eine verglaste Box mit toller Aussicht auf das Feld. Neben mir saßen ein Vertreter der Exekutive, der Sicherheitsfirma, des Samariterbundes und später erfuhr ich, dass ich mich in der Sicherheitszentrale befand. Ran an die Arbeit. Das Mikro war in Ordnung, die Tonanlage mit nach außen gerichteten Lautsprecher-Hörnern hatte ihre besten Jahre hinter sich. Egal, meine Euphorie sollte alles hinnehmen, wie es kommt, denn in wenigen Augenblicken würde ich zu moderieren beginnen! Und das gleich im Doppel, denn damals war es noch üblich, dass es vor dem Match – Rapid spielte gegen den Wiener Sportklub – auch immer ein Vorspiel der U21-Mannschaften bzw. gegen andere Auswahlen gab (später sollte man diese liebgewonnene Einstimmung aus Kostengründen ganz einsparen). Aber jetzt volle Konzentration und mit scharfem Blick schaute ich, dass ich alles beobachten konnte. Google, mobiles Internet am Handy und sonstige Hilfsmittel gab es noch nicht. Man musste seine Hausaufgaben also im Vorfeld gemacht haben, um über die Spieler und auch den Gegner Bescheid zu wissen. Meine Aufgabe war klar umrissen: Begrüßung der Zuschauer, Mannschaftsaufstellungen, Ankündigung der nächsten Partien, Wechsel, ein wenig Werbung. Und sollte jemand ausgerufen werden, das bitte auch durchzusagen. Ich wollte aber mehr und vor allem, ich wollte anders sein als mein Vorgänger und mich einfach unterscheiden.

Eines war mir dabei von Beginn weg wichtig: Ich habe mir immer vor Augen gehalten, dass es hier, im Gegensatz zu meinen bisherigen Auftritten davor, nicht um mich ging, sondern um Rapid, die Spieler, die Fans, den Erfolg. Hier dürfte ich nicht übertreiben. Dazu gab mir das Spiel aber sowieso keine Gelegenheit. 6 000 Rapid-Fans sahen eine 1:2 Niederlage. Dennoch ein großes Erlebnis für mich und das nächste stellte sich zwei Wochen später ein. Mein erstes Derby, das aber leider auch ohne Sieg auskam: 0:0. Der erste Sieg kam dann aber, es war der 8. August und Rapid besiegte Stahl Linz mit 2:1, Torschütze: Franz Blizenec und ein Eigentor. Ich freute mich, aber mit mir kaum jemand, denn nur 1 800 Fans hatten sich ins Gerhard-Hanappi-Stadion verirrt.

Ich bekam für meine Arbeit immer wieder Zuspruch und wuchs in die neue Aufgabe hinein. Nach rund drei Monaten wurde ich dann auch geadelt und durfte genau dort parken, wo auch die Spieler ihre Parkplätze hatten. „Nach jedem Spiel, wenn du mit der Arbeit fertig bist, kannst du dann auch in den VIP-Bereich kommen und etwas mit uns essen", war auch Franz Binder zufrieden. Auch hier ergab sich somit wieder die Gelegenheit, der Mannschaft näherzukommen und die unterschiedlichen Charaktere kennenzulernen.

Gustl Starek (links) war der erste Trainer in meiner Zeit bei Rapid. Sein sehr ähnlich klingender Name machte mich kurzfristig sehr nervös.

Und sie lernten auch mich kennen, denn es hatte sich herumgesprochen, dass ich im Waldviertel Textilgeschäfte hatte. Bald kauften die ersten Spieler bei mir ein. Ich brachte ihnen die gewünschten Jeans mit ins Stadion, sie bekamen sie verbilligt. Jetzt war ich einer von ihnen, ein großartiges Gefühl! Rapid wurde in dieser Saison Vierter, was hinter den Ansprüchen lag. Eine große Überraschung stellte sich Ende Mai aber noch für mich ein. Franz Binder informierte mich darüber: „Der ÖFB hat für dich angefragt. Du machst gute Arbeit und sie wollen, dass du das Cup-Finale im Praterstadion moderierst." Ich müsse mich aber neutral verhalten, denn gegen Innsbruck im Finale stand – Rapid. Auch hier zögerte ich nicht und sagte zu, war es doch ein Zeichen großer Wertschätzung für meine bisherige Arbeit.

Das Finalspiel wurde dann mit 1:3 verloren und ich blieb, so gut es ging, neutral. Nach dem Schlusspfiff gingen aber viele Emotionen in mir hoch – nicht wegen des Spiels, sondern vielmehr wegen dem, was ich nun sah. Rund 30 Rapid-Fans waren noch im Stadion, das sich nach und nach leerte. Rund 20 Meter neben mir gab unser Trainer noch ein Interview fürs Fernsehen. Plötzlich hörte ich die ersten Rufe: „...arek raus, ...arek raus!" Ich war erschüttert und persönlich getroffen, denn was hatte ich falsch gemacht? Gegen die Niederlage konnte ich ja nichts. War es das schon mit meiner Karriere als Stadionsprecher, sollte es das gewesen sein? Gustl Starek hatte sein Interview beendet und kam auf mich zu: „Was schaust du denn so traurig?" – „Da oben rufen Fans meinen Namen und schreien, dass ich weg muss! Ich hab‘ doch nichts falsch gemacht?!?" Starek lächelte: „Mach dir keine Sorgen, die meinen nicht dich. Sie meinen mich." In mir mischten sich Erleichterung, aber auch ein gewisses Mitleid. Und er hatte recht. Wenige Wochen später war Gustl Starek tatsächlich nicht mehr Rapid-Trainer.

Mein erster Kontakt zu den Fans – ich dachte, eine Choreo wird getanzt

Ich war noch nicht allzu lange dabei, da wurde mir im Zuge der Heimspiele schnell bewusst: Die Rapid-Fans hatten nicht wirklich eine konkrete Ansprechperson beim Verein. Jemand, mit dem man sich austauschen konnte, dem man die Ideen, Sorgen oder Überlegungen überbrachte, der für die Anliegen ein offenes Ohr hatte. Kommunikation ist alles, aber am Spieltag wurden bis dahin von den Fans nur die Karten gekauft, das Match zusammen geschaut und das war es unterm Strich auch wieder. Ein Dialog zwischen dem Klub und seinen treuesten Gefährten, den Anhängern, fehlte. Mit Christian Janitsch gab es zwar eine Kontaktperson im Sekretariat, auf ihn konnte man zugehen, aber als ich begann, verließ er bald darauf den SK Rapid. Und hinterließ eine noch größere Lücke als jene, die bereits da war. Dieses Vakuum wollte ich füllen, also versuchte ich, Kontakt zu größeren Fan-Gruppierungen, speziell am Block West, zu finden, auf die entsprechenden Persönlichkeiten zuzugehen und ihnen meine Hilfe anzubieten. Das war am Anfang gar nicht so einfach, ich wurde misstrauisch beäugt und die ersten Male noch abgewimmelt. „Kein Bedarf, kein Interesse", hieß es da.

Mit der Zeit sah man sich aber immer wieder. Es entwickelten sich gute Kontakte zu Roland Kresa und Vorsänger Gerhard König, die damals als sogenannte „Capos" am Zaun standen und im Namen der „Ultras Rapid", die erst einige Jahre zuvor gegründet worden waren, Stimmung machten. Ein weiterer wichtiger Bezugspunkt war Roland Holzinger, ein lebendes Rapid-Lexikon, der mir alles über Tradition und Werte, die den Verein und das Fansein ausmachen, weitergab. Man begann, mich als Bindeglied zur Vereinsspitze zu sehen und zu akzeptieren. Was umso wichtiger war, denn die Lage war nicht grün-weiß, sondern trist. Sportlich lief es überhaupt nicht und wirtschaftlich war man fast am Boden angelangt. Zwar konnte der Konkurs, das finale Aus für den SK Rapid, gerade noch abgewendet werden, aber der Ausgleich hinterließ sichtbare Spuren. Es brauchte sehr viel Energie und Substanz, um überhaupt wieder irgendwie positiv nach vorne schauen zu können. Auch Rapid reagierte und installierte ein neues Präsidium mit Geschäftsführer Dr. Karlheinz Oertel und Manager Werner Kuhn. Mit beiden gelang es mir schnell, ebenfalls ein gutes Verhältnis aufzubauen, und ich half mit, wo ich konnte. So war ich bald für beide Seiten das Bindeglied – intern vom Verein und extern von den Anhängern.

Aber mir war klar, die ganze Fan-Geschichte ist unglaublich komplex. Ich hatte gar keine Ahnung von der Kultur dahinter, vom Begriff der „Ultras" schon gar nicht, und welche Charaktere und was damit verbunden war, musste ich mir erst Schritt für Schritt aneignen. „Andy, kannst du uns bei einer Choreografie helfen? Wir bereiten was für das nächste Spiel vor", fragte mich eines Tages Roland Kresa. Aus der Showbranche kommend, dachte ich ernsthaft, das hätte mit Tanzen zu tun! „Nein, gar nicht", lachte er: „Das ist etwas, das die ganze Tribüne gemeinsam zeigt und quasi choreografisch einstudiert. Dafür brauchen wir vielleicht eine behördliche Genehmigung und vielleicht kannst du mithelfen, um es mit dem Mikro anzumoderieren." Ich half, und so konnten wir Hindernisse beiseite räumen, die früher im Weg gestanden waren. Immer häufiger kamen Fans auf mich zu und ich auf sie. Zuerst eine Handvoll, dann ein paar Hundert und später waren es so viele Anliegen, dass es für mich keine Rolle mehr spielte, wer von wo kam. Ultras im Block West? Fans der Längsseite? Organisierte Gruppen oder einzelne, vielleicht unerfahrene Anhänger? Gelegenheitsbesucher oder Sympathisanten? Ganz gleich, ich hörte sie alle an und versuchte, Anlaufstelle und Sprachrohr für sie zugleich zu sein. Je mehr ich helfen konnte, umso zufriedener wurde ich, denn mir war klar, dass sich hier eine Gemeinschaft entwickelte. Zu dieser gehörten alle. Auch roher wirkende Gesellen: „Andy, du bist leiwand, du hast g'wusst, dass i früher a Gfrast war, dass i a Hooligan war", brachte einmal ein grobschlächtiger Mann vor: „Aber trotzdem behandelst mi wia an Menschn und hast mi sogar g'riast!" Einfache Sätze, hinter denen aber ehrlicher Dank steckte und die mich sehr berührten und zugleich Antrieb waren. Dieses Vertrauen, das mir die Fans aus unterschiedlichen Gesellschaftsschichten, die alle Rapid verbindet, schenkten, wollte ich zurückzahlen. Und ja nicht enttäuschen. Kein Problem war mir zu groß, keine Aufgabe nicht irgendwie lösbar, das nahm ich mir immer vor.

Ich wusste damals nicht, was eine Choreografie ist, aber ich war begeistert und sollte in den darauffolgenden Jahren noch viele großartige Inszenierungen sehen.

Genau in dieser Zeit kam Ernst Dokupil als Trainer und mit ihm eine Aufbruchstimmung. Das spürte jeder, denn Dokupil war ein ungemeiner Turbo, der den Spielern den Rapid-Geist einimpfte und auch genau wusste, was den

Trainer Ernst Dokupil (links) wollte, dass ich für die Fans im Stadion nicht nur zu hören, sondern auch zu sehen wäre. Er holte mich auf das Spielfeld. Manager Werner Kuhn (rechts) war in dieser Zeit meine erste Ansprechperson beim SK Rapid.

Anhängern wichtig war. „Mehr Nähe, mehr Verbundenheit, daraus entsteht der Zusammenhalt", das war seine Vision: „Wir sollten 10 000 Abonnenten haben, das ist Rapid!" Bis dahin brauchte es eine Heidenarbeit und natürlich auch die entsprechenden Erfolge. Aber viele Jahre später sollte es Wirklichkeit werden, wie wir alle wissen. Dokupil beeindruckte mich sehr. Er förderte die Gründung von offiziellen Fanklubs, kam immer wieder als Gast zu den jeweiligen Treffen und diskutierte stundenlang mit den Anhängern. Ich stand dabei, schaute zu und lernte. „Machen wir Rapid zum Angreifen", motivierte er uns alle und schlug die ersten Veranstaltungen mit Spielern abseits des Sports vor. Das begeisterte die grün-weiße Gemeinschaft, die durch solche Aktionen immer größer wurde und wuchs. Hier war wirklich etwas im Entstehen, das spürte jeder, der dabei war.

Und Ernst Dokupil war auch für mich weiter prägend. Er holte mich aus meiner Glasbox, wo ich bis dahin moderiert hatte, hinaus und brachte mich zur Seitenlinie: „Du gehörst herunter zum Spielfeld, die Leute sollen dich nicht nur hören, sondern auch sehen. Das sorgt für eine größere Verbindung!" So kam es, dass ich seither immer, für rund 25 Jahre, da unten neben der Ersatzbank zu finden war. Und es war schön zu sehen, was im Umfeld des Vereins passierte. Mit dem sportlichen Erfolg, der sich nach und nach einstellte, entstand auch eine sehr enge Bindung zwischen Verein und Fans und eine wirklich großartige Stimmung im Stadion. Der Anfang war geschafft!

Ein Hype mit einem kleinen Wermutstropfen

Wenn ich heute in den Rückspiegel schaue, dann würde ich natürlich einiges anders machen. Aber das weiß man im jeweiligen Moment ja nicht immer. Jede Zeit kommt mit ihren Begleiterscheinungen daher und man muss mit den gegebenen Möglichkeiten das Beste aus der jeweiligen Situation holen. Und schauen, dass es so gut wie möglich funktioniert. Solch eine Zeit hatten wir Mitte der 90er-Jahre mit Geschehnissen, die bei Rapid in dieser Form niemand erwartete und sich auch keiner hätte erträumen können. Mit dem Sieg im ÖFB-Cupfinale 1995 gegen DSV Leoben holten wir endlich wieder einen Titel nach Hütteldorf. Das war der erste Vorbote, denn eine richtige Mammutsaison wartete auf uns und das in jeder Hinsicht.

Es war die Saison 1995/96 und Trainer Ernst Dokupil machte einfach dort weiter, wo er begonnen hatte: eine grün-weiße Einheit zu formen. Dazu gehörte auch eine super Mannschaft, bei der er ganz genau wusste, wie man sie zu Höchstleistungen anspornen konnte. Im Hintergrund bildeten die Mitarbeiter die Basis, das Fundament. Manager Werner Kuhn und sein kleines Team, hier möchte ich besonders Gabi Fröschl hervorheben, hatten alle Hände voll zu tun, um unseren angeschlagenen Verein – der Fast-Konkurs hatte immer noch viele Scherben hinterlassen – durch sehr stürmische Gewässer zu lenken. Aber auch das gelang irgendwie. Unterdessen arbeitete ich weiter als Stadionsprecher mit und konnte in Sachen Fans auch die eine oder andere Idee einbringen. Ich war bei Rapid nicht angestellt, arbeitete zu diesem Zeitpunkt ehrenamtlich und gab mit Freude mein Bestes, damit es dem Verein gut ging. Und plötzlich schwappte der sportliche Erfolg über uns alle und kam mit einer riesigen Geschwindigkeit auf uns zu.

Rapid war im Europacup erfolgreich, schlug zuerst den rumänischen Verein Petrolul Ploieşti, noch im Gerhard-Hanappi-Stadion, und schon in der nächsten Runde mussten wir gegen Sporting Lissabon ins Ernst-Happel-Stadion ausweichen. 25 000 Fans kamen und noch hatten wir alles irgendwie im Griff. Man muss sich das Ganze heute mal vergegenwärtigen: Die Zuschauerzahlen stiegen immer mehr, bis es plötzlich einen Hype gab, und die Nachfrage nach Karten und sonstigen Anliegen wurde stetig größer. Auch, weil es in der Meisterschaft ganz gut lief, glühten die Telefone, von Internet oder Online-Verkauf war noch gar keine Rede. Und je mehr es so weiterging, desto eher ließen wir uns treiben. Ja, wir waren Getriebene! Gerade noch der Neuaufbau und die behutsame Weiterentwicklung und plötzlich standen wir in jeder Zeitung, waren im TV, ganz Österreich schaute auf Rapid! Das Viertelfinale gegen Dynamo Moskau war ausverkauft, das Halbfinale gegen Feyenoord Rotterdam sowieso. Wir schafften es also ins Finale des Europacups der Cupsieger, das in Brüssel gegen Paris St. Germain ausgetragen wurde. „Andy, es ist irre“, keuchte Werner Kuhn „Alle wollen Karten, was sollen wir machen?“ Er hatte recht, die Mitarbeiter waren fix und fertig, denn an die 50 000 Anfragen waren bei uns eingelangt, allerdings gab es pro Mannschaft nur ein Kontingent von 15 000 Tickets. Dazu bot Rapid erstmals auch eigene Reisen im größeren Stil an, mit zig Bussen in Richtung Brüssel, Sonderzügen und zahlreichen Charterflügen. Ganz Rapid war auf den Beinen und wir mittendrin. Da gab es mehr als nur eine Nachtschicht und zahlreiche Schweißausbrüche der Mitarbeiter. Heute lächle ich, wenn ich daran denke, aber damals war das alles eine unglaublich intensive Herausforderung für alle, die involviert waren.

Aber der Erfolg trieb uns an – und weiter. Beim Finalspiel um die Meisterschaft – tatsächlich ging es in der letzten Runde gegen Sturm Graz um alles – war das Happel-Stadion erneut bummvoll. Rapid wurde durch ein umjubeltes 2:0 Meister und wieder war es an dem kleinen Rapid-Team, eine Meisterfeier nach dem Spiel für 10 000 Fans zu veranstalten. Ganz Wien, ganz Österreich jubelte, wir hatten eine super Außenwirkung und alle waren begeistert. Das kleine Rapid-Mitarbeiterteam rund um Werner Kuhn, Werner Widhalm, Gabi Fröschl, um nur einige zu nennen, war völlig an seinen Grenzen angelangt, denn bei aller Tatkraft war man auch irgendwann komplett k. o. Und das war zugleich auch der kleine Wermutstropfen an dieser unglaublich schönen Zeit. Es gelang nicht, den Hype und die Jubelstimmung zu nützen. Im Moment der größten Erfolge und auch danach hätten wir die Chance gehabt, die Rapid-Familie mehr an uns zu binden mithilfe von Mitgliedschaften, Jahreskarten, mit einem großen Angebot an Fanartikeln, die in unserer Hand lagen. So gelang es leider nicht aus wirtschaftlicher Sicht, eine Nachhaltigkeit und einen Mehrwert für den Verein zu erzeugen, die uns auch in den kommenden Jahren helfen würden. Aber hier waren wir, auch angesichts der damaligen Größe und Möglichkeiten, noch lange nicht dort, wo man hinwollte. Wir hatten allerdings einen Vorgeschmack bekommen für das Potenzial, das im SK Rapid schlummerte, und lernten so sehr viel für die kommenden Jahre.

Kapitel 3

Was Fleischknödel alles bewirken

Bau' das grün-weiße Haus

Wir schrieben den Juni 1998, meine Aufgaben als Stadionsprecher auf der einen Seite und als Bindeglied zu den Fans auf der anderen erfüllten mich und machten Spaß. Zusätzlich gab es auch die intensive Arbeit zu Hause in meiner Firma im Waldviertel, also wurde mir nicht langweilig. Aber es passte, auch sportlich. Rapid wurde Vizemeister, immerhin. Man hatte generell das Gefühl, dass alles in weitaus geregelteren Bahnen verlief, als noch in den Jahren zuvor, und dass wir endlich in jeder Hinsicht stabiler wurden. Werner Kuhn und sein Team machten einen tollen Job und probierten alles, damit wir weiter wachsen konnten, aber irgendwie spürte jeder: In diesen letzten Jahren hatten wir das große Potenzial Rapids mit eigenen Augen miterlebt, da würde noch mehr gehen!

Immer wieder wurde ich in dieser Zeit auch schon in Vereinsentscheidungen eingebunden und um meine Meinung gefragt, weil man mich bereits als Kommunikationsstelle der Fans sah. Egal, ob Block West, Längsseite oder aus dem VIP-Bereich, alles gelangte zu mir und ich gab es, in gesammelter und wohl auch gemäßigterer Form, weiter. Eines Tages rief mich Werner Kuhn an: „Andy, kannst du nach Wien kommen? Es ist dringend." Er klang kryptisch und auch ein wenig ernst. Ich überlegte mir, worum es gehen könnte. Ich machte mich auf den Weg.

Vor Ort im Stadion empfing mich nicht nur Werner Kuhn, sondern auch unser Präsident Günter Kaltenbrunner. Alles war höflich, aber auch ein wenig angespannt. Ich setzte mich. Es sollte ein einschneidender Augenblick werden. „Andy, du bist jetzt schon einige Jahre bei uns, machst deine Sachen sehr gut und wir kennen deinen tollen Zugang zu den Fans", begann Präsident Kaltenbrunner und schloss mit der alles entscheidenden Frage: „Kannst du dir vorstellen, ganz für Rapid zu arbeiten, fix angestellt bei uns zu sein? Eine eigene Abteilung aufzubauen und zu leiten?" Ich wollte gerade antworten und sagen, dass ich mich wertgeschätzt fühlte, da preschte Werner Kuhn vor und sagte die legendären Worte zu mir, die ich nie vergessen werde: „Bau das grün-weiße Haus!" – „Was für ein Haus?", antwortete ich. Er lächelte und führte weiter aus: „Wir wollen eine Anlaufstelle für alle Fans und ihre Anliegen schaffen. Das haben wir in dieser zentralen Form nicht und hier könnten wir uns dich mit einem Team dahinter gut vorstellen." Ich war sprachlos, und das hieß schon damals was bei mir.

Normalerweise würde man wohl in meiner Rolle sofort zusagen. Ich allerdings erbat mir noch Bedenkzeit. Ja, ich wollte unbedingt Mitarbeiter von Rapid sein, aber ich hatte ja noch meine Mode-Firma im Waldviertel und damit verbunden viel Verantwortung gegenüber den Mitarbeitern. Dazu kam meine Mutter, meine kleine Familie mit meiner Frau Sabine und Lukas, der gerade ein Jahr alt war. Ich könnte das Angebot nicht annehmen, ohne nicht zumindest mit ihnen allen gesprochen und das Ganze in eine für uns vernünftige Form gebracht zu haben. Also vertröstete ich die Rapid-Führung und machte mich erst einmal auf den Heimweg. Es sollte nicht lange dauern, denn sowohl meine Mutter als auch meine Frau sahen die leuchtenden Augen und verstanden, dass ich die Chance nützen wollte. „Mache es, weil wenn du es jetzt nicht machst, wirst du ewig traurig sein", gab mir Sabine als Rat mit. Die Entscheidung war gefallen. Jetzt brauchte ich nur noch einen Plan, wie ich alles angehen würde.

Denn mir war klar, Rapid wollte, dass ich sofort beginne. Aber da gab es ja noch die Mode-Firma und diese könnte ich nicht so schnell übergeben oder verkaufen. Also war die Idee, im ersten Jahr, oder zumindest bis ich eine geregelte Lösung der Übergabe finde, zweigleisig zu fahren. Zurück in Wien, sagte ich Werner Kuhn zu, wir besprachen alle Details und gemeinsam mit anderen Vereins-Verantwortlichen steckten wir auch unsere Ziele ab. In Sachen Gehalt trafen wir uns nicht unbedingt bei meinen Vorstellungen, Rapid musste sparen. Mir war es zu diesem Zeitpunkt aber egal, denn ich wollte durchstarten und es allen zeigen, dass ich es kann. Das war mein Antrieb, wie schon so oft in meinem Leben! Mit Sonja, Heimo und Clemens (mit ihm sollte ich 22 Jahre lang zusammenarbeiten – er ist noch immer bei Rapid) lernte ich mein neues Team kennen und ich lud sie sogleich ein paar Tage später zum Kennenlernen ins Waldviertel ein. Meine Strategie war, dass wir uns gemeinsam einschwören mit den Zielen, Vorstellungen und Ideen, die wir einbringen würden. Im Extrazimmer eines Waldviertler Beisls, in dem man damals die besten Fleischknödel der Region bekam, gingen wir es an. Und je länger der Abend dauerte, umso eher sprang dann irgendwann der berühmte Funke über. Wir würden gemeinsam an einem Strang ziehen wollen und nahmen uns für die kommenden Jahre viel vor. Das war zugleich die Geburtsstunde unseres SK Rapid Klubservice, das später noch sehr wachsen und viel Verantwortung auf sich nehmen würde. Und alles begann mit Fleischknödel!

Das SK Rapid Klubservice – eine Abteilung für die Fans

Jetzt hatte ich sie also, meine eigene Abteilung, die sich allein um die Anliegen unserer Anhänger kümmern sollte. Und das auch noch beim SK Rapid, meinem Verein. Wie diese Abordnung genau heißen sollte, ob „das" oder „der" Klubservice, war mir letzten Endes egal. Ich habe immer die erste Variante bevorzugt, weil ich darunter „das Team" verstand. In meinem Büro, es war in diesem Flachdachhaus beim Westeingang (das gibt es noch immer), stand mein erster eigener Schreibtisch in einem Raum, den wir uns zu viert teilten. Neben mir fanden noch Clemens Pieber, Heimo Kraus und Sonja Pendl Platz. Es konnte losgehen mit einem Berg voll Arbeit, aber zunächst mussten wir uns erst bewusst machen, was wir eigentlich wollten. Was war unser Ziel? Denn wir waren uns schnell einig, dass sich bei Rapid alles in eine gute Richtung entwickelte, vor allem auch wirtschaftlich gesehen. Aber unsere große Anhängerschaft bekam noch nicht die notwendige Betreuung für ihre Themen, die es brauchte. Das musste geändert werden. Extra dafür hatte man mich ja geholt. Und ich legte einen großen Tatendrang an den Tag. Jedem sollte sein Dasein als Fan so einfach wie möglich gemacht werden, für alles sollte es Ansprechpartner geben und mögliche Herausforderungen und Probleme müsste man rasch zu lösen versuchen.

Aber wir mussten uns alle mal klar werden, was eigentlich die Themen sein sollten, mit denen wir uns beschäftigten. Und vor allem: Wer ist ein Fan? Welche Zielgruppe haben wir? Die Ultra-Fans, die bei jedem Spiel dabei sind, Gelegenheitsbesucher oder reine Sympathisanten? Wen sollten wir ansprechen, für wen die Anlaufstelle sein? Mein Ansatz war schnell bestimmt: Jeder, egal ob Mitglied, Abonnent, Stammgast oder nicht, einfach jeder sollte beim SK Rapid entsprechend betreut werden. Ohne Klasseneinteilung, ohne Barrieren, ohne irgendwelche Bestimmungen. Wie weit dieses Themenfeld schließlich wachsen sollte, zeigten vor allem auch die nächsten Jahre, aber selbst in der Anfangsphase hatten wir schon alle Hände voll zu tun. Ich kann mich noch gut an den ersten Tag in der neuen Position erinnern. Wir hatten eine Telefonistin im Nebenbüro. Das

Telefon läutete, aber es nahm niemand ab. „Bitte, wenn es klingelt, dann müssen wir schnell abheben und uns anhören, was uns die Rapid-Fans fragen oder sagen", machte ich fast flehentlich, aber doch sehr deutlich klar. Einfach die Anliegen der Fans ins Leere laufen lassen, das ging nicht mehr, das gehörte geändert, dafür lag bereits zu großes Interesse an Rapid parat. So war es mir auch ein Dorn im Auge, wenn sich etwa im Faxgerät unbeantwortete Schreiben befanden: „Worauf warten wir, das gehört erledigt, der Fan wartet ja!" Jeden Tag schmiedeten wir neue Pläne und versuchten, als Team gemeinsam die nächsten Akzente zu setzen.

Eine große Hilfe war hier Werner Kuhn. Als mein unmittelbarer Vorgesetzter stand er mir mit Rat und Tat zur Seite, ließ mir aber freien Lauf und beobachtete die Arbeit fast wie ein Außenstehender. Ich berichtete ihm zwar immer über die aktuellen Geschehnisse, aber er war vorrangig froh, dass es nun jemanden gab, der sich des Themas Rapid-Fans annahm, und er sich wieder voll und ganz den Sponsoren und dem finanziellen Bereich widmen konnte. Wie sich das Ganze entwickeln würde und welche Tragweite es bei unserem Verein einnehmen sollte – bis hin zur später größten Abteilung im wirtschaftlichen Bereich –, das konnte zu diesem Zeitpunkt noch niemand ahnen. Zu Beginn kümmerten wir uns primär um Mitglieder, Abonnenten und Fanklubs, in den Folgejahren gesellten sich zahlreiche neue Themengebiete dazu. Oft raunten meine Mitarbeiter: „Jetzt kommt er schon wieder mit einem neuen Projekt", aber wenn es in den jeweiligen grün-weißen Zeitgeist passte, dann setzten wir es um. Als ich 2020 schließlich Rapid aus gesundheitlichen Gründen verlassen musste (später mehr dazu), verantworteten und bespielten wir folgende Themenfelder: Mitgliederverwaltung, Ticketing, Merchandising, die Fanshops, Organisation aller Rapid-Veranstaltungen, Fanbetreuung, Fanklubs, Organisation der Auswärtsreisen im internationalen Bewerb, Fanbetreuung bei Auswärtsspielen national, Organisation und Abwicklung des großen VIP- und Business-Bereichs, Organisation des Matchtages, das Rapideum, die Jugend-Camps, die Stadionführungen, die Rapid-Hotline, die öffentlichen Auftritte der Spieler, den Greenie-Club und vieles mehr.

Auch unser Team wuchs mit den Aufgaben. Mit Astrid Salzer, Ivica Viskup und Martina Mosovsky entwickelten wir uns zu einer eingeschworenen Truppe, die in den Folgejahren immer größer wurde. Die Anforderungen wurden mehr, und so wuchsen auch wir. Aber so wie zu Beginn galt auch zu jedem anderen Zeitpunkt: „Wir wollen dem Rapid-Fan seine Leidenschaft so einfach wie möglich gestalten!" Jeder von uns verstand, was hier gemeint war: auswärts und daheim schnell zu seinen Karten zu kommen und auch vor Ort ein Service zu genießen, eine große und gute Auswahl an Fanartikeln zu haben; holt sich ein Fan eine Mitgliedschaft, sein Aufenthalt im Stadion, der Besuch unserer Veranstaltungen – all das musste schnell und unkompliziert betreut werden können. Ja, nicht immer liefen die Dinge so, wie man sie sich vorgestellt hatte. Aber wir versuchten, aus Fehlern zu lernen und es beim nächsten Mal besser zu machen. Auch das war so ein Ansatz, dessen Umsetzung uns, denke ich, in den Jahren immer besser gelungen ist.

Fanbindung pur – Rapid wächst und wächst

Wer glaubt, der große Zuspruch, die euphorische Mobilisierung der Massen und die sensationelle Stimmung aus den letzten fast 20 Jahren sind bei Rapid immer selbstverständlich gewesen, der irrt sich. Das war und ist alles andere als ein Selbstläufer, dahinter steckt knochenharte und konsequente Arbeit. Ja, die Basis, also die große Anhängerschaft hatte unser Verein immer, wenn es lief oder ein wichtiges Entscheidungsspiel um den Aufstieg im Europacup bzw. in der Meisterschaft anstand. Da war die Hütte fast automatisch voll. Aber die kontinuierlich vielen Stadionbesucher, das gab es früher nicht. Nicht einmal in den glorreichen, so erfolgreichen 80er-Jahren und auch nicht in den 90ern. Natürlich ist man da und dort bereit, die Vergangenheit etwas anders zu sehen oder die damaligen Geschehnisse zu romantisieren. Aber Fakt ist, es war damals auch sehr oft sehr trist und es gab somit viel Luft nach oben. Was unser Vorteil war, den andere Vereine nicht hatten: Rapid-Fans gab es zuhauf, im ganzen Land verstreut. Wir mussten sie nur abholen und es schaffen, sie näher an unseren Verein zu binden. Sie mit dem sogenannten „Rapid-Geist" zu infizieren, ihre Leidenschaft erwecken.

Ich erinnere mich an Ernst Dokupils Vision Mitte der 90er: „Das Ziel ist, unser Stadion so oft wie möglich zu füllen!" An dieser Aufgabe orientierte ich mich, ich notierte mir geistig die anvisierten 10 000 Abonnenten. Es war gerade an der Jahrtausendwende und mein Team und ich beschlossen, einige treue Fans zu diversen Besprechungsrunden und Brainstormings in Hütteldorf zusammenzuholen. Um das Motto „Fanbindung" mit Leben zu erfüllen, brauchten wir eben auch unsere wichtigsten Bezugspersonen, die Anhänger selbst. Und die Ideen sprudelten: „Andy, schau' doch einmal über die Grenzen hinaus. Jeder große Verein macht für die Fankurve einen speziell niedrigen Jahreskartenpreis", sagte einer. „Der

Vorteil ist, dass sich die Leute somit das Abo leisten können und so sind sie dafür bei jedem Spiel dabei. Dann hast du deine volle West.“ Ein guter Punkt und wir machten uns an den Vergleich: Egal, ob Schalke, Dortmund, Bayern, wir verglichen und stellten fest, dass es stimmte. Also passten auch wir unsere Preisgestaltung entsprechend an und präsentierten bald darauf einen Jahreskartenpreis für 18 Heimspiele im Block West von damals 1.000 Schilling. Als der Euro kam wandelten wir es angemessen um in rund 72 Euro. Es sollte der erste erfolgreiche Schritt in die Richtung Fanbindung werden. Innerhalb kürzester Zeit war der Block West mit 2 500 Fans restlos ausverkauft und es gab ein so großes Interesse, dass wir eine Warteliste mit weiteren Interessenten anlegen mussten. Ein gewisser Lauf auf die Abos hatte sich eingestellt.

Neben dem günstigen Preis kam noch ein weiterer wichtiger Punkt für die Begeisterung dazu: Der Block West war bummvoll und es ging sprichwörtlich die Post ab. Als gäbe es kein Morgen, wurde eine Stimmung erzeugt, die vorher noch nicht so spürbar war, als würde ganz Hütteldorf erzittern – die Tribüne tat es da und dort tatsächlich. Diese Stimmung übertrug sich auf das gesamte Stadion und so sprach es sich schnell herum, dass man nicht nur Rapid selbst anschauen kam, sondern gespannt war, was sich die organisierten Fans im Block wieder ausgedacht hatten. Das war der erste Schritt, die nächsten mussten und sollten folgen.

Eine Idee, die mich schon lange verfolgt hatte, waren die Bustouren. Ich wollte, dass Rapid-Fans aus den Bundesländern regelmäßig zu unseren Spielen geführt wurden, also kontaktierte ich die Bürgermeister quer durch Niederösterreich und das Burgenland. Ich motivierte sie, kostenlose Busse für die Anhänger aus ihren Gemeinden zur Verfügung zu stellen und sie nach Hütteldorf zu bringen. Im Gegenzug gab es von unserer Seite Freikarten. Und siehe da: Das ging durch die Decke! Bei manchen Spielen hatten wir an die 40 Busse voll mit Fans, die wir im Normalfall wohl nicht erreicht hätten und die die Reise sonst nicht auf sich genommen hätten. Der Clou: Spieler, die gerade verletzt pausierten, begrüßten die Fans bei den Bussen und meine Mitarbeiter verteilten Sackerln mit Abo-Flyern und Mitgliederbroschüren. Nach dem Spiel fand man auf den Plätzen in den Bussen ein Dankeschreiben von uns für das Kommen: „Wir freuen uns, euch bald wieder beim SK Rapid begrüßen zu dürfen!“ Sicher, alle konnte man mit diesem Service nicht abholen und langfristig gewinnen, aber es gelang doch, durch diese Aktion viele Fans zu treuen Stadionbesuchern zu machen. Hier ging alles Hand in Hand. Der sportliche Erfolg, den es auch immer braucht, unser Service und die einzigartige Stimmung der Bühne Block West, zu der ihr an anderer Stelle in diesem Buch noch viel lesen könnt. Wir waren damit schon dort, wo ich hinwollte, am direkten Kontaktpunkt mit unseren Zielgruppen, aber es musste noch mehr gehen.

Wir starteten mit immer mehr Veranstaltungen, die wir ins Leben riefen und wo es unsere Spieler hautnah zum Angreifen gab, bei Autogrammstunden oder Fotoshootings. Unser Greenie-Club wurde forciert, um auch die Kinder für Rapid zu begeistern und damit auch ihre Eltern im Umkehrschluss, oder wir hielten in den Bundesländern grün-weiße Stammtische in Gasthäusern ab. Zu dieser Zeit nahmen wir auch das Merchandising in die eigene Hand. War es in den Jahren zuvor noch ausgelagert gewesen, produzierten wir nun selbst und brachten so Farbe ins Spiel. Denn die Fanartikel wurden immer mehr und so färbte sich auch bei jedem Stadionbesuch sehr viel in Grün-Weiß, wo vorher vielleicht maximal ein Schal oder eine Haube zu sehen war. Man hatte das Gefühl, unbedingt dazugehören zu wollen, und so war es mir auch immer wichtig, unsere Fans in die vielen Entscheidungsprozesse mit einzubinden.

Die Abo-Zahlen stiegen, brachten neue Rekorde und nach einigen Jahren, in der Saison 05/06, hatten wir es geschafft: 10 000 Abonnenten! Das kannte man in Österreich so noch nicht und stand ein Match an, hieß es fast automatisch: „Gemma Rapid schauen!" Immer neue Fanklubs gründeten sich, die Mitgliederzahlen stiegen und nun gab es fast bei jedem Spiel durch ausgefallene Ideen sensationelle Choreografien am Block West und manches Mal im ganzen Stadion zu sehen. Kurios: Weil der Block West zu klein wurde, verlagerte man das Geschehen auch auf die Gegenüberseite, auf die Ost. Bald entwickelte sich durch die Initiative der „Lords Rapid" eine zusätzliche Fantribüne. Und das Stadion war immer öfter ausverkauft, egal, wer der Gegner war. Mitten in der Begeisterung holten wir 2005 nach neun Jahren auch endlich wieder den Meistertitel, was für die Fanbindung noch einmal einen großen Schwung bedeutete, für uns alle: vom Verein und dem Klubservice über die Mannschaft bis hin zu den Fans. Da gab es viele schlaue Köpfe und fantastische Ideen, die wir gemeinsam umsetzten. Aber auch hier galt: Zurücklehnen geht nicht. Denn der Erfolg ist bei Rapid kein Dauergast, wir waren nicht Serienmeister oder spielten jedes Jahr in der Champions League. Also war es notwendig, immer am Ball zu bleiben, damit wir diese besondere Stimmung und Verbundenheit aufrechterhalten konnten. Einmal gewonnen, wollten wir sie nun nicht mehr verlieren.

RAPID
Orange
OMV

Kapitel 4

Seavas, Andy! Gegenseitige Wertschätzung

15 Trainer – mit jedem ging es gut

Grundsätzlich würde ich mich als Mensch bezeichnen, der nach Harmonie sucht. Mir ist es wichtig, dass es für alle passt, dann fühle auch ich mich zufrieden. Somit war es auch im Zusammenspiel mit unseren diversen Trainer-Persönlichkeiten nicht anders, und da sie ja doch eine gewichtige Stellung im Zuge ihrer Funktion einnahmen, wollte ich auch hier immer ein gutes Verhältnis haben. Es waren insgesamt 15 Trainer, die ich bei Rapid miterleben und begleiten durfte. Wahrscheinlich kann man auch ein eigenes Buch nur über die Erlebnisse mit ihnen schreiben, so viel gäbe es zu Papier zu bringen. Aber ich will mich mit dem hier vorhandenen Platz in kurzen Absätzen unserer Zusammenarbeit und ihren Wesenszügen widmen.

Der Allererste war für mich August „Gustl" **Starek**. Ich war damals noch der frischg'fangte Stadionsprecher in meiner Anfangszeit und somit noch nicht wirklich mittendrin im Geschehen. Wir hatten zwar nicht viel Kontakt, aber wenn, war er immer sehr seriös. Innerlich brachte mich das oft zum Lachen, denn er verband mit mir offenbar immer nur ein bestimmtes Bild. „Du vergiss' net: Heute spü' ‚We will rock you' ziemlich laut!", wollte er immer von mir zur Einstimmung, bevor es auf den Rasen ging. Viel mehr hatte ich da mit ihm nicht zu tun und unsere Beziehung wurde erst Jahre später enger, als ich ihn im Legendenclub des SK Rapid besser kennenlernte.

Auch Hubert **Baumgartner**, der ihm nachfolgte, war für mich noch nicht wirklich greifbar. Baumgartner blieb selbst nicht mal eine ganze Saison im Amt Rapid ging es zu dieser Zeit sportlich schlecht, finanziell noch schlechter, und somit war es auch für ihn sehr schwierig. Es gab Unruhe, Platz 5 in der Schlusstabelle und das kostete ihn dann auch das Traineramt.

Es kam die Lichtgestalt schlechthin, auch für mich: Ernst **Dokupil**. Im Mai 1994 wurde er zum neuen Trainer unseres Vereins bestellt und zu diesem Zeitpunkt ahnte noch niemand, auf was für eine unglaublich schöne Zeit wir uns als Rapid-Fans freuen konnten. Er veränderte alles, brachte einen Schwung neuer Stimmung in den Verein, hatte einen unglaublichen Zugang zur Mannschaft und seine Ansprachen sollten Legendenstatus bekommen: „Taktik ist net so wichtig, geht's ausse und spüt's Fuaßball"! Auch ich merkte schnell, dass er mich schätzte und er holte mich aus meinem Moderations-Kämmerchen direkt auf das Spielfeld, neben die Trainerbank: „Da muaßt sein, die Leut miassn di seh'n!" Mit seiner direkten Art gelang es ihm auch, unsere Fans immer mehr mitzureißen und ins Boot zu holen. Sie zahlten es mit lauten, erfreuten Gesängen zurück: „Doku-Doku-Doku-Dokupil!" Er war der Baumeister der grün-weißen Erfolgswelle, die Mitte der 90er über Hütteldorf und ganz Österreich schwappte, und damit einher ging die immer engere Bindung zu unseren Fans. Er hatte ein unglaubliches Naheverhältnis, auch zu den Ultras. Doch eines Tages brach die Freundschaft. Es war im März 1998, Rapid war schlecht in die Frühjahrsmeisterschaft gestartet und nach fünf sieglosen Spielen folgte ein hartes 0:5 Debakel auf der Gugl gegen den LASK. Es begannen die „Dokupil raus!"-Sprechchöre, wenige Tage später hatte Rapid einen neuen Trainer. Dieses Verhalten und den Bruch, das hat Ernst Dokupil ihnen nie verziehen.

Aber Dokupil blieb weiter beim SK Rapid und wechselte auf den Sportdirektoren-Sessel. Der neue Trainer hieß Heribert **Weber**. Als Spieler gewann der „Ehrenkapitän" alles mit Rapid, was es zu gewinnen gab, holte später als Salzburg-Trainer den Meistertitel und genau das war auch das erklärte Ziel in Hütteldorf. Wie wir wissen, gelang es nicht. Wir wurden zweimal Vizemeister, einmal

Dritter, aber die Rapid-Legende Weber leistete konstante, ruhige Arbeit. Dabei wirkte er oft verbissen und viele Leute kamen mit seiner direkten Art, bei der er keine Konfrontation scheute, nicht immer zurecht. Vielleicht stand er sich somit selbst im Weg, denn es brachte ihm nicht nur Vorteile bei unserem Verein. Ich verstand mich aber sehr gut mit ihm, wir arbeiteten mit einer großen gegenseitigen Wertschätzung zusammen und uns verbindet noch heute eine Freundschaft. Auch seine Ära hatte nach einer gewissen Zeit aber ein Ende gefunden.

Der Nachfolger war ein alter Bekannter. Ernst **Dokupil** übernahm noch einmal, diesmal aber in einer völlig neuen Rolle. Als sogenannter Teammanager war er nun für alle sportlichen Geschicke verantwortlich. Es lief in der Saison 2000/01 in Ordnung, aber natürlich nicht mehr so, wie in den glorreichen 90ern. Um die Jahrtausendwende fehlte die Aufbruchstimmung, und nachdem er noch die neue Saison anfangs betreute, kam es zum endgültigen Bruch mit Vereinsleitung und unseren Fans. Über viele Jahre herrschte eisige Funkstille, die sich erst wieder löste, als wir ihn dann in den Legendenclub des SK Rapid holten.

Rapid stand Ende August 2001 plötzlich ohne Trainer da, also musste jemand interimistisch übernehmen. Dies tat einer der nettesten, umgänglichsten und liebenswertesten Menschen, die ich je kennengelernt habe. Wieder eine große Rapid-Legende, Peter **Persidis**. Er hatte zuvor schon viele Jahre als Co-Trainer mitgearbeitet und sprang nun für wenige Spiele an vorderster Front ein. Fast jeden Tag kam er nach dem Training einen Sprung zu mir ins Büro und wir plauderten. Auch sehr oft über Mode, denn mir fiel immer ins Auge, wie hervorragend er angezogen war. „Mitso", so nannten ihn seine Freunde, war ein Sir der alten Schule. Leider verstarb er 2009 viel zu früh und hinterließ eine große Lücke in der Rapid-Familie. In der damaligen Zeit rückte er aber bald wieder ins zweite Glied und machte Platz für einen ganz großen Namen im internationalen Fußballgeschäft.

Lothar **Matthäus**. Ein Name, der nicht nur den Fußballfans ein Begriff ist, eine ganz schillernde Persönlichkeit. Ich kann mich noch genau erinnern, als ich es erfuhr. Es war bei einer Präsidiumssitzung, als mich Werner Kuhn anrief und spontan fragte: „Andy, kannst du für morgen 10 Uhr eine Pressekonferenz organisieren?" Das war mehr als nur kurzfristig, aber natürlich sagte ich zu. Er teilte mir mit, dass wir einen neuen Trainer bekommen und der Rapid-Sponsor Bank Austria wollte, dass wir ihn in einem großen Rahmen präsentierten. Den Namen versuchten wir geheim zu halten, er sickerte durch, deshalb reservierte ich vorsorglich im Hotel Marriott einen riesigen Raum. Bei der Pressekonferenz standen am Pult an die 40 Mikrofone, es war alles versammelt, was Rang und Namen hatte, von ORF, ARD, ZDF bis hin zu RTL oder SAT1. Und dann erschien er, ja, „erscheinen" trifft es hier ganz gut. „Loddar" war da und alle erstarrten in Ehrfurcht. Nur ich blieb äußerlich cool. Nach einem Gespräch mit meinem Mitarbeiter Clemens Pieber waren wir beide noch skeptisch, wie und in welcher Form eine Zusammenarbeit mit unserem neuen Trainer möglich sein würde. Clemens sagte damals zu mir: „Mach dir keine Sorgen, der hat sicher schon erfahren, wer du bist!" Lothar, der Superstar, der er zweifellos war, vermittelte mir schnell, dass er meinen Stellenwert im Verein spürte, und so kamen wir von Beginn weg gut miteinander aus. Denn wenn man ihm die Bühne aufbereitete, und das konnte ich ja ganz gut, dann hattest du bei ihm einen Stein im Brett. Weniger leicht hatte er es bei der Mannschaft, denn da gab es so einige Anlaufschwierigkeiten. Er war eben ein Weltfußballer, ein großartiger Spieler, aber weniger ein Mensch mit strategischen Führungsqualitäten. So stellte sich auch nie wirklich der sportliche Erfolg ein, es fehlte der „Ruck" und nach einem dreiviertel Jahr trennten sich im Mai 2002 bereits wieder die Wege. Bei unseren Fans aber kam er gut an, da war Matthäus in seinem Element. Er wusste, wie man geliebt wird, fuhr mit mir zu vielen PR-Terminen und Veranstaltungen und lobte unsere Anhänger bei jeder Gelegenheit.

Es folgte eine weitere absolute Persönlichkeit, aber eine, die bei uns Geschichte schreiben würde: Josef **Hickersberger**, der Fachmann, der Gentleman, der einfühlsame Trainer und väterliche Freund. Er wusste von Anfang an, wie man mit den Spielern, den Mitarbeitern, den Anhängern und mit den Menschen allgemein umgeht, vergaß nie einen Geburtstag und bereicherte Rapid auch fachlich so ungemein. Kurzum: Er war genau das, was unser Verein nun brauchte. „Hicke" riss uns alle so mit, dass wir uns von Tag 1 an wünschten, dass wir gemeinsam endlich wieder einen Titel feiern könnten, allein, um ihn für seine sensationelle Art und Arbeit bei uns zu belohnen. Aber es sollte ein steiniger Weg werden, denn sportlich lief es nicht gleich gut. Er traf riskante Entscheidungen, ernannte unter anderem den unbekannten Steffen Hofmann zum jüngsten Rapid-Kapitän und es brauchte seine Zeit. Doch alles ging auf, wir wurden belohnt. Der Erfolg stellte sich nach und nach ein, die Stimmung schwappte über und er taufte sogar unser Stadion liebevoll in „St. Hanappi". Die wohlverdiente Krönung war der Meistertitel 2005, ehe er später vom ÖFB abgeworben wurde und zum österreichischen Nationalteam wechselte.

Auch sein Nachfolger war ein begehrter und guter Trainer. Georg **Zellhofer** hatte zuvor mit Pasching sensationell Großes geschafft und war deswegen auch die logische Wahl, um unsere offene Trainerposition zu besetzen. Sein Start war gut, denn von der Rapid-Familie wurde er bei einem großen Fest der aktiven Fanszene sehr wohlwollend aufgenommen und zeigte sich auch voller Tatendrang. Aber es stellte sich leider heraus, dass Rapid dann doch ein ganz anderes Pflaster ist mit all seinen Begleiterscheinungen. Georg, den ich persönlich sehr schätze, kam mit seinen Ideen nie wirklich an und der sportliche Erfolg stellte sich auch nicht ein. Nach nur acht Monaten mussten wir uns wieder auf Trainersuche begeben.

Peter **Pacult** folgte und was wurde über ihn nicht alles geschrieben und gesagt! Er hatte als Stürmer für Rapid große Erfolge ermöglicht und sich in Deutschland bei 1860 München als Trainer einen ebenso großen Namen gemacht. Nun sollte er unseren Verein wieder auf Vordermann bringen und tatsächlich wurde es eine fast fünfjährige, sehr erfolgreiche Beziehung. Ja, er war im Umgang oft schwierig, er war unberechenbar, er war vielleicht auch cholerisch, aber: Er war ein guter Trainer und holte mit uns sensationell den Meistertitel 2008

und mit ihm qualifizierten wir uns zweimal hintereinander für die UEFA Europa League gegen das damalige Schwergewicht Aston Villa. Er schaffte es, dass Rapid durch seine Spielweise viele Fans wieder ins Stadion lockte, denn klar schien: Wo unsere Mannschaft auftrat, da war Spektakel mit vielen Toren! Denken wir etwa an das 7:0 in Salzburg. Hinter den Kulissen steigerte ich mich mit Peter auch hie und da in hitzige Diskussionen rein, die aber stets geprägt waren von gegenseitigem Respekt. Diesen schien er manchmal im Gespräch mit Journalisten vermissen zu lassen, wenn er sehr undiplomatisch agierte. Aber auch das bekamen wir in den Griff. Irgendwann ging aber leider seine Zeit bei uns zu Ende und die nächste Legende folgte.

Und es war kein geringerer als der damalige Rekordspieler unseres Vereins, noch dazu ein sehr guter Freund von mir. Peter **Schöttel** hatte mit starken Leistungen bei Wiener Neustadt aufgezeigt und kehrte nun auf unsere Betreuerbank in den Westen Wiens zurück. Und trotz seiner glorreichen Rapid-Karriere fand er wohl die schwierigste aller Ausgangssituationen als Trainer vor. Nach dem Platzsturm im Mai 2011 hatten wir große Probleme mit unserer Fanszene; über 100 Anhänger bekamen Stadionverbot und es folgte eine Protestwelle auf die andere. Was auch bedeutete: keine Stimmung im Stadion, Geisterspiele, Boykott und später dann Ausschreitungen in Saloniki und, und, und. All diese Geschehnisse um ihn herum begleiteten Peter Schöttel und er versuchte alles, um Rapid wieder in die Spur zu bringen. Kein leichtes Los. Es gelang ihm zwar, zuerst Zweiter und dann Dritter mit unserer Mannschaft zu werden, dennoch schwebte immer wieder eine große Wolke der Unruhe und Unzufriedenheit über unserem Verein. Kurzum, wir kamen nie zur Ruhe. Peter machte einen sehr guten Job, wurde aber in diesen schwierigen Phasen sicher unter Wert geschlagen. Nach einer Cup-Niederlage gegen Pasching im April 2013 endete schließlich seine Ära.

Es folgte jemand, den ich mir als Schwiegersohn wünschen würde, wenn er denn ein bisschen jünger wäre. Zoran **Barisic** kannte Rapid wie kein Zweiter, war er doch seit vielen Jahren bei uns als Co-, Amateur- und Individual-Trainer aktiv. Er wusste von Grund auf, wie er mit unseren Spielern umgehen musste, mit den älteren und auch mit den jüngeren, die er nach und nach in die erste Mannschaft einbaute, und viele Talente kannte er noch von früher. Mit seiner positiven Art versuchte er, sich den Herausforderungen zu stellen, und egal, mit welchem Wunsch ich auch zu ihm kam, es gab nie eine Absage. Wenn ihm etwas nicht passte, suchten wir nach einer Lösung. Ein absoluter Vollprofi und ein mit allen Wassern gewaschenes Schlitzohr. Ich freute mich über jeden Erfolg für ihn persönlich. Dreimal wurden wir Vizemeister, einmal ging es für uns sogar bis ins Sechzehntel-Finale der UEFA Europa League. Leider war „Zoki“ ein Titel nicht vergönnt, und es kam, noch bevor wir ins Allianz Stadion einzogen, zum Bruch. Warum auch immer, auf jeden Fall sehr schade, doch später sollten sich ja unsere Wege in anderer Form wieder kreuzen.

Mit dem Einzug ins neue Allianz Stadion im Sommer 2016 folgte also auch ein neuer Trainer. Mike **Büskens** hatte einige große Erfolge in Deutschland als Profi erreicht und mir war zu diesem Zeitpunkt noch nicht klar, wie er sich bei uns machen würde. Aber schon seine Begrüßung war sehr locker. „Hallo, ich bin Mike, ich habe gehört, du bist die graue Eminenz bei Rapid, ich freue mich auf unsere Zusammenarbeit", grinste er und deutete auf meine Haare – diese waren mit „grau" gemeint. Mike legte seine unglaublich soziale Ader im Verein an den Tag und wollte helfen, wo er nur konnte. Nur sportlich klappte es nicht. Der Erwartungshaltung, dass Rapid im neuen Stadion auch entsprechend performen musste, wurde er leider nicht gerecht und hier macht man sportlichen Misserfolg natürlich zuerst immer am Trainer fest.

Der nächste Mann auf unserer Betreuerbank war ein Fachmann, aber die ganze Geschichte ein Mysterium. Damir **Canadi** hatte seine ersten beiden Spiele mit Rapid verloren, bekam aber auf unserer Mitgliederversammlung Standing Ovations. Das mediale Interesse bei seiner Bestellung war so groß, wie seit Jahren nicht. Er hatte Altach an die Spitze der Tabelle (!) geführt und wir alle waren überzeugt, dass er der Richtige wäre. Er trat in jeder Sekunde nach außen hin hochprofessionell auf, mit ihm absolvierte ich an die 40 Termine in knapp sechs Monaten und zu allen kam er pünktlich und top vorbereitet. Canadi begeisterte Fans wie Sponsoren, alle waren von seiner professionellen Art angetan. Doch seine dominante Einstellung kam nicht bei allen an, denn sportlich passte es überhaupt nicht. Somit wurde auch hier sehr schnell ein Schlussstrich gezogen.

Rapid hatte seit geschlagenen neun Runden nicht mehr gewonnen und nun sollte es Goran **Djuricin** richten. „Gogo" war an der Seite von Damir Canadi bereits an Bord gewesen und musste nun als Feuerwehrmann rasch den großen Brand löschen, denn wir bewegten uns drohend nah in Richtung Abstiegsrang. Einem unerfahrenen Mann das so wichtige Amt zu übergeben, war ein mutiger Schritt. Ich holte einige Vertreter der aktiven Fanszene zusammen und es folgte eine Aussprache zwischen ihnen und unserem neuen Trainer, um möglichst schnell an einem Strang zu ziehen und wieder in ruhige Gewässer zu gelangen. Mit vereinten Kräften gelang es auch, dem Abstiegsstrudel zu entfliehen und sogar noch ins Cup-Finale zu kommen, welches dann gegen Salzburg verloren ging. Und „Gogo" wuchs mit den Aufgaben, er war ein unglaublich großer Teamplayer und er genoss in seinem unmittelbaren Umfeld große Akzeptanz. Es machte auch mir viel Freude, mit ihm zu arbeiten. Obwohl wir die Folgesaison mit Platz 3 abschlossen und uns wieder für die UEL-Gruppenphase qualifizierten, schien irgendwie in der Öffentlichkeit, bei den Fans jegliche Euphorie abgekühlt zu sein. Man hatte das Gefühl, Rapid bewege sich am Stand, und so wurde die Entscheidung getroffen, die Reißleine zu ziehen. Ein Rapid-Urgestein wurde verpflichtet.

Trainer Nummer 15 meiner Laufbahn bei Rapid war Didi **Kühbauer,** und wenn man meinen Anfang als Stadionsprecher betrachtet, schließt sich hier der Kreis. Schließlich war Didi mein erster Interviewpartner gewesen an meinem ersten Tag 1992 und ganze 26 Jahre später kam es nun wieder zur Zusammenarbeit. Der damalige „Schmähbruder" war wieder zurück in Hütteldorf, doch was hatte sich seither alles geändert? Er war anders, er war gefestigt, aber er zeigte sich nach wie vor erfolgshungrig – immer verbunden mit den für ihn sehr typischen Emotionen. Wir hatten über die Jahre hinweg, als er andere Mannschaften trainierte, immer ein gutes Verhältnis und das behielten wir auch diesmal bei. Wenn ich spezielle Wünsche hatte oder außergewöhnliche Themen mit ihm besprechen wollte, ging ich immer mit ihm in einen separaten Raum und erklärte die Situation – das war die richtige Taktik. Eigentlich war er mit all meinen Vorschlägen und angesetzten Terminen einverstanden, nur eine Krawatte zu tragen, da weigerte er sich beharrlich. Also schrieb ich sie für die europäischen Reisen einfach als Dresscode vor. Didi lebt Rapid, er macht einen großartigen Job und hat noch so viele Pläne mit seiner Mannschaft. Wollen wir hoffen, dass uns dieser Wunsch nach dem ganz großen Erfolg mit ihm zusammen auch aufgeht!

Es waren so viele Trainer, mit denen ich zusammengearbeitet habe und viel erleben durfte. Mit allen von ihnen fand ich eine wundervolle Basis trotz ihrer unterschiedlichen Eigenheiten und Zugänge. Sie haben sich an alle von mir angesetzten Termine gehalten, sie haben das angezogen, was ich für sie aussuchte, sie hielten sich bei Veranstaltungen an die Abläufe, sie alle sangen sogar bei den Weihnachtsfeiern live. Und das Wichtigste: Sie haben mir vertraut und ich ihnen.

Die Nähe zu den Spielern – ich suchte sogar den Hochzeitsanzug aus

Generell gilt, und da bin ich wohl nicht der einzige, wenn man Fan einer Fußballmannschaft ist, dann sind die Spieler und die Mannschaft an sich das Wichtigste für einen. Man schaut, was sie machen, verfolgt die Medienberichte, Fotos und Videos und will sie auf dem Feld sehen, wo sie zusammen Erfolge feiern. Im schönsten Fall gelingt es sogar, bei einer Gelegenheit ein Autogramm oder ein gemeinsames Foto zu ergattern und ein paar Worte zu wechseln. Die Verbundenheit reicht von kleineren Gesten, wie einem Poster an der Wand zuhause, bis zu augenscheinlichen, wie dem gleichen Haarschnitt der Idole oder sogar Tattoos. Was soll ich sagen: Mit dem gleichen Haarschnitt wie die Spieler hätte jede Friseurin oder Friseur Probleme gehabt, denn bei mir ist am Haupt nicht viel zu machen. Aber sonst war meine Liebe zu Rapid, vor allem in den ersten Jahren, nicht viel anders. Ich war der Fan und sie meine Vorbilder.

So ging es lange dahin, bis ich schließlich meine eigene Abteilung gründete, das SK Rapid Klubservice, und diese leitete. Von diesem Zeitpunkt an schlüpfte ich in die Rolle eines Mitarbeiters, der viel mit den Spielern zu tun haben sollte. Und hier erkannte ich, wie wertvoll sie eigentlich für einen Verein auch abseits der Spieltage sein können, im Sinne von positiver Außendarstellung für einen Klub wie Rapid, von enger Fanbindung gar nicht zu reden. Für eine intensive Zusammenarbeit, wo eins ins andere geht, brauchte es aber erst einmal Vertrauen! Und so ging ich auf die Spieler zu, suchte den Kontakt und bot meine Hilfe an: „Mein Team und ich können euch bei schwierigen Aufgaben helfen: Ihr braucht Konzertkarten? Ihr benötigt einen Flug oder eine Hotelreservierung? Ihr wollt gemeinsam eine Veranstaltung besuchen? Meldet euch!" Durch meine Erfahrungen der Jahre davor hatte ich ein großes Netzwerk aufgebaut, bei dem ich immer versuchte, es mit Rapid zum Vorteil unseres Vereins zu verbinden. Und im

Gegenzug unsere Spieler einzubinden, um scheinbar komplizierte Dinge einfach und schnell zu lösen. Ganz nach dem Motto: „Ich helfe euch und so könnt auch ihr für mich, also für den Verein etwas tun."

Nach einiger Zeit bekam ich auch vom Trainerteam die Erlaubnis, in die Mannschaftskabine zu dürfen. Dieses Privileg hatten nur wenige, und so lernte ich in meinen mehr als 27 Jahren 264 verschiedene Spieler bei Rapid kennen – ja, ich habe nachgezählt. Da waren ganz eigene, viele unterschiedliche Charaktere dabei, aber es gelang mir, eigentlich mit allen gut auszukommen. Sie kamen aus Österreich, Deutschland, Kroatien, Polen, Tschechien, Serbien, Griechenland, der Slowakei oder gehörten überhaupt einem ganz anderen Kulturkreis an, waren „goschert" oder zurückhaltend. Stumpf, Kincl, Savicevic, Herzog, Konsel, Maier, Lagonikakis, Joelinton, Lawaree, Hofmann, Schöttel, Kulovits, Hoffer, Schwab und wie sie alle hießen – zwischen mir und ihnen lief immer alles sehr wertschätzend ab. Denn uns vereinte dasselbe Ziel: Wir wollten Erfolg für Rapid und dazu musste man die Fans ins Boot holen und sie begeistern für den Verein. Dafür waren unsere Spieler das beste Mittel, denn sie sorgten für Emotionen. Zuerst mussten aber auch sie begreifen: Es ist immer ein Geben und Nehmen und es gehört zum Beruf des Profifußballers dazu. Der Arbeitstag besteht nicht nur aus einer Trainingseinheit und dem Sportlichen, sondern abseits davon aus so viel mehr. Und ja, das war da und dort auch immer eine gewisse Gratwanderung. Oft hörte ich: „Andy, das sind Spieler und keine Marketinginstrumente! Sie müssen sich auf Fußball konzentrieren!" Das stimmte, aber es brauchte einfach die richtige Balance.

Denn auch die Spieler, die mir immer mehr vertrauten, wussten: Alles, was ich mit ihnen vorhatte, war durchdacht, hatte einen Plan und würde Rapid helfen und sich in weiterer Folge auch für den jeweiligen Akteur positiv auswirken, wenn man etwa an die Außendarstellung denkt. So begann ich, einen Masterplan zu erstellen. Das war eine Auflistung auf Papier mit zahlreichen Terminen, die ich immer Anfang des Monats den Spielern auf die Plätze in der Kabine legte, mit der Zuteilung der Rapidler, denn die Bandbreite war groß. Ich holte sie auf große Bühnen, wo ich sie interviewen würde. Sie gingen mit mir zu den Fanklubs, Sponsoren und weiteren Businessterminen. Und sie wussten, dass alles mit Respekt und Professionalität ablief und wir alle Rapid nach bestem Wissen und Gewissen vertraten. So konnte ich sie auch oft sehr kurzfristig kontaktieren; fast immer waren sie spontan dabei und ich gab ihnen auch Tipps für den

jeweiligen Dresscode. Manche Veranstaltungen entwickelten Tradition wie etwa unsere großen Weihnachtsfeiern, wo gesungen, getanzt und unterhalten wurde. Beim Rapid-Lauf ging es um sportlichen Einsatz, bei unseren Jugendcamps um Autogramme und Smalltalk mit Kindern. Und wenn das Gesangstalent für eine Rapid-CD gefragt war, dann machte man auch das: „Wenn der Andy das so eingeteilt hat, wird es passen!" Sie alle lernten auf diese Weise auch das wichtige Zusammenspiel zwischen ihnen und unseren Anhängern, wo es ja auch viele verschiedene Arten gab. Ein sehr intensiver und auch sensibler Bereich.

Darum war ein gutes Briefing alles. „Schaut denen, die euch um ein Autogramm bitten, in die Augen", sagte ich: „Das vermittelt Wertschätzung.", oder: „Passt genau auf, was euch jemand in die Hand gibt, wenn er ein Foto macht!" Und auch ganz wichtig: „Wenn ein Gegner nach einem Spiel ein Leiberl mit euch tauschen will, macht es nicht vor der Tribüne, das tut den Fans weh, sondern in der Kabine." Oder einer der für Grün-Weiß wichtigsten Hinweise: „Es gibt eine Farbe, die hat man nicht in seinem Kleiderschrank." Dazu muss ich wohl nicht mehr sagen, jeder weiß, was gemeint ist! Und es gab natürlich nicht nur die schönen und emotionalen Momente, sondern auch ganz schwierige Situationen, durch die wir gemeinsam gehen mussten: Proteste der Fans, Aussprachen der Spieler mit den Vertretern der aktiven Fanszene, Fanklub-Treffen und Mitgliederversammlungen nach Niederlagen. Hier war es auch ganz wichtig, dass die Spieler wussten, dass sie in mir jemanden hatten, der versuchte, die Wogen zu glätten und Lösungen zu finden. Schließlich mussten wir alle gemeinsam an einem Strang ziehen und nach vorne schauen!

Mit manchen Spielern entstanden in diesen Jahren echte Freundschaften, die bis weit nach der Profikarriere hielten. Bei anderen war es einfach, sich gegenseitig zu respektieren und eine professionelle Ebene zu haben, aber nicht mehr darüber hinaus. Manche bewiesen Stil und machten mir, wenn sie unseren Verein verließen, auch mal ein Abschiedsgeschenk. Bei anderen reichte es leider nicht einmal für eine ordentliche Verabschiedung. Man merkte auch hier: Viele hatten Rapid im Herzen, für andere war Hütteldorf nur eine Zwischenstation, also ein reiner Job. Ich spürte so auch, wer von ihnen sein Leben bereits während der Zeit bei Rapid vernünftig plante und wer es nach dem Karriereende als Fußballer wohl schwer haben würde. Aber jeder geht natürlich seinen eigenen Lebensweg. Und bei manchen durfte ich auch aktiv ein Stück weit mitgehen. So war ich da und dort der „Verkuppler" von Beziehungen, was bis zur Hochzeit führte (Steffen Hofmann, aber mehr dazu später!), und so musste ich auch hier für den richtigen Dresscode sorgen und den Hochzeitsanzug aussuchen. Bei den Hochzeiten selbst durfte ich bei drei Rapidlern sogar singen. Hier entstanden besondere Verbindungen, die von großem gegenseitigen Vertrauen geprägt waren und bei denen man nicht nur die persönliche Ebene immer im Kopf hatte, sondern auch jene von Rapid. So gesehen: Es gab in der Zusammenarbeit eigentlich immer nur Sieger!

Bei einer Reise ins Ausland musste ich viele Krawatten binden. Im Bild bei Joelinton.

Und hier bekommt ihr von mir noch drei Schmankerl, wo sich neben der ganzen Professionalität auch die Beziehung zwischen den Spielern und mir zeigte.

Wie erwähnt, gab es besonders goscherte Spieler in unseren Reihen, einer davon war Stefan Kulovits, der immer versuchte, mir Streiche zu spielen. Wenn ich etwa gerade moderierte, schlich er besonders gerne zum Tontechniker und drehte am Mischpult den Lautstärkeregler ab. Das Resultat: Ich sprach, war aber nicht mehr zu hören. Und wusste, „Kulo“ war wieder da. Ich wollte es ihm schon lange heimzahlen, aber es ergab sich kein passender Anlass. Bis ich eines Tages seine Frau um Rat fragte, ob es etwas gäbe, das der Ur-Rapidler so gar nicht aushielt. Und tatsächlich: „Höhenangst“, war das Zauberwort! Also bereitete ich bei der großen Weihnachtsfeier des SK Rapid, die damals noch in der Eventpyramide Vösendorf stattfand, alles vor. Vor 1 700 Gästen bat ich Stefan Kulovits auf die Bühne und erzählte vor dem Ahnungslosen von seinen Streichen mir gegenüber: „Aber heute, heute folgt die Abrechnung!“ Ich ließ ein Video einspielen, wo seine Frau nochmal die angesprochene Höhenangst beschrieb. Währenddessen kam von der Spitze der Pyramide ein Seil per Motor heruntergefahren und jetzt wurde „Kulo“ ganz blass. Er hatte keine Chance, meiner Revanche zu entkommen, schon gar nicht vor 1 700 Gästen. Also ging alles seinen Weg: Verkehrt, an den Füßen hängend, wurde er fast 25 Meter in die Höhe gezogen und erst wieder heruntergelassen, als er die Rapid-Hymne sang. Meine Rache war geglückt – und wie! Aber der nächste Streich wartete schon und so ging es immer weiter.

Und da gab es auch mein fußballerisches Talent, also zumindest das, was ich so bezeichne. Immer, wenn ich zum Training der Mannschaft kam und diese gerade fertig wurde, rief ich ihr zu: „Spielt mir den Ball hoch zu, ich zeig‘ euch, wie man ihn richtig stoppt!“ Oft funktionierte es gut, noch öfter ging es schief, aber einmal wurde es so richtig peinlich. Weil wir gerade eine neue Folge der Sendung „Rapidviertelstunde“ aufnahmen, moderierte ich an, während im Hintergrund noch trainiert wurde. Einige Spieler störten die Aufnahme und ich ließ wieder meinen Satz los: „Wenn ihr schon ins Bild läuft, dann spielt mir wenigstens einen Ball, dass ich euch zeigen kann, wie man gut Fußball spielt und einen Ball stoppt, da könnt ihr euch was abschauen!“ Gesagt, getan – und da kam er schon angeflogen. Ich versuchte, ihn elegant zu stoppen, erwischte ihn nicht gut, der Ball sprang vor mir auf und traf mich direkt in die „Papp‘n“. Es war nicht nur peinlich und alle lachten, sondern tat auch sehr weh. Ich wollte mir aber natürlich nichts anmerken lassen, konnte das Malheur aber dann selbst zigmal anschauen, denn der Kameramann hatte die Szene zufällig aufgenommen. Es ist nicht überraschend, dass der Clip dann seine Runde machte, für viel Erheiterung sorgte und ich noch Jahre später auf mein großes, aber scheinbar vergeudetes Talent angesprochen wurde.

Auch unvergesslich war unser Meisterstück 2008, als wir in Hütteldorf mit dem 3:0 gegen Altach den 32. Meistertitel fixierten. Nach dem Schlusspfiff wurde sehr schnell eine Bühne auf dem Rasen aufgebaut, wo die Übergabe des Meistertellers erfolgte. Die Stimmung war großartig, tausende Fans am Rasen, alles war sehr emotional und mitten in meiner Moderation packten mich die Spieler, allen voran Kulovits, fixierten mich auf einem Sessel und scherten mir mit einem Rasierer von vorne bis hinten eine 5 Zentimeter breite Spur ab. Daraufhin mussten natürlich alle Haare weg und wer mich kennt, weiß: Das schmerzte seelisch!

Wie Stefan Kulovits den Rasierer ansetzte, wollte ich flüchten. Aber es gelang nicht.

In meiner Zeit bei Rapid durfte ich mit 264 Spielern zusammenarbeiten. Es war eine große Freude. Auf der nächsten Seite findet man nun in alphabetischer Reihenfolge all diese Rapidler. Beim Zusammenschreiben konnte ich mich an alle erinnern.

Marcin Adamski | Ivan Adžić | Muhammet Akagündüz | Deni Alar | Haris Alihodžić | Kelvin Arase | Stephan Auer | Aliou Badji | Eldis Bajrami | Mateo Barać | Zoran Barisic | Mario Bazina | Brian Behrendt | Radek Bejbl | Robert Berič | Veton Berisha | Mate Bilic | Franz Blizenec | Boli Bolingoli | Branko Bošković | Terrence Boyd | Amir Bradaric | Martin Braun | Karl Brauneder | Fritz Breitenfelder | Guido Burgstaller | Thomas Burgstaller | Sascha Bürringer | Pablo Cardozo | Salmin Cehajic | Tomi Correa | Frank Daniels | Yusuf Demir | Lukas Denner | Christopher Dibon | Andreas Dober | Kristijan Dobras | Matthias Dollinger | Tomáš Došek | Jens Dowe | Christopher Drazan | Hannes Eder | Maximilian Entrup | Ümit Erbay | de Lima Campos Maria Fabiano | Saoud Fath | Stefan Feitsch | Ferdinand Feldhofer | Jan Åge Fjörtoft | Taxiarchis Fountas | Oliver Freund | Geir Frigård | Herbert Gager | Lucas Galvão | Kurt Garger | György Garics | Harry Gartler | Rene Gartler | Guimarães Ferreira Junior Gerson | Srdjan Grahovac | Leo Greiml | Thomas Grießler | Stanislav Griga | Lukas Grozurek | Theo Grüner | Peter Guggi | Jérémy Guillemenot | Adrian Hajdari | Rene Haller | Georg Harding | Peter Haring | Michael Harrauer | Michael Hatz | Raimund Hedl | Markus Heikkinen | Andreas Heraf | Andreas Herzog | Markus Hiden | Martin Hiden | Thomas Hinum | Thomas Hirsch | Peter Hlinka | Erwin Hoffer | Maximilian Hofmann | Steffen Hofmann | Alfred Hörtnagl | Philipp Huspek | Melih Ibrahimoglu | Muhammed Ildiz | Samuel Ipoua | Andrei Ivan | Trifon Ivanov | Andreas Ivanschitz | Adel Jadoua | Carsten Jancker | Ante Jazić | Nikica Jelavić | Matej Jelić | Nikola Jerkan | Alfred Jermanis | Cassio Apolinário de Lira Joelinton | Milan Jovanović | Patrick Jovanović | Florian Kainz | Markus Katzer | Jürgen Kauz | Veli Kavlak | Tanju Kayhan | Eren Keles | Marcel Ketelaer | Roman Kienast | Marek Kincl | Koya Kitagawa | Christoph Knasmüllner | Iván Knez | Tobias Knoflach | Andreas Koch | Georg Koch | Joachim Kolowrat | Lukas Königshofer | Mario Konrad | Michael Konsel | Ümit Korkmaz | György Korsos | Alexandar Kostić | Dino Kovačec | Martin Krejci | Andrzej Kubica | Andreas Kuen | Dietmar Kühbauer | Vasil Kuleski | Stefan Kulovits | Giorgi Kvilitaia | Vladimír Labant | Andreas Lagonikakis | Jacob Laursen | Axel Lawarée | Oliver Lederer | Jirí Lenko | Andrzej Lesiak | Dejan Ljubicic | Andreas Lukse | Jürgen Macho | Ladislav Maier | Stefan Maierhofer | Farhad Majidi | Darko Maletić | Philipp Malicsek | Sergej Mandreko | Stephan Marasek | Marko Maric | Manuel Martic | Sebastian Martinez | Sascha Metlitski | Rene Mitteregger | Ivan Močinić | Armin Mujakic | Mert Müldür | Thomas Murg | Robert Nemeth | Ján Novota | Atdhe Nuhiu | Stefan Nutz | Patrick Obermüller | Gerald Obrecht | Osarenren Okungbowa | Stephan Palla | Mehdi Pashazadeh | Jürgen Patocka | Mario Pavelic | Andrija Pavlović | Helge Payer | Robert Pecl | Yasin Pehlivan | Marek Penksa | Thanos Petsos | Martin Pfeiffer | Harald Pichler | Thomas Pichlmann | Roman Pivarník | Gernot Plassnegger | Andreas Poiger | Gerhard Poschner | Marvin Potzmann | Thomas Prager | Helmut Prenner | Mario Prisc | Boris Prokopič | Christian Prosenik | Philipp Prosenik | Markus Pürk | István Puskás | Martin Puza | Samuel Radlinger | Zeljko Radovic | Krysztof Ratajczyk | Franz Resch | Gerhard Rodax | Marcel Sabitzer | Jürgen Saler | Hamdi Salihi | Mario Sara | Christoph Saurer | Bajo Savic | Dejan Savićević | Louis Schaub | Thorsten Schick | Günter Schießwald | Michael Schimpelsberger | Philipp Schobesberger | Christoph Schösswendter | Peter Schöttel | Roland Schrammel | Thomas Schrammel | Daniel Schreiner | Lion Schuster | Stefan Schwab | Florian Schwarz | Maciej Śliwowski | Alex Sobczyk | Thomas Sobotzik | Ragnvald Soma | Mario Sonnleitner | Stefan Stangl | Dominik Starkl | Roman Stary | Horst Steiger | Peter Stöger | Filip Stojković | Richard Strebinger | Christian Stumpf | Florian Sturm | Otto Szabo | Attila Szalai | Tamás Szántó | Gaston Taument | Christian Thonhofer | Manuel Thurnwald | Mario Tokić | Eldar Topić | Cemil Tosun | Arnór Ingvi Traustason | Christopher Trimmel | Ewald Ullmann | Maximilian Ullmann | Jozef Valachovič | Dalibor Velimirovic | Jan Vennegoor of Hesselink | Jovica Vico | Angelo Vier | Petr Voříšek | Michael Wagner | René Wagner | Roman Wallner | Franz Weber | Ferdinand Weinwurm | Arnold Wetl | Gerd Wimmer | Charles Wittl | Maximilian Wöber | Nicholas Wunsch | Dominik Wydra | Thomas Zingler | Michael Zisser

Die Präsidenten – sie müssen verstehen, wie Fans ticken

Auch die Präsidenten des SK Rapid waren ein Teil meiner langen Zeit beim Rekordmeister. Sie waren nicht immer so präsent für mich wie etwa Spieler oder Trainer und natürlich waren es auch viel weniger. Aber auch sie sollen und müssen hier in diesem Buch erwähnt werden. Dabei möchte ich mich primär auf die Präsidenten beschränken, denn natürlich gab es auch Jahre, in denen bei unserem Verein geschäftsführende Vizepräsidenten die Geschicke lenkten.

Allen voran steht Anton **Benya**, der das Amt von 1990–1993 innehatte und nicht nur ein ehrenwerter Mann war, sondern auch ein richtiger Rapidler von Kopf bis Fuß. Er war schon im Finale seiner Präsidentschaft, als ich bei Rapid gerade erst begann, und so sah ich ihn alle zwei Wochen auf dem Weg in meine Sprecherkabine, wenn wir ein Heimspiel hatten. Hier musste ich durch die Ehrenloge und da begegneten wir uns immer wieder. „Wie läuft es bei dir privat?", wollte er immer wieder von mir wissen, denn er beschäftigte sich auch viel mit den menschlichen Aspekten. Außer ein bisschen Smalltalk gab es aber nicht viel mehr, denn wir hatten noch keine weiteren Berührungspunkte. Ich war schließlich nur der Stadionsprecher. Durch seine herzliche Art war er bei allen sehr beliebt, er war der „Onkel Toni", der auch für jeden Schwank zu haben war.

Weniger familiär-heimelig wurde es im Folgejahr, als Rapid aus finanziellen Gründen, fast das Zusperren drohte. Nachdem dieses Horrorszenario abgewendet werden konnte, wurde Ende Mai 1994 eine neue Vereinsführung vorgestellt mit Dr. Karlheinz **Oertel** als geschäftsführendem Vizepräsidenten an der Spitze. Er kümmerte sich, gemeinsam mit dem ebenfalls neu agierenden Manager Werner Kuhn, um die finanziellen Belange, galt es doch, alles neu aufzustellen und zu konsolidieren. Oertel war ein knallharter Manager, der keinen Spielraum ließ und Vorschläge oder Ideen oft einfach abschoss. Auch ich bekam das einige Male zu spüren. Aber, so einen Mann brauchte Rapid zu diesem Zeitpunkt einfach. Im August 1995 legte er sein Amt schließlich zurück.

Ihm folgte ein Mitarbeiter der Bank Austria, der bereits davor half, den SK Rapid zu retten, nachdem die damalige Rapid-AG zusammengebrochen war und sich uns ein Scherbenhaufen bot, nämlich Günter **Kaltenbrunner**. Ich kannte ihn von vielen Erzählungen und als Ex-Rapidler wusste er natürlich genau, worum es ging. Er bat mich einige Male, zu ihm ins Büro in die BA-Zentrale zu

kommen, um mit ihm Themen wie das Rahmenprogramm um unsere Spiele oder die Stadionmoderationen durchzugehen. Kaltenbrunner war interessiert und spürte auch meine Leidenschaft. So war es dann auch er, der mich gemeinsam mit Werner Kuhn fragte, ob ich nicht fix bei Rapid arbeiten wollte, und mir den Job anbot, hier etwas aufzubauen. In den Folgejahren setzten wir einige große Projekte um wie etwa die Feierlichkeiten zum 100. Geburtstag unseres Vereins, auf die ich in diesem Buch noch näher eingehen will. Obwohl alles gut lief, beendete er seine Amtszeit dann recht überraschend und plötzlich, als es zu Meinungsverschiedenheiten mit dem damaligen Sportdirektor Ernst Dokupil gekommen war.

Für zwei Jahre gab es dann zwar keinen direkten Präsidenten bei unserem Verein, aber ein starkes Team dahinter. Dr. Peter **Weber** leitete als geschäftsführender Vizepräsident den SK Rapid zusammen mit namhaften Persönlichkeiten im Präsidium, die uns lange zur Seite standen. Oft war auch ich Teil der Sitzungen und durfte dort meine Sicht der Dinge einbringen.

Nach der Jahrtausendwende sollte dann eine richtige Ära beginnen. Rudolf **Edlinger** wurde 2001 zum neuen Präsidenten gewählt und, was damals noch keiner wissen konnte, er, der frühere Finanzminister und große Politiker, würde der längst dienende bei Rapid werden. Er war nicht nur bestens in Wien vernetzt, sondern hatte auch ein großes, grün-weißes Herz. Bereits einige Jahre war Rudi Edlinger Vorsitzender unseres Kuratoriums, kannte somit die Geschehnisse im Verein, musste aber nun einen sehr schweren Start verkraften: Die Bank Austria verabschiedete sich von Rapid ohne große Anzeichen und plötzlich hatte unser Klub keinen Hauptsponsor mehr. Die Situation wurde nicht einfacher. Bei einem Testspiel in Eisenstadt gegen Arsenal gab es Fan-Ausschreitungen, denen Stadionverbote und negative Stimmung folgten – leider auch gegen den noch neuen Rapid-Präsidenten. Im Laufe der Zeit stellten sich dann aber die sportlichen Erfolge ein und die Lage wurde immer besser, ruhiger und freundschaftlicher. Denn Rudi Edlinger zeigte sich nicht nur sehr sozial, indem er jedes noch so kleine Problem gelöst wissen wollte, sondern versuchte auch, viel aus dem Blickwinkel unserer Fans zu betrachten, mit denen er sich sehr gut verstand. Er erkannte, wie sie ticken.

Wir hatten, obwohl nicht per Du, ein sehr enges Verhältnis mit einem fast täglichen Austausch: „Passt alles, hat‘s was gegeben?“, fragte er mich als erstes nach jedem Spiel. Noch heute sehe ich seinen vor Glück strahlenden Blick, als er den Meisterteller 2005 und 2008 vor Abertausenden Rapid-Fans in die Höhe stemmte. Und ich höre den Stein, der ihm vom Herzen fiel, als wir in die Gruppenphase der Champions League (2006) und später in die Europa League kamen und Rapid sich so dringend benötigtes Geld sicherte. Aber ich weiß auch, wie weh es ihm tat, als die Stimmen gegen die Vereinsführung immer lauter wurden und er sich schließlich verabschiedete. Umso wichtiger war es, dass Rudi Edlinger später zum Ehrenpräsidenten des SK Rapid gewählt wurde. 12 Jahre lang arbeiteten wir intensiv zusammen. Ich habe ihn nie grantig erlebt, er wurde nie laut, er wollte immer nur, dass die Fans zufrieden sind. Aber allen kannst du es nicht recht machen, das musste auch er zur Kenntnis nehmen.

Im November 2013 war es dann soweit, ein neues Präsidium mit einem ganz neuen Präsidenten wurde bei der Hauptversammlung im Gasometer gewählt. Der jahrelange Rapid-Fan Michael **Krammer**, auch Kuratoriumsmitglied und mit seiner Firma Orange als Premiumpartner und Sponsor beim SK Rapid aktiv, wurde der neue Präsident des SK Rapid.

Er war alles andere als ein Unbekannter in Hütteldorf. Durch professionelle Arbeit in der Reformkommission unseres Vereins wurde er rasch eine wichtige Bezugsperson, die gegenüber Vereinsmitgliedern und Fanvertretern Verantwortung übernahm. Nach Fanprotesten – die Lage war wieder einmal angespannt –

ging er auf unsere Anhänger zu und gab ihnen so das Gefühl: Hier ist einer, der weiß, worum es euch geht! Vielleicht war das der Grund, warum er im November 2013 bei der Hauptversammlung im Gasometer dann zum neuen Präsidenten bestimmt wurde. Dazu gibt es auch eine Vorgeschichte. Nach einem Heimspiel im Hanappi-Stadion lief ich Michael Krammer in der Garage über den Weg. Nach einem kurzen Update über die Entwicklungen in der Reformkommission fragte ich ihn fast beiläufig: „Warum lässt du dich eigentlich nicht als Kandidat aufstellen?" Vielleicht hatte Michael bereits mit dem Gedanken gespielt, oder setzte ich damals etwas in Gang – bald darauf hatte er das Amt dann inne.

Er versammelte ein sehr starkes Präsidium-Team um sich mit alten und neuen Gesichtern. Und bereits bei seiner Antrittsrede zeigte er seinen Plan mit unserem Verein. Er war strukturiert, hatte klare Ziele, er wollte anpacken, Projekte zügig vorantreiben und vermittelte so ein Gefühl der großen Aufbruchstimmung. Er hatte große Führungsqualitäten – wie eine Dampflok zog er uns alle mit, war souverän zur Stelle mit Rat und Tat, wenn wir Mitarbeiter nicht mehr weiterwussten. Er scheute sich nie, in allen Bereichen Präsenz zu zeigen, vom Business-Bereich bis zur Diskussion mit Fans. Gab es Fanprobleme, stellte er sich diesen und versuchte, sie zu lösen, auch wenn hie und da seine Reputation darunter litt. Er stand wie ein Fels in der Brandung. Er verstand, wie sie tickten, und das war in der Zusammenarbeit sehr wichtig. Michael Krammer wusste immer, was er wie zu sagen hatte. Kein einziges Mal musste ich mich mit ihm vor einem Interview absprechen und immer wirkte er glaubwürdig und bodenständig. Diese offene, zielstrebige Art kam bei allen gut an. Irgendwie schien alles, was er anpackte, aufzugehen, auch wenn ihm die Titel mit Rapid nicht gegönnt waren. Ich glaube nicht, dass ein anderer dieses Jahrhundertprojekt „Allianz Stadion" so geschafft hätte, wie er es tat.

Mit ihm verbindet mich nicht nur eine große Freundschaft, sondern es gilt ihm auch meine Bewunderung. In seinen sechs Jahren als Rapid-Präsident konnte ich sehr viel von ihm lernen. Umso bedauernswerter war, als er uns schließlich mitteilte, sein Amt 2019 zu übergeben und aus familiären Gründen nicht mehr zur Verfügung zu stehen.

Und damit sind wir schon fast in der Gegenwart angelangt. Als neuer Präsident wurde Martin **Bruckner** bestimmt, den ich in seiner Zeit als Präsidiumsmitglied davor bereits kennen und schätzen gelernt habe. Ein Fachmann in Sachen Finanzen mit dem Rapid-Herz am richtigen Fleck, der sich ein gutes Team zusammengestellt hat, mit dem ich aber nur mehr knapp drei Monate zusammenarbeiten konnte. Gleich das erste volle Jahr wurde durch die anhaltende Coronapandemie sehr herausfordernd. Aber ich bin überzeugt, dass sich unter ihm noch viel Positives bewegen wird. Alle Voraussetzungen dafür sind mit ihm auf jeden Fall gegeben!

Günter Kaltenbrunner, Rudolf Edlinger, Michael Krammer und Martin Bruckner waren meine vier Präsidenten. Bei meiner Verabschiedung am 16. Februar 2020 waren sie alle dabei.

STADION
RAPID

Kapitel 5

„Wir sind die Grünen, die Grünen vom Block West"

Die Bühne Block West

Zu Beginn möchte ich gleich eines anmerken: Der Block West ist keine Tribüne, sondern eine Bühne. Auf ihr sammeln sich Fankultur, Emotionen, Kreativität und Leidenschaft für unsere Farben, für unseren Verein. Nicht wenige Rapid-Fans sagten mir, sie gehen auch deshalb ins Stadion, weil sie sehen wollen, was unsere Fanszene plant. Und so ist es auch nicht verwunderlich, dass ich in den vielen Jahren immer wieder Sachen hörte wie:

„Was haben sie dieses Mal wieder vor?"
„Was zeigen sie wieder?"
„Was moch'n die Narrischen auf da West heit wieder?"
„Da gibt es ein neues Lied, ich freue mich schon, wenn sie es anstimmen!"
„Ich weiß gar nicht, wo ich zuerst hinschauen soll, auf das Spielfeld
oder den Block West."
„Hoffentlich zündelns ned wieder, dieser blöde Rauch –
wobei, ausschauen tuats scho guat."

Klar ist also: Der Block West polarisiert. Aber was ist er eigentlich, was macht ihn so einzigartig und stark in Österreich? Und so bekannt über die Grenzen hinaus? Seit ich bei Rapid war und auch schon davor gab es diese Tribüne, die zunächst einmal aus geographischer Sicht einfach die „West" genannt wurde. Und nein, sie war nicht immer ein Hort der unglaublichen Stimmung, denn als ich Anfang der 90er in Hütteldorf als Stadionsprecher begann, gab es viele Spiele, wo der Block nicht einmal zur Hälfte gefüllt war. Aber mit der Zeit entstand durch die „Ultras Rapid" eine eigene Fankultur. Sie brachten als Fangruppe zahlreiche, damals noch nicht bekannte Ideen ein und koordinierten die Gesänge. So gab es eines Tages Vorsänger, die den Takt vorgaben. Choreografien sorgten für kreative Elemente. Und dieser Fansammelpunkt wurde mehr und mehr zum Epizentrum der gesamten Stimmung im Stadion. Es folgten weitere Stilmittel wie Fahnen, Doppelhalter oder Trommeln und immer mehr ultraorientierte Fanklubs gründeten sich und wollten an dem Geschehen teilhaben, um Rapid auf diese Weise zu unterstützen. Der richtige Hype entstand aber erst Anfang der 2000er-Jahre.

Und das kam so: Auf Anraten einiger Fans starteten wir eine neue Preispolitik für unsere Fankurve und boten so Abos für 18 Spiele um nur 1.000 Schilling (72 Euro) an. Das zog, und wie! Nach nur wenigen Wochen war der Block West restlos mit 2 500 Jahreskarten ausverkauft. Die Nachfrage nach diesen begehrten Karten war so groß, dass keiner sein Abo zurückgab. Jahr für Jahr verlängerte man, und wenn einmal einige Plätze frei wurden, so gingen diese Abos in eine Verlosung, und die Glücklichen, die gezogen wurden, sicherten sich diese. Hier standen und stehen Fans quer durch alle Gesellschaftsschichten. Der wohlhabende Unternehmer neben dem, der gerade seinen Job verloren hat. Die Studentin neben dem Pensionisten, dessen größter Wunsch es ist, in seinem Ruhestand das nächste Heimspiel auf dieser Tribüne mitverfolgen zu können. Der Schüler neben dem Hackler, der nach einem intensiven Arbeitstag dem Block entgegenfiebert. Hier zählte, und das ist auch heute noch so, quer über die Jahre immer die unglaubliche Emotion, die Fans an ihren Verein bindet und darüber hinaus verbindet. Ein magischer Ort, ohne jeden Zweifel.

Unzweifelhaft ist auch, dass der Erfolgslauf unserer Mannschaft in diesen Jahren unter Josef „Pepi" Hickersberger, der so gegen 2003 begann und zum Meistertitel führte, der Stimmung natürlich immens half. Angetrieben von der Euphorie entwickelten sich nicht nur die Ultras, die Tornados und viele andere aktive Gruppen weiter, die positiven Ereignisse sorgten auch für eine Geschlossenheit im Block, die ihn umso stärker machte. Jeder hatte seinen Platz und wusste, was wann passiert. Die Choreografien und Stimmung wurden somit sukzessive besser, und wenn es in dieser Einheit mal ein Problem gab, so regelte und löste man es intern schnell. Wichtig und wesentlich war, dass man sich voll auf das Eine konzentrierte, nämlich Rapid. Politik oder sonstige Interessen, egal in welche Richtung, hatten keinen Platz mehr und das war gut so.

Von Beginn meiner Arbeit bei Rapid an baute ich ein Nahverhältnis zu den Fans vom Block West auf. Ich erkannte schnell ihre Wünsche und Sorgen und wusste, dass wir gemeinsam viel Positives für den Verein schaffen könnten. So versuchte ich immer, den Block West als Ganzes zu sehen und in den Mittelpunkt zu rücken, und mit Ausnahme von ein paar Ausrutschern funktionierte das ganz gut. Klar, Diskussionen gehörten da wie dort dazu: „Warum hebst du den Block West so hervor?", hörte ich von anderen Tribünen. Und so war es auch für mich oft der in diesem Buch angesprochene „Ritt auf der Rasierklinge." Denn wenn ich gegenüber unserer Fanszene Zugeständnisse für ausgefallene Ideen und Anfragen machte, musste ich mich etwa vor den Behörden rechtfertigen. Denn die Letztverantwortung trug immer ich, und nur ich. Wenn alles problemlos vonstatten ging, schnaufte auch ich innerlich durch. Aber um diese große Anzahl von Bedürfnissen und Wünschen auch richtig bearbeiten zu können, braucht man ein gutes Team an seiner Seite. Da durfte ich mich glücklich schätzen mit Vereinsverantwortlichen wie die Präsidenten Rudi Edlinger und Michael Krammer oder auch Geschäftsführer Christoph Peschek, die mir den Rücken freihielten und meine Entscheidungen im Sinne der Fans auch mittrugen. Auch das war alles andere als selbstverständlich.

Die Vorsänger sorgten am Block West und auch auswärts für unglaubliche Stimmung. Oliver, auch Capo der Ultras, war 15 Jahre lang der Mann am Megafon.

Ich wusste von Anfang an, dass uns dieser Block West noch viel Freude bereiten würde, und das machte sein Potenzial aus: Wegen der tollen Stimmung würden noch viele und vor allem neue Fans, junge Anhänger nach Hütteldorf pilgern. Sie bildeten die Fangeneration von morgen. Hunderte Male hörte ich von Familien: „Wir waren jetzt zum ersten Mal im Stadion und hatten vorher ein bisschen ein mulmiges Gefühl. Was aber da abgeht, diese großartige Stimmung – wir kommen wieder!" Durch diese einzigartige Atmosphäre, die sich auf den Rasen zu unseren Spielern übertrug, wurden auch zahlreiche Spiele gewonnen bzw. gedreht. Das traue ich mir hier zu sagen. Und genau darum geht es.

Aber ja, auch ich hatte so manche Probleme mit dem Block West, dadurch gesellte sich das eine oder andere graue Haar bei mir dazu. In regelmäßigen Treffen mit den Vertretern der aktiven Fanszene sprachen wir uns aber immer aus und diskutierten sehr offen, was geht und was nicht, oder was verändert gehört. Nur bei groben Verfehlungen mussten auch wir reagieren und Sanktionen setzen, mit der uns bewussten Begleiterscheinung, dass darunter auch die Stimmung im Stadion litt. Aber selbst da kamen wir über die Jahre drüber hinweg.

Ein weiteres Alleinstellungsmerkmal in Österreich ist heute die schiere Größe. Mit 7 000 Fans ist der Block West auch über Österreichs Grenzen hinaus eine beachtliche Nummer, der immer wieder sensationelle und international gefeierte Choreografien zaubert. Der Umzug ins Allianz Stadion war aber nicht so einfach, wie manche jetzt glauben. Viele Traditionalisten weigerten sich oder kamen nur unter großer Skepsis auf den neuen Block West, und so mussten wir viel Überzeugungsarbeit leisten. In Zusammenarbeit mit Vertretern der aktiven Fanszene (ein besonderes Danke an Oliver) wurden aber einige sehr gute Ideen geboren. Durch die optische Gestaltung des neuen Blocks und zahlreiche offensichtliche Vorteile, die dadurch entstanden, konnte man dann auch fast alle überzeugen, dass die neue Heimat schon etwas Besonderes ist.

Viele wurden auf dem Block West groß mit Rapid, entwickelten sich weiter und erlebten unvergessliche Dinge. Diese Erzählungen gilt es weiterzutragen und zu bewahren, denn unterm Strich will man keinen (Spiel-)Tag missen. Der Block West wurde, war und ist in jeder Form ein Teil des SK Rapid, ein Teil der gesamten Weiterentwicklung. Und er bleibt, so wünsche ich es mir für die langfristige Zukunft, immer treu an der Seite unseres Vereins.

Die Choreos

Am Anfang meiner Zeit bei Rapid wusste ich gar nicht, was mit einer Choreografie gemeint ist. Ich kannte den Begriff nur aus dem Tanz. Wenn man nachforscht und seiner Bedeutung im Fußball nachgeht, etwa in Verbindung mit Fankultur, findet man Folgendes:

„Eine Choreografie, oder kurz ‚Choreo', ist ein einmalig szenografisch inszeniertes Tribünenbild bei einer Sportveranstaltung, das in der Regel kurz vor dem Einlauf der Mannschaften bis zum Spielbeginn gezeigt wird. Mittels großflächiger Kompositionen und der emphatischen Wirkung von Licht auf Massen erregen organisierte Fangruppen visuelle Aufmerksamkeit." Quelle: Wikipedia

Soviel in der Theorie, denn in der Praxis kann sich hier eine ganz eigene Dynamik und Atmosphäre entwickeln – für alle, die im Einflussbereich sind. Das sind im Stadion die Fans, die direkt damit in Verbindung stehen, jene auf den anderen Tribünen und schließlich Spieler, Betreuer und auch die Anhänger zu Hause, wenn sie Bilder davon im TV sehen. Choreografien zaubern eine ganz besondere Stimmung und sorgen für einen schönen Rahmen innerhalb eines Spiels, darum war auch ich immer ein großer Freund davon. Oft haben sie uns allen, nicht zuletzt der Mannschaft selbst, noch ein paar Prozentpunkte mehr an Motivation und Energie mitgegeben.

Schon in den 90ern gab es zahlreiche sehr schöne Varianten davon und unsere aktive Fanszene steigerte sich nach und nach zu regelrechten Kunstwerken. Waren zu Beginn meist die „Ultras Rapid" dafür zuständig, so entstand im Laufe der Jahre eine unglaublich große Zusammenarbeit verschiedener Gruppen am Block West. Besonders beeindruckend war, wenn man das ganze Stadionareal einbezog, also Choreos über alle Tribünen veranstaltete: 45 000 große Zettel rollen und auf den Stadionsitzen verteilen, wie im Ernst-Happel-Stadion, 2 000 m^2 Stoff nähen und bemalen, riesige Wappen ausschneiden und so viel mehr. Dahinter steckt ein gehöriges Arbeitspensum, dessen bewältigte Stunden ich hier gar nicht aufzählen kann. Ich erkannte immer den Aufwand dahinter, weil ich ja mit den Vertretern der aktiven Fanszene nicht zuletzt viel besprach und noch mehr verhandelte. Weil man so kreativ war, wollte man sich immer wieder steigern, dem Ideenreichtum waren kaum Grenzen gesetzt. Da ging es plötzlich um Dinge, die zum Dach gezogen wurden, die über tausende Köpfe liefen, die ein eigenwilliges Material hatten, Stangen, die zur Befestigung montiert wurden. All das musste auch für die Veranstaltungsbehörde genau beschrieben werden, weil von hier die finale Entscheidung für die Erlaubnis folgte. Für mich hieß es in diesen Momenten: Alle Argumentationsgeschütze ausfahren!

Problematisch war vor allem immer diese Situation: Ich bekam von unseren Fans Bescheid über eine Choreo etwa zwei Wochen vor dem Spiel. Zu diesem Zeitpunkt war bereits wochenlang daran gearbeitet und gebastelt worden und so näherte man sich schon der Fertigstellung. Wenn dann ein behördlicher Vertreter, der nur seinen Job machte, sagte: „Das geht so nicht, das können sie nicht machen!", da hatten wir dann den Salat. Nun war es meine Aufgabe, hier zu helfen und Lösungen zu finden, die oft bis zu einer haftenden Unterschrift führten: „Herr Marek, hier müssen Sie Verantwortung übernehmen!" Wieder dieser geflügelte Satz, der mich oftmals ins Schwitzen brachte. Innerlich hoffte ich immer, dass alles funktioniert und es keinen Grund für Ärgernisse gibt.

Sehr oft war ich auch ein kleiner, aber nicht ganz unwesentlicher Bestandteil bei der Umsetzung von vor allem größeren Choreos über das gesamte Stadion. Da man die Vorsänger am Block West nicht überall akustisch verstehen konnte, informierte auch ich die tausenden Rapidler über die Stadiontonanlage, wann sie die jeweiligen Zetteln oder die Überroll-Fahnen hochhalten sollten und wie die genauen Abläufe waren. Da war alles immer minutiös geplant. Eine Frage, die ich über die Jahre sehr oft hörte, war: „Was bezahlt der Verein für so eine Choreo?" Klare Antwort: „Nichts!" Denn egal, wie groß oder aufwendig sie auch waren, die Fans akzeptierten, ganz nach dem Ultra-Gedanken, kein Geld vom Klub und agierten unabhängig.

WESTSTADION
TORNADOS RAPI
RAPID UND DICH KÄMPFEN WIR EIN LEBEN LANG!
LYONESS

WESTSTADION
RAPID
TS IST GRÖSSER ALS UNSER VEREIN!

WESTSTADION
JETZT APP DOW

RAPID
TEINEN DIE MAN UNS IN DEN WEG LEGT, HABEN WIR UNSERE KATHEDRALE ERRICHTET
WIEN ENERGIE

1988
1988 UNSERE GESCHICHTE IST LÄNGST LEGENDE!
WIEN ENERGIE

IMMER WIEDER RAPID WIEN
VISA
adidas

20 JAHRE
Tornados
Rapid
1996 - 2016

RAPID
RAPID MARSCHIERT. WIEN REGIERT. GANZ EUROPA WIRD PANIERT!
WIEN ENERGIE
UNSERE KRAFT FÜR SIE

WESTSTADION
15 JAHRE LORDS RAPID
U4 Hütteldorf
LORDS
RAPID
MADE OF STEEL
TEIL DES MYTHOS. WERDE MITGLIED!

Von diesen schönen Bildern profitierte der gesamte Verein. Choreografien wurden im Fernsehen, in den Zeitungen und in den sozialen Medien gezeigt, kommentiert und verbreitet. Man sprach über die Ideen und den Einfallsreichtum unserer Fans und lobte sie in diesen Momenten in höchsten Tönen. Grund für Negatives gab es in den vielen Jahren meist nur, wenn vom Block West eine Nachricht geplant war, die wir im Vorfeld nicht kannten. Meist waren das kurzfristig bemalte und gestaltete Spruchbänder, bei denen wir im Verein dann nach außen zu argumentieren hatten: „Was darf man?", „Das müsste doch der Verein verbieten!", „Wo beginnt und endet die Meinungsfreiheit?", und so weiter. Auch diese Konflikte lösten wir. Nicht nur einmal hieß es: „Eure Ultras machen oft Blödsinn, aber die Choreos sind super!" Wohl nicht vielen ist bekannt, dass es für besondere Choreografien auch immer wieder internationale Auszeichnungen gab und über die Grenzen hinaus davon gesprochen wurde. Wir beim SK Rapid nützten das und warben mit diesen schönen Bildern in unseren Magazinen, Stadionzeitungen, auf der Website und verwendeten die gelungensten Motive als Sujets sogar für unsere Jahreskarten. Der Stolz auf diese Anstrengung, diese Leistung von unserer Fanszene überwog also immer.

Zwischen 2005 und 2015 wurde diese aktive Fanszene immer größer. Die „Ultras" hatten das Kommando, aber später zeichneten auch die „Tornados", die „Lords" oder die „Lions" und weitere für die Choreografien verantwortlich, immer in gemeinsamer Abstimmung und als Zeichen der Kreativität des Blocks. Besonders zu Jubiläen diverser Gruppen wie Gioventù, Gladiatori, SAF, Spirits, um hier einige zu nennen, wurden auch teilweise große, beeindruckende Choreos von diesen Fanklubs präsentiert. Danke an Tomasso, Patrick, Andiani, Fischer und Dominik, die unter anderen über die Jahre hinweg meine Ansprechpartner in Sachen Choreos in der Fanszene waren. Es hat immer sehr gut geklappt.

Da flog das Dach weg

In meinen fast drei Jahrzehnten bei Rapid war ich rund 1 000-mal aktiv mit dabei, wenn unsere Mannschaft in einem Bewerbsspiel um Punkte kämpfte. Daheim wie auswärts feuerten die Rapid-Fans ihr Team an und trieben es oft zum Sieg. Eine Unterstützung, die es immer gab? Nein, denn sie war und ist alles andere als selbstverständlich und wuchs, wie so vieles, über die Jahre hinweg. Als ich in den 90ern in Hütteldorf begann, schaute es vielmehr so aus: Ein Tor, eine gute Aktion und es gab Applaus, sonst plätscherte der Stimmungslevel so dahin.

All das sollte sich mit dem Start der Vorsänger am Block West ändern. Mit einem Megafon in der Hand versuchten zwei Burschen der Ultras Anfang der 90er Fangesänge anzustimmen und so zumindest die eigene Tribüne zum Mitmachen zu animieren. Am Anfang war das Lieder-Repertoire noch klein und auch „die West" noch weit entfernt von dem, was sie heute mächtig darstellt. Trotzdem trugen das Vorsingen und auch das Mitmachen Früchte und die Stimmung verbesserte sich über die Jahre immer mehr. Nun war sie Teil des Spieltages und nahm einen aktiven Part abseits des Platzes ein. Ein ordentlicher Einschnitt, im positiven Sinn, folgte dann noch um die Jahrtausendwende, als der Block West mit Jahreskarten ausverkauft war. Ich muss nicht extra betonen, dass damit auch die Stimmung stieg. Angetrieben von den Vorsängern gelang es sehr oft, dass die Lieder auf die anderen Tribünen überschwappten und das ganze Stadion mit dabei war. Gänsehautmomente!

Auch, dass stimmungsmäßig die Post abging, geschah nie automatisch, sondern brauchte einen großen Einsatz dahinter. Die Vorsänger ruinierten sich die Stimmbänder, um den Lautstärkepegel ein ums andere Mal nach oben zu schrauben. An der Spitze Oliver, der dies 15 Jahre lang machte, aber auch in den Anfangsjahren Gerhard, Pauli, später Reini, Philip und Markus, bis in den letzten Jahren Michael, Benni, Jakub und Sebi den Ton angaben. Wenn es auf dem Rasen passte, dann ging auch die Stimmung mit einher, wenn es aber so gar nicht lief, dann waren die Vorsänger und in Folge die Fans umso wichtiger, denn sie konnten der Mannschaft den entscheidenden Schub geben. Manchmal reichte auch nur ein bestimmter Anlass, ein einschneidender Moment, der für Emotionen sorgte, und dann „flog das Dach weg", so laut wurde es im Stadion. Nachfolgend habe ich meine persönlichen Höhepunkte aufgelistet, bei denen es bei unseren Spielen so richtig abging – meist, weil es einen speziellen Auslöser gab.

Am 18. September 2009 startete Rapid erstmals in die UEFA Europa League Gruppenphase und gleich zum Auftakt hieß der Gegner zu Hause HSV. Wir spielten damals im Ernst-Happel-Stadion und eine deutsche Mannschaft, noch dazu der Bundesliga-Tabellenführer, sorgte für mehr als einen Reiz. Und dass Vertreter der Hamburger im Vorfeld auch etwas „goschert“ über uns gesprochen hatten, war Auslöser und Motivation genug, damit am Spieltag jeder alles geben sollte! Jeder der 46 000 Rapid-Fans brannte auf dieses Spiel und es gab vom Beginn weg eine super Stimmung. Als aber dann auch noch die Tore fielen und genau zur Rapid-Viertelstunde Christopher Drazan das 3:0 machte, da hörte man die Lautstärke fast durch ganz Wien – ein absolutes Tollhaus und wohl das lauteste Spiel, das wir je im Happel-Stadion absolvierten!

Am 30. August 2012 stand in der UEL-Qualifikation das Rückspiel zwischen Rapid und PAOK Saloniki an. Eine Woche zuvor hatte es beim Hinspiel in Griechenland schwere Fan-Ausschreitungen gegeben, die Partie ging zudem mit 1:2 verloren. Die UEFA überlegte noch, die zweite Begegnung zu einem Geisterspiel zu verdonnern, also ohne Zuschauer, ließ dann aber doch Fans zu. Überraschenderweise auch jene unseres Gegners. Also war es auch für mich eine schwere, harte Aufgabe, denn ich musste hier für die Matchorganisation und Sicherheit aller sorgen, schließlich war die Luft nicht nur wegen der sommerlichen Temperaturen sehr heiß. Die Emotionen und Anspannung war zum Schneiden dick, alle wollten Rapid zum Sieg treiben und unbedingt Revanche nehmen für die Geschehnisse aus dem Hinspiel! Mehr brauchte es als Auslöser nicht, allen waren diese noch in

guter Erinnerung. Jugendliche, ältere Besucher, Frauen und die gesamte Fanszene, alle zogen mit und sorgten für einen unglaublichen Hexenkessel Hütteldorf. Das ganze Stadion war über 90 Minuten auf 100 % und noch heute bekomme ich Gänsehaut, wenn ich an das Tor von Kapitän Steffen Hofmann in der Nachspielzeit denke, der den Ball von der Mittelauflage ins schon verwaiste Tor der Griechen schoss. Ein Torjubel – unbeschreiblich!

Am 20. April 2008 gab es auch so einen Stimmungsmoment, der mir ewig in Erinnerung bleiben wird. Beim Heimspiel gegen Altach in Runde 35, konnten wir bei einem Sieg vorzeitig den Meistertitel fixieren. Es gab die entsprechende großartige Choreo, die sich übers ganze Gerhard-Hanappi-Stadion zog, und alles war angerichtet. Aber zuvor noch eine kurze Rückblende: Als die Saison in ihre letzten Wochen bog und wir auf sehr gutem Kurs waren, wurde bewusst kein einziges Mal vom Block West „Wir werden Meister!" gesungen. Warum? Weil es ein abergläubischer Vorsänger namens Oliver nicht verschreien wollte. Der Spruch brannte uns allen seit Wochen auf der Zunge, doch es wurde einfach nicht angestimmt. Als gegen Altach Branko Boskovic das 1:0 erzielte, brachen aber alle Dämme und so wurde „WIR WERDEN MEISTER!" durchs Stadion geschmettert, so laut und durchdringend wie nie ein Lied zuvor und danach. Ich glaube, das war der lauteste Moment unserer Vereinsgeschichte und ein wunderschöner obendrein. Es war so laut, dass von Hütteldorf bis in die Brigittenau die Blätter von den Bäumen fielen, obwohl Frühling war.

Am 20. September 2007 kam es im Europacup zur Begegnung zwischen RSC Anderlecht und Rapid in Brüssel. Nach Wortgefechten und Handgreiflichkeiten mit der belgischen Polizei direkt am Parkplatz vor dem Stadion wurden einige unserer Fans in sogenannte Präventivhaft genommen. Ich versuchte lange Zeit zu intervenieren, die Polizei agierte aber sehr streng und ließ hier nicht mit sich reden. Für unsere Fans war es eine unklare Situation. Man sah, dass hier Rapidler weggesperrt wurden, wusste aber nicht, wie man damit umgehen sollte. So entschieden sich viele aus Solidarität, für die erste Hälfte das Stadion zu verlassen. Mit Beginn der zweiten Halbzeit waren alle, bis auf die Eingesperrten, auf ihren Plätzen. Was folgte, war unbeschreiblich: Jeder schrie sich den Frust aus dem Leib, es waren 45 Minuten, in denen unglaubliche Energie aus dem Gästeblock zu spüren war. Kurz vor Schluss erzielte dann auch noch Steffen den verdienten Ausgleich. Es war sicher einer der emotionalsten und lautesten Auftritte, die ich auswärts von Rapid gehört habe.

Natürlich gab es auch in unserem neuen Stadion viele sehr intensive Momente. Hier möchte ich zwei anführen, die mir auch durch besondere Auslöser in Erinnerung bleiben. Da gab es das großartige Spiel in der UEL-Gruppe gegen die Rangers. Donnerstag, 13. Dezember 2018, für mich persönlich ein sehr schwer zu organisierendes Spiel, denn vor unserem ausverkauften Stadion standen rund 3000 Schotten, die gar keine Karten hatten. Zwar lief alles friedlich ab, das allerdings weiß man im Vorfeld nie. Aber nicht das allein sorgte für die Spannung, sondern auch die Ausgangslage. Mit einem Sieg würde Rapid in die nächste Runde aufsteigen. Zudem, und das war für mich so ein zusätzlicher Auslöser für diese Mega-Stimmung, war der Auswärtssektor rappelvoll, die Schotten gaben alles, und so zeigten die Rapid-Fans noch mehr, was sie draufhatten. Es war sportlich ein packendes Duell auf Augenhöhe, das Rapid mit 1:0 für sich entschied, an einem absoluten Fußball-Abend, der alles vereinte und zeigte, warum wir diese Spektakel so lieben.

Der zweite besonders intensive Moment im neuen Zuhause war sicher der Cup-Krimi gegen Salzburg im September 2019. Mit zwei Mann weniger (!) schlug sich Rapid auch in der Verlängerung tapfer und die Gäste fanden kaum ein Rezept gegen diesen unbändigen Kampfgeist. Das merkten auch unsere Fans, und das wiederum war der Auslöser für eine bedingungslose Unterstützung, die unsere Mannschaft antrieb. 20 000 Rapidler hielt es nicht auf den Sitzen. Dass ausgerechnet in der 121. Minute den Gästen der Siegestreffer gelang, war unglaublich bitter. Dennoch hatte ich nach einer Niederlage in einem Heimspiel selten zuvor eine zwar traurige, aber trotzdem so positive Stimmung gesehen wie an diesem Abend. Jeder im Stadion wollte unsere geknickten Spieler – und auch sich selbst und seine Nachbarn – aufrichten.

Ja, und eine kurze Geschichte habe ich noch, bei der ich mich so gar nicht mehr auskannte (ja, auch das kommt vor). Es war ein Spiel in der Gruppenphase der Europa League am 25. Oktober 2012 im Ernst-Happel-Stadion, der Gegner: Leverkusen. Es ging gegen einen deutschen Verein, also auf jeden Fall war gute Stimmung eingeplant. Nach einer tollen Choreo war es sportlich leider schnell entschieden; bis zur Rapid-Viertelstunde lagen wir bereits 0:3 hinten. Und dennoch gab es wieder einen Auslöser, der dafür sorgte, dass das Dach sprichwörtlich wegflog: Oliver Pohle. Der Capo der Ultras und Vorsänger hielt eine Ansprache in der Kurve. Von meiner Position aus verstand ich nicht genau, was er sagte, so etwas wie: „Was jetzt da unten am Spielfeld passiert, ist egal. Singen wir für unsere Farben, für unseren Verein!“ Und ab da hatte plötzlich jeder im Stadion das Gefühl, dass es Rapid wäre, die 3:0 führten. Wir bekamen sogar noch ein Tor, aber das tat der Stimmung keinen Abbruch, vielmehr pushte es unsere Fanszene sogar noch weiter! So folgte eine unglaublich laute Stimmung bis zum Ende des Spiels mit unaufhörlichen Gesängen. Nach dem Schlusspfiff kamen einige Verantwortliche von Leverkusen zu mir und sagten, dass sie so etwas noch nie erlebt hätten. Ich auch noch nicht!

Es waren so viele wunderbare Momente in Sachen Stimmung und für mich bedeutete es immer ein besonderes Erlebnis, dabei sein zu können.

Die Angst vor den Ultras

Für mich waren Rapid-Anhänger „die Fans“, einfach Zuschauer und Publikum. So dachte ich jedenfalls, als ich ganz frisch nach Hütteldorf kam. Über Begriffe wie „Fankultur“ oder gar „Ultras“ wusste ich nichts, das lernte ich erst nach und nach. Aber mir war von Beginn an klar: „Willst du in diesem Stadion die Atmosphäre verbessern und mehr Stimmung hineinbringen, dann geht es nur gemeinsam.“ Nach diesem Motto begann ich, meine Arbeit und später Mission zu starten. Ich suchte die Nähe, den Kontakt zur damaligen Westtribüne und schaute mir an, wer da den nicht nur sprichwörtlichen Ton angab. Mit Anfang der 90er-Jahre wurde auch immer mehr ersichtlich, dass die „Ultras“ hier ihren eigenen Stil einbrachten, sich entsprechend positionierten und im Laufe der Zeit das Kommando übernahmen. Um mich dem Ganzen anzunähern, musste ich aber erstmal wissen: Was sind „Ultras“? Was macht sie aus? Was sind die Prinzipien und wie ticken sie?

Soviel war mir bekannt: Nachdem ich in der Schule Latein gelernt hatte, wusste ich, dass „ultra“ auf Deutsch so etwas wie „darüber hinaus“ bedeutet. In unserem Fall also ging es um Fans, die für ihren Verein alles geben, ihn bestmöglich und darüber hinaus unterstützen. Das interessierte mich und ich begann, sie zu verstehen, kennenzulernen und zu versuchen, die Dinge aus ihrer Sicht zu sehen. Nach einiger Zeit erkannte ich, dass es gar nicht so kompliziert war. Es einte sie alle der Wunsch, in der Gemeinschaft die Liebe zum SK Rapid, zu seiner Heimat und Stadt auszudrücken und dafür alles unterzuordnen. Diese Bereitschaft spiegelte sich in der oft zitierten Mentalität, alles für seine Farben zu geben, sie zu ehren, aber auch zu verteidigen, wo auch immer dies vonnöten wäre, egal was komme. Ultraorientierte Fans beschäftigen sich gefühlt Tag und Nacht mit dem

Klub und seiner Fanszene, auch darüber hinaus, und wollen ihren Teil dazu beitragen, damit alles funktioniert: durch Gesänge, Choreografien, Organisation und der bedingungslosen Ausrichtung nach dem Spielplan. Spielt Rapid, sind sie mit dabei. Mit so wenig Kompromissen wie möglich. So sozial und solidarisch sie auch in der Not agieren – etwa durch Hilfsbereitschaft und Spendenaktionen –, so kreativ und leidenschaftlich sie auf der Tribüne werken, so klar sind auch ihre selbst gezogenen Grenzen: Kein Kontakt zur Polizei, zu Medien, so wenig wie möglich Berührungspunkte mit Vereinsvertretern, um ja die Unabhängigkeit zu wahren. Auch weitere Obrigkeiten oder Autoritäten, sei es im Verein oder Staat, müssten mit der notwendigen kritischen Distanz betrachtet werden.

All das konnte ich irgendwie nachvollziehen, bis auf den missliebigen Kontakt zu Vereinsvertretern. Wie sollte ich denn mein Vorhaben, mit der Fanszene zusammenzuarbeiten, so umsetzen? Hier ging es doch um Offenheit, Geradlinigkeit und Handschlagqualität! Also musste ich dieses Vertrauen nicht nur aufbauen, sondern auch hart und lange erarbeiten. Ich suchte nicht nur Gespräche und Kontakt, vielmehr bot ich Lösungen für ihre Probleme an. Und mit jedem Gelingen rückten wir ein Stück näher zusammen. Obwohl es in ihren Regeln anders niedergeschrieben steht, entwickelte sich so ein sehr vertrauensvoller Dialog zwischen mir und ihnen, in der Folge auch mit allen weiteren Ultra-Gruppierungen bei Rapid. Es klappte von Woche zu Woche besser und daraus gingen über die Jahre auch richtige Freundschaften hervor, selbst wenn sie manchmal schwer auf die Probe gestellt wurden. Denn die Ultras Rapid waren natürlich immer Grenzgänger, die am schmalen Grat ausloten wollten, was möglich war: „Welche Linie kann ich überschreiten, ohne dass gleich das ganze Haus zusammenbricht? Wie weit kann ich gehen, ohne das gegenseitige Vertrauen nachhaltig anzukratzen?" Oft war es wie bei einem Gesellschaftsspiel: Wir setzten einen Schritt nach vorn, dann passierte etwas und es ging wieder vier Felder zurück. Das sorgte für Anstrengungen und brauchte wieder neues Vertrauen, um alles in die Bahnen zu lenken.

In den 27,5 Jahren meiner Tätigkeit bei Rapid musste ich sehr viel lernen und auch immer wieder feststellen, dass es kein Handbuch für eine richtige und erfolgreiche Fanarbeit gibt. Es existiert kein Patentrezept dafür, viel mehr ist sie immer Schwankungen unterworfen. Wobei, es läuft einfacher und für alle immer angenehmer, wenn man das Gespräch sucht. Reden, reden, reden, das ist unbedingt notwendig. Wenn es keinen Dialog mehr untereinander gibt, kann man auch das Projekt Fanarbeit vergessen, dann ist man gescheitert. Das war für mich nie eine Option.

Sehr oft stellte man mir die Frage: „Hast du eigentlich Angst vor den Ultras?", oder, wenn es Leute waren, die sich so gar nicht auskannten, als Vorwurf: „Ihr habt ja Angst vor den Ultras, deshalb erlaubt ihr ihnen alles!" Beides stimmte nicht, und so konnte ich ganz offen antworten: „Nein, ich habe und hatte nie Angst. Warum, wovor sollte ich mich fürchten? Dass sie ein Spruchband gegen mich aufhängen oder mich verbal bedrohen?" Natürlich kannte ich internationale Beispiele und wusste, welche Auswüchse eine echte Konfrontation nehmen kann. Soweit kam es aber nie und sollte es auch nicht kommen, dafür war der gegenseitige Respekt und das Vertrauen zu groß. Immer wieder gab es neue Aufgaben und Überraschungen, teilweise deckten sich ihre Ansichten nicht mit meinen und manchmal gab es auch Situationen, die es nicht brauchte und die auch mir in meiner Reputation schadeten. Fanarbeit ist kein Wunschkonzert, sondern beinharte Arbeit.

Trotz allem: Wir haben in den vielen Jahren gemeinsam so Großes und Schönes erlebt, am Platz und abseits davon, etwa bei den Reisen im In- und Ausland, bei denen ich versuchte, Probleme zu lösen, Hürden aus dem Weg zu räumen, damit sie ihre grenzenlose Liebe zum Verein ausleben konnten, die wiederum der Mannschaft half. Großartige Stimmung, Gesänge, Choreografien waren die Folge. Es war eine Verbundenheit, aber auch ein Geben und Nehmen in beide Richtungen. Das Schöne war und ist, dass trotz möglicher Differenzen hier alle vereint sind: Vom Arbeitslosen, Firmenchef, Arbeitsunwilligen über Studenten, Schüler, Arbeiter, Doktoren, sie alle ordnen das Einzelinteresse jenem der Gruppe unter, um für Rapid da zu sein. Das blieb auch von außen nicht unbeachtet. Sehr oft meldeten sich andere Vereine, vor allem aus Deutschland und der Schweiz, besuchten uns in Wien und wollten mehr über unsere Fanarbeit und auch das Zusammenspiel mit der aktiven Fanszene erfahren. Denn für Fußball-Interessierte, die mit offenen Augen durchs Leben gehen, war offensichtlich, dass sich in Hütteldorf viel weiterentwickelt hatte und dabei das Miteinander von Fans und Verein ein wesentlicher Turbo war.

Und auch, wenn es manchmal „raschelte", möchte ich ausdrücklich anführen: In den 27,5 Jahren haben wir gemeinsam mit den Fans, den Fanklubs, der aktiven Fanszene und den Ultras so viel in Bewegung gesetzt, weiterentwickelt und für den Verein Positives geschaffen, dass ich jetzt sagen kann: „Bis auf ein paar Kleinigkeiten würde ich die Zusammenarbeit wieder so anlegen." Denn diesen Zusammenhalt, der aus einer Gruppe von so unterschiedlichen Menschen entsteht, die sich gegenseitig (als Fans) und andere (Mannschaft, Verein) unterstützen,

das gibt es nur im Fußball und hier, bei Rapid. Das mag vielleicht nicht jedem gefallen, aber ist zumindest so zu akzeptieren.

Scheiss EM – Interessenskonflikt

Es war ein ereignisreiches Jahr für mich. Rapid wurde zum 32. Mal österreichischer Meister und die Freude stieg natürlich ins Unermessliche. Alle Grün-Weißen feierten und nicht wenige freuten sich auf ein weiteres, großes Fußballspektakel, das seine Schatten voraus warf – die Fußball-Europameisterschaft, die in Österreich und der Schweiz ausgetragen werden würde. Ein einmaliges Erlebnis nicht nur für unser Land, wenn man an die ganzen Veranstaltungen denkt, sondern auch für mich im Speziellen, weil ich für das österreichische Nationalteam bei den Spielen sprechen durfte. Da insbesondere auch Wien einer der Austragungsorte sein würde, freute ich mich auf interessante Spiele, großartige Fußballer und das ganze Rahmenprogramm mit Anhängern aus allen möglichen Ländern, die zu uns pilgern sollten. Das war die eine Seite. Die andere Seite der Medaille drückte unsere aktive Fanszene in den Monaten und sogar Jahren davor im Rahmen eines mehr oder weniger stillen Protests gegen das Großereignis aus. Unter dem unmissverständlichen Motto „Scheiß EM 2008“ machte man weniger gegen die Veranstaltung an sich mobil als vielmehr auf die damit einhergehenden

Begleiterscheinungen aufmerksam. Man fürchtete Repressalien gegen Fußballfans, ein Beschneiden der Fankultur in all ihren Facetten und eine Kommerzialisierung der ganzen Stadt unter dem Deckmantel eines „Fußballfestes".

Ein Beispiel? In den späteren jeweiligen Fanzonen durfte nur teures, vom Veranstalter genehmigtes Bier gekauft und ausgeschenkt werden. Das war ein ganz kleiner Aspekt, zu dem sich viele weitere gesellten, die bis hin zu Registrierungen oder Wegweisungen von vermeintlich unangenehmen Fußballfans durch Ordnerdienste reichten. Ich verstand diese Ängste und Sorgen natürlich, versuchte sie zwar in Gesprächen abzuschwächen und machte darauf aufmerksam, dass es nun mal gewisse Spielregeln gibt, wie sie bei Großevents üblich sind. Mögliche Verschärfungen durch Polizei oder Behörden hätten hier meist einen Grund und auch Verursacher und passierten nicht rein willkürlich. Dennoch war es mühsam und betraf, auf dem Weg zur EM, auch Rapid, denn bereits lange vor dem ersten Anpfiff hing im Block West ein Banner mit der Aufschrift „Scheiß EM 2008". Dem sollte auch die eine oder andere Choreografie folgen, mit der die Fanszene, auf die aus ihrer Sicht mit dem Großereignis verbundenen Probleme aufmerksam machen wollte. Was folgte, waren vor allem Diskussionen. „Warum lasst ihr diesen Unsinn zu?", hörte ich oder auch: „Andy, du moderierst doch diese Spiele und Österreich freut sich darauf. Warum hängen dann bei euch solche Spruchbänder?", wollten Medienvertreter wissen. Natürlich hatte das Ganze wenig mit Rapid selbst zu tun, aber Hütteldorf war Rahmen und Ausgangspunkt für die von unserer Fanszene ins Leben gerufene Initiative, der sich auch Fangruppierungen von anderen Vereinen anschlossen.

Durch die Größe und Kraft entwickelte sich eine richtige Bewegung und unsere Fanszene zeigte sich auch hier auf ihre Art sehr kreativ. Ich erinnere mich noch, als wir etwa im Europacup 2007 nach Kazan flogen, standen beim Check-In für den Mannschaftsflieger plötzlich 50 Ultras mit weißen Leibchen, auf denen ein rotes „Scheiß EM“ prangte. Auf der Rückseite stand „Gegen Kommerz und Repression im eigenen Land“, manche hatten auch noch den Aufdruck „Amtsbekannter Randalierer“ oben. Auf dieser Maschine waren auch zahlreiche Medienvertreter, also gab es wieder Gesprächsstoff und Bilder in den Zeitungen. Und direkt im Jahr der EM bei der ersten großen Choreo zu Hause (es war ein Heimspiel gegen SV Ried) enthüllte man eine riesige Überrollfahne mit dem Motto gegen das ungeliebte Großereignis. Mir gefiel das nicht unbedingt, aber wir ließen es zu. Warum? Nun, das ist ein gewichtiger Punkt: die Meinungsfreiheit. Es war derb oder plump, aber weder strafrechtlich relevant oder beleidigend oder diskriminierend Menschen oder Gesellschaften gegenüber. Für mich war es dennoch ein Gewissenskonflikt, denn ich freute mich auf die Europameisterschaft und teilte die Begeisterung der vielen Menschen, die ihren Spaß haben sollten. Die Ängste unserer Fanszene teilte ich zwar nicht, aber ich akzeptierte ihre Meinung und die Art des Protests. Denn auch das ist Teil einer gelebten Fankultur bei einem Verein und es unterstrich das Miteinander – selbst wenn man gegenteiliger Meinung war.

Die EM zog schließlich ins Land, ich sorgte bei unseren Heimspielen für Stimmung und freute mich über ein unvergessliches Erlebnis. Die Veranstaltung begeisterte viele und konnte unter einem Teil der Bevölkerung auch große Euphorie erzeugen. Jene, die sie ablehnten, taten das auf ihre Weise und konnten – durch diese Proteste möglicherweise verstärkt – ein klares Signal für all jene setzen, die ähnlich dachten. Nach der EM sagten mir Vertreter der Fanszene: „Eigentlich haben wir letztendlich die EM 2008 ganz gut überlebt.“

Haut sie doch alle raus!

Beim Schreiben der folgenden Geschichte ist es mir, ehrlich gesagt, nicht immer leichtgefallen, sofort die richtige Wortwahl zu finden, denn dieses Thema hat mich im Laufe meiner Zeit beim SK Rapid sicher 20 Jahre lang sehr intensiv beschäftigt und aufgrund verschiedenster Ereignisse auch persönlich sehr belastet. Dass man es im Leben nie allen Menschen recht machen kann, liegt auf der Hand. Aber wenn es um Ausschreitungen bei Fußballspielen und damit verbundenen Problemen mit den Fans ging, da war es ganz schwierig, weil jeder eine andere Meinung dazu hatte. „Haut sie doch alle raus!“ war ein Satz, den ich nach Verfehlungen unserer Fans nicht nur einmal von verschiedensten Personen an den Kopf geworfen bekam. Es war ein Satz, der mich in meinem Tun und Handeln sehr prägte. Dieser Satz löste nämlich keine Probleme! Aber warum kam es überhaupt zu Problemen mit den Fans bei Rapid? Dieses sehr komplexe Thema würde vermutlich ein eigenes Buch füllen, aber ich versuche, es hier nun trotzdem aus meiner Sicht kurz zu erklären.

Bei jedem Verein gibt es im Stadion vier unterschiedliche Gruppen von Zuschauern. Es sind dies die Besucher, die Anhänger, die Fans und aktive Fangruppen, die sich allesamt deutlich voneinander unterscheiden. Der Besucher schaut sich ein Spiel eigentlich emotionslos an, ist vielleicht sogar neutral und im Endeffekt ist es ihm egal, wer gewinnt. Der Anhänger sieht das Ganze nicht mehr so locker, denn er kommt ins Stadion wegen Rapid, will die Mannschaft siegen sehen, freut sich, wenn es läuft, und ist traurig, wenn einmal ein Spiel verloren wird. Der Fan, wie das Wort schon sagt, ist fanatisch, feuert die Mannschaft kompromisslos an, ist, soweit es geht, bei jedem Spiel dabei und zeigt vor allem auch in der Öffentlichkeit seine Vereinszugehörigkeit. Ja, und dann gibt es noch die aktive Fanszene, wo grundsätzlich alles sehr ähnlich gilt wie beim Fan, nur doch noch etwas mehr. Die aktiven Fangruppen zaubern Choreos ins Stadion, sorgen für eine großartige Stimmung während des gesamten Spiels, werden für ihre Farben alles geben, sie lieben und auch verteidigen, wo immer dies vonnöten ist. Und sie loten teilweise auch die Grenzen aus, indem sie schauen, wie weit sie gehen können, bis es Sanktionen gibt. Dies ist keine Exklusivität von Rapid, sondern diese Unterteilung gibt es auf der ganzen Fußballwelt, wobei die einzelnen Zuschauergruppen von Verein zu Verein, auch innerhalb einer Liga, unterschiedlich ausgeprägt sind. In Deutschland beispielsweise gibt es auf der einen Seite Vereine wie Dortmund, Schalke oder Frankfurt und auf der anderen Seite eben Freiburg, Hoffenheim oder Augsburg. Man sollte jetzt über die einzelnen Fanszenen nicht urteilen, ob sie gut oder schlecht sind, sondern viel mehr verstehen, dass es hier von Verein zu Verein unterschiedliche Fanverhalten gibt und jeder auf seine Art und Weise versucht, das Beste für den jeweiligen Herzensclub zu geben.

So ist es auch in Österreich und speziell bei Rapid, denn wir haben einfach die meisten Fans und die am stärksten ausgeprägte aktive Fanszene im Land. Noch dazu hat sich in den letzten zwei Jahrzehnten auch das Interesse, bei Spielen des SK Rapid im Stadion dabei zu sein, verdrei- oder gar vervierfacht und das gilt natürlich auch für unsere Auswärtsspiele. Hier ist der Unterschied noch größer. Waren zur Jahrtausendwende noch maximal 300 Fans in Graz oder Salzburg dabei, dann sind es in den letzten Jahren oft bis zu 3 000 gewesen. 10 x so viele Fans bedeutet aber auch 10 x mehr Möglichkeiten, dass etwaige Probleme entstehen. Gewisse Verfehlungen gab es aber bereits in den 80er- und 90er-Jahren, allerdings waren sie da meist politisch bedingt. Es gab teilweise sehr starke rechte Strömungen, die in das Stadion gebracht wurden und für große Probleme sorgten, die dem Verein sehr schadeten. Bis zum Ende der 90er-Jahre konnte man dieses Thema, vor allem durch das intensive Einwirken der Ultras Rapid, beenden, da sich diese für ein politikfreies Stadion starkmachten, was im Endeffekt sehr gut funktionierte.

Nun aber zum Hauptpunkt dieser Geschichte. Es gab, so wie bei allen großen Vereinen mit einer bewegten Fanszene auf dieser Welt, auch bei Rapid während meiner aktiven Zeit als Verantwortlicher der Fanbetreuung immer wieder Themen und Situationen, die nicht allen gefielen. Es gab dadurch Gesprächsstoff, Kritik und es entstand auch ein Imageschaden für den SK Rapid. Ich versuchte immer, soweit es möglich war, am Puls des Geschehens zu sein. Dinge, die am Köcheln waren, vielleicht rechtzeitig auszulöschen und ein mögliches Thema gar nicht zum Thema werden zu lassen. Dies gelang erfreulicherweise sehr oft, manchmal war ich aber auch zu spät. Ich predigte immer, dass der Dialog mit den Fans das Wichtigste sei, und obwohl mir dann bei Verfehlungen oft von außen vorgeworfen wurde, dass der Dialog anscheinend doch nicht so gut funktionierte, habe ich immer diese Meinung vertreten und werde dies auch in Zukunft tun. Ohne diesen Dialog, ohne diese funktionierende Gesprächsbasis zwischen Vereinsverantwortlichen und den Vertretern der aktiven Fanszene hätten wir vieles Großes nicht geschafft und deutlich mehr Probleme gehabt.

Von Tag zu Tag wurde mir auch eines immer mehr bewusst: Rapid ist einfach der Verein in Österreich, über den die Medien am liebsten berichten, über den die Leute am liebsten sprechen und den viele andere Vereine doch um einiges sehr beneiden. Warum schreibe ich das? Ja, weil schon bei kleinsten Verfehlungen diverser Fans der „Skandal in Hütteldorf“ in der Öffentlichkeit groß gemacht wurde, aufgrund der Inszenierung der Medien- und Außenwelt, obwohl das Problem eigentlich schon längst gelöst war. Darüber hinaus muss man festhalten, dass gewisse Vorfälle auch sehr oft ungeplant entstehen. Es kann Alkohol im Spiel sein, eine Schiedsrichterentscheidung für Aufregung sorgen oder ein gegnerischer Spieler derartig provozieren, dass sich jemand auf der Tribüne verleiten lässt, einen

Blödsinn zu machen, indem er einen Becher oder ein Feuerzeug Richtung Spielfeld wirft und somit promt den „Skandal in Hütteldorf" auslöst. Ich möchte hiermit auf keinen Fall etwaige Vergehen entschuldigen, aber versuchen zu erklären, wie schwierig es war, hier die richtige Balance zu finden. „Das sind doch alles Hooligans, wer braucht die im Stadion?", hörte man von selbst ernannten Fanexperten oder auch Rapidlern von anderen Tribünen nach solchen Vorfällen. „Haut sie doch alle raus!", saß mir sofort wieder im Ohr und viele meinten, dass dadurch für Rapid wieder alles gut werden würde. Nein, so leicht war das nicht. Da wirft ein echter Rapid-Fan, der seit 10 Jahren bei jedem Spiel mit dabei war, ein Abo hat, Mitglied ist und sich fast wöchentlich die neuesten Fanartikel kauft, aus der Emotion heraus einen Bierbecher und soll prompt mit einem Stadionverbot für zwei Jahre ausgesperrt werden? Ein anderer Fan zündet im Stadion zu Beginn der Rapid-Viertelstunde einen Bengalen, der beim Fußball bestraft werden muss, beim Schirennen in Schladming aber mit toller Stimmung beklatscht wird – den soll ich hinausschmeißen? Nein, für mich stand auch hier der Dialog im Fokus. Natürlich muss man sich an gewisse Regeln halten, nichtsdestotrotz kann jeder Mensch auch Fehler machen, und ich bin einfach davon überzeugt, dass, wenn man darüber vernünftig spricht, dieser Fehler vermutlich so schnell nicht mehr passieren wird.

Ein weiteres heikles Thema waren die oftmals diskussionswürdigen Spruchbänder oder Choreos, die für manche Menschen zu derb waren und für dementsprechend Aufregung sorgten. Uns war die Meinungsfreiheit im Stadion immer sehr wichtig, wodurch wir die Transparente zuließen, obwohl auch ich mit den Aussagen und Meinungen der Fans oft nicht konform ging, vor allem auch deswegen, weil ich wusste, welch großer Shitstorm nun wieder auf uns zukommen würde. Es gab Transparente unter der Gürtellinie, die wir im Vorhinein nicht kannten und uns persönlich sehr ärgerten, wir aber auch hier nicht sofort dem Aufruf der Medien mit der Forderung des kollektiven Rausschmisses der Fans gefolgt sind. Vielmehr sprachen wir zuerst mit den Verursachern, bevor wir uns dazu öffentlich äußerten oder sanktionierten, wobei man hier auch ganz klar differenzieren muss. Wenn Richtlinien, die im Vorfeld genau besprochen, dann aber nicht eingehalten wurden, war auch ich sehr streng und es gab von Seiten des SK Rapid dementsprechend empfindliche Strafen, die teilweise bis hin zu Stadionverboten reichten. Dies traf aber nur jene Fans, die es auch nach dem mehrmaligen Versuch des Dialogs nicht verstanden, worum es im Endeffekt ging. „Stadionverbot und dann ist alles gut", war eine weitere Aussage von

Menschen, die einfach nur Taten sehen wollten, aber die Auswirkung dahinter nicht kannten. Man durfte doch nicht glauben, dass ein Stadionverbot der Weisheit letzter Schluss wäre. Ein Stadionverbot bringt nämlich so viele Probleme mit sich – der Ausgesperrte wird zum „Märtyrer", die anderen Fans der Kurve zeigen sich solidarisch mit ihm, und ob die Kontrolle der Stadionverbotsliste so gut funktioniert, mag ich auch bezweifeln – viele Probleme, die nach solchen Sanktionen dann erst recht entstanden sind.

An dieser Stelle möchte ich noch kurz festhalten, dass, auch wenn mich solche Situationen persönlich oft belastet haben, ich immer sehr froh war, wenn wir im Endeffekt dann im Dialog mit den Fans Probleme und Schwierigkeiten gemeinsam lösen konnten. Es begleitete uns beispielsweise einige Jahre das Thema Gewalt im Stadion, das wir sehr gut in den Griff bekommen haben, und auch das Thema Böller und Leuchtstifte, die wir komplett aus dem Stadion wegbrachten. Diese Dinge sehen manche Menschen halt leider nicht, da es immer viel einfacher ist, etwas von außen zu kritisieren als jemanden zu loben.

In den letzten Zeilen habe ich vor allem den Dialog mit den Fans immer in den Vordergrund gestellt und ich muss ehrlicherweise zugeben, dass ich mich sehr oft auch als Sozialarbeiter gefühlt habe. Viele Fans kamen zu mir, baten mich um ihre Hilfe, teilweise auch um meinen Rat bei privaten Problemen und ich versuchte, so gut es ging, zu helfen, da wir doch immer vom Zusammenhalt innerhalb der Rapid-Familie sprachen. Ich predigte regelmäßig, dass es diese besondere grün-weiße Gemeinschaft gibt, und in einer großen Familie kommt es eben hie und da zu Problemen, wobei man aber da auch nicht gleich sein Kind rausschmeißt, sondern versucht, die Themen positiv zu lösen. Christoph Peschek hat es in diesem Zusammenhang immer sehr treffend formuliert: „Wir klären das im Wohnzimmer und nicht am Balkon und schon gar nicht in den Redaktionen der Zeitungen!" Für so viele Fans ist Rapid eben die zweite Familie und einfach das Wichtigste im Leben, so wie es auch in einem Lied treffend formuliert ist: „Rapid des größte auf der Wöd, des Anzige wos zöd!" Dieses für viele „Anzige" wollte ich den Fans nicht so leichtfertig nehmen und es ist in den 27,5 Jahren zwar nicht immer, aber meistens sehr gut gelungen. Diejenigen, die oftmals „Haut sie doch alle raus!" forderten, waren eigentlich immer dieselben Menschen, die eigentlich keine Ahnung von Fanverhalten und Fanbetreuung haben und in ihrem Leben noch nie Verantwortung übernommen haben. Diese Leute waren bei Problemen die lautesten!

Es geht nicht um Aktionismus, sondern Menschlichkeit

Wenn man von der aktiven Fanszene im Block West spricht, fallen einem natürlich sofort viele Dinge dazu ein: Stimmung im Stadion, alles für die Vereinsfarben geben, Choreografien, die ihresgleichen suchen, und voller Einsatz. Wie schon an anderer Stelle in diesem Buch angemerkt, gab und gibt es nicht wenige Rapid-Anhänger, die nach Hütteldorf kommen und einen Großteil ihrer Aufmerksamkeit dem Geschehen auf unserer Fantribüne widmen. À la „Was passiert nun wieder, was haben sie sich dieses Mal ausgedacht?" Andere, die sich dem Geschehen rund um unseren Verein meist nur oberflächlich widmen oder ihr Wissen aus manchen Medien haben, verbinden meist zuerst Krawalle und Ausschreitungen, wenn es um die grün-weißen Anhänger geht. Hier hört man oft: „Eh klar, das waren wieder die Wahnsinnigen bei Rapid!" Dass das alles aber in seiner Beschreibung zu kurz greift, versteht sich von selbst. Denn auch in der grün-weißen Fanszene haben wir es mit tausenden Menschen zu tun, die aus unterschiedlichen Gesellschaftsschichten stammen, die alle ihren Weg zu Rapid gefunden haben und die die Verbundenheit zu unserem Verein eint. Es ist die Masse, die es ausmacht und die in jeder Hinsicht eine spezielle und intensive Kraft entwickeln kann. Eine Energie, die man, oft weitgehend wenig bemerkt von der Öffentlichkeit, auch für viele soziale Projekte nutzt. Was es umso schöner macht: Dabei ging es nie um Aktionismus, um etwa von Fehlverhalten abzulenken, sondern um Menschlichkeit. Es ging darum, Gutes für andere zu vollbringen, die an Schicksalsschlägen zu leiden haben.

Vor einigen Jahren riefen die Ultras so die Initiative „Wiener helfen Wienern" ins Leben. Hier wird immer in der Weihnachtszeit für den guten Zweck gesammelt und der Gesamterlös kommt dann einer bestimmten karitativen Organisation zugute. Dabei sind die Spieltage von großer Bedeutung, denn hier wird direkt gesammelt: am Eingang zum Block West, aber auch auf allen weiteren Tribünen, im VIP-Bereich und die eine oder andere Zusatzaktion wie Versteigerungen erhöhten die Spendensumme immer wieder. Natürlich ist es kein Wettbewerb der Nächstenliebe, denn jede Spende ist wichtig, egal, wie hoch sie auch ist. Aber es gelang über die Jahre hinweg mit vereinten Kräften, immer mehr Geld zu sammeln. Mittlerweile übergibt man Summen jenseits der 80.000 Euro (!), die nicht nur den notleidenden Menschen große Freude ins Gesicht zaubern, sondern uns allen. Aktionen wie diese und viele weitere – auch da ist unsere Fanszene mittlerweile sehr kreativ, etwa mit Punschständen oder anderen Engagements für kleinere Unterstützungen, zeigen den Zusammenhalt und das große soziale Herz. Vom VIP-Fan bis zum Hooligan, hier halfen immer alle mit. Ich versuchte, an den Spieltagen durch meine Moderationen die Werbetrommel zu rühren, und machte auf die Aktionen aufmerksam, ehe dann der große Moment der Übergabe erfolgte. Auch mich überraschten die großen Spendensummen. Ein Wahnsinn: Waren es doch in den letzten Jahren insgesamt rund 400.000 Euro! Hier wurde und wird damit wirklich vielen Menschen geholfen, das ist in diesem Rahmen und dieser Dimension sicher einzigartig.

In meinen Augen kann man so eine Hilfe gar nicht hoch genug würdigen und so fand ich es oft schade, angesichts des großen Einsatzes und der sozialen Tragweite, die dahintersteckt, dass in den Medien meist nur klein und kurz darüber berichtet wurde. Ich bin aber nicht naiv. Es liegt nun mal in der Natur der Sache und ist leider Teil des öffentlichen Geschäfts, dass über Skandale und zum Teil völlig belanglose Nebensächlichkeiten, wenn man es in den großen Gesamtkontext stellt, berichtet wird, weil man damit vermeintlich mehr Aufmerksamkeit erzeugt. Aber es ist schließlich die größte Freude, wenn einem von den Betroffenen und Notleidenden ehrliche und herzliche Freude entgegenschlägt voller Wertschätzung und Dankbarkeit. Das und nur das ist der Antrieb unserer Fanszene, auch im nächsten Jahr weiterzumachen. Und so vielleicht das oft plumpe, oberflächliche Bild der „Krawallmacher" in der Öffentlichkeit zu korrigieren. Vielleicht hilft es auch, manche Menschen zum Nachdenken zu bringen.

Am 16. Februar 2020, an meinem letzten Tag bei Rapid, wurde dieser unfassbare Betrag von 83.000 Euro an „BON surprise" übergeben. Ich ziehe den Hut.

Kapitel 6

In Hütteldorf sind wir zu Hause

Das Hanappi-Stadion – eine Festung

Ich war leider nicht persönlich dabei, als am 10. Mai 1977 das erste Bundesliga-Spiel im Gerhard-Hanappi-Stadion (damals hieß es noch Weststadion) ausgetragen wurde. Die Premiere brachte gleich einen 1:0 Derbysieg gegen die Austria, doch statt der erwarteten 20 000 Rapid-Fans waren nur rund 14 500 Zuschauer gekommen. Eine Enttäuschung. Die zweite folgte sogleich, denn nach nur wenigen Monaten musste unsere neue Heimstätte im Oktober wegen schwerer Baumängel bereits wieder geschlossen werden. In einem Pfeiler hatte man einen rund 1,70 Meter großen Riss entdeckt. Rapid musste ausweichen und tat dies vorübergehend auf der ein wenig modernisierten Pfarrwiese unweit vom neuen Zuhause. Zwar kehrte man nach einiger Zeit ins neue Stadion zurück und kam dann auch auf die 20 000 Fans, die zu einem Derby (3:1) gepilgert waren, aber die Zuschauerzahlen sollten auch in der Folge weit unter den Erwartungen bleiben. Das war damals immer ein Manko. Auch in den so erfolgreichen 80ern war das Stadion bei Entscheidungsspielen oder Derbys zwar bummvoll, aber selbst nach legendären Europacup-Partien verirrten sich im darauffolgenden Heimspiel gerade mal 5 000 Zuschauer nach Hütteldorf.

Mein Lieblingsspiel war dennoch eines, bei dem die Hütte voll war. Fast 25 000 Rapid-Fans waren im Mai 1982, in einem vollkommen überfüllten Stadion, Zeugen eines 5:0 gegen die SSW Innsbruck. Wir krönten uns damit nach 13 Jahren erstmals wieder zum österreichischen Meister! Aber solche Publikumsmagnete blieben die Ausnahme, auch in den 90ern, wo ich dann schon aktiv im Geschehen stand. Wir waren meist weit von ausverkauft oder gar Kartenknappheit entfernt.

Das Stadion selbst gehörte damals der Stadt Wien und wurde von Walter Weiss als Stadionchef und seinem Team betreut. Er war ein sehr tüchtiger, aber strenger Mann, bei dem manche auch oft aneckten. Ich hatte einen super Draht zu ihm und immer öfter hieß es: „Andy, kannst du ihn bitte fragen, bei dir sagt er sicher ja!“ Das Du-Wort gaben wir uns nie, aber unsere Beziehung war von

gegenseitigem Respekt getragen, und so setzten wir viel um. Die Aufbruchstimmung im Verein Ende der 90er sollte auch uns beide vor eine Herausforderung stellen: Das altehrwürdige Hanappi-Stadion musste umfassend saniert und modernisiert werden, um den neuen Anforderungen halbwegs standzuhalten und um überhaupt auf lange Sicht weiter aufsperren zu können. Allein schon der Block West, eine Tribüne ohne Dach. Da war es oft schwierig, denn wenn es regnete, schneite oder der berüchtigte Westwind über die Köpfe der Fans fegte, da brauchte es schon eine gewisse Leidenschaft, zu Rapid zu gehen.

Aber anno 2001 war es soweit und die Sanierungen begannen. Rapid trug in dieser Zeit die Heimspiele entweder weiterhin im Hanappi-Stadion mit verringerter Kapazität (ohne West- und Osttribüne) aus oder übersiedelte ins Ernst-Happel-Stadion. Auf der Nord- und Südtribüne wurde das Dach erneuert und die Zäune zum Spielfeld hin abgebaut. Auch die West- und Osttribüne bekamen eine vollständige Überdachung, sodass künftig jeder Platz im Stadion überdacht sein sollte. Für mich besonders schön: Es gab endlich eine moderne Tonanlage. Dazu wurde eine neue Flutlichtanlage installiert und weiters folgten eine unterirdisch

angelegte Garage mit 400 Stellplätzen und ein neuer Trainingsplatz. Aufgrund der Umbauten sank die Anzahl der Sitzplätze auf 18 442, davon waren üblicherweise 17 500 zu Bundesliga-Spielen zugelassen.

Im Oktober 2002 war man nach Plan dann auch fertig. Endlich! Das neu und vollständig überdachte, modernisierte Gerhard-Hanappi-Stadion wurde, mal wieder, mit einem Derby eröffnet - das wir mit 1:2 verloren. Das tat zwar weh, aber die Freude, hier eine neue Ära mitzugestalten, überwog und bald sollte sich das Stadion zu einer regelrechten Festung entwickeln. Durch die von Josef Hickersberger geformte junge Mannschaft entstand etwas, und das spürte jeder. Ein Erfolg kam auf den nächsten und mit ihm und der aktiven Fanbindung von unserer Seite kamen mehr und mehr Zuschauer. Immer öfter konnten wir „ausverkauft" melden. Es herrschte ein Lauf!

Es war zudem auch die Zeit, in der unser Stadion von Josef Hickersberger mit dem Namen „Sankt" Hanappi getauft wurde, gemäß unserem Spruch „Rapid ist unsere Religion". Und in dieser „Kathedrale des Fußballs", wie sie der frühere

Sturm-Coach Ivica Osim bezeichnete, herrschte eine Stimmung und Lautstärke, die unglaublich war. Hier halfen die neuen Dächer und auch der Umstand, dass alle vier Tribünen mitmachten. Garniert wurde das Ganze noch mit zahlreichen sensationellen Choreografien. Auch ringsherum reihte sich alles perfekt ein, denn durch zusätzliche Veranstaltungen rund um das Stadion entwickelte alles seine spezielle Atmosphäre. Auch wenn das Grundgerüst des Hanappi-Stadions trotz allem in die Jahre gekommen war, es hatte Charme – es war Kult.

Aber nur nach außen hin, denn innen drin mussten wir weiterarbeiten. Mit eigenen Mitteln errichteten wir zwei VIP-Bereiche auf der Nordtribüne für 200 Personen, um so einen finanziellen Mehrwert zu erzielen. Vidiwalls rückten anstelle der alten Anzeigen in die Kurven und eine moderne Videoüberwachungs-Anlage spielte alle Stückeln. Unser Stadion bekam weiters 2006 eine Rasenheizung, dazu wurde der Rasen verlängert, um auch den neuen Anforderungen des Europacups gerecht zu werden, und im Keller wurden moderne Fitness- sowie Physiotherapieräume für das Training der Profis eingerichtet. Schöner Moment: Das Derby am 8. Mai 2007, das wir auch gleich mit 3:0 gewannen, war das 500. Liga-Heimspiel Rapids im Hanappi-Stadion und zugleich feierten wir das 30-jährige Jubiläum.

Es geschah viel, aber die zahlreichen Heimspiele zogen dennoch ihre Begleiterscheinungen nach sich. Nach jedem Wolkenbruch oder starken Regen goss es in die Spielerkabine, am meisten auf den Platz von Steffen Hofmann. Im Block West verschoben sich Betonstufen durch das kollektive Springen der Fans. In den VIP-Bereichen, wo die Nachfrage immer mehr stieg, konnten wir durch die mangelnde Infrastruktur die Bedürfnisse nicht mehr angemessen befriedigen. Auch nicht bei internationalen Spielen, wo es durch die UEFA neue Vorschriften gab. Der Presseraum klein wie ein Kleiderschrank, die Kabinen eng und abgetragen oder die Sanitäranlagen alt und grindig. Die Sitzplätze rosteten vor sich hin und selbst durch viel Aufwand konnten wir das Flickwerk nicht ganz übertünchen. Wo wir ein Loch stopften, ging das nächste auf. Aber vielleicht fühlten wir uns deswegen hier auch so wohl und ließen es zum Kult werden – es machte einfach zu viel Spaß! Die Stimmung war fantastisch und man hatte das Gefühl, dass die Gegner wirklich mit sehr viel Respekt nach Hütteldorf kamen.

424 Mal habe ich in diesem wunderbaren, ehrwürdigen Stadion ein Pflichtspiel des SK Rapid moderiert und dabei 865 Rapid-Tore angesagt. Jedesmal war es mir eine Ehre. Trotz manch auch bitterer Stunden wie Niederlagen, einem

Platzsturm, einem Sitzstreik, Schweigeprotesten oder zahlreichen Wurfgegenständen am Rasen, es überwiegen die positiven Erlebnisse, die wunderschönen Erinnerungen. Und das Gefühl von uns allen, an einem ganz speziellen Ort zu einer ganz besonderen Zeit dabei gewesen zu sein.

„Daaaaanke – Bitte" – in Hütteldorf wurde es zum Kult

Einfach ein Mikro zu nehmen und zu moderieren mag zunächst einfach ausschauen, ist es aber nicht. Es bedeutet viel mehr, als irgendetwas abzulesen, anzukündigen oder zu kommentieren. Im besten Fall baut man eine Verbindung mit seinem Publikum auf und auch das geht in der Regel nicht von heute auf morgen. Bei Rapid war es mir vergönnt, durch meine vielen Jahre das Zusammenspiel mit unseren Anhängern im Stadion immer weiter zu verbessern, bis es perfekt schien – wie eine geölte Maschine. Aber auch diese brauchte ihre Anlaufzeit und die begann so Mitte der 90er-Jahre. Ich erkannte immer mehr, wann es angebracht war, etwas zu sagen, und wann besser nicht. Auch wenn man das von außen vielleicht nicht so gesehen hat, aber es war wichtig, mich nicht zu wichtig zu nehmen. Denn zum einen ging es darum, eine gute Stimmung zu erzeugen wie etwa mit dem Wirken des Blocks West, zum anderen musste genau diese Atmosphäre auch von selbst entstehen, indem man sie nur durch etwas Unterstützung und kleine Hilfestellungen in die Wege leitete. Bei mir waren das die Mannschaftsaufstellungen.

Als ich diese ankündigte, begann es eines Spieltages, immer lauter zu werden. Die Fans gingen mit und riefen die Spielernamen, manche brüllten sie sogar. „Das probieren wir jetzt mal aus“, sagte ich mir und skandierte nur mehr die Vornamen – die Vervollständigung kam automatisch von den Tribünen: „Didi!“, rief ich. „Kühbauer!“, kam es zurück. Einige Jahre später sollte es etwa bei Steffen Hofmann noch den wertschätzenden und verspielten Zusatz „Fußballgott“ geben. Auch sehr bekannt: „Hier regiert ...“ – „... der SCR!“, und natürlich der große Roar bei meiner eher sich selbst beantwortenden Frage: „Wo san die Rapid-Fans?!?“ Wenn das Stadion hier einstimmte, wurde es richtig laut. Und alles war angerichtet, der Anpfiff konnte kommen. Erst etwas später kam noch etwas dazu, das ich in Österreich zum echten Kult machen durfte. Es stammte aber nicht von mir, ich schaute es mir ab. Und zwar in München.

Wir schrieben das Jahr 1997 und Rapid war in einem Rückspiel im UEFA Cup bei 1860 München zu Gast, damals noch eine starke Mannschaft unseres Nachbarlandes. Wir hatten in Wien allerdings 3:0 gewonnen und somit eine großartige Ausgangslage. Dennoch wurde es mit einem 1:2 noch einmal spannend. Ganz egal, wir waren aufgestiegen. Im Gedächtnis blieb bei mir bei aller Begeisterung aber auch der hiesige Stadionsprecher, Stefan Schneider, der sogar heute noch aktiv ist. Denn nachdem die Münchner ein Tor erzielten, band er das Publikum voll mit ein: „Spielstand 1860?“ – „Eins!“, kam es zurück und dann bei „Rapid?“ – „Null!“ – „Daaaaanke!“ – „Bitte!“, kam es als prompte Antwort. Ich grinste. Es war genial! Mein Kollege war der Erfinder, aber ich würde es in Österreich bei Rapid ausprobieren. Vielleicht könnte es auch bei uns klappen. Zurück in Wien traf ich mich mit den Verantwortlichen des Blocks West. Zusammen mit den Vorsängern besprach ich meine Ideen und den Ablauf und so kam es beim nächsten Heimspiel zum ersten Versuch. Würde es funktionieren?

Ich kann mich noch erinnern, wie ich es im Stadion über das Mikro erklärte: „Machen wir die Mannschaftsaufstellung bitte gemeinsam und jetzt neu: Sagt ihr mir, wie es steht, und dann werde ich sehr höflich sein und ich hoffe, ihr seid es auch!“ So umschrieb ich das Prozedere. Richtig üben wollte ich es nicht, denn es könnte ja auch recht peinlich werden. Aber dann war es soweit, Rapid traf und der neue Ablauf beim Moderieren hatte seinen Einstand. Auch das funktionierte mit den Jahren immer besser und der höfliche Umgang nach Torerfolgen wird sich im Verlauf der Zeit schon so um die 1 000 mal eingestellt haben. In diesem Sinne: „Daaaaanke!“ – „Bitte!“

Nicht so geliebt, aber schon gut: „Das EHS"

Es gibt nur eine Heimat des SK Rapid, diese ist in Hütteldorf und das ist auch gut so und wird hoffentlich immer so bleiben. Mich persönlich hat aber unser vermeintliches Ausweichstadion, in dem wir zahlreiche Spiele ausgetragen haben – darunter waren viele legendäre – immer irgendwie fasziniert. Nicht allein aus wirtschaftlichen Gründen. Im Happel-Oval fanden fast dreimal so viele Rapid-Fans Platz wie im damaligen Gerhard-Hanappi-Stadion, was für uns als Verein einerseits ein großes Mehr an Einnahmen bedeutete, aber es auch tausenden Anhängern ermöglichte, bei unseren Spielen mit dabei zu sein, die sonst in den besten Zeiten in Hütteldorf ausverkauft gewesen wären. Wer war nicht dabei, als wir im Europacup so manche Sternstunde zelebrierten? Oder in einem unvergesslichen Meisterschaftsfinale 1996 Sturm Graz mit 2:0 besiegten – mit 45 000 begeisterten Grün-Weißen? Man muss hier immer an das große Ganze denken und sich bewusst sein, dass Rapid enorm viele Fans hat, und auch das soll so bleiben. Aber wir wechselten auch aus oft ganz pragmatischen Gründen in den Prater. Während der Sanierungsphase des Hanappi-Stadions 2002 etwa, oder als in Hütteldorf zwei Jahre lang das Allianz Stadion errichtet wurde. Glücklicherweise nicht so oft aufgrund von Anordnungen des Strafsenats der Liga, wenn es uns nicht erlaubt war, im Westen Wiens ein Spiel auszutragen.

War ich am Anfang meiner Rapid-Zeit nur mit an Bord in Form des Stadionsprechers, durfte ich ab der Jahrtausendwende dann mit meinem Team für die Organisation der Spieltage zuständig sein – egal, ob nationale oder internationale Bewerbe. Oft diskutierten wir hier bei Partien mit großer Nachfrage, ob wir in den Prater ausweichen sollten. Alle Umstände wurden beleuchtet, das Für und Wider abgewogen. Alle konnten sich einbringen und taten das auc, von der Vereinsführung, der ich die möglichen Berechnungen und Kosten vorzulegen hatte, bis hin zu den Trainern, die sich bezüglich Ausweichstadion ebenfalls an den Diskussionen beteiligten. Hier gab es klarerweise unterschiedliche Zugänge. Einige waren in das „Happel" verliebt und sahen darin immer einen Vorteil, andere lehnten es ab. Aber immer wieder wurde es bei uns zum Thema, wenn der internationale Bewerb näher rückte. Man musste alle Seiten und somit auch jene Rapid-Fans bedenken, die aus dem Burgenland oder dem südlichen Niederösterreich kamen und bei denen der Standort aufgrund der Anbindung und der Parkplätze sehr beliebt war. Oft verband man das „Rapid-Schauen" dann gleich mit einem Besuch im Schweizerhaus. Und zu guter Letzt kamen so zwischen 2005 und 2016 viele Fans in den Genuss, Rapid zu sehen, die aufgrund der Karten-Knappheit selten oder noch nie bei uns in Hütteldorf gewesen waren und sich so erstmals für unseren Verein begeisterten. Und wiederkamen bzw. bei uns blieben.

Und wenn es so lief, wie wir uns das alle wünschten, dann ging richtig die Post ab. Wenn 48 000 Fans Vollgas gaben und sich von den Choreografien – oft über das gesamte Stadion –, den Gesängen, den Rhythmen und dem Geschehen da unten am Platz mitreißen ließen, gab es kein Halten mehr. Das beeindruckte mich immer wieder. Und es war für mich persönlich zugleich eine Belohnung für die große Arbeit dahinter. Hilfreich war, dass im Zuge der Europameisterschaft 2008 viel in Sachen Infrastruktur renoviert und saniert wurde und das erleichterte die Arbeit ungemein: viele neue Räumlichkeiten, neue Kabinen, verbesserte Sanitäreinrichtungen, großzügige Zufahrten für die Mannschaftsbusse, vergrößerte Parkplätze, neue Sitze und ein würdiger Pressebereich. Aber ja, bei aller Freude war es schon auch immer eine umfassende Organisation, für so viele Menschen alles vorzubereiten: Das Ticketing, den VIP-Bereich, die Bereitstellung der Ordner und, und, und. Das Ganze war dreimal so groß wie in Hütteldorf, aber mit der Zeit gelang es mir, auch hier eine Routine einkehren zu lassen.

Wenn das Ernst-Happel-Stadion voll war, dann ging so richtig die Post ab, und auch wunderbare Choreografien wurden von unseren Fans präsentiert.

Apropos Ordner und Parkplätze, da gibt es eine kuriose Geschichte. Ich war gerade dabei, einen Organisationsplan für mein Team mit allen Abläufen zu schreiben, unter anderem ging es um die Parkplätze und dort die Berechtigung für VIPs. „Egal, wer kommt, wenn er keine Parkkarte zeigen kann, dann dürft ihr ihn nicht hineinlassen", bläute ich den Ordnern ein: „Ganz egal, wer es ist!" Diese Einschulung dürfte sehr überzeugend gewesen sein, denn kurz vor Spielbeginn läutete mein Handy. Unser General Manager Werner Kuhn war dran: „Andy, ich brauche deine Hilfe, ich komme nicht hinein. Sag bitte den Ordnern, wer ich bin!" Der postierte Ordner übernahm den Hörer: „Herr Marek, ich weiß, dass das der Herr Kuhn ist, aber Sie haben gesagt, es fährt niemand ein ohne Parkkarte!" Werner Kuhn durfte dann letzten Endes passieren, aber der Ordner hat sich einfach klar an seine Vorgaben gehalten.

Auch wenn die Organisation, wie gesagt, eine Heidenarbeit mit all dem Auf- und wieder Abräumen war, am Ende des Tages konnten wir immer sehr positiv zurückschauen. Sehr oft kamen die Verantwortlichen des internationalen Gegners nach dem Spiel zu mir und gratulierten, vor allem zur sensationellen Stimmung, die unsere aktive Fanszene zauberte. Apropos Fanszene: Diese hatte wenig Freude am „Happel", verstand aber die Argumente, warum wir hier herwanderten. Die großen Spiele, die wir alle miterlebten, waren hier Überzeugung genug. Zu diesen komme ich an anderer Stelle in meinem Buch noch zu sprechen, sei es der Weg ins Europacup-Finale, der Meistertitel 1996, die CL Spiele gegen Bayern oder Juve, die UEL-Partien gegen den HSV oder Bayer Leverkusen. Da war viel Sensationelles dabei, aber auch das war kein Selbstläufer für die aktive Fanszene, hier immer für einen Hexenkessel zu sorgen.

Ich denke an die Zwischenphase, als wir vor wenigen Jahren das Allianz Stadion bauten und eben auch für die Meisterschaft ausweichen mussten. Hier hießen die Gegner dann, ohne despektierlich klingen zu wollen, Altach, Admira, Ried oder Mattersburg. Aber auch hier gelang es uns, für einen entsprechenden Rahmen zu sorgen und gemeinsam mit den Fans eine gute Stimmung zu erzeugen. Mein Team und ich probierten im Hintergrund immer,durch Fanbindungs-Aktionen so viele Anhänger wie möglich ins Happel-Oval zu locken, und auch wenn oft zwei Drittel des Stadions nicht besetzt waren, wirkte die Atmosphäre laut und stimmungsvoll. Als wir dann endgültig nach Hütteldorf zurückkehrten, wusste ich: „Das war es jetzt mit diesem Spielort für uns." Und ja, wir haben es nicht geliebt, aber beim Abschied war schon etwas Wehmut mit dabei.

Das Abschiedsspiel – dann gingen die Lichter aus

Das Datum ist ein historisches in unserer Vereinsgeschichte, auch wenn es nicht jedem geläufig sein wird. Die Millionenfrage: Was war am 4. Mai 2014? Antwort: Das letzte Meisterschaftsspiel unserer Mannschaft im Gerhard-Hanappi-Stadion! Restlos ausverkauft mit 17 200 Rapid-Fans, gewannen wir hier in der Liga mit 2:0 gegen Wacker Innsbruck. Die Stimmung war sehr gut, als eindrucksvolles Intro gab es eine Choreografie des Blocks West für unsere ehrwürdige Heimstätte, aber natürlich spürte man auch die dazugehörige Portion Sentimentalität. Obwohl, ich wusste damals schon, wir würden uns noch in einem separaten Rahmen von „St. Hanappi" verabschieden, bevor die Bagger auffahren würden. Es sollte ein großes Fest werden.

Unmittelbar nach dem Saisonschluss machte ich mich mit unserem sportlichen Leiter, Stefan Ebner, an die Planung, wen wir einladen sollten. Im Sommer ist es immer schwierig, einen namhaften Gegner für ein Freundschaftsspiel zu gewinnen. Hier stand zu diesem Zeitpunkt auch noch die WM in Brasilien an, alle Star-Spieler würden bei ihren Nationalmannschaften im Einsatz sein. Wen also holen? Einen Traditionsverein – klar! Liverpool? Schalke? Hatten wir beide hier vor nicht allzu langer Zeit, damals zum 110. Geburtstag unseres Vereins. „Irgendwie wäre es gut, wenn der Gegner direkt etwas mit dem Hanappi-Stadion zu tun haben könnte", fanden wir bald einen gemeinsamen Nenner. Einige gingen gar nicht: PAOK Saloniki, Dynamo Dresden, Partizan Belgrad etwa, mit denen wir zwar sportlich in legendären Spielen gute Erfahrungen gemacht hatten, aber abseits des Rasens auch sehr schlechte. Bald lag die Lösung auf unserem Tisch und es war auch ein bisschen das Glück des Tüchtigen: Der Celtic FC aus Glasgow kam auf Trainingslager nach Österreich und mit den Schotten gab es einschneidende Duelle in den 80ern und auch in den Jahren danach. Die Verhandlungen mit dem damaligen Meister seines Landes funktionierten. Wir hatten unseren Gegner für ein würdiges Abschiedsspiel!

Nun brauchte es aber auch das entsprechende Rahmenprogramm drumherum. Wieder schloss ich mich mit Vertretern unserer aktiven Fanszene kurz, die für den Block West und die Osttribüne wunderbare, eindrucksvolle Choreografien vorbereiteten. Für den Anpfiff lud ich die Söhne von Gerhard Hanappi ein und als Vorspiel sollte fast jede Rapid-Legende, der es möglich war, und die in unserem altehrwürdigen Stadion aufgelaufen war, ein Legendenspiel bestreiten. Für den

6. Juli 2014 war somit alles angerichtet. Kaiserwetter mit Sonnenschein, 17 400 Rapid-Fans in freudiger Erwartung und dann konnte es losgehen. Bei den Legenden lief alles auf, was Rang und Namen hatte, und man ließ den Ball rollen: von Antonin Panenka bis Andi Herzog, von Didi Kühbauer bis Michael Konsel und viele, viele mehr.

Die Motive, die man auf dem Block West und der Ost sah, waren keine Choreografien mehr, sondern wahre Meisterwerke. Sie zeigten unser Stadion im Lauf der Zeit mit all seinen Epochen in seiner Geschichte. Mit dem Ankick hatten nicht nur die Söhne Gerhard Hanappis Tränen in den Augen, sondern wohl sehr viele eine Gänsehaut. Es gab keinen Stress, keinen sportlichen Druck, alles war ungemein positiv. Das Stadion bebte ein letztes Mal und alle waren mitgerissen. Auch Pyrotechnik gehörte dazu, man fühlte sich fast wie zu Silvester, aber das passte an diesem Tag schon. Das Spiel endete 1:1 – eigentlich war es ja Nebensache – doch auch hier eine nette Anekdote: Das Rapid-Tor, und somit das letzte in unserem Stadion, resultierte aus einem Eigentor der Celtic von einem gewissen Virgil Van Dijk, der heute bei Liverpool als Verteidiger den Ton angibt und weltweit als der beste auf seiner Position gehandelt wird. Das Hauptaugenmerk lag aber auf der Verabschiedung und diese ging auch nach dem Schlusspfiff weiter.

Mit 88 Jahren sang Fredi Körner die alte Rapid-Hymne live im Stadion. Gänsehaut!

Ich hatte Alfred „Fredi" Körner im Vorfeld gebeten, dass er am Rasen die legendäre Rapid-Hymne singen solle. Er antwortete trocken und fast beiläufig wie immer: „Wann du sagst, i soll, dann mach ich's!" Die Spieler und Legenden stellten sich beim Bereich der Ersatzbänke auf, für mich wurde ein Keyboard aufgebaut, um Fredi musikalisch zu begleiten. Das Drehbuch sah vor, dass aus den Lautsprechern das Lied „Ein Hoch auf das, was vor uns liegt" kommen sollte. Wer den Text kennt, weiß, dass es auch diese Stelle gibt „Wer friert uns diesen Moment ein?". Passender ging es nicht. Denn dann begann Fredi Körner gemeinsam mit 17 400 Rapidlern die Rapid-Hymne zu singen, im Block West wurden 37 Bengalen für 37 Jahre Gerhard-Hanappi-Stadion entzündet und wir alle wussten: Das war es jetzt. Es war nicht nur einfach ein Stadion, sondern ein Ort, an dem wir als grün-weiße Gemeinschaft unglaublich viel erlebt haben, mit schönen wie bitteren Momenten, jeder für sich, aber alle geeint durch den SK Rapid. Nach einem letzten Countdown, den wir herunterzählten, ging das Flutlicht aus. Und für mich? Ganz ehrlich, es war natürlich emotional und viel Gänsehaut dabei, aber in solchen Momenten war ich immer extrem angespannt und achtete mehr darauf, dass alles funktionierte: vom Einlass des Publikums über die Betreuung unserer Rapid-Legenden bis hin zur Organisation des Spiels und dem krönenden Abschluss. Das war meine Aufgab, und wie schon in den vielen Jahren zuvor, wollte ich einfach, dass unsere Fans begeistert sind. Daher habe ich an diesem Tag keine Tränen verdrückt. Später, zu einem anderen Abschied, sollten es aber noch umso mehr werden.

Versteigerung und Abrissparty

Der sportliche Abschied mit dem Spiel gegen Celtic lag hinter uns, der emotionale sollte etwas später folgen. Die Saison war gerade zu Ende gegangen und eines Tages wurde uns der Bescheid der Baufirma zugestellt. Im Oktober sollte der Abriss des Gerhard-Hanappi-Stadions schließlich starten. Wir wälzten unsere Gedanken, bei uns rauchten die Köpfe. Zum einen mussten wir die Übersiedelung unseres Liga-Betriebs in den Prater, ins Ernst-Happel-Stadion, organisieren, zum anderen brauchten wir auch eine Inventarliste, was den Bestand des Hanappi-Stadions betraf. Was gibt es in den Innenbereichen überhaupt, wohin damit und was sollten wir damit machen? Während die Umsiedelung plangemäß recht schnell vonstatten ging, hatten wir für den Standort Hütteldorf zig Gedankenspiele. Für beide Anliegen war meine Abteilung, das

Klubservice, verantwortlich und auch hier wollte ich eine perfekte Lösung schaffen. Wir könnten hier wieder etwas ganz Einzigartiges gestalten, gab es doch so vieles, das wir alle mit unserem alten Stadion verbanden. „Probieren wir es mit einzelnen Veranstaltungen, damit wir spezielle Teilbereiche unseres Stadions zelebrieren, die es alle wert sind“, schlug ich vor und alle stimmten zu. Also machten wir uns an Teil 1: Die Versteigerung von Einrichtungsgegenständen, die wir in den Tagen zuvor entstauben, aus den Katakomben von „St. Hanappi“ zusammentragen und dann schließlich an die Rapid-Fans bringen sollten. Teil 2 sollte sich dann ganz dem Verkauf der Äußerlichkeiten widmen, also Dingen, die man beim Besuch immer gesehen hat: die Sitze, der Rasen, Tornetze, Mauerstücke und was sonst noch alles ging. Der Erlös würde unserem grün-weißen Nachwuchs zugutekommen.

Gesagt, getan: Mit dem 24. September 2014 fixierten wir einen Termin, waren uns aber noch im Unklaren – keiner von uns hatte damit klarerweise Erfahrung –, wieviele Fans denn kommen würden? Ich entschied, die Veranstaltung direkt im Stadion abzuhalten. Und die Suche konnte losgehen. Wir drehten das Stadion sprichwörtlich von innen nach außen. Alles, was für eine Weiterverwertung geeignet schien, wurde abmontiert und aufbereitet: Aus den Kabinen holten wir die Spinde, aus den Büros Bilder und auch die alten Stühle, aus dem in die Jahre gekommenen VIP-Bereich, breiteten wir auf dem Rasen des Hauptfeldes aus. Da waren nicht nur viele Unikate, sondern da war auch viel Geschichte dabei! Die Einzelstücke bereiteten wir für die Versteigerung vor, Dinge, die es in größerer Stückzahl gab, bekamen einen Fixpreis. Bevor es losging, klärten wir noch mit unseren Verantwortlichen ab, welche Exponate ihren Platz im neuen Rapideum bekommen sollten: Der Spind von Steffen Hofmann, der Schriftzug „Gerhard Hanappi-Stadion“ von der Süd und das Rapid-Wappen, das über dem Haupteingang jahrelang montiert war. Dann ging es los!

In einer schönen, irgendwie auch emotionalen Atmosphäre tauchten an diesem besagten Tag immer mehr Anhänger auf und machten mit. Unterm Strich waren es gut 1 000 Fans, die bis in die Abendstunden mitboten oder einfach nur dem Abverkauf still beiwohnten und Geschichte atmeten. „Genau das ist es, was das Ganze so schön macht“, dachte ich mir still, denn merklich wollte jeder, der mit „St. Hanappi“ etwas verband, etwas Wichtiges oder einen Erinnerungsgegenstand mitnehmen. „Zum Ersten, zum Zweiten und…. zum Dritten!“, rief ich aus und wir legten ein unglaubliches Tempo an den Tag. Einfache Schilder gingen weg wie die warmen Semmeln und für das Schild „WC Herren“ der Toiletten hinter dem Block West bezahlte eine Frau unglaubliche 320 Euro. Sachen gibt‘s! Auch ich erfuhr viel Wertschätzung, was sich etwa darin zeigte, dass ein Mann ein Bild mit meinem Porträt um knappe 400 Euro ersteigerte – meine Unterschrift darauf bekam er natürlich sofort dazu. Auch dieses Bild werde ich nicht vergessen: Zig Rapid-Fans, bepackt mit Sesseln, Spinden, Bildern oder Tafeln am Weg aus dem Stadion zu ihren Autos oder zur U-Bahn Hütteldorf marschierend. Ich hatte am Ende des Abends fast keine Stimme mehr, sammelte aber wieder viel Kraft, denn wir hatten durch diese Aktion zahlreichen Fans eine große Freude gemacht. Und auch der Nachwuchs durfte jubeln: Durch die Versteigerung gingen sensationelle 32.300 Euro an die jungen Talente aus dem Hause Hütteldorf.

Noch viel mehr Aufmerksamkeit sollte sich aber dann eineinhalb Wochen später am selben Ort einstellen. Denn die Innenräume des Gerhard-Hanappi-Stadions waren nun zwar leer, aber die äußeren Bereiche waren noch voll bestückt. Die große „Abrissparty“ an diesem 4. Oktober war zugleich die abschließende Veranstaltung, der allerletzte Termin. Zwei Tage später würden schließlich die Abbauarbeiten beginnen. Also hieß es noch einmal: „Alle ins ‚St. Hanappi‘!“ Zahlreiche Fans wollten sich ihren Stammsitz sichern, Stücke des Rasens, der Mauern oder der Tornetze. Auch hier war ich für die Organisation verantwortlich und alles lief nach unserem Konzept. Es gab ein Gastronomie-Angebot für alle, die sich stärken bzw. einfach nur genießen wollten, sich Souvenirs sicherten oder jene, die gar selbst anpackten. Bei einer großen Veranstaltung wie dieser halfen auch unsere Fanclubs bei der Demontage mit. Bohrmaschinen, Hammer, Stemmeisen etc. wurden von uns zur Verfügung gestellt und um 19,77 Euro konnte man sich seinen Sessel abmontieren lassen und nach Hause mitnehmen. Gegen eine Spende von 5 Euro gab es ein Stück vom Rasen, verpackt in einer Schachtel. Und die Walser Rapid-Freunde kamen sogar mit einem eigens organisierten Bagger, mit dem Stücke aus dem Block West herausgehämmert wurden. Was für ein Spektakel, bei dem alle vertreten waren: Fans über Fans, Familien, viele ältere Menschen. Und sie alle sicherten sich „ein Stück alte Heimat“. Auf Nachfrage drückten wir ein Auge zu und so konnten Anhänger auch andere Gegenstände mitnehmen: Stiegen-Geländer, Stücke des Zauns und sogar eine besondere Tür fehlte, die Eingangstür in das berühmt-berüchtigte „Kammerl“ der Ultras – wo die wohl sein wird?

In diesen letzten Stunden unserer alten Heimstätte waren über den Tag verteilt noch einmal rund 15 000 Besucher gekommen und selten sah ich so viele

Emotionen und rührseliges, gemeinsames Schwelgen in Erinnerungen. Oft gehört: „Kaunst di‘ no erinnern“, und dann folgte ein Schwank, eine Anekdote oder ein Fingerzeig auf einen bestimmten Ort im Stadion. Man erinnerte sich zusammen oder jeder für sich, aber alle vereint. Als bleibende Erinnerung wurde um 15:00 Uhr das gemeinsame Mitgliederfoto geschossen, zum letzten Mal auf der Südtribüne. Mit dabei waren Präsident Michael Krammer, das Präsidium, Alfred „Fredi“ Körner, zahlreiche Legenden, die komplette Mannschaft des SK Rapid und viele Vereinsmitglieder. Ja, und dann kam er, zwar symbolisch, aber es sollte ein klares Zeichen der unmittelbaren Zukunft sein: Der riesige Bagger der Baufirma Strabag fuhr auf das Spielfeld, begleitet von der Rapid-Hymne und schlug kompromisslos mit seinem großen Stemmeisen ein riesiges Loch in die Ecke der Nordtribüne. Das war das ultimative Zeichen: Es ist vorbei, eine neue Ära beginnt. „Time to Say Goodbye“ ertönte aus den Lautsprechern und noch einmal genoss man diese unvergesslichen Momente.

Man kann diesen Tag fast nicht in Worte fassen. Zu viele Emotionen spielten hier mit. Für mich persönlich war es sicher ergreifender als das Abschiedsspiel und die Versteigerung, weil jetzt auch mir klar wurde: „Das war's!“ Ich stach mir noch ein Stück Rasen aus und nahm einen kleinen Brocken des Blocks West mit. Ich war der Letzte, der an diesem Tag das Stadion verließ.

Auch die Beschilderung des WCs hinter der Westtribüne konnte man ersteigern. 320 Euro wurden für diese Tafel bezahlt. Damit hatte jemand viel Freude. Bei der Abrissparty konnte man sich auch ein Stück Rasen mit nach Hause nehmen.

Kapitel 7

Europäische Weltklasse – die internationalen Auswärtsreisen

Vom Abflug bis zur Ankunft, es musste perfekt sein

Immer schon gab es den Grundsatz: Wo Rapid spielt, da sind unsere Fans. Das trifft nicht nur aufs Inland zu, sondern auch auf das Ausland. Wenn unsere Mannschaft in einem anderen Land aktiv war, folgten somit die internationalen Auswärtsreisen. Was neu war: In den letzten zwei Jahrzehnten, setzte ich mir ein Ziel. Nämlich, es Rapid-Fans so einfach wie möglich zu machen, um bei Spielen im Ausland dabei sein zu können. Eine Aufgabe, die ganz klar in den Bereich meines Klubservice fallen würde, diese „Reisen zu internationalen Spielen". Einmal hatte mir ein Reiseveranstalter erzählt, dass ein anderer namhafter Klub in Österreich seinen Fans zwar Reiseangebote präsentierte, diese aber sehr teuer angesetzt wurden mit der Aussage: „Machen wir sie teuer – wir sind froh, wenn nicht so viele von den Narrischen dabei sind, weil es dann ja nur Probleme gibt!"

Das war bei mir ganz anders. Ich wollte, dass bei Rapid-Spielen so viele Fans dabei sind wie nur möglich, um unsere Mannschaft zu unterstützen. So viele Eintrittskarten wir vom Heimverein bekamen, so viele Fans sollten auch mitreisen können. Dazu mussten die Reisen vom Ablauf her simpel und unkompliziert sein – kein Warten, kein Umsteigen – und es brauchte ein gutes Preis-Leistungs-Verhältnis. Denn unsere Reisen sollten für jeden auch leistbar sein. Dabei musste aber die Qualität stimmen und so waren die von meinem Team und mir durchgeführten Reisen vielleicht nicht immer die günstigsten, aber jeder wusste, dass die Organisation Hand und Fuß hatte. Ein guter Mittelweg, mit dem jeder leben konnte. In den ersten Jahren arbeiteten wir dafür sehr intensiv mit einem externen Reisebüro zusammen, gegen Ende meiner Tätigkeit für Rapid haben wir dann eigentlich fast alles selbst abgewickelt. Auch das zeigt, dass bei uns vieles immer besser lief, und natürlich sammelten wir alle wertvolle Erfahrungen. Dennoch waren es stets große Herausforderungen, denn es musste vom Abflug bis zur Ankunft in Wien alles passen. Das war mein Anspruch.

Ganz wichtig war, dass ich immer so viele Karten wie möglich für unsere Fans ergattern konnte. Hier im Bild (links) Matchkarten für Bilbao und (rechts) die Matchkarten für unser Spiel in Mailand – der Koffer war mit über 5 000 Stück gefüllt.

Hier möchte ich ein paar Einblicke geben, nach welchen Schritten die Organisation so ablief. Alles begann mit der Auslosung der UEFA. Als wir erfuhren, wer unser nächster internationaler Gegner sein würde und wohin es ging, legten wir gleich los. Mein erstes Telefonat galt meinem Ansprechpartner beim gegnerischen Verein. Hier verhandelte ich über die Anzahl der Karten, die wir als Gastverein bekommen sollten. Als Gradmesser gibt es eine klare Regelung der UEFA, wonach es immer mindestens 5 % der gesamten Stadionkapazität sein müssen. Dann hieß es noch am selben Tag, die Fluglinien zu kontaktieren und Flieger zu chartern. Meine Mitarbeiter wussten: Immer, wenn ich die Tür zu meinem Büro zumachte, wollte ich nicht gestört werden – das war ein ganz sensibles Thema. Denn etwa im Sommer, in der Hochsaison, waren die Fluglinien selbst meist ausgelastet und keine wollte irgendwo an einem Flughafen lang stehenbleiben. Sie mussten auch auf ihre Rechnung kommen und so brauchte es mein gesamtes Verhandlungsgeschick, um hier zahlreiche Flieger aufzustellen.

Wenige Tage später saß ich bereits mit einem Vertreter unseres Reisepartners, meist war es Michi Federspiel, im Flieger in Richtung der Stadt unseres kommenden Gegners. Mit Michi, einem kompetenten Mann und Freund, machten wir schon im Vorfeld viele Termine aus. Denn wir mussten uns alles genau anschauen: Wo ist der Gästesektor, wie sind die Zugänge, die Buffets, die WCs, der Ankunftsbereich beim Stadion und vieles mehr. Allein schon, um auch unsere Fans entsprechend genau zu informieren, damit es dann am Spieltag einfacher wird. In der Destination gelandet, trafen wir alle relevanten Personen, den Ticketverantwortlichen, die Vertreter der Polizei, den Sicherheitschef, den Hauptverantwortlichen des Vereins und besprachen die Dinge bis ins kleinste Detail. Soweit zum Stadionbereich, aber jetzt ging es erst an die vielen anderen Planungen abseits. So mussten wir für alle Zielgruppen die Hotels aussuchen. Wir brauchten immer eine Unterkunft für die Mannschaft, eine für die Medienvertreter, die VIP-Gäste und verschiedene Hotels für die hoffentlich wieder zahlreichen Fans, die mit uns die Reise antreten würden.

Es war auf so viel zu achten. Welche Entfernung haben die Hotels vom Zentrum und ins Stadion? Wo liegen die Unterkünfte? Sie dürfen nicht im Areal der gegnerischen Fans sein! Wie managen wir den Transport der Anhänger, die bei uns eine Fanreise gebucht haben? Dafür trafen wir uns mit verschiedenen Busunternehmen, um die Transfers zu organisieren. Aber es gab natürlich immer die große Ungewissheit, die wir dabei im Gepäck hatten, wieviele Grün-Weiße überhaupt unsere Angebote nützen würden? So mussten wir unbedingt so viele Zimmer, Busse und Karten wie möglich blocken für den Fall der Fälle. Natürlich hatte man schon ein ungefähres Gefühl, doch auch hier konnte man sich täuschen. Aber ich arbeitete mit Blick nach vorne, denn es sollte, wie gesagt, für jeden eine unkomplizierte Reise und ein einfacher Aufenthalt werden. Nach einem oder manchmal sogar zwei intensiven Tagen ging es wieder zurück nach Wien und jetzt wurde gerechnet, kalkuliert und besprochen.

Nachdem alles klar und fixiert war, präsentierten wir unsere Angebote auf der Rapid-Homepage. Die Prozedur spielte sich ein und es war unglaublich, wie diszipliniert unsere Fans vor allem in den letzten Jahren waren. Wir gaben eine Uhrzeit bekannt, ab der man uns eine Reservierung per Mail senden konnte, z. B. ab 10:00 Uhr. Bereits um exakt 10:05 Uhr hatten wir schon hunderte Mails mit Bestellungen der verschiedenen Angebote, aber keine Minute vor dem angekündigten Start. Unsere Standards: Es gab die Reise im Flieger mit der Mannschaft, also quasi das VIP-Package, das Angebot mit einer Nächtigung in einem Mittelklassehotel und die klassische Tagesreise für reine Spielbesucher oder jene, die nur einen Tag Urlaub bekamen. Und selbst wer nicht mit uns reiste, konnte sich trotzdem die Matchkarte bei uns bestellen. Martina Mosovsky, meine erfahrene Assistentin, war hier in der Anmeldeorganisation eine absolute Maschine. Sie checkte die Einteilung der Flieger und auch der verschiedenen Hotels und das waren manchmal richtig viele. Uns dröhnte der Kopf, aber wir spornten uns gegenseitig an!

So, und jetzt mussten wir nur mehr hoffen, dass wir für alle, die sich angemeldet hatten, auch ausreichend Plätze auf den Fliegern hatten und genügend Match-Karten da waren. Das war mein Ziel. Manchmal musste ich auch bei zu wenig vorhandenen Karten nachverhandeln, um weitere Tickets zu bekommen. Hier brauchte es mein ganzes Verhandlungskönnen, denn bei vielen Spielen wie bei den Rangers, Bayern, in Amsterdam, Mailand oder in Hamburg war es ein Wahnsinn – da wollte jeder hin. Aber auch das schaffte ich. Oft ging es darum, noch einen Flieger nachzubestellen oder weitere Zimmer zu buchen, um der großen Nachfrage gerecht zu werden. Das war nicht immer einfach, oder sagen wir, auf jeden Fall immer eine Herausforderung. Vor allem war alles sehr dicht und oft nur ein paar Tage Zeit, um die komplette Organisation abzuschließen. Wenn es da auch noch um ein Visum ging, war es dann Stress pur.

Einen Tag vor der Abreise holte ich mein Team zusammen und jeder bekam seine Aufgabe für die internationale Reise verteilt. Jeder wusst, was zu tun war, egal, welchen Flieger, welche Personengruppe er oder sie betreute. Da konnte ich mich wirklich verlassen und das war immer Gold wert. Dann folgte der Reisetag selbst, in der UEFA Europa League war das immer der Mittwoch. Meistens fand ich mich bereits um 6:00 Uhr am Flughafen ein, was bedeutete: Der Wecker läutete um 3:00 Uhr, es ging vom Waldviertel nach Wien-Schwechat und ich hatte

nicht viel geschlafen. Aber es war das Adrenalin, das mich weckte und aufmerksam wachhielt. Es hieß, den großen Mannschaftsflieger und meist einen oder zwei weitere Flieger einzuchecken und es für alle Fans so einfach wie möglich zu gestalten. Oft führte ich noch Ansagen via Lautsprecher für unsere Flüge durch, teilte mit meinem Team die boarding passes aus und schaute, dass wir die jeweiligen Einstiege zügig vorantrieben. Für mich war hier auch immer wichtig, dass jeder Flieger pünktlich abhob. Ich wollte, dass es zu keinen unnötigen Verspätungen kam und keiner einen Grund hatte, zu murren. In den Fliegern selbst gab es von uns nicht nur Ansprachen, sondern auch vorgefertigte Briefe an die mitreisenden Fans mit weiteren Informationen zum Ablauf. Und wenn wir gut in der jeweiligen Destination gelandet waren, warteten schon die Busse für den Transfer zu den Hotels, alle mit Rapid-Wappen gekennzeichnet – auch das wurde von uns gecheckt. Dann ging es in die Unterkünfte und auch da wollte jeder klarerweise schnell auf sein Zimmer, somit musste auch hier alles schon vorbereitet sein und die Ausgabe der Schlüssel schnell funktionieren. Wieviele Zimmer es waren, das war unterschiedlich. Bei von der Anreise her schwierigen und nicht so attraktiven Destinationen beschränkten wir uns auf etwa 200, bei großen Spielen sprachen wir schon von 600 Zimmern. Am Abend brachten die Busse die Fans zum Abschlusstraining und am Match-Tag organisierten wir in der Früh auch noch oft Stadtrundfahrten, um ein bisschen was vom Umfeld zu sehen.

Apropos Spieltag, auch hier ging es intensiv weiter, denn nun kamen unsere Tagesflieger an. Auch ab Wien von Klubservice-Mitarbeitern betreut, holten wir die Fans, die in der Früh anreisten, am Flughafen ab. Oft hörte ich: „Es ist besonders schön, wenn man im Ausland ankommt und auf einmal steht der Andy Marek da und begrüßt uns!“ Ich machte das gerne und hieß oft am Vormittag unsere Fans willkommen. Diese wurden dann ins Zentrum geführt, wo sich die Plätze und Straßen nach und nach Grün-Weiß färbten, was immer wieder ein schöner Anblick war. Meist gab es einen gemeinsamen Treffpunkt, an dem sich alles sammelte, und wenn das Spiel näher rückte, bewegte man sich von hier weg – entweder zu den zig Bussen, die einen zum Stadion brachten, oder, wenn die Distanz nicht zu weit war, marschierten die meisten im Corteo. Die Anspannung war immer sehr groß, aber nicht nur wegen des Spiels unserer Mannschaft selbst, sondern weil ich schon an die Rückreise dachte. Oft parkten unzählige Busse vor dem Stadion, da ging es darum, dass die Leute auch in die richtigen Vehikel einstiege, und irgendwo konnte es im Umfeld auch immer Stress mit gegnerischen Fans geben. Meist war es finster, man sah nichts und das machte es nicht ungefährlich.

Und dann kam immer noch das Thema Flughafen und da ging es wirklich ans Eingemachte. Denn egal wo, man kann sagen, die Airports beim Rückflug gehörten ganz uns. Sie waren in der Nacht meistens leer und dann kamen gleichzeitig alle Grün-Weißen an! Meine Mitarbeiter und ich hatten bereits für alle die boarding passes parat, wir teilten uns auf und man hörte uns die Namen der Passagiere rufen, die sich die Tickets abholten. Oft stellte ich mich auf die Kofferförderbänder oder Check-in-Pulte, damit uns alle sahen, vor mir ein grün-weißes Meer an Menschen, und dennoch ging alles schnell. Egal, wo wir waren, in Amsterdam, Birmingham, Moskau, Glasgow oder Valencia, wir wickelten alles professionell ab und die anwesenden Sicherheitsmitarbeiter und die Polizei sahen es gelassen. Manchmal applaudierten sie sogar anerkennend, wenn wir fertig waren.

Am Flugfeld standen bereits die großen Fliege – teilweise hatten Kapitäne vorne beim Cockpit Rapid-Fahnen hängen und die Crew trug unsere Schals und Kappen, um uns zu begrüßen. Ein Ritual von mir dabei: Ich stieg immer als Letzter ein, weil ich auf Nummer sicher gehen wollte, ob auch alle da sind. Ganz ehrlich gesagt, hatten wir bei den zahlreichen von uns organisierten Reisen auch das große Glück, dass mit den Flügen alles passte und sie plangemäß stattfinden konnten. Denn ein paar Mal war es knapp: Einmal mit 800 Fans um 2:00 Uhr in der Früh am Flughafen und ein solcher Nebel, dass wir glaubten, nicht mehr wegzukommen. Ein anderes Mal kamen wir nicht weg! Wo? Das könnt ihr in der Geschichte „Das Wunder von Kazan" lesen! Wenn wir dann alle wieder in Wien gesund und sicher gelandet waren, freute ich mich. Denn es war immer eine große Nummer, die von der Organisation und Durchführung sehr viel Kraft kostete, aber ebenso viel Spaß machte. Ich wollte einfach, dass alles passt, und das ist uns meist sehr gut gelungen. Ach, und übrigens: Wenn wir gewonnen hatten, machte das natürlich auch bei der Organisation alles ein wenig einfacher!

Corteos in ganz Europa

In einigen Geschichten in diesem Buch spreche ich vom so genannten „Corteo" unserer Fans, wenn wir etwa in Europa unterwegs waren. Darauf möchte ich nun näher eingehen, denn nicht jeder weiß sofort, was damit gemeint ist. Ich selbst war schon etliche Jahre bei Rapid, hatte aber keine Ahnung, was dieser Begriff bedeutete. Bis er mir bei einer internationalen Reise von einigen Vertretern der Ultras Rapid erklärt wurde: Sie würden nicht mit dem Bus zum Stadion fahren, sondern zu Fuß gehen, einen Marsch veranstalten. Damals waren noch nicht so viele Fans mit dabei, also war alles sehr übersichtlich. Ich näherte mich dem Thema an, und mit der Zeit sollte es bei uns eine immer größere Rolle spielen.

„Corteo“ (Mehrzahl: „Cortei“), das kommt aus dem Italienischen und bedeutet übersetzt so etwas wie Prozession, Festzug – oder ganz vereinfacht „Marsch“. Er hat seinen Ursprung in der Ultra-Szene und soll dem gegnerischen Klub, aber auch schon mal einer ganzen Stadt signalisieren: „Wir sind da, wir haben Kraft, Stärke und uns vereint die Zusammengehörigkeit zu einem Verein.“ Das muss auch nicht immer im Rahmen von Spielen geschehen, oft gibt es auch „Cortei“, die im Zeichen von Protesten oder Trauermomenten abgehalten werden. Ich war generell selbst immer ein Freund davon, denn aus organisatorischer Sicht sammeln sich hier sehr viele Fans auf einem Fleck und sind nicht in unzähligen Gruppen unterwegs. Man profitierte davon: Die Fans wussten, wie sie zum Stadion kamen, verliefen sich nicht und man reduzierte das Risiko, dass unerfahrene Anhänger direkt in die Hände von gegnerischen Gruppierungen liefen. Der Nachteil konnte sein, dass dadurch sehr viele Fans gleichzeitig beim Stadion ankamen und es beim Einlass länger dauerte. Das haben oft manche Ungeduldige nicht verstanden und ich musste es ihnen schärfer erklären.

Ich kann mich noch gut erinnern: Bei uns ist es mit dem „Corteo“ Anfang der 2000er-Jahre so richtig losgegangen, national etwa bei Derbys, aber vor allem auch, wenn wir im Ausland spielten. Dadurch zeigten sich auch die Behörden in den Großstädten immer sensibler, hellhöriger – und auch teilweise repressiver. Es wurde immer schwieriger, sich einfach zu treffen und zu sagen: „Wir gehen, wie wir wollen zum Stadion.“ Und da Ultras nicht groß mit Behörden verhandeln, war das Organisatorische meist mir überlassen, denn ich wollte nicht, dass unnötiger Stress mit der Polizei und den Sicherheitskräften in den verschiedenen europäischen Städten entsteht. Ich fühlte vor, brachte Argumente ein und leistete Überzeugungsarbeit, warum ein Marsch auf jeden Fall sinnvoller sei als viele einzelne Gruppen. Meist gelang mir das sehr gut, manchmal war es ein Problem, wenn man auf Wichtigtuer und Selbstdarsteller auf der Gegenüberseite traf, die sich nichts erklären lassen wollten. Mir war es aber immer wichtig, gute Lösungen für alle zu finden. So etwa, dass man durch eine Hauptstraße, eine bekannte Straße marschiert und nicht durch schmale Nebengassen, bei denen man kaum einen Überblick hat.

So traf ich mich vor internationalen Reisen mit den Capos unserer Ultras und sie gaben mir ihre Route vor, die ich dann vor Ort in der jeweiligen Stadt in einer Sicherheitsbesprechung den Behördenvertretern und Einsatzkommandanten vorstellte. Ebenso entscheidend war immer, dass bei hunderten oder tausenden Fans von Behördenseite nicht übermotivierte Planänderungen durchgeführt wurden, etwa in Form von Umleitungen, sondern dass sich alle an eine gemeinsame Organisation hielten. Das sorgte schon im Vorfeld für Deeskalation, denn ich muss wohl nicht erwähnen, dass bei solchen Menschenmassen auch sehr viel schiefgehen kann.

Fragt man mich nach den eindrucksvollsten, könnte ich nun zig „Cortei" aufzählen, ich möchte mich aber auf einige beschränken. Diese beeindruckten mich durch die Anzahl der Fans, wegen der Stimmung oder aufgrund der Marschroute. Hier zählt sicher Amsterdam dazu. Im August 2015 zogen 2 500 Rapidler, alle in Grün-Weiß, vom Dam Square über den Damrak, eine der wichtigsten Straßen in Amsterdam, die den Hauptbahnhof mit dem Dam-Platz verbindet, mitten durch

die Hauptstadt der Niederlande. Die Straße wurde für uns gesperrt, rechts und links säumten hunderte Menschen den Gehsteig und beobachteten das Spektakel. Es wurde durch die Schlachtgesänge und Trommeln mächtig und laut, ein Aufmarsch, der stimmungsvoll war und schließlich in einen sensationellen Aufstieg von Rapid gegen Ajax mündete.

Auch den Marsch in Sofia werde ich nie vergessen. Er war nicht der größte, denn im Oktober 2010 waren beim Auswärtsspiel gegen CSKA Sofia nicht so viele Fans mit in Bulgarien. Aber es war sehr emotional und laut. Treffpunkt war bei der Alexander-Newski-Kathedrale, eine der bekanntesten Sehenswürdigkeiten. Unter dem Motto „Brothers Forever" waren viele Panathinaikos-Fans aus Griechenland, mit denen uns eine jahrelange Fanfreundschaft verbindet, mit dabei – ein richtiges „Szene-Treffen"! Zusammen ging es von der Kathedrale über die für Rapid gesperrte Hauptstraße, zu vergleichen mit dem Ring in Wien, in Richtung Wassil-Lewski-Nationalstadion. Und auch hier gewannen wir.

Unvergesslich waren ebenso die Märsche in Birmingham und Glasgow, nicht nur in ihrer Art und Weise, sondern auch aufgrund der Brisanz vor Ort. Auf der Insel herrschten andere oder zumindest verschärfte Gesetze in Sachen Fanverhalten, aber auch das funktionierte. Man musste sich nur gewissen Gegebenheiten anpassen: Kein Alkohol auf der Straße, ja kein Krawall. Und trotz großer Polizeiaufgebote und noch größerer Polizeipferde präsentierte sich Rapid immer eindrucksvoll und es passte perfekt. Hier gehört auch Valencia erwähnt: Am Weg ins Stadion schwor man sich umso mehr ein und zusammen, da im Vorfeld bekannt wurde, dass der Banner der Ultras, der seit Jahren in ganz Europa immer dabei war, in Valencia nicht genehmigt wurde. Somit war der „Corteo“ nicht nur imposant und laut, sondern gewissermaßen auch ein Protestmarsch. Leider blieben viele Fans aufgrund dieser Repression des FC Valencia dem Spiel fern. Ja, und natürlich wird mir immer die Reeperbahn beim HSV in Erinnerung bleiben – ein „Corteo“ mit 7 000 Rapidlern, aber hierzu gibt es im Buch eine eigene Geschichte.

Der „Corteo“ in der Ferne schweißte unsere Fanszene immer noch ein Stück mehr zusammen und man stimmte sich nach und nach auf das ein, warum man überhaupt ins Stadion marschierte: Um unsere Mannschaft einzigartig zu unterstützen.

Glasgow und das Malheur

Es war eine dieser Reisen mit Rapid, die ich nie vergessen werde. Nicht nur, weil ich sie mit meinem Team zu organisieren hatte, sondern auch wegen der Begleitumstände. 2009 ging es in der Gruppenphase der UEFA Europa League für uns nach Glasgow zu Celtic, wo wir vor 42 000 Fans antreten mussten. Vorweg: Das Spiel endete 1:1, aber es blieb mir weniger wegen des Ergebnisses in Erinnerung, sondern, weil es ein sehr aufregender Trip wurde, mit sehr strengen Auflagen, was für unsere Fans und auch mich teilweise sehr neu war. So waren zahlreiche Rapid-Fans in die schottische Metropole gekommen und sammelten sich wie immer im Stadtkern. Da sahen wir uns alle mit einer großen Herausforderung konfrontiert, im wahrsten Sinn des Wortes. Die berittene Polizei war mit riesigen Pferden gekommen – ich habe noch nie so große Pferde gesehen, weder vorher noch nachher. Was ich auch sah: Ein Fan von uns wurde vom Hintern eines Pferdes angestoßen und landete im Straßengraben – eine solche Kraft hatten die Tiere! Dennoch verlief im Vorfeld alles gut, obwohl es aufgrund der Vorgeschichte der beiden Vereine in den 80ern schon knisterte. Im Stadion selbst wurde ein Transparent von den schottischen Fans ausgerollt mit der Aufschrift: „We still hate Rapid“. Klarer ging es kaum und wir befanden uns in einer ziemlich gehässigen Atmosphäre. Ich hatte alle Hände voll zu tun. Auf der einen Seite musste ich unsere Fans beruhigen, auf der anderen schauen, dass die Stewards, die immer wieder einschreiten wollten, keinen Stress machten. Zusammengefasst: Es verlief bei dieser internationalen Reise alles recht gut und ordentlich, bis auf ein Malheur, das ich nicht vergessen werde.

Wie schon in meiner Geschichte über die internationalen Reisen erwähnt, ließ ich bei der Organisation nie etwas dem Zufall über. Es wurde von mir und meinem Team alles vor und auch während der Reise bestens organisiert und abgewickelt. Dafür besuchte ich im Vorfeld immer die jeweilige Stadt des Gegners zum sogenannten site visit, wo ich mich um alle offenen Fragen und Reservierungen kümmerte. So war es auch in diesem Fall. Allerdings gab es keinen Direktflug von Wien nach Glasgow, also reiste ich mit Zwischenstopp über Amsterdam. Das wurde stressiger als gedacht, denn ich kam erst um 10:30 Uhr in Schottland an und bereits für 18:00 Uhr war der Rückflug terminisiert – das war ein mehr als enges Zeitfenster! Also mussten wir schnell sein. Ich wurde von den Celtic-Verantwortlichen am Flughafen abgeholt, es ging zum Stadion, wo ich mich umschaute, alles Wichtige fotografierte und die Match-Karten für unseren Sektor übernahm. Ebenso gab es die Besprechung mit den Sicherheitsverantwortlichen, ehe ich mich schon zu den Hotels aufmachte. Von Wien aus hatte ich hier Kontakte über eine Hotelagentur ausgemacht und wurde überall erwartet.

Die Standards waren schnell erledigt: Eine Unterkunft für die Mannschaft, die Medienvertreter und die VIPs, aber ich musste diesmal auch sehr viele Fanhotels buchen, weil zahlreiche Anhänger kommen würden. Es lief gut und zügig. Ich schaute mir alles an, kontrollierte Lage, Optik, die Speiseräume und die Zimmer. Die Qualität sollte passen und ja nicht durfte die Farbe Violett vorkommen. Somit fehlte auch nur noch ein Hotel für ca. 100 Fans, das wir anschauen mussten. Ich sagte zu dem Herrn der Hotelagentur, dass es zeitlich schon sehr knapp würde und er meinte: „Das Hotel brauchen Sie jetzt nicht mehr anzuschauen. Es liegt sehr zentral, hat eine tolle Ausstattung, da passt alles. Außerdem, am Weg zum Flughafen sehen Sie es beim Vorbeifahren!“ Es sollte das erste und einzige Mal sein, dass ich mir ein Hotel, bei dem wir Zimmer gebucht hatten, nicht vorher angeschaut habe. Aber weil es zeitlich nicht mehr ging, flog ich wieder via Amsterdam zurück nach Wien.

Dann kam der Tag X und für Rapid ging es nach Glasgow. Die Flüge passten, alle landeten zeitgerecht und die Fans waren gut drauf. Am Flughafen folgte die Einteilung in die diversen Busse, die sie dann ins Zentrum zu den Unterkünften brachten. Ich begleitete die beiden Busse mit rund 100 Fans in das von mir nicht begutachtete Hotel. Es hieß „Tulip Inn", also auf Deutsch „Gasthaus Tulpe". Wir parkten uns ein, es wirkte von außen sehr modern. Ich stieg aus, bat alle kurz zu warten, um die Zimmerkarten zu besorgen, damit wir sie direkt am Parkplatz austeilen konnten und nicht an der engen Rezeption – es waren ja doch 100 Personen dabei. Also schlenderte ich in die schöne Lobby und erstarrte plötzlich: Ein violetter Teppich! Ein violettes Bild! Eine violette Couch! „Können wir bitte diese Gegenstände noch schnell entfernen?", bat ich die Rezeptionistin. Gesagt, getan, alles ging flott und sie übergab mir die Zimmerkarten, denn die Räume waren bereits bezugsfertig. Sehr angespannt mit der drohenden Ahnung im Hinterkopf fragte ich noch: „Dürfte ich mir ein Doppelzimmer anschauen?" Die Rezeptionistin begleitete mich und öffnete die Tür: Im Zimmer war überhaupt alles Violett, die Vorhänge, der Fußboden, die Zierpolster, sogar die Duschvorhänge waren in der Farbe unseres Lokalrivalen gestreift. „Eine Katastrophe, das geht gar nicht, was sollen wir jetzt machen?", schoss es mir durch den Kopf. Alles war super, nur die Farbe nicht, und vor dem Eingang warteten 100 Grün-Weiße.

Hastig rief ich den Mann der Hotelagentur in Glasgow an: „Ich brauche ganz schnell 65 neue Zimmer!" – „No chance", kam es zurück. Zur selben Zeit fand in Glasgow ein großer Ärztekongress statt und somit war kein einziges Zimmer mehr in der Stadt frei, schon gar nicht 65. Also ging ich mit feuchten Händen und den Zimmerkarten vor das Hotel, stellte mich auf eine Stufe, damit mich alle sahen und dachte mir: „Du hast nur eine Chance, dass das funktioniert, nämlich ehrlich zu sein!" Meine folgenden Worte habe ich noch im Kopf, als wäre es erst gestern gewesen: „Ich habe eine Bitte: Ich habe den Eindruck, dass ihr mich alle wollt, auch ganz gut leiden könnt und dass ihr auch meine Arbeit schätz. Das könnt ihr jetzt unter Beweis stellen. Denn ich habe einen Fehler gemacht und ich bitte euch, jetzt im Hotel einfach nicht auf die Farben zu achten. Das wird für euch als Rapid-Fans zwar schwer, aber ich bitte euch, es auszublenden und ihr dürft vor allem nichts zerstören. Vieles in diesem Hotel ist Violett!"

Ich glaube, dass meine Ehrlichkeit und Offenheit hier ein ganz wichtiger Trumpf waren, weil dann eigentlich alles halbwegs gut über die Bühne gegangen ist. Von „du zoist a Bier" bis hin zu „i leg mi eh net nieder" und „bei an violetten

Duschvorhang, geh i net duschen" reichten die Aussagen, aber keine war mir gegenüber verletzend. Weil jeder wusste, mir selbst tat dieses Malheur am allermeisten weh, und ich denke, das sah man mir auch an. Ab diesem Tag gab es jedenfalls keine Reise mehr, wo ich nicht alle Hotels genau im Vorfeld kontrollierte, und sicher 40–50 Unterkünfte – obwohl es immer gute Häuser waren – wegen der Farbe nicht buchte.

Die Wunder von Kazan

Vielleicht kennt man das Lied noch, dieses bekannte „Wunder gibt es immer wieder" von Katja Ebstein aus den 70ern. Nun ja, im Zuge unserer Reise nach Kazan im August 2004 gab es sogar gleich zwei solcher außergewöhnlichen Ereignisse. Das eine brachte uns einen überraschenden sportlichen Aufstieg, das andere heil nach Hause. Aber beginnen wir von vorne! Rapid hatte zwei Wochen zuvor im UEFA Cup zu Hause mit 0:2 gegen Rubin Kazan verloren. Leider eine klare Sache und hier im Europacup noch weiterzukommen, schien etwas illusorisch.

Dennoch machte sich zum Rückspiel kurze Zeit später wieder eine Boing 737 der AUA mit rund 180 Personen auf dem Weg in das russische Niemandsland. Denn ganz ehrlich, von Kazan hatten weder die Mannschaft, das Betreuerteam, die paar Medienvertreter, die kleine Präsidiums-Delegation, die VIP-Gäste noch die rund 100 verwegenen Rapid-Fans an Bord je etwas gehört. Vom Verein, gegen den wir daheim verloren hatten, natürlich, aber das Wissen um die Hauptstadt der Republik Tatarstan musste man mit der Lupe suchen. Wobei, es war immerhin die sechstgrößte Stadt Russlands, an der Wolga gelegen, rund 720 km östlich von Moskau. Damals eine große Unbekannte, ist Kazan heute ein topmoderner Wissenschafts- und Wirtschaftsstandort, eine pulsierende, schöne Stadt. 17 Jahre zuvor, als wir uns auf den Weg machten, war dem aber noch nicht so. Wir stiegen bei der Ankunft aus der Maschine und starrten geschockt auf das, was sich uns bot. Verfallene Gebäude, vieles sehr verkommen, abgewohnt und eine hohe Kriminalitätsrate, die wir noch am eigenen Leib verspüren sollten. Aber gehen wir noch einen Schritt zurück.

Auch für mich war es im Vorfeld schwer, gute Hotels zu finden. Die einzige brauchbare Unterkunft hatten bereits die Vertreter der UEFA und das Schiedsrichterteam gebucht, also fiel das mal weg. Sonst gab es nur halb verfallene Schlafstätten. Da bekamen wir einen Tipp von einem Rapid-Fan. Im Hafen würde ein schönes, mittelgroßes Schiff vor Anker liegen, das noch dazu von einem Österreicher betrieben wurde. Schnell hatten wir den Kontakt und natürlich brachten wir hier dann die Mannschaft, die Delegation, VIP-Gäste und die Medienvertreter unter, die Gastfreundschaft war inklusive. Die rund 100 Fans buchten wir ins einzige Hotel, das eine solche Kapazität noch verkraften konnte. Drei Sterne waren zu sehen, aber in unseren Breitengraden hätte die Hütte gerade noch einen Stern bekommen. Dann nahte auch schon die Reise. Der Flug war ruhig, aber der Rest – vom Flughafen über die Busse, Restaurants oder Geschäfte – war tiefster Ostblock aus den gefühlten 80er-Jahren oder noch ärger. Wir checkten ein, trafen uns zum Abschlusstraining im Stadion und immer wieder gab es den Satz zu hören: „Um hier aufzusteigen, braucht es ein Wunder!“

Die Nacht vor dem Spieltag verlief dann auch ungewöhnlich ruhig, denn anders als sonst blieben alle am Schiff oder im Hotel – in Sachen Sicherheit war hier nicht zu spaßen und wir hatten die eine oder andere gruselige Geschichte gehört. Ein paar trauten sich dennoch auf die Straße und hier musste auch ich dann mithelfen: Ein VIP-Gast wurde auf offener Straße restlos bestohlen, ein anderer festgenommen und eine Gruppe von Rapid-Fans bekam in einem Lokal von einer gegnerischen Abordnung (oder einfach örtlichen Kriminellen) einen Besuch mit Baseballschlägern. Unsere Fans wehrten sich tapfer, nur einer trug eine große Platzwunde davon, die sich der Rapid-Teamarzt anschaute und verarztete. Kurzum: Alles in allem kein Ort, an dem man sich gerne länger aufhielt.

So gesehen freuten wir uns auf den Spieltag und dass wir hier bald wieder weg wären. Wenn ich ehrlich bin, sah auch ich keine große Chance auf den Aufstieg, denn die Russen hatten in Wien eine starke Leistung geboten und nun würde es zu Hause wohl nicht anders werden. Unsere Fans zeigten sich in positiver, guter Stimmung, zu verlieren hatte man irgendwie nichts und alles schien ein bisschen merkwürdig. Spielen durfte man sich auch im Stadion nicht, denn hier konnte man schnell weg sein, im wahrsten Sinn des Wortes – wo auch immer, auf jeden Fall nicht im Flieger nach Hause. Ich vermittelte dennoch, wo ich nur konnte, und hatte einen super Dolmetscher an meiner Seite. Sergej Schawlo, Sohn unseres ehemaligen Rapid-Spielers, übersetzte, was ich ihm vorsagte. Das war Gold wert, denn im Stadion bekamen wir zahlreiche Vorschriften und Schikanen: Die Fans müssten dieses oder jenes machen, dürften nicht am Zaun sein, die Fahne wäre zu groß, alles garniert mit der Drohung, sie alle einzusperren. Dennoch machte der grün-weiße Haufen ordentlich mobil und sang, klatschte und feuerte gegen die rund 12 000 Heim-Anhänger an. Es sollte sich lohnen, das erste Wunder von Kazan stellte sich ein. Rapid schaffte das schier Unmögliche, siegte mit 3:0 durch zwei Tore von Steffen Hofmann und einem von Marek Kincl – wir schafften den Aufstieg! Erst zweimal gelang uns das in der grün-weißen Geschichte, dass man ein 0:2 aus einem Hinspiel noch umdrehte, und umso größer war der Jubel. Nach dem Schlusspfiff kamen die Spieler zum Feiern zur Gästetribüne, was auch wieder nicht erlaubt war, und schon erntete ich von Männern mit riesigen Polizeikappen grimmige Blicke. Ich sprach mit Sergej, dieser übersetzte und wir leisteten schwere Überzeugungsarbeit. Die Glücksgefühle überlappten alles, es war schön, stimmungsvoll und jeder war froh, diese Reise mitgemacht zu haben! Allerdings, was jetzt noch anstand, konnte niemand auch nur vermuten.

Gut gelaunt ging es mit den Bussen in Richtung des kleinen Flughafens. Man fand eine Bar, die den Umsatz ihres Lebens machte, und weil die Preise so niedrig waren, merkte man bei einigen Rapid-Fans sehr schnell eine sehr ausgelassene Stimmung. Man könnte auch sagen, sie waren ziemlich schnell bedient. Die Mannschaft kam an, wurde euphorisch begrüßt und jeder prostete sich ausgelassen zu. Nach eineinhalb Stunden waren längst alle eingecheckt, außer uns niemand mehr am Flughafen und die Maschine stand bereit. „Los geht's", dachte ich mir, und da kam schon der Kapitän auf mich zu: „Herr Marek, wir haben ein Problem. Bei der Elektronik im Cockpit leuchtet ein Fehlerzeichen und wir brauchen ein Ersatzteil!" – „Wie lange wird das dauern?", fragte ich und schaute auf die feiernden Rapidler, „Eine Stunde werden wir es hier schon noch aushalten." Die Antwort des Kapitäns kam ernüchternd: „Ich hoffe, dass wir morgen Mittag das Ersatzteil aus Wien bekommen!" Ich starrte ihn an und traute meinen Ohren nicht. Es war auch dem Piloten furchtbar unangenehm, da transportiert man Rapid, hat Journalisten dabei und dann funktioniert etwas nicht – das würde sicher für Nachwehen sorgen. Ich aber hatte andere Probleme, denn nun musste ich mitten in der Nacht für 180 Personen irgendwo in der Pampa Busse – die vorigen waren längst weg – und Unterkünfte finden. Nicht vergessen: Wir sprechen hier nicht von einer Weltmetropole wie Wien, London oder Berlin, sondern vom tiefsten Russland vor 17 Jahren. Und nach den Geschehnissen in der Nacht davor wussten wir auch, dass hier alles auf uns warten könnte.

Mit unserem Reisepartner Michi Federspiel an der Seite meldete ich mich weit nach Mitternacht nochmals beim österreichischen Schiffseigentümer, der uns zuvor beherbergt hatte, und tatsächlich hob er ab – und gewährte uns noch eine Nacht am Schiff! Auch beim Busunternehmen hatten wir Glück, denn der Deutsch sprechende Mitarbeiter hatte auch spätnachts noch einen großen Bus, den er unverzüglich zum Airport schicken würde. Einer allein würde aber nicht reichen. „Ich werde Ihnen noch zwei Busse organisieren, Sie müssen aber wissen, dass es ältere Modelle sind", sagte er und meine Miene hellte sich auf. Jetzt brauchten wir nur mehr rund 50 Doppelzimmer. Also meldete ich mich auch hier wieder bei der Absteige, in der zuvor unsere Fans übernachtet hatten. Eine verschlafene Stimme ging an den Hörer: „Privet kto govorit", was so viel hieß wie „Hallo, wer ist dran" Ich fragte, ob er Englisch speche, was der Mann auch tat. Meine alles entscheidende Frage war: „Do you have rooms free?" Er sagte: „Yes, how many?" – „Fifty rooms", sagte ich. Er erwiderte: „No problem." Super, das lief ja bestens! Ich war glücklich, und dann fragte er allerdings: „For what group, tell me the name!" Ich antwortete: „Rapid Wien", und hörte nur noch ein lautes „Net", samt einem „Klick". Aufgelegt! Wir dürften keinen besonders guten Eindruck hinterlassen haben ...

In der Zwischenzeit waren die Busse für den Transfer zum Schiff da, die Spieler, die Presse und die VIP-Gäste, begleitet von Michi Federspiel, stiegen ein und fuhren zuerst los. Kurz vorher bat ich aber noch geistesgegenwärtig einige Präsidiumsmitglieder um alle Dollars, die sie eingesteckt hatten, denn ich wusste, Bargeld würde ich in dieser Nacht noch brauchen.

Und jetzt stand ich da: Ein Uhr Früh am Flughafen mit meinem treuen Mitarbeiter Ivica, unserem Dolmetscher Sergej und rund 100 Fans und ich wusste nicht, wohin wir sollten. Ein Polizist, wieder mit großer Schirmkappe, kam auf uns zu und startete sehr bestimmend seinen Redeschwall. „Andy, der würde uns Zimmer anbieten", übersetzte mir Sergej und ich sagte: „Super, die nehmen wir, aber gibt es einen Haken?" Tatsächlich, es gab gleich zwei. Denn zum einen wollte er vorab schon 300 Dollar für die Information, zum anderen handelte es sich bei der Unterkunft um eine Polizei-Kaserne mitten im Nirgendwo. „Da bleiben wir lieber auf dem Flughafen", winkten die Ultras sofort ab, als sie das hörten. Das aber wollte die örtliche Polizei nicht. Die anderen rund 80 Rapid-Fans überzeugte ich jedenfalls, dass die Kaserne schon aufgelassen und sicher in Ordnung wäre. In diesem Augenblick kamen auch die versprochenen älteren zwei Busse am Flughafen an. Und auch hier traute ich meinen Augen nicht: Linienbusse, mit denen man schon vor 40 Jahren gefahren war, rostig, scheppernd und der Dreck sprang einem förmlich ins Auge. Unsere Fans bestiegen die Gefährte und der Polizist, der sich um 300 Dollar bereichert hatte, erklärte den Busfahrern den Weg. Dann fuhren auch sie los in Richtung Polizei-Kaserne.

Ich schaute noch, wo sich unsere Ultras am Flughafen ein Quartier suchten, dann überzeugte ich die Polizei, dass sie bitte den Verbleib hier am Flughafen ausnahmsweise genehmigen sollten, was sie dann taten. Aber plötzlich gab es die nächste Stresssituation! Drei Russen, die auch auf den Flughafen gekommen waren, beschimpften uns: „Fucking German Nazis"! Das ließen sich unsere Burschen natürlich nicht gefallen, und schon marschierte die Polizei auf. Schnell ging ich mit Sergej dazwischen und nach einigen Minuten hitziger Diskussionen war die Lage wieder beruhigt und die drei Russen weg.

So, jetzt mussten wir aber schnell in die Polizei-Kaserne, die Zimmer waren noch nicht bezahlt und ohne Geld würden die dort sicher nicht öffnen. Aber das nächste Problem stellte sich ein. Wir wussten nicht, wo die Busse überhaupt hingefahren waren und der Polizist von vorhin war nicht mehr zu sehen. Wir nahmen spontan ein Taxi. Sergej fragte den Chauffeur: „Kennen Sie eine Polizei-Kaserne?" Dieser verneinte, um dann hinzuzufügen: „Give me 100 Dollar, then I will bring you to this place." Wir bezahlten und die Fahrt ging los. Es war stockfinster und wenn er uns entführt und bis nach Sibirien gebracht hätte – nie würde man uns wiederfinden. Mein Mobiltelefon läutete, ein Fan rief mich an. Total ängstlich sagte er: „Andy, wir stehen im Wald, die Busse haben uns ausgesetzt und ..." Ich brüllte zurück: „Michi, ihr dürft auf keinen Fall aussteigen!" Zu spät, die Busse waren weg. Und so strandeten 80 Rapidler um 2 Uhr nachts in einem russischen Wald und keiner wusste, wo man hier war. „Gibt es irgendwo ein Licht, wenn ja, geht dorthin!", befahl ich und die Gruppe bewegte sich der nächsten Lichtquelle zu. In der Zwischenzeit kamen auch wir mit unserem Taxi im Wald an und da waren sie! Ich glaube, noch nie haben sich Rapid-Fans so über meine Ankunft gefreut. Doch bevor es überhaupt in die Kaserne ging, lautete die Parole des Portiers, oder wer er auch immer war, unmissverständlich: „Dollar!" Mir war klar, jetzt mussten wir noch einmal bluten, aber egal, dafür musste sowieso später die AUA aufkommen. Für unsere Fans ging es in die Baracken, aber jeglicher Komfort war egal, wenigstens ein Bett und fertig. Nach ein wenig Schlaf sammelte ich am nächsten Tag alle zusammen und es ging wieder zum Flughafen. Unsere Ultras wirkten zwar nicht frisch, aber auch sie hatten die Nacht am Airport überstanden. Die AUA-Maschine war startbereit und endlich konnte es nun losgehen. Wir machten uns auf den Weg.

War die Tortur nun endlich vorbei? Nein, noch immer nicht! Peter Schöttel, unser damaliger Sportdirektor, saß im Flieger neben mir und ich erzählte ihm von der letzten Nacht und den Geschehnissen. „Ich bin froh, dass wir jetzt bald wieder zu Hause sind“, sagte ich erschöpft. „Bist du sicher?“, fragte er zurück. Und wirklich: Am Monitor, auf dem die Flugstrecke angezeigt wurde, sah man, dass wir auf der Höhe von Moskau plötzlich eine Schleife flogen – und wieder am Weg zurück nach Kazan waren! Ich lief zum Kapitän und bat um Erklärung: Wir hatten plötzlich keine Erlaubnis, nach Wien zu fliegen, weil scheinbar aufgrund des zusätzlichen Tages unser Generalvisum abgelaufen war. Nun wurde im Cockpit gefunkt und gefunkt, bis endlich ein erleichterndes „OK“ kam und wir nach einer weiteren Schleife endlich nach Wien umkehrten. Unglaublich! Es war erst der Aufstieg schwer zu begreifen, aber dass wir alle wieder gesund und munter zu Hause ankamen, glich einem weiteren Wunder von Kazan.

Die Polonaise in 10 000 Metern Höhe

Liebe Leserin, lieber Leser! Wenn du Flugangst hast, dann würde ich dir raten, dieses Kapitel zu überblättern – und es dir erzählen zu lassen. Denn auch mir, der bereits unzählige Reisen hinter sich hatte, trieb es die Schweißperlen bei einer ganz eigenen Geschichte auf die Stirn. Bei diesem Flug mit grün-weißer Beteiligung, von dem jetzt die Rede ist, gab es nur zwei Möglichkeiten, die Sorgen zu überwinden: Entweder man fiel in Ohnmacht, oder man hat jegliche Flugangst überwunden.

Wir schrieben Dienstag, den 23. August 2005. Rapid krönte sich drei Monate zuvor zum österreichischen Meister und durfte deswegen in der Qualifikation zur Champions League ran. Gegner war Lok Moskau, gegen die man in Wien zwei Wochen zuvor ein 1:1 holte. Keine schlechte, aber aufgrund des Auswärtstors der Russen auch keine besonders gute Ausgangsposition. Das Rückspiel fand nun vor 28 800 Besuchern im Lokomotiv-Stadion in Moskau statt.

Es war damals unglaublich heiß, dennoch deckten sich die rund 500 mitgereisten Rapid-Fans mit der bekannten russischen Wollmütze ein und trugen sie auch – nackter Oberkörper inklusive. Nicht weniger erhitzend war das Spie. Spannend, kampfbetont und alle schwitzten, weil die Wasserversorgung bei den Buffets ganz schlecht funktionierte. Also sprang ich ein und lieferte, wo nur ging, Wasser in Flaschen, bevor hier einige umgefallen wären. Standhaft blieb auch unsere Mannschaft, das Spiel stand auf Messers Schneide und uns fehlte einfach das Auswärtstor.

Und dann, 84. Minute: Jozef Valachovic schraubte sich nach einem Eckball hoch und erlöste die 500 Rapidler in Moskau und Hunderttausende, die von zu Hause aus an den Bildschirmen mitfieberten! 1:0, das Goldtor, mit dem wir den langersehnten Sprung in die Königsklasse des Fußballs schafften – Champions League, wir kommen!

Unglaublich emotionale Szenen spielten sich nun ab, jeder umarmte jeden, auch ich war mittendrin und weil 95 % der männlichen Rapid-Fans noch immer mit nacktem Oberkörper jubelten, hatte ich auf meinem Klubanzug nicht nur den eigenen Schweiß picken. Es war richtig schön, alle so glücklich zu sehen! Am Weg vom Lok-Stadion zu unseren Bussen trafen wir auch noch die Rapid-Delegation, mit Präsident Rudi Edlinger an der Spitze. Dieser lachte wie ein Hutschpferd und war überglücklich; er wusste, dass dieser Aufstieg für unseren Verein so wichtig war. Nicht nur für das Image Rapids in Europa, sondern auch wegen der Klubkasse. Und ja, selbst er konnte den vielen nackten Oberkörpern nicht entkommen! Dann ging es zum Flughafen, wo ich vorne im Bus meine alten Lieder von früher singen musste und immer wieder aufgefordert wurde, das Lied „Mauserl" zum Besten zu geben – da wurde ziemlich laut mitgegrölt. Am Flughafen warteten schon die zwei großen Maschinen der AUA auf uns, aber noch hatten wir vor dem Abflug Zeit. So deckten sich viele, wenn sie noch nicht „genug" hatten, mit dem Nationalgetränk ein: natürlich Wodka. „Andy, i waas, du trinkst nix, ober heit' muasst a", diesen Satz habe ich an diesem Abend ungefähr 50-mal gehört. Also nahm auch ich das eine oder andere Mal einen kleinen Schluck und ahnte noch nicht, wie wichtig das für den Rückflug sein sollte.

In dem Flieger, den ich als Reiseleiter betreute, waren die Rapid-Fans bunt gemischt: Fanklubs, VIP-Gäste, Sponsoren, Ultras und alle in absoluter Partystimmung. Auch an Bord waren zwei Vertreter der Rapid-Delegation, Norbert Darabos, damals kurz vor seinem Ministeramt, und der jetzige Stellvertreter der Landeshauptfrau von Niederösterreich, Franz Schnabl. Die beiden sollen deshalb erwähnt werden, weil auch sie diesen Trip nie vergessen werden. Wir bekamen das Zeichen für das Boarding und wie immer schaute ich, dass alle zum richtigen Gate gingen und sich gleich in den Flieger begaben. Wie üblich war ich der Letzte. Am Gang zum Flieger, zehn Meter vor der Tür, kam eine Stewardess aufgeregt zu mir: „Herr Marek, sagen Sie bitte den Passagieren unbedingt, dass sich alle niedersetzen müssen, sonst können wir nicht starten. Und sie sollen jetzt endlich aufhören, im Flieger zu springen!" – „Ich kümmere mich gleich darum", lächelte ich und dachte mir, dass wir das schon hinkriegen. Wenn nicht der Kapitän unmittelbar danach durchgesagt hätte: „Liebe Rapid-Fans, gratuliere zum Aufstieg in die Champions League! Sie müssen sich jetzt niedersetzen, weil wir starten. Wenn wir in der Luft sind und das Anschnallzeichen erlischt, dann können Sie aufstehen und feiern!" Mir schwante Schlimmes, denn das mit „in der Luft und feiern ..." war mehr als nur eine Einladung.

Ich wusste, wir schafften das jetzt. Wir würden gleich starten können, denn alle setzten sich hin und schnallten sich an. Bei den vier oder fünf, die es nicht schafften, half ich nach, und dann konnte der Flug nach Wien beginnen. Andächtig saß ich im Sitz in Richtung Anschnallzeichen blickend und wusste genau, was jetzt gleich abgehen würde. Denn alle Fans hatten sich brav an die Ansage des Kapitäns gehalten. Aber ich wusste auch, dass sie sich ebenso an das „aufstehen und feiern" erinnern würden. Und dann war es soweit: Wir befanden uns in rund 10 000 Metern Höhe und das Anschnallzeichen erlosch. „Klack, klack, klack, ..." – ich habe noch nie gehört, dass sich so viele Sicherheitsgurte gleichzeitig öffneten, und einer schrie richtig laut: „Steht auf, wenn ihr Grüne seid!" Das musste sich niemand zweimal sagen lasse. Das ganze Flugzeug stand und neben den bekannten Fangesängen gab es einen aktuellen Hit in Österreich, der vom Block West umgetextet wurde. Alle sangen inbrünstig und mit voller Kraft mit: „Heap, Heap, Heap, Heap - Rapid in der Champions League!" Es war so unglaublich laut und wild. Ich lief zum Kapitän nach vorne: „Ich kann nichts dafür, Sie haben es erlaubt. Kann etwas passieren?“ Er erwiderte: „Wenn wir den Landeanflug starten, dann müssen alle angeschnallt sein!“ Das konnte ich ihm versprechen und war somit etwas beruhigt. Ich öffnete wieder die Tür vom Cockpit in den Passagierbereich und schon kam sie mir entgegen, die Polonaise in 10 000 Metern Höhe. Es waren mindestens 60–70 Fans hintereinander und aneinandergehängt im Mittelgang unterwegs und sangen und brüllten und feierten in Ekstase. „Andy, wüst an Schluck?“ Ja, jetzt brauchte ich ihn wirklich.

Denn die Schlange bewegte sich wieder retour und zum jeweiligen Rhythmus des Liedes wurde auf die Gepäckfächer geklopft oder sagen wir besser geschlagen. Die Herren Darabos und Schnabl waren schweißgebadet in ihren Plätzen eingesunken. Plötzlich stand eine „Stewardess“ neben ihnen und forderte sie auf, bei der Polonaise mitzumachen. Ich traute meinen Augen nicht, mich traf fast der Schlag: Es war ein Passagier oder genauer gesagt, es war ein Rapid-Fan namens „Tifosi“, der sich ein Stewardess-Gewand aus einem Schrank „ausgeborgt“ und schnell angezogen hatte. Und nun forderte er die beiden politischen Vertreter auf, mitzumachen! Doch beide krallten sich an ihren Sitzen fest, wobei es ihnen nicht erspart blieb, zumindest beim russischen Nationalgetränk mitzutrinken. Es war rückblickend wohl besser so, denn dadurch erlebte man nicht alles mit nüchternem Blick ...

Es herrschte eine Stimmung wie am Ballermann und alle, selbst jene mit Flugangst, machten mit. Weil zu diesem Moment jeder alles vergaß. Ungefähr 20 Minuten vor der Ankunft holte mich dann eine echte Stewardess zum Kapitän: „Bitte sorgen Sie schön langsam für Ordnung, wir landen bald!“ – „Das werde ich machen“, erwiderte ich: „Aber diese Situation haben Sie sich selbst mit Ihrer Einladung zum Feiern eingebrockt!“ Da lachte auch der ältere, schon sehr erfahrene Pilot. Meine folgende Durchsage, nun wieder die Plätze einzunehmen, musste ich schließlich mehrfach wiederholen, aber auch das gelang. Wir setzten auf und die Maschine, später auch mit dem Spitznamen „Con Air“ getauft, rollte zur Andockstelle. Alle waren brav angeschnallt, doch dann erlosch das Anschnallzeichen. Einer schrie wieder: „Steht auf, wenn ihr Grüne seid!“ Ja, und da war sie gleich wieder, die Polonaise „Heap, Heap, Rapid in der Champions League“, allerdings jetzt auf dem Boden! Die Herren Darabos und Schnabl waren gezeichnet und sprachen mich in den folgenden Jahren noch sehr oft auf diese unbeschreiblichen Geschehnisse am Flug von Moskau nach Wien an.

Die Reeperbahn ist grün-weiß

Als am 28. August 2009 die Auslosung für die UEFA Europa League Gruppenphase stattfand, saßen tausende Rapid-Fans gespannt vor den Computern und Fernsehern. Der kurz zuvor neu gegründete Bewerb machte Lust auf die internationale Bühne und wir hatten uns durch einen glorreichen Aufstieg gegen Aston Villa erstmals qualifiziert. Wer würden unsere Gegner sein? Nun, es wurde eine super Gruppe: Neben dem Traditionsklub Celtic aus Glasgow, mit dem uns ja auch viel Geschichtliches verbindet, kam der israelische Topverein Hapoel Tel Aviv dazu und, da schnalzten alle mit der Zunge, der Hamburger SV. Man darf nicht vergess, der HSV war damals ein absoluter deutscher Spitzenklub und in unserem Nachbarland souveräner Tabellenführer! Also war es klar, dass unmittelbar nach der Auslosung in unserer Geschäftsstelle gleich die Telefone heiß liefen. Die E-Mail Postfächer bekamen fast sekündlich neue Nachrichten und mein Handy klingelte ununterbrochen. Alle wollten schon jetzt beim Auswärtsspiel in Hamburg mit dabei sein.

Dafür gab es mehrere Gründe: Ein deutscher Gegner ist natürlich besonders attraktiv, die Entfernung machbar (sie lässt sich auch mit dem Bus oder Auto bestreiten) und Hamburg allein als Metropole mit Sehenswürdigkeiten und der berühmt-berüchtigten Reeperbahn. Es war den meisten somit völlig egal, wie die Partien bis zum letzten Spieltag im Dezember in der Hansestadt gelaufen wären, jeder wollte hin. Und dass wir gleich das erste Duell in Wien sensationell mit 3:0 gewannen, tat der Begeisterung keinen Abbruch. Ich nutzte das Hinspiel, um mit den Verantwortlichen des HSV eine gute Beziehung aufzubauen, denn ihre Gastfreundschaft und Hilfe würden wir auch ein paar Wochen später benötigen.

Und so kam es auch. Uns standen in Hamburg im Volksparkstadion, wie es bei UEFA-Spielen hieß, nur 2 800 Karten zu. „Jetzt heißt es ordentlich verhandeln", schoss mir durch den Kopf, denn so unglaublich viele Rapid-Fans wollten mitkommen. Also flog ich wie immer zum site visit in den Norden Deutschlands, reservierte Hotels, traf mich mit den Verantwortlichen des Vereins und auch mit Vertretern von Polizei, Feuerwehr und Rettung. Die Reservierungen gingen flott, die erste Hürde stellte sich aber mit dem Ticketverantwortlichen des HSV ein. Er hatte mir die 2 800 Tickets schon vorbereitet. Jetzt musste ich argumentieren, denn mir fehlten noch mindestens 5 000 weitere Karten. Das war Schwerstarbeit! Aber meine Gastfreundschaft in Wien und das Lösen sämtlicher Anfragen von damals hatten geholfen; man erinnerte sich daran und schließlich hatte ich meine gewünschten 8 000 Karten im Gepäck. Bevor es allerdings zurück nach Wien ging, gab es noch einen Sicherheitsgipfel mit allen Fachleuten, die mit dem Thema Sicherheit zu tun hatten: Polizei, Feuerwehr, Rettung, Sicherheitsdienst und mittendrin war ich.

„Herr Marek, wie viele Fans werden aus Österreich kommen?", lautete die erste Frage des Polizeichefs. „Mindestens 8 000", antwortete ich, „Und viele werden sich auch noch Karten direkt beim HSV kaufen."– so kam es dann auch.

„Herr Marek, wissen Sie schon, wo sich Ihre Fans in der Stadt treffen wollen?" Auch hier hatte ich die Antwort parat: „Ja, am Hans-Albers-Platz. Und dann wollen wir einen Corteo auf der Reeperbahn machen, dafür müssten Sie diese bitte sperren."

„Herr Marek, sind Sie verrückt?" – „Nein", erwiderte ich und holte Luft, aber es wäre für alle Beteiligten das Beste, wenn wir gemeinsam die Reeperbahn hinuntergehen und von dort mit den Bussen oder der U-Bahn ins Stadion fahren, als wenn überall kleine Grüppchen umherirren."

Es entstanden intensive Diskussionen und schließlich wur, wir werden die Reeperbahn sperren, aber Sie tragen die Verantwortung, damit alles passt!" Ich weiß nicht warum, aber irgendwie vertrauten mir die Anwesenden, und ich vertraute unseren Fans, dass dies funktionieren würde. So flog ich mit der Zusage, aber auch mit sehr vielen Gedanken im Gepäck nach Wien. Hier starteten wir den Verkauf unserer Reiseangebote und innerhalb kürzester Zeit waren alle Flieger und Busse voll und alle Karten weg. Die Reise nach Hamburg konnte kommen.

Bereits am Mittwoch, dem Vorabend des Spiels, war ich vor Ort, besuchte die ganzen acht Hotels, wo wir unsere Fans eingebucht hatten, und spazierte über die Reeperbahn. Schon jetzt war ersichtlich, dass Rapid da war, aber es war nur ein milder Vorgeschmack auf das, was hier am Spieltag los sein würde. Zuerst landeten sieben (!) große Tagesflieger von uns in Hannover, von wo es mit Shuttlebussen nach Hamburg ging. Hannover deswegen, weil in Hamburg Nachtflugverbot galt und die Fans nach dem Spiel ja wieder zurückfliegen würden. Und je länger der Tag wurde, je mehr man in der Stadt umherging, desto klarer war: Hamburg war komplett grün-weiß. Vor allem das Gebiet um den Kiez, in den Pubs, den Bars, den Nachtklubs und den Restaurants, rund um die Reeperbahn ging alles über mit unseren Fans. Gesänge, Schals, Gelage und auch die eine oder andere leicht bekleidete Dame sah ich, die sich mit einem Rapid-Schal wärmte. Vereinbarter Treffpunkt für alle Fans war um 17:00 Uhr am erwähnten Hans-Albers-Platz, und der sollte bald aus allen Nähten platzen.

Die Ultras Rapid hatten ihren Plan, wie sie den Corteo, also den Marsch, anlegen würden und teilten ihn mit mir. Es wurden immer mehr Menschen, immer mehr Rapidler und irgendwie war es dann ganz gut, dass ich mich einmal kurz zu Wort meldete. Ich stieg auf eine Erhöhung, borgte mir ein Megafon aus und begrüßte die tausenden Rapidler: „Ich finde es so schön, dass wir heute hier in Hamburg sind und die Stadt in Grün-Weiß einfärben! Lasst uns gemeinsam unsere Mannschaft im Stadion unterstützen und jetzt beim Corteo zeigen wir, dass wir Rapid im Herzen tragen!" Dann fragte ich das bekannte: „Wo san die Rapid-Fans?", eigentlich eine überflüssige Frage, genau genommen. Was retour kam, war aber so laut, so mächtig, mit so viel Energie, es war einfach großartig und hallte durch die ganze Stadt. Ich war unglaublich stolz auf unsere Anhänger, aber die Begeisterung sollte später noch wachsen.

Noch hatten wir Zeit, bevor unser Marsch starten sollte. Ein Polizist winkte mich zu sich: „Unser Einsatzkommandant möchte Sie kurz sprechen, kommen Sie bitte mit." Ich folgte ihm und wir drängten uns durch die Menschenmassen, was sich sehr zäh gestaltete, denn irgendwie umarmte mich jeder und wollte mit mir plaudern. „Haben Sie ein Problem, wenn wir durch die Herbert-Straße gehen?", fragte der Polizist, „Da sind wir schneller!" Ich kannte die Straße von Erzählungen. Parallel zur Reeperbahn verläuft, etwas versteckt im Süden, die bekannte Herbert-Straße, bei der sich ein Bordell neben das andere reiht und wo man nur zu Fuß durch kann, verdeckt durch zwei Sichtblenden beim

Eingangstor. Frauen sind dort nicht erwünscht außer jene, die in den Auslagen sitzen. Das nur am Rande. Der Polizist meinte es gut, hier wären wir schnell durch, da würde mich niemand kennen. Aber falsch gedacht!

Denn auf diesen verruchten nur rund 100 Metern hörte ich ungefähr 200-mal meinen Namen: „Servas, Andy!", „Schau, da Andy Marek is a do!", „Wos mochst du da, Andy?" und vieles mehr kam mir entgegen und zeigte mir: Auch die Herbert-Straße konnte sich unseres Andrangs nicht erwehren. Wir kamen zum Kommandanten und nun wurde es ernst: „Passt bei Ihnen alles, Herr Marek? Sie haben mir gesagt, es wird alles funktionieren – ich bin gespannt. Ich verlass' mich auf Sie!" Ich beruhigte die Einsatzkräfte noch einmal und kehrte zu den Ultras zurück: „Wir können starte. Schauen wir, dass wir das gut hinkriegen", sagte ich zu den Capos. Dann startete der beeindruckendste Corteo, den ich in meiner Rapid-Laufbahn und auch überhaupt je gesehen habe: Die Reeperbahn, die zentrale Straße im Vergnügungs- und Rotlichtviertel des Stadtteils St. Pauli, war komplett für uns gesperrt. Geschätzte 7 000 Grün-Weiße zogen mit Fahnen, Bannern, Trikots, Kappen und Hauben durch die Gassen und machten sich auf den Weg. Laut, imposant, mächtig! Von beiden Seiten kamen die Leute aus den Lokalen, den Bars und Geschäften und staunten und klatschten. Das waren Gefühle, die kann man nicht beschreiben, nur selbst erleben. Ich war mittendrin und durfte sie sogar mitgestalten!

Unsere Spieler folgten zwar dem Aufruf der Fans, leider ging aber das Spiel trotzdem verloren. Die Stimmung der Rapidler im Stadion war unpackbar laut.

Die Reeperbahn kennt man auch unter dem Spitznamen „die sündigste Meile der Welt“, aber an diesem Abend verwandelte sie sich zweifellos in „die lauteste grün-weiße Meile“. Nachdem sich alles geleert hatte, ging es nach rund drei Kilometern Marsch via Shuttlebussen oder per U-Bahn schließlich ins Stadion. Der Einsatzkommandant kam zu mir und lächelte: „Können Sie sich erinnern, als ich Sie fragte, ob Sie verrückt sind, weil Sie die Reeperbahn gesperrt wollten? Jetzt ziehe ich den Hut vor Ihnen, ihr habt großartige Fans!“ Das war auch noch im Stadion zu sehen und zu hören. Die 8 000 oder noch mehr Rapid-Fans erzeugten eine Mega-Stimmung, zeigten eine großartige Choreografie und unterstützten unsere Mannschaft bis zum Schlusspfiff. Es war nicht nur für mich eine Reise, die man nicht vergessen kann – auch wenn manche zwischendrin auf dem Weg die eine oder andere Erinnerung verloren haben.

Mein Ritt auf der Rasierklinge – Angst hatte ich nie

Immer wieder sind in den vielen Jahren bei Rapid die Menschen auf mich zugekommen und haben mir diese eine Frage gestellt: „Wenn du so im Ausland bist, mit Polizei und Sicherheitskräften verhandelst oder auf gegnerische Fangruppierungen triffst, hast du nie Sorge, dass dir einmal etwas passieren könnte?“ Die Antwort, ganz ehrlich: Irgendwie hatte ich nie Angst, aber immer großen Respekt vor den Aufgaben. Aber was waren diese eigentlich? Gab es DIE eine Aufgabe, diese EINE Mission, die ich in meiner Funktion zu erfüllen hatte? Unbestritten lenkte der SK Rapid als Fußballverein ein unglaublich großes öffentliches Interesse auf sich, alle schauten ganz genau hin. Also war es für mich in jeder Weise wichtig, so wenig negative Anlässe wie möglich zu bieten. Klar war, wenn sich bei anderen Klubs etwas ereignete, sei es mit Anhängern oder anderen Geschichten, wurde die Sache meist bei Weitem nicht so hochgespielt wie bei uns. Klar ist auch: Unsere Fans sind keine Kinder von Traurigkeit. Aber auch das kann man nie verallgemeinern, denn es ist natürlich ein Unterschied, ob mit einem Verein ein paar hundert Fans ins Ausland mitreisen, oder oft tausende wie bei uns in meinen letzten Jahren bei Rapid.

Darum musste ich auch immer mehr auf die Wünsche und Bedürfnisse unserer Fans eingehen. Es gab wichtige und richtige, manchmal sehr fantasievolle, aber auch oft aussichtslose Dinge. Dennoch gelang es mir fast immer, eine Lösung oder einen Weg zu finden, mit dem am Schluss alle zufrieden waren. Dadurch baute sich über die Jahre viel gegenseitiges Vertrauen auf. Natürlich wollte aber auch ich, dass man von meinem Team und mir begeistert war, weil wir Sachen ermöglichten, die es so zuvor nicht gab. Auch, wenn mich das persönlich in schwierige und nicht ungefährliche Situationen brachte, denn oft musste ich den Behörden, der Polizei oder Verantwortlichen des Gegners Zusagen machen: „Wenn Sie das so wollen, Herr Marek, dann muss es aber auch genauso umgesetzt werden. Das müssen SIE verantworten“, hörte ich so oft. Ich wiederum musste mich auf unsere Fans verlassen und bis auf ein paar Mal funktionierte es eigentlich auch immer sehr gut.

Ein Beispiel: Eine lebendige und kreative Fanszene wie bei Rapid verwendet gewisse Stilmittel im Stadion, die in Österreich bei einem Spiel für unsere Fans selbstverständlich, im Ausland aber oft nicht erlaubt sind. So etwa Trommeln, übergroße Banner, Megafone, Fahnen mit langen Stangen und vieles mehr. Wenn man glaubt, das ist überall so üblich, dann irrt man sich. Es gibt zahlreiche Länder, wo diese Utensilien einfach nicht erlaubt sind. Wenn dann unsere Fans Rapid ins Ausland begleiteten und vor den Stadiontoren standen, weil die Sicherheitsleute ihnen den Einlass verwehrte, nun, dann kam es natürlich zu hitzigen Diskussionen. Diese könnten sich aufschaukeln und eskalieren, und was wäre dann? Rapid wäre wieder negativ in den Medien und das wollte ich, so es in meiner Macht stand, immer verhindern. Jedes Stadion hat schließlich seine eigene Hausordnung mit seinen speziellen Regeln. Da hieß es im Vorfeld schon für mich, zu schauen, wo Risikopotenziale liegen könnten. So drohten oft Verantwortliche der Vereine: „Sollte jemand auf den Zaun klettern, dann werden Sicherheitskräfte oder die Polizei in den Sektor gehen und diejenigen herausholen und bestrafen!“ Ich wusste, dass das schiefgehen könnte – und wohl auch würde. Also machten wir von vorneweg klar, dass sich mein Klubservice-Team um alles kümmerte. „Herr Marek, Sie sind verantwortlich, damit es passt!“ Fast klang es wie eine Drohung, meist aber war es eine unmissverständliche Feststellung.

Ich war mitten im Geschehen. Ich weiß nicht, wie oft ich bei Eingängen zu diversen Stadien dazwischen gegangen bin, weil es sonst Verhaftungen gegeben hätte: Fans von Rapid sind aufgrund von ungezügeltem Alkoholkonsum in recht guter Stimmung und das Ordner-Team ist schroff. Schon kann es von der verbalen zur körperlichen Auseinandersetzung kommen! Solche Situationen wollte, nein, musste ich verhindern. Die große Verantwortung war schön und gut, aber wie problematisch war es für mich, wenn es nicht funktionierte! Und ja, da gab es schon Situationen, die nicht ohne waren.

Wir spielten in Istanbul gegen Besiktas. Der lokale Polizeichef wollte unseren Fans nichts erlauben, er verbot sogar die gewohnten Trommeln. Ich versuchte, mit Händen und Füßen zu vermitteln, und irgendwann fragte er mich während des Spiels, wo sie denn wären. Ich: „Sie liegen in einem unserer Busse!" Er teilte mir mit, dass ich sie mit einem unserer Fans holen dürfte, er erlaubte sie doch. Also holten wir sie und brachten die Trommeln in den Sektor. Wenige Minuten später folgte der große Stress, denn zwischen den Rapid-Fans brannten einige bengalische Feuer. Die Polizei war sehr nervös und der Polizeichef ließ mich holen. Er unterstellte mir, dass wir, der Fan und ich, die Pyrotechnik gerade ins Stadion geschmuggelt hätten. Ich argumentierte dagegen, dass das nicht stimmte, was auch der Wahrheit entsprach, aber er sagte klar und deutlich: „You will be arrested!" Ich bestand darauf, die Videoaufzeichnungen zu sehen, und da war ersichtlich, dass die bengalischen Feuer nicht mit den Trommeln gekommen waren – großes Durchatmen!

Ein anderes Mal spielten wir Ende der 90er im Europacup in Osijek. Nach dem Spiel kam es zu Auseinandersetzungen zwischen beiden Fanlagern. Wieder schoss mir der Gedanke durch den Kopf: „Schau, dass es hier zu keinem größeren Stress kommt, sonst stehen wir in den Medien!" Man muss sich vorstellen: Auf der einen Seite waren Rapidler, auf der anderen die Kroaten – und dann gab es auch noch die schwerbewaffnete Polizei. Meine Aufgabe: vermitteln, schlichten und alle beruhigen! Und man muss schon wissen, hier waren kriegserprobte Leute aus dem Jugoslawienkrieg am Werken und der kleine Waldviertler macht sich wichtig. Ich hatte zwar keine Angst, aber vielleicht ein bisschen einen Vogel. Es soll aber erwähnt werden, dass es wieder gut ausging.

Es gab auch Dinge, die mir persönlich wichtig waren. Als wir 2005 in der Champions League gegen die Bayern antraten, sagte mir Vorsänger und Ultras-Capo Oli, dass in der Allianz Arena scheinbar keine Megafone für Gästefans erlaubt wären. Ich ließ es nicht darauf ankommen, dass wir dort vor dem Stadioneingang belehrt würden, dass ein Megafon verboten sei. Also nahm ich persönlich Kontakt auf mit dem Fanverantwortlichen der Bayern, dem Ex-Tormann Raimund Aumann. Dieser winkte ab, weil sich im Megafon Batterien befänden, die geschossen werden könnten, und vieles mehr. Ich ließ nicht locker und wir redeten und redeten. Am Ende schaffte ich es, er war überzeugt und wir als Rapid kamen als erster Verein überhaupt mit Megafonen in die Allianz Arena. Somit war auch hier die Stimmung unglaublich laut! Das war der Lohn für den Druck davor, aber hier musste ich sogar schriftlich bestätigen, dass ich im Fall der Fälle die volle Verantwortung tragen würde.

Oder als wir bei den Rangers in Glasgow spielten. Wir brauchten so viele Karten und der Verein hatte vor, als Pufferzone rechts und links von unserem Sektor ungefähr 500 Plätze frei zu lassen. Daneben waren gleich die Rangers-Fans angesiedelt. Ich versprach den Schotten, dass wir keinen Puffer benötigten, sie sollten mir lieber die Karten für unsere Fans geben, ich würde mich drum kümmern, damit alles passt: „Meine Verantwortung!" Dann wurde alles hitzig, pausenlos flogen irgendwelche Gegenstände in unseren Bereich und wieder zurück. Ja, die Puffer wären doch notwendig gewesen. Und immer wieder kamen während des Spiels Sicherheitsleute und wiesen mich auf meine Zusage hin. Plötzlich bewegte sich auch schon eine große Abordnung der Polizei auf uns zu, um in den Sektor zu gehen. Ich lief zum Einsatzkommandant und bat ihn, die Polizei wieder abzuziehen. Mein Klubservice-Team hatte alle Hände voll mit Schlichten und Beruhigen zu tun, aber irgendwie schafften wir auch das ganz ohne Eskalation, und zusätzliche 500 Rapidler konnten im Ibrox Stadium unsere Mannschaft unterstützen.

Ich kann in den vielen Jahren auf unzählige erfolgreiche Problemlösungen zurückblicken, was mich auch sehr freut. Manches Mal war der Stress nicht verhinderbar und die Geschichte zog sich durch die Öffentlichkeit. Bei unserem Gastspiel in Saloniki etwa. Das war ein Thema, bei dem man sich bemühen konnte, wie man wollte – es war nicht in den Griff zu kriegen.

Eines war auch für mich immer heikel und herausfordernd. Jene Rapidler, die schon viel erlebt hatten, wussten sich durch ihre Reise-Erfahrung auf die jeweiligen Sitten und Regeln einzustellen. Andere aber, vor allem ganz junge Fans, glaubten manchmal, dass man sich daran nicht halten müsste. Sie brachten mich oft in schwierige Situationen, weil ja immer galt: „Herr Marek, dafür sind Sie verantwortlich!" Es war ein ordentlicher Ritt auf der Rasierklinge, jedes Mal aufs Neue, und mir half, dass ich mich diesen Aufgaben zwar immer ohne Angst, aber mit dem nötigen Respekt angenähert habe.

WIEN
ENERGIE
JOHANN
STRAUSS

Kapitel 8

Herr Präsident, ich würde gerne „Merchandising" machen

Vom Schal bis zum Flagship-Store

Im Frühling 2002 lief es bei uns sportlich nicht so gut, aber dennoch war die Vorfreude groß. Warum? Während wir noch im Ernst-Happel-Stadion spielten, wurde in Hütteldorf groß renoviert und das Gerhard-Hanappi-Stadion endlich vollständig überdacht – darauf freuten wir uns alle. Mit dem neuen Trainer Josef Hickersberger stellte sich eine kleine Aufbruchstimmung ein, die auch uns Mitarbeiter begeisterte. In meinem Klubservice-Team, das sich ein bisschen vergrößert hatte, kamen immer neue Aufgaben dazu und auch hier hielt die Professionalität nach und nach mehr Einzug. Ich wollte uns weiter verbessern und fuhr, wie jedes Jahr, für ein paar Tage zu einem internationalen Verein, um mir anzuschauen, was bei größeren Klubs so gerade passierte, und um dazuzulernen. In dieser Zeit besuchte ich den großen FC Bayern München. Auf mich kamen Gespräche mit den Verantwortlichen im Bereich Ticketing, Mitgliedschaften und Fans zu und alle Informationen nahm ich gerne mit. Am meisten beeindruckt war ich aber vom Merchandising-Lager, das man mir zeigte. Da staunte ich nicht schlecht! Es war riesig und mein Münchner Kollege nahm sich viel Zeit, führte mich herum, während ich ihn mit Fragen überhäufte. Auf dem Rückweg nach Wien rauchte mein Kopf und mir war klar: „So etwas müssen wir auch bei uns aufziehen!"

Bei Rapid hatten wir zwar zu jener Zeit schon Fanartikel, aber das Ganze war nicht in unserer Hand, sondern wurde an den Fanartikel-Händler Strobl ausgelagert. Somit bekam der SK Rapid zwar eine Lizenzgebühr, aber die war so niedrig, dass sie nicht erwähnenswert ist. Mir war klar, wir brauchten unsere eigenen Produkte, Fanshops, Designs und den Vertrieb. Zurück in Wien erzählte ich von meiner Idee, wie wir alles neu aufsetzen würden, doch es gab noch nicht die großen Begeisterungsstürme, denn die Mitarbeiter hatten alle Hände voll zu tun und sahen natürlich den Mehraufwand. Aber der Tenor meines Teams gefiel mir: „Wir vertrauen dir, probieren wir's!" Ich durchforstete den alten Lizenzvertrag und zog zuerst Manager Werner Kuhn und dann Präsident Rudi Edlinger zurate: „Herr Präsident, ich habe hier ein Konzept zusammengeschrieben, das ich Ihnen gerne präsentieren möchte!" Ich hatte mich gut auf den Termin vorbereitet, denn ich war überzeugt, dass uns das als Verein auf die nächste Stufe helfen würde. An diesen Moment erinnere ich mich, als wäre er gestern gewesen. Wir gingen Punkt für Punkt durch, der Präsident war unglaublich kritisch: „Du weißt schon, dass man da auch auf die Nase fliegen kann. Denk' an das Sortiment, da kann schnell ein Überlager entstehen!" Aber ich ließ mich nicht mehr aufhalten und argumentierte nach bestem Wissen und Gewissen. Dann folgte seine Killer-Frage: „Warum glaubst du, dass du das überhaupt kannst?" Jetzt musste ich weit in die Vergangenheit zurückgehen und erzählte Rudi Edlinger von meiner Verantwortung, die ich damals im Waldviertel für das Textilunternehmen meiner Familie übernommen hatte – ganze 16 Jahre lang. „Es wäre nicht viel anders, es geht um Produkte entwerfen, bestellen, kalkulieren, präsentieren und dann verkaufen", argumentierte ich.

Präsident Edlinger war überzeugt: „Mach' es, du hast mein volles Vertrauen, du wirst das sicher gut hinkriegen!" Und auch seine soziale Ader zeigte sich einmal mehr, denn er fragte: „Was machen wir mit der Firma Strobl?" Ich wusste, es brauchte eine ordentliche Lösung, und wir wollten sie nicht vor den Kopf stoßen. Und so ließen wir sie weiter grün-weiße Produkte verkaufen mit dem Unterschied, dass diese nun von Rapid direkt geliefert kamen. Wir waren jetzt selbst verantwortlich – und ich war wieder der Verkäufer, der Händler, mit allem, was ich früher gelernt und auch umgesetzt hatte.

Nach der Zusage unseres Präsidenten ging es darum, das Konzept auf Schiene zu bringen. Dafür brauchte ich die entsprechenden Köpfe in meinem Team und einen hatte ich bereits. Mit Clemens Pieber arbeitete ich schon viele Jahre zusammen und heute noch ist er für das komplette Merchandising unseres Vereins verantwortlich. Ich musste ihn damals nicht lange überzeugen und schnell konnten wir loslegen. Eine wesentlicher Punkt: Wir wollten bei der Produktentwicklung unsere Fans einbinden, da diese schon einige Erfahrung bei ihren Fankollektionen hatten. So trafen wir uns mit Roland Kresa, einem der Gründer der Ultras Rapid, der uns sogleich die ersten beiden Schals entwarf. Schnell hatten wir auch einen Kontakt zu einer kleinen österreichischen Firma, die für uns Polos, T-Shirts und Sweater produzierte; anfangs in ganz kleinen Stückzahlen, schließlich mussten wir die ganze Prozedur einmal austesten. Und weil wir noch keinen Fanshop hatten, verkauften wir direkt aus einem Container beim Hanappi-Stadion heraus.

Hier präsentierte ich unseren ersten Fanartikel-Katalog 2003 bei einer Pressekonferenz.

Das Werkl lief gut an, denn durch die Werbung über unsere Website und das Vereinsmagazin sowie meine Durchsagen im Stadion wurden immer mehr Leute auf unsere Fanartikel aufmerksam. Wir informierten alle Fanklubs und bald wusste jeder: „Mit meinem Einkauf unterstütze ich Rapid!" Ebenso wurde die Zusammenarbeit mit unserem Ausrüster Adidas immer besser. Schön war, dass nicht nur die Kasse klingelte (das auch), sondern, dass unsere Anhänger immer öfter mit unseren eigenen Sachen herumliefen und sie stolz zeigten! Das entwickelte sich so gut, dass es irgendwann an der Zeit war, sich an das Projekt Rapid-Fanshop zu machen. Weil die Verkaufszahlen passten, bekam ich schnell die Erlaubnis und bereits am 27. Oktober 2002 eröffneten wir unsere erste offizielle Niederlassung in der Südtribüne. Nicht nur zur Eröffnung, sondern auch sonst ging hier die Post ab: Von rund 10 verschiedenen Fanartikeln am Anfang steigerten wir uns in kürzester Zeit auf über 100, bevor es in den darauffolgenden Jahren noch viel mehr wurden. Auch das Lager, das ebenfalls hier angesiedelt war, platzte aus allen Nähten, und weil der Zuspruch immer größer wurde, war bald klar, es brauchte ein neues Warenlager. Wir wurden ebenfalls in Hütteldorf fündig, mieteten eine große Fläche und verschickten nun tausende Pakete in alle Welt. Das war so richtig der Startschuss für unseren Fanartikel-Verkauf!

Natürlich half uns der sportliche Erfolg immens. Meister 2005 und 2008, Europa League 2009 und so ging es weiter. Die Rapid-Familie war stolz, freute sich auf mehr und wollte jedem nach außen zeigen, dass man zu Grün-Weiß steht! Wir setzten die nächsten Maßstäbe. Der Fanartikel-Katalog informierte in regelmäßigen Abständen, wo unsere Spieler die neuen Produkte präsentierten. Auf vielen Messen ließen wir uns inspirieren und setzten frische Ideen um. Und holten auch immer wieder Impulse von unseren Fans dazu, schließlich waren diese ja die Zielgruppe Nummer 1. Bei all dem hatte ich die Worte des Präsidenten im Hinterkopf: „Passt auf, dass ihr kein zu großes Überlager bekommt!" Wir durften trotz des Erfolgs nicht übermütig werden und mussten den Überblick behalten. Da waren Clemens und ich ein super Team. Wir lernten viele verlässliche Lieferanten kennen und trauten uns auch, große Mengen aus dem Ausland zu kaufen. Ja, die Nachfrage war da, aber es war nie ein Selbstläufer, man musste immer beständig dahinter sein. Einmal sagte mir ein Fan: „Ihr habt es leicht, ihr habt ein Monopol, da gibt es keine Konkurrenz!" Das stimmte zwar irgendwie, denn ein Rapidler wird sich keinen Austria-Schal kaufen. Aber, wenn die Qualität nicht passt oder die Designs nicht auf Gefallen stoßen, kauft auch der eingefleischteste Fan nicht!

Einige Jahre später folgte der nächste Schritt. Genau gegenüber von unserer alten Location eröffneten wir 2010 einen neuen, großen Fanshop – der alte war wieder zu klein geworden. Und dieser neue Treffpunkt von Fanartikeln brauchte mit seinen über 400 verschiedenen Produkten im Sortiment international keinen Vergleich mehr zu scheuen. Unsere größten Umsätze machten wir jedes Jahr zu Weihnachten, von Mitte November bis 24. Dezember. Da ging die Post so richtig ab und wir mussten den Fanshop oft wegen Überfüllung sperren, bevor wir neue Fans hineinließen. Der höchste Umsatz an einem Tag? Den machten wir bei einem Heimspiel in der UEFA Europa League gegen den HSV und beim Jubiläumsspiel 2009 gegen Liverpool. Gespielt wurde in beiden Fällen im Happel-Stadion, wo wir rundherum zahlreiche Zelte aufgebaut hatten. Und so stürmten unsere Fans nicht nur in den Fanshop in Hütteldorf, sondern auch in ebendiese Zelte und wir verkauften tausende Schals, Leiberln und Fahnen – mit jeweils rund 130.000 Euro Umsatz an einem Spieltag!

Das waren Erfolgsmeldungen, aber natürlich griffen wir auch manches Mal daneben. Während Clemens und ich völlig überzeugt waren, dass ein spezielles Polo oder eine Krawatte der Renner werden würden, gingen sie nur stückweise weg, wenn überhaupt. Hier halfen wir uns mit einem Trick. Wenn wir mit unseren Spielern Fotos mit dem Fanartikel machten, etwa für die Website oder Social Media, konnte das manchmal noch der gewünschte Turbo sein. Oder es blieb doch liegen, und so mussten wir Dinge auch hie und da spottbillig abverkaufen. Und manche Sachen eigneten sich nicht mal für das: Wenn der Lieferant etwa 2 000 Schals mit „FK Rapid“ schickte oder „Rapid Wein“ bzw. ein Shirt farblich ins Violette ging. Das schickten wir sofort zurück, das konnten wir nicht verkaufen, und so mussten auch unsere Lieferanten sehr genau sein.

Während in Hütteldorf ab 2014 groß umgebaut wurde, siedelten wir ins Ernst-Happel-Stadion, und so entschieden wir, im benachbarten Stadioncenter ebenso einen Shop zu eröffnen. Dort waren die Absatzzahlen natürlich nie vergleichbar mit jenen vom Hanappi-Stadion, aber es galt, auch hier vertreten zu sein. Und unser Online-Shop erfreute sich zusehends größerer Beliebtheit. Wir modernisierten ihn und immer mehr Fans bestellten von zu Hause aus ihre Lieblings-Produkte. Wobei man sagen muss: Ins Geschäft beim Stadion zu kommen und dort mit etwas Glück den einen- oder anderen Spieler zu treffen, war immer ein gutes Argument, selbst vorbeizuschauen!

Auf unseren großen Fanshop im neuen Stadion bin ich besonders stolz, weil hier in die Planung viele meiner Ideen einflossen. Auf 350 m² findet man ein Merchandising-Erlebnis mit super Produkten.

Ja, und der bislang letzte Meilenstein gelang uns im Zuge der Errichtung des Allianz Stadions. Ich war in Sachen Ladeneinrichtung immer sehr kreativ, das war damals bei meinen Geschäften im Waldviertel so und auch die Shops bei Rapid hatten irgendwie meine Handschrift. Unser heutiger Flagship-Store im neuen Zuhause sollte auf 350 m^2 natürlich etwas ganz Besonderes werden. Auch hier war ich in die Planung involviert und ich glaube, es ist uns ein Shop, der alle Stückeln spielt, gelungen. Man merkt, dass sich die Rapid-Fans dort sehr wohlfühlen, und das ist das Wichtigste! Fast genau zur selben Zeit mussten wir aus den bestehenden Lagerräumlichkeiten in Hütteldorf weichen, weil das Haus verkauft wurde. Also machte ich mich wieder auf die Suche und wurde in St. Pölten fündig. Dort eröffneten wir unseren dritten offiziellen Fanshop und nahmen sogleich das neue Auslieferungslager direkt daneben, in Betrieb.

Unser Merchandising entwickelte sich über die Jahre hinweg zu einer großen und unglaublich wichtigen Einnahmequelle für den Verein. Rückblickend gesehen, war es also absolut notwendig, diesen ersten Schritt anno 2002 zu gehen, wofür sich auch Rudi Edlinger im Laufe seiner Präsidentschaft mehrfach bei mir bedankte: „Das war absolut wichtig und richtig so, Gratulation!“ Worte, die nicht nur mich, sondern auch Clemens und das komplette Merchandising-Team immer sehr freuten und eine Belohnung waren für viel Herzblut und die große Energie, die in all unsere zahlreichen Projekte geflossen ist.

Das 0:7 – am Heimweg starteten die Druckmaschinen

Es war wunderschön zu sehen, wie unser zuerst kleines Projekt immer mehr wuchs und größer wurde. Rapid hatte seinen eigenen Fanartikel-Verkauf und alle waren zufrieden. Dennoch konnten wir uns nicht zurücklehnen und abwarten, es waren schon auch immer neue Ideen und Inspirationen gefragt. Man musste die Augen jederzeit offenhalten und für neue Dinge zugänglich sein. Da lag es auf der Hand, dass man sich bei den „Big Playern“ aus Deutschland wie Bayern, Dortmund oder Schalke etwas abschaute oder sich in England oder Italien umsah und Ideen einholte. So sind wir mit den Jahren auch auf Fanartikel gestoßen, die jetzt nicht unbedingt was mit Fußball zu tun hatten: Gartenzwerg, Kochtopf oder Toaster verkauften sich richtig gut und zahlreiche Rapid-Anhänger verschönerten sich so den Haushalt.

Ein absolutes No-Go war für uns eines, da waren sich mein Mitarbeiter Clemens und ich absolut einig: Wir wollten uns nie auf Kosten eines Mitbewerbers oder, in dem Fall, eines anderen österreichischen Vereins vermeintlich lustig machen oder beleidigend sein. Daher gab es bei uns auch nie Fanartikel in diese Richtung – anders als etwa bei der Austria. Die Verantwortlichen vom Verteilerkreis, die für das Merchandising zuständig waren, verbrachten anscheinend viel Zeit mit der Aufgabe, uns eins auszuwischen oder eine mitzugeben. So entdeckten wir immer wieder Fanartikel, die halblustig oder zweideutig daherkamen und sich auf Rapid bezogen. Sei's drum, das war uns zu niveaulos. Wir hätten zwar auch Ideen gehabt, aber das wollten wir dann doch nicht. Unser Augenmerk galt der Stärke Rapids und da brauchten wir uns nicht über andere definieren, um Relevanz zu bekommen.

Nur einmal – da konnte auch ich nicht anders – mussten wir die Gunst der Stunde nutzen und ganz spontan sein. Wir schlachteten ein Ereignis aus, das man nur einmal miterlebt, eine absolute Sternstunde in unserer Rapid-Geschichte. Am Ostersonntag, 23. März 2008, gastierte unsere Mannschaft zum Spitzenspiel in Salzburg, es war das Duell Erster gegen den Zweiten. Was dann geschah, kann man nur schwer erklären. Das unglaubliche 7:0 unserer Mannschaft gegen den Favoriten machte international Schlagzeilen. Weder im Stadion noch an den Bildschirmen zu Hause konnte man begreifen, was da abging. Irre! Mir ging es nicht viel anders. Wir lagen uns in den Armen und blickten immer wieder ungläubig auf die Anzeigetafel in Wals-Siezenheim. Glückstrunken stieg ich ins Auto und es begannen nicht enden wollende Telefonate. Zusammen mit Clemens kontaktierte ich unseren Grafiker Erek. Mit ihm arbeiteten wir schon einige Jahre zusammen, ein kreativer Kopf mit viel Gespür für Fußball und insbesondere für Rapid. Er hob ab: „Die Rapid Wien ist wieder da", kam mir entgegen, als ich ihn erreichte – schief gesungen, aber völlig egal. „Pass' auf", bremste ich ihn ein: „Genug gefeiert, wir machen jetzt gleich eine lässige Geschichte. Ich brauche ganz schnell einen Vorschlag für ein T-Shirt. Nicht morgen oder übermorgen, sondern sofort!" Er merkte an meiner Klarheit, dass es für mich auf jede Minute ankam. Denn jetzt hatten wir die Chance, dieses einzigartige Erlebnis, diesen in die Geschichte eingehenden Sieg, auch schnell zu vermarkten.

Er fragte mich: „Darf ich ausnahmsweise Salzburg eine mitgeben?" Ich antwortete: „Mach' was mit Dosen und dem 0:7!" Schon wählte ich die nächste Telefonnummer, es war unser österreichischer Lieferant, der sehr schnell in Sachen Druck von T-Shirts reagieren konnte: „Hallo Martin, ich weiß, es ist Ostersonntag, ich weiß deine Firma hat morgen geschlossen, aber ich brauche T-Shirts! Hast du etwas in Grün-Weiß lagernd?" Auch er erkannte, dass wir rasch handeln mussten und meldete sich eine Viertelstunde später: „Ich habe 2000 Leibchen in Weiß mit Grün, es sind fast alle Größen gut sortiert. Es ist das schöne Leibchen, das ich dir letztens gezeigt habe, eine Top-Qualität!" Das war sprichwörtlich das Glück des Tüchtigen oder Dummen – egal! Ich brauchte diese Shirts und ein super Motiv würde es auch bald geben. Jetzt musste ich meinen ganzen Charme spielen lassen, um die Mitarbeiter der Druckerei an diesem Feiertag zur Arbeit zu bewegen. Ja, und da kommt wieder ein Faktor ins Spiel: Es ist von Vorteil, dass es in Österreich so viele Rapid-Fans gibt, auch bei unserem Druckpartner. Diese fackelten nicht lange und sagten mir trotz Ostersonntags zu, umgehend in die Firma zu fahren und die Druckmaschinen anzulassen.

Auf der Autobahnraststelle Ansfelden fuhr ich ab und schaute mir die ersten Vorschläge für das Motiv an, die ich vom Grafiker aufs Handy bekommen hatte. Ich schickte sie gleich an Clemens weiter und nach wenigen Minuten waren wir uns einig: „Das ist das Sujet!" Es zeigte sieben Dosen, die jenen vom Getränkekonzern, der Salzburg sponsert, sehr ähnlich schienen. Dazu die Aufschrift 0:7, natürlich unser Wappen und der Spruch „Always remember 23.03.2008". Ich schnappte hastig nach Luft: „Auf geht's, Erek, fertig zeichnen und ab damit in die Druckerei!" Wieder auf der Autobahn telefonierte ich bis nach Wien – ja, natürlich alles mit Freisprecheinrichtung – und fixierte die Größeneinteilung der Leibche. Alle – Kids, Damen und Herren – sollten dieses Ereignis nach außen tragen können. Mit unserer Presseabteilung besprach ich im Anschluss, wie wir das Shirt so flächendeckend wie möglich bewerben könnten. Alles war im Laufen. Und so wurde bereits am Sonntag, aber auch am Ostermontag eifrig gedruckt und produziert. Auch den Medien steckten wir die Idee, die dann nicht nur über unseren sportlichen Erfolg, sondern auch über die schnelle Reaktion Rapids berichteten. Quasi: Als hätten wir gewusst, dass wir so hoch gewinnen, und deshalb die Leibchen schon längst vorbereitet.

Nein, das war natürlich nicht der Fall. Aber vielmehr eine sehr professionelle Zusammenarbeit von allen, denn schon am folgenden Dienstag gab es die bekannten Shirts im Fanshop zu kaufen. Bevor sich die Türen öffneten, wartete eine lange Schlange an Rapid-Fans, jeder wollte das „Dosen-Shirt". Ich muss wohl nicht erwähnen, dass auch dieses Leibchen ein absoluter Bestseller wurde und sich schließlich tausende Male verkaufte.

Da hat einfach alles gepasst – Wir sind Rapid! Und wer seid ihr?

Es gibt keine Selbstläufer. Bei keinem Fanartikel, den du produzierst, kannst du versichern, dass er sich gut verkauft, egal, wie sehr du im Vorfeld davon überzeugt bist. Selbst die Trikots, in denen die Mannschaft aufläuft, sind es nicht, denn die Geschmäcker der Fans sind auch hier verschieden. Ein Leiberl allerdings, das war bei uns der absolute Renner, da passte alles und wir hatten auch viel Glück, denn mehrere Faktoren trafen zusammen.

Es war im Herbst 2007 und Clemens aus meinem Team kam mit einem lässigen Rundhals-Shirt auf mich zu. Der Körperbereich war grün, die Ärmel ebenso, aber auch zur Hälfte weiß. „Was hältst du davon?" Ich war sofort begeistert, denn dieses Design schien wie gemacht für unseren Verein. Und erst wenige Tage zuvor hatte ich in einem Modejournal einen Bericht über diese Art von Leibchen, mit zweifärbigen Ärmeln gelesen. Es wäre der letzte Schrei und voll im Kommen., also sollten auch wir reagieren. Der Lieferant würde innerhalb von nur drei Wochen liefern können, wenn wir ein solches Rapid-Fanshirt produzieren wollten. Wir mussten allerdings gleich bestellen und waren uns auch schnell einig. Aber die Gretchenfrage war einmal mehr: Wie viel Stück? Immer im Hinterkopf hatte ich die mahnenden Worte von Präsident Rudi Edlinger, der vor einem zu großen Lager warnte: „Das kann gefährlich werden". Also übertrieben wir auch hier nicht. Clemens war für 500 Stück, ich sagte 1 000 und wir trafen uns in der Mitte mit 750 Shirts. Aber was sollten wir darauf drucken, oder sollten wir es besticken?

Oft sind Leute der Annahme, es wäre ganz egal, wie ein Fanartikel aussieht, Hauptsache das Rapid-Wappen ist drauf! So einfach war das aber natürlich nicht, denn es musste alles zusammenpassen: die Qualität, der Schnitt, die Farbe und natürlich die Botschaft, die man mit dem Fanartikel aussenden wollte. Wir rätselten und überlegten, denn die Leibchen waren bereits bestellt und in wenigen Tagen müsste der Produzent wissen, welches Motiv wir darauf haben wollten. Uns fiel nichts ein.

Das Wochenende kam und wir hatten ein Heimspiel. Clemens stand in meiner Nähe und plötzlich begann der Block West unglaublich laut mit einem Gesang, den alle kannten, der sich steigerte und schließlich durch das Stadion hallte „Wir sind Rapid und wer seid ihr!", hieß es da in einer Mischung aus Stolz und Trotz. Wir sahen uns an und grinsten: „Das ist es!" Das war unser Spruch für das neue

Leiberl! Und wirklich, er passte perfekt, denn er signalisierte in jeder Art und Weise, dass man stolz ist, Rapidler zu sein. In Anlehnung an unseren Konkurrenten Salzburg legten wir noch einen Zusatz drauf, nämlich einen kleinen Aufnäher mit dem Rapid-Wappen und der Ansage: „Tradition kann man nicht kaufen". Nach dem Spiel setzten wir uns mit dem Lieferanten in Verbindung, bekamen sofort verschiedene Layouts und einigten uns auf die schlichteste Variante: Vorne in Weiß mit „Wir sind Rapid!" und auf der Rückseite, ebenfalls in Weiß gedruckt, „Und wer seid ihr?". Auf einen Ärmel kam unser Gründungsjahr 1899 und dann fanden wir noch einen Platz für den kleinen Aufnäher. Innerhalb von zwei Tagen bekamen wir das Muster, das wir gleich für den neuen Fanartikel-Katalog fotografierten, der zwei Wochen später, rechtzeitig zum Beginn des Weihnachtsgeschäftes, erschien.

An diesem Tag rief mich Peter Linden an. Er berichtete seit Jahrzehnten für die „Kronen Zeitung" über Rapid, war manchmal hart in der Berichterstattung, aber er räumte uns auch immer wieder Platz ein, wenn es um Geschichten abseits des Spielfeldes ging. Er machte Werbung für Kartenvorverkäufe, informierte die Leser über Rapid-Veranstaltungen, präsentierte einfach Neuigkeiten und Storys aus Hütteldorf. Das half uns. „Du hast mir doch gesagt, dass heute der Fanartikel-Katalog erscheint. Kannst du schon sagen, was am besten geht?", fragte er mich, „Ich würde euch hier ein bisschen helfen." Aber nein, konnte ich noch nicht – der Shop war gerade mal zwei Stunden geöffnet. Ich vertröstete ihn, rief aber bei meiner Mitarbeiterin vor Ort an: „Kannst du mir sagen, was sich aus unserem neuen Katalog am besten verkauft? Kannst du mir da schon irgendwas nennen?" Sie antwortete sofort und meine Freude war groß: „Heute war schon ein Fanklub da, die haben von dem grünen Shirt mit den weißen Ärmeln ganze 42 Stück gekauft!" Wow! Ich meldete mich wieder bei Peter Linden: „Ganz eindeutig, das bestverkaufte Stück ist das grüne Shirt von Seite 27. Ich schicke dir gleich ein Foto!" Rückfrage: „Hast du zufällig auch eines mit dem Helge Payer?" Ja, hatten wir. Er bekam es, und am nächsten Tag sah man auf einer halben Seite in der „Krone" Helge mit unserem grünen Shirt mit den weißen Ärmeln. Beisatz: „Der Topseller von Rapid!" – Gemeint war das Leiberl, nicht Helge.

Man kann sich nicht vorstellen, was dann los war: Egal ob Frauen, Männer oder Kinder, fast jeder fragte nach dem Leibchen und noch am selben Tag bestellten wir eine große Menge nach. Das Shirt wurde Kult und verkaufte sich innerhalb eines Jahres mehr als 9 000-mal. Aber das ging nur deshalb so gut, weil im Vorfeld und mit dem gewissen Zufall im Rücken alles gut zusammengepasst hatte. Unsere Fans identifizierten sich vollends mit dem Spruch, das Leibchen war sehr modisch, es war grün-weiß, Helge am Foto, genügend Stück in allen Größen lagernd, vor Weihnachten im Katalog und in der Krone – was will man mehr! Die Krönung: Rapid spielte sich in einen Rausch und wurde wenige Monate später Meister. Und noch mehr Anhänger trugen stolz unser Leiberl.

Die 28 verschiedenen Trikots

Bei den über 400 Fanartikeln, die es in unserem Sortiment so gibt, ist natürlich immer das Rapid-Trikot das Wichtigste. Es symbolisiert den Verein durch sein Wappen und die Farben, mit ihm trägt man Werte und Stolz nach außen und macht in der Öffentlichkeit sichtbar, dass man Anhänger des Klubs ist. Es bringt in der Regel auch die besten Verkaufszahlen und ist ein guter Gradmesser für die jeweilige Zeit: Denn man merkt sich wohl nicht, aus welchem Jahr der eine oder andere Fanartikel stammt, man erinnert sich aber schon, in welchem Trikot die Mannschaft des SK Rapid in den jeweiligen Jahren auflief.

Ich selbst kenne viele Fans, die sich jedes Jahr ein neues Trikot unseres Vereins leisten, um es dann bei den Spielen zu tragen. Wobei man sagen muss: Die Trikot-Kultur in Österreich ist noch weit nicht so verbreitet wie zum Beispiel in England oder auch in Spanien. Als wir etwa bei Athletic Bilbao in der UEFA Europa League spielten, da waren im ganzen Stadion rot-weiße Trikots zu sehen. Oder wenn man über die Anfield Road zu Liverpool geht, da gibt es wohl keine 10 % der Besucher, die kein Trikot anhaben. Aber auch bei uns hat sich in den letzten zwei Jahrzehnten einiges getan. Ja, es gibt noch Luft nach oben, aber wenn man an einem Spieltag nach Hütteldorf kommt, sieht man in der Regel schon sehr viele Fans in den Trikots mit unseren Vereinsfarben Grün-Weiß oder Blau-Rot und das erfreut einen.

Aber wie entsteht eigentlich bei Rapid so ein Vereinstrikot? Wer entscheidet, wie es aussieht? Hier plaudere ich ein bisschen aus dem Nähkästchen. Ich durfte in meiner langen Zeit bei unserem Verein bei ganzen 28 Trikots mitentscheiden.

Generell ist es alles andere als ein einfacher Prozess, denn es gibt gewisse Parameter der Ausrüster-Firma und natürlich auch von uns, die eingehalten werden müssen. Hier hatte ich eigentlich immer mit Vertretern unseres Partners Adidas zu tun; ein großer Konzern, was aber die Flexibilität da und dort schon etwas einschränkte. Dennoch war es immer eine gute Zusammenarbeit, die viel Spaß machte und uns forderte. Oft kamen Fans auf mich zu und intervenierten: „Ein Trikot, das so oder so ausschaut, ist viel besser!“ Das ging nur leider meistens nicht, denn Adidas wäre auf spezielle Sonderwünsche nur eingegangen, wenn wir zigtausende Leibchen bestellt hätten, und das konnten wir in unserer Verantwortung nicht tun. So traten jedes Jahr unsere Betreuer von Adidas mit diversen Vorschlägen an uns heran, die sie auch in kleineren Mengen absetzen konnten und die auch für uns passen sollten. Geschmäcker sind bekanntlich verschieden, aber an einigen Punkten gab es nichts zu rütteln: Unsere Vereinsfarben sollten klar erkennbar dabei sein und es mussten auch die Regularien der UEFA und der Bundesliga eingehalten werden.

Manchmal gab es hitzige Diskussionen, bei denen man uns bei den Auswärtsdressen auf andere Farben einschwören wollte. So hieß es: „Internationale Großklubs spielen in Neon Gelb, Rosa oder Türkis, warum soll das bei Rapid nicht funktionieren?“ Das spielte es aber bei uns nie. Wir winkten sofort ab, was nicht immer auf Verständnis bei Adidas stieß. Aber es war wichtig: Rapid ist Rapid, und da laufen wir sicher nicht in klubfremden Farben rein aus Marketingzwecken auf, so wie es andere machen. Es war aber auch nicht immer leicht, einen Entwurf zu finden, wo man auf den ersten Blick sieht: „Das ist genau das, was wir wollen!“ Irgendwann einigten wir uns aber immer auf drei oder vier schöne Vorschläge, mit denen wir dann ins Rennen gingen.

Welches Rennen? Wir hätten die endgültige Entscheidung über die besten Muster-Trikots auch auf unserer Website von den Fans abstimmen lassen können. Aber da war ich strikt dagegen. Denn sollte es nach der Abstimmung ein knappes Ergebnis geben, dann wären viele der Leute, die mitgestimmt hätten, enttäuscht und gegen ein Trikot, noch bevor dieses überhaupt präsentiert worden wäre. Also einigten wir uns vor etlichen Jahren auf einen anderen Weg der Entscheidungsfindung, der möglichst viele Zielgruppen einband. Ich stellte die vier schönsten Entwürfe unserem Präsidium, der Geschäftsführung, Vertretern des Ethikrates und des Legendenclubs, Vereinsmitarbeitern, Vertretern des Rapideums und natürlich Vertretern der Fanszene vor. Das waren rund

30 Personen, die unter Geheimhaltung letztendlich entscheiden durften. So, und jetzt hatten wir ein neues Triko, zumindest am Papier.

Ein halbes Jahr dauerte nun die Produktionszeit und in dieser Phase ging auch nichts nach außen. Schließlich wollten wir, sobald es soweit war, das Trikot ja spektakulär der Öffentlichkeit präsentieren. Auch da gingen mir oft die spannendsten Ideen im Kopf herum, die wir dann umsetzten. Wir luden etwa in den Wiener Stadtpark und Adidas schneiderte ein übergroßes Trikot. In einer Art Guerilla-Aktion, ohne große Erlaubnis, zogen wir dieses dann der Johann-Strauß-Statue vor Ort an – diese Bilder gingen um die Welt! Ebenso jene, als wir im Beisein von „Sisi und Franz" das neue Dress beim Schloss Schönbrunn vorstellten, oder über den Dächern von Wien direkt im Wiener Riesenrad. Die Organisation solcher Präsentationen war fast schon einfacher als die Geheimhaltung des Trikots bis zu diesem Termin. Denn oft gab es übermotivierte Sportartikelhändler, die das Leibchen schon vor dem Tag X ins Geschäft hängten, oder Mitarbeiter von Adidas stellten es unbedacht online. Das war mühsam, denn so begannen schon in diversen Foren Diskussionen, obwohl noch keiner das Trikot in echt gesehen hatte.

Nicht immer wurde übrigens mein persönlicher Favorit ausgewählt. Aber unterm Strich war für mich jedes Trikot, mit dem unsere Mannschaft in den letzten 20 Jahren auflief, auf seine Weise sehr schön. Nur einmal gab es eine Ausnahme. Zur Präsentation einer neuen Werbelinie von Adidas bat man uns, mit einem

Sondertrikot aufzulaufen. Das war beim legendären Wiener Stadthallenturnier 2005. Wir kannten das Design nicht, sagten aber zu. Das war ein Fehler. So lief Rapid in Blau-Schwarz aufs Parkett – in den Gründungsfarben des Vorgängervereins der Austria, und das noch dazu am 8. Jänner, dem 106. Geburtstag unseres Klubs. Wir wurden ausgebuht und es gab Proteste unserer Fans in der Halle. Zu Recht! Aber auch daraus sollten wir lernen.

Ein schwerer Vorwurf

Bei der folgenden Geschichte habe ich selbst lange mit mir gerungen, ob ich sie in diesem Buch erzählen möchte. Ob sie notwendig ist. Aber allein dieser Zweifel zeigt, dass mich das angesprochene Thema sehr oft belastet hat und sie wohl gerade deshalb hier ihren Platz finden muss. Denn es gab in meiner Rapid-Laufbahn viele unvergessliche, schöne und emotionale Momente, aber auch schwierige Stunden, die mich nachdenklich machten – und mitunter auch sehr mitgenommen haben.

Wenn man als Mensch in der Öffentlichkeit steht, so wie ich viele Jahre, muss man immer wieder mit Kritik umgehen können. Das ist klar und sicher nicht angenehm, aber ich arrangierte mich damit immer und habe geschaut, dass ich etwas aus jeder Situation mitnehmen kann. Was mir aber immer wehtat und mit dem ich so gar nicht konnte waren Gerüchte oder falsche Behauptungen zu meiner Person. Im bösesten Fall Lügen. Klar, das gab und gibt es imme. Durch die digitalen Welten hat sich aber auch vieles verselbstständigt und das machte es unglaublich schwierig. Denn der Erste veröffentlicht anonym eine Vermutung, die oft gelesen wird, ein Zweiter macht daraus eine Geschichte, die sich noch weiterverbreitet, und schon entsteht ein unliebsames Bild, das nicht der Wahrheit entspricht. Aber versucht mal, solchen Themen ohne Grundlage entgegenzutreten und die Leute vom Wahrheitsgehalt zu überzeugen - das ist oft noch viel schwieriger!

Jedenfalls: Jeder, der mich kannte, wusste, dass ich schon ein ordentliches Pensum an Arbeit herunterspule. Manche sahen in mir einen richtigen Workaholic, andere wiederum sagten, ich sei einfach ein Perfektionist. Und einige wenige kamen immer mit dem Vorwurf, dass ich ja finanziell an meinen ganzen Themen, die ich für Rapid machte, beteiligt sei, sonst würde ich das nicht in dieser Form abziehen. Und das ist schon der springende Punkt.

Wenn man sah, mit wie viel Herzblut ich mich den Dingen widmete – von der Rapid-Veranstaltung über Auswärtsspiele, bei internationalen Reisen und auch beim Merchandising – könnte man meinen, es handelte sich um meine eigene Firma im Verein. Denn mir war keine Aufgabe zu schwer, kein Problem zu groß und jeder Fan, jeder Mensch war es mir wert, dass ich mich seiner annahm und die Sorgen zu lösen versuchte. Aber das heißt noch lange nicht, dass ich mich über diesen Einsatz an Rapid bereicherte. Es gab für mich immer nur einen Grund: Rapid zu helfen, zu schauen, dass es uns als Klub gut geht. Dass es uns besser geht. Und dass wir uns weiterentwickeln. Vom ersten Tag an, an dem ich Rudi Edlinger sagte, ich würde mich um das Merchandising kümmern, war das immer mein Antrieb.

Natürlich freute ich mich, wenn Anhänger zu mir kamen, mir gratulierten oder sich bedankten. Oder wenn mein großer Einsatz auch öffentlich seine Plattform bekam und ich medial erwähnt wurde. Aber das war nie meine Motivation. Vielmehr schaute ich, dass wir das, was wir zusammen begonnen hatten, auch gut für unsere Farben zu Ende führten. Ich liebte meinen Job so sehr, dass ich die damit verbundene Verantwortung gerne auf mich nahm. Ich denke, dass man das auch merkt oder viel besser versteht, wenn man dieses Buch liest und weiß, wie sich alles entwickelt hat bei unserem Verein. Ich bin nicht naiv. Ich weiß, dass die Neidgesellschaft immer groß ist, vor allem auch bei Rapid, denn hinter der grün-weißen Fassade sind wir alle Menschen mit Gedanken, Einstellungen und Meinungen. Die allerdümmste Anschuldigung musste ich einmal in einem Forum lesen. Da behauptete jemand, ich würde die Markenrechte auf das Rapid-Wappen besitzen und somit bei jedem Trikot und überall mitkassieren. „Warum erzählt man so einen Schwachsinn", fragte ich mich immer, „Geht es diesen Leuten nicht um unseren Verein? Verstehen sie denn nicht, was wir überhaupt alles machen, damit der SK Rapid langfristig bestehen kann? Geht es diesen Menschen noch um Rapid?" Ich kann diese Fragen nicht beantworten. Aber eigentlich will ich es auch gar nicht können, mich in diese wirren Gedankengänge hineinzuversetzen.

Also, ich möchte hier in meinem Buch ein für alle Mal festhalten: Alle Aufgaben, die ich bei unserem Verein gemacht habe, vollzog ich mit sehr viel Herzblut, voller Überzeugung und riesigem Engagement. Allein, damit es Rapid durch meine Mithilfe besser geht, wir als Klub wachsen und ich meinen Teil beitragen kann, damit wir langfristig erfolgreich sind. Ja, man mag es kaum glauben, dass so etwas auch ohne Beteiligungen, Provisionen oder dem Besitz von Markenrechten geht. Aber, um mit unserer Rapid-Hymne zu antworten: „...wer's ned versteht, der tut ma lad."

adidas

Kapitel 9

Schwere Stunden

Der Platzsturm

Der Mai, das ist üblicherweise ein perfekter Monat für Fußballspiele, von den Temperaturen sowieso und auch in der Liga geht es schön langsam ins Meisterschaftsfinale. Dieser 22. Mai 2011, den ich hier beschreibe, war aber einer der bittersten Tage in meiner Karriere bei Rapid. Denn an diesem schicksalhaften Tag ging viel im Hause Hütteldorf zu Bruch, was wir uns über Jahre aufgebaut hatten. Der Titel dieses Kapitels sagt alles aus, aber warum es dazu kam, das macht mich noch heute sehr nachdenklich. Vermittelten wir in den Jahren zuvor eine gewisse Art von Hochmut? Waren wir zu überheblich? Stellten sich unsere Wünsche und Ziele einfach als unrealistisch heraus und erfüllten wir dadurch unsere eigenen Erwartungen nicht? Ja, vielleicht war es eine Mischung aus allem, und gerade deswegen wurde der Aufschlag auf dem Boden sehr intensiv. Dass es so kommen würde, hatte selbst ich nicht geahnt und mache mir wohl deshalb auch viele Vorwürfe.

Seit 2007 ging bei uns sehr viel auf. Der Weg zum Meistertitel 2008. Das Jubiläumsjahr 2009 mit den ausverkauften Geburtstagsspielen gegen Schalke 04 und Liverpool. Der Vizemeister. Die packenden Duelle mit Aston Villa, die uns den Einzug in die Gruppenphase der UEFA Europa League brachten. Und das unvergessliche Spiel gegen den Hamburger SV. So ging es weiter: 2010 wieder in der UEL-Gruppe, erneut Aston Villa am Weg ausgeschaltet, 43000 abgesetzte Dreier-Abos für die Europa League-Spiele im Ernst-Happel-Stadion. Eine Zeitung titelte in dieser Hochphase: „Die Wunderwelt Rapid" und beschrieb es somit ganz gut, denn für uns hätte es kaum besser laufen können. Aber, dass es nicht immer so gehen würde, war allen klar. Und als es im Herbst sportlich einigen Leerlauf gab, folgte bereits im Frühjahr 2011 eine massive Unruhe. Denn mit den Erfolgen der letzten Jahre, stellte sich der Hunger nach mehr ein und das waren natürlich Titel und dauerhafte Triumphe. Diese Durststrecke war Wasser auf die Mühlen von manchen Fan. In der aktiven Szene des SK Rapid war ein Generationswechsel im Gange und eine neue, unberechenbare Gruppierung namens

„Vatos Locos“ wirkte wie ein Brandbeschleuniger. „Die Mannschaft? Erfolglos! Das Präsidium? Unfähig! Das Management? Ahnungslos!“ Mit diesen Vorwürfen mussten wir uns hier herumschlagen, aber es war nicht die Kritik an sich, sondern die scheinbar pure Abneigung, die wir verspürten. Den Emotionen wurde freier Lauf gelassen. Sportdirektor Alfred Hörtnagl verließ als Erster den SK Rapid, ihm folgte nur wenig später Trainer Peter Pacult aufgrund unterschiedlicher Auffassungen. Die sportlichen Leistungen und die Vorstellung vieler Anhänger passten überhaupt nicht mehr zusammen. Von Zusammenhalt war wenig zu spüren, vielmehr gewann eine „Scheißdrauf-Stimmung“ die Oberhand in der Kurve.

Von der „Wunderwelt Rapid“ war nichts mehr da, und so ließen wir uns in einen Sog von negativen Ereignissen ziehen. Der letzte Anker, um das Steuer herumzureißen: Cup-Halbfinale gegen die SV Ried. Aber wie schon im Jahr davor, schied man wieder aus. Ein Finaleinzug hätte in jedem Fall einen internationalen Startplatz bedeutet. Hätten wir das Finale erreicht, wäre es nicht so weit gekommen. Aber wir konnten es uns nicht aussuchen, es knisterte und loderte weiter in Hütteldorf. Durchhalteparolen wie von unserem geschätzten Präsidenten Rudi Edlinger halfen nicht mehr, die Öffentlichkeit registrierte immer mehr, dass da was im Busch war. Und das Vertrauen der Fans in die Vereinsführung schwand im Minutentakt. Auch in diversen Fanforen wurde die Stimmung immer schlechter: „Sollte Rapid im Derby hinten liegen, dann müssen wir den Platz stürmen“, war da unmittelbar vor dem Duell zu lesen. Ich versuchte, wo es nur ging, die Stimmung wieder etwas zu kitten, besuchte Fanklubs und führte viele Gespräche: „So kann es nicht weitergehen“, war der Tenor, den ich hörte. Zwei Spiele vor dem Ende der Saison stand das Derby an, es war der 22. Mai. Sportlich war für uns nichts mehr zu holen in dieser Spielzeit außer eben ein Derby-Erfolg und der hätte natürlich gutgetan und geholfen. Im Vorfeld führte ich meine übliche Sicherheitsbesprechung mit Vertretern der Veranstaltungsbehörde, der Polizei, des Samariterbundes, der Sicherheitsfirma, der Wiener Linien und Mitarbeitern aus meinem Team durch. Die Brisanz war jedem bewusst und ich machte die Situation nochmals allen deutlich. „Könnte es sein, dass Fans über die Zäune kommen?“, fragte man mich. „Was können wir dagegen machen, wenn das wirklich passieren sollte?“, gab ich die Frage zurück. Den Vorschlag, entlang des Spielfeldes hunderte Polizeikräfte zu postieren, alle in voller Montur, lehnte ich ab. Die martialischen Bilder, die man hier nicht nur im TV zu sehen bekommen hätte, wären Rapid nicht würdig gewesen. Wir trafen alle üblichen Sicherheitsvorkehrungen und vertrauten darauf, dass alles gut gehen würde. Und irrten uns leider gewaltig.

Der Sonntag stellte sich ein – volles Haus in Hütteldorf. Alle waren gespannt. Doch schon nach 26 Minuten die große Ernüchterung. Unsere Mannschaft lag bereits mit 0:2 zurück und nun brachen alle Dämme. Das Pulverfass Hütteldorf ging in die Luft. Fans stürmten den Platz: über die Zäune, Maskierte, andere ohne Masken, Frauen, ältere Menschen, manche kannte man, andere nicht. Sie ließen sich von den Emotionen leiten ohne Rücksicht auf Verluste. Denn diese folgten zweifellos, aber zu dem Zeitpunkt achtete niemand darauf, was diese verheerenden Bilder für unseren Verein bedeuten sollten. Es gab Randale, aber zum Glück wurde niemand ernsthaft verletzt. Dennoch erzeugte dieser Platzsturm schreckliche Bilder, die um die Welt gingen. Weil auch der ORF live übertrug, wurden Hunderttausende zu Hause an den Fernsehschirmen Zeugen dieses traurigen Nachmittags. Ich versuchte mit meinem Team, die Leute vom Spielfeld wegzubringen, damit das Match wieder weitergeführt werden könnte. „Andy, des hot sein miassn", hörte ich immer wieder und insgeheim fragte ich mich, wer nun die vermeintlich „Ahnungslosen" wären, denn wie wenig Gefühl musste man haben, um nicht zu erkennen, was das alles für unseren SK Rapid bedeuten sollte. Leider war es auch vielen egal und sie nahmen jegliche Konsequenzen in Kauf. Wir alle waren schwer überfordert mit der Situation und machten ebenso fatale Fehler. Statt zu verkünden, dass es „morgen eine Pressekonferenz gibt",

wurden wir von einem Mikrofon zum anderen gezerrt und hier mit Begriffen von „Bürgerkrieg" bis „Terror" konfrontiert. Wir fühlten uns, wie wir wirkten – nur mehr hilflos. Das Spiel wurde logischerweise abgebrochen und tagelang „watschte" man uns nun durch die Öffentlichkeit. Tagelang zierten Fotos die Titelseiten, es gab im Sport keine anderen Themen mehr und wir, da meine ich die Verantwortlichen des Vereins, waren mit der Situation auch schwer ge- und überfordert. Manch ein Medium bereitete genüsslich aus, wie die Wunderwelt Rapid zusammengebrochen war, viele zeigten mit dem Finger auf uns und so mancher Fan zeigte sich, von falschem Stolz beseelt, sehr selbstzufrieden mit der chaotischen Lage. Rein rational betrachtet, war der Platzsturm natürlich nur für die Würste und zog in weiterer Folge einen Rattenschwanz an Problemen nach sich. Die Strafen der Liga gegen den Verein, ein folgendes Geisterspiel und über 100 Stadionverbote waren aber alles nichts im Vergleich zum Imageverlust, den der SK Rapid davongetragen hatte.

Denn nun begannen auch Sponsoren, ihr Engagement in Hütteldorf zu hinterfragen, hunderte Rapid-Fans legten ihre Mitgliedschaft zurück, Kinder kamen kaum mehr zu den Spielen und die Zuschauerzahl verringerte sich merklich. Die Fanarbeit, für die ich mit meinem Team verantwortlich war, wurde massiv hinterfragt, auch öffentlich. Zusammengefasst: Ehrlicherweise hätte ich nicht geglaubt, dass es zu einem Platzsturm kommen könnte, denn ich vertraute der engen Verbindung und dem guten Verhältnis, das wir zu unseren Fans hatten. Doch leider war es diese eine Gruppierung, die das alles kategorisch ablehnte und sie war es auch, die als erste auf den Platz lief. Absolut verzichtbar in jeder Hinsicht. Ich wurde in meiner Zeit bei Rapid das eine oder andere Mal gefragt: „Warum tust du dir das an?" Meine Antwort war klar: „Weil ich stolz bin, bei Rapid zu arbeiten, und es mir eine große Freude bereitet!" An diesem Abend habe ich mich aber selbst erstmals hinterfragt, warum ich mir das alles antue - und wie lange noch.

Polizei stand vor der Tür

Wenn es Stress bei Rapid gab, dann versuchte ich zur Stelle zu sein. Dafür war ich bekannt und hier setzte ich mich auch ein. Über die Jahre hinweg entwickelte ich nicht nur Gespür, Wissen und Erfahrung, wie man mit solchen Situationen umgeht, sondern vermittelte auch anderen, dass man sich bei Problemen an mich wenden könne. Mein Weg war immer jener der Deeskalation, sei es zwischen Rapidlern und Fans anderer Vereine, untereinander oder bei Auseinandersetzungen mit Ordnerdiensten und Polizei. Ich ging dazwischen, wo es möglich war, wirkte mittels Gesprächen ein und schaute, dass sich die Situation beruhigte und friedlich für alle zu Ende ging. Das war mir immer ein großes Bedürfnis. Aber nicht allein, weil ich eine friedfertige Natur bin, sondern weil ich nicht wollte, dass Rapid aufgrund von Auseinandersetzungen negativ in die Öffentlichkeit und damit in die Schlagzeilen geriet. Ein Tenor wie „Na klar, schon wieder die Rapid-Fans!“ war in jeder Hinsicht zu vermeiden und hier sah ich es als meine Aufgabe, mit meinem Team für Ordnung zu sorgen – was es ja rein von der Verantwortung in meinem Aufgabenbereich Fanarbeit und Sicherheit her war. Mit unseren Fans gab es wechselseitig ein sehr gutes, vertrauensvolles Verhältnis, man respektierte sich. Das gelang auch durch meine Mitarbeiter an meiner Seite, Ivica Viskup und Robert Racic, die sich zu Bezugspersonen für unsere Anhänger entwickelten.

Meistens schafften wir es, das Schlimmste zu verhindern und große Konsequenzen dadurch zu vermeiden. Wieder mal Schaden von Rapid abgewendet! Oft begab ich mich dadurch aber auch in recht unangenehme, mitunter gefährliche Situationen, die einem nicht im Moment der Auseinandersetzung selbst bewusst sind, sondern erst danach werden. Da und dort streifte mich so eine Flasche am Kopf und ich bekam eine Platzwunde ab. Ein anderes Mal wurde ich an der Hand verletzt, als ich bei einem Scharmützel dazwischen ging. Aber das war alles nicht der Rede wert. Vielmehr versuchte ich, immer dabei Rapid im Kopf, dass sich alles beruhigte. Das folgende Ereignis, um das sich diese Geschichte dreht, war allerdings einschneidend für mich und ein ganz bitterer, prägender Moment.

Es war im Sommer 2013, als Vertreter der Ultras auf mich zukamen mit dem Anliegen, einmal ein Freundschaftsspiel gegen den 1. FC Nürnberg abzuhalten. Mit den Nürnbergern gab es schon seit längerem eine enge Fanfreundschaft, die sich zunächst über die Ultras dann in der Folge auch auf andere Gruppierungen ausgeweitet hatte. Es sollte ein sportlicher Test werden für unsere Mannschaft und für die Fanszene ein gemeinschaftliches Fest. Ich kontaktierte die Verantwortlichen vom 1. FC Nürnberg und alles ging relativ schnell. Bald hatten wir den Termin fixiert, die Partie sollte am 5. September 2013 über die Bühne gehen. Im Vorfeld wurde auch ausgemacht, dass es nach dem Spiel an sich am Vorplatz vor der Südtribüne und beim Block West weitergehen sollte: Bänke, Speisen und Getränke, Musik, ein geselliges Zusammensein, das auch von der Behörde so genehmigt wurde. Einem schönen Fußballfest in Hütteldorf stand also nichts im Wege. 6 000 Besucher kamen, darunter 2 000 Anhänger aus Nürnberg, die mit einem Sonderzug angereist waren. Schön, so wie wir uns das alle vorgestellt hatten, war es aber nur vom Wetter her und bis zum Ende des Spiels. Aber dazu gleich mehr.

Die befreundeten Fans von Rapid und Nürnberg zeigten sich während der Partie von ihrer besten Seite, es wurde füreinander geklatscht und wunderbare, kreative Choreografien begleiteten ein Geschehen, das dem Begriff eines „Freundschaftsspiels" zu 100 % gerecht wurde. Die friedliche Stimmung änderte sich nach dem Match aber schlagartig. Ein unnötiger Auslöser zwischen Fans und Polizei schaukelte sich immer weiter hoch, sodass letzten Endes immer mehr Personen involviert waren. „Andy, beim Block West gibt es Auseinandersetzungen zwischen Fans und der Polizei, bitte komm schnell hin!", rief mich eine Mitarbeiterin an und schon war ich mit Ivica unterwegs zum Ort des Geschehens. Hier spielte es sich ab, es gab richtigen Stress im Zuge des Aufeinanderprallens zwischen Anhängern beider Lager mit der Polizei und dem Ordnerdienst. Einmal mehr versuchten wir, mittendrin zu schlichten, einzuwirken und weitere Eskalation zu verhindern. Es war sehr schwierig, aber irgendwann löste sich dann doch das Ganze auf. Ich war froh, als sich alle Fans nach Hause begaben und der Sonderzug wieder Richtung Nürnberg abfuhr. Denn es war eine sehr unnötige und schlechte Situation, wo ich mit all meiner Kraft versuchte, noch Schlimmeres im Sinne von Rapid und damit unserer Fans zu verhindern. War die Sache damit erledigt? Natürlich nicht.

Die Ereignisse schlugen sich in den Folgetagen auch in den Medien nieder und es hagelte zahlreiche Anzeigen gegen unsere Fans wegen Raufhandels oder Widerstand gegen die Staatsgewalt. Zum Glück sprach man nach einiger Zeit nicht mehr darüber und es folgten wieder positivere Geschichten. Für mich selbst war diese Sache aber noch nicht ausgestanden, denn fünf Monate später holten mich die Ereignisse wieder ein. Es war Dienstag, der 5. Februar 2014, und um 7:00 Uhr Früh läutete bereits mein Handy. Ich erwartete keinen Anruf, schließlich war ich gerade mit meiner Familie in den Semesterfeiern auf Urlaub in Bad Kleinkirchheim und lag noch im Bett. „Hallo Andy, hier Polizei Groß-Siegharts, darf ich dir einen Kollegen von der Kripo geben!", hörte ich verschlafen und war mit einem Schlag hellwach. Mein erster Gedanke galt meiner damals 89-jährigen Mutter und ob alles in Ordnung sei. Aber sie war nicht das Thema. „Herr Marek, wo sind Sie, wir müssen sofort mit Ihnen sprechen! Wir stehen vor Ihrer Tür, warum machen Sie nicht auf? Sie sind Beschuldigter in der Causa Nürnberg!" Ich traute meinen Ohren nicht: Ich werde als Beschuldigter geführt?!? Nachdem ich mich etwas gefasst hatte, verlief das Gespräch recht ruhig, aber in mir wuchs ein sehr ungutes Gefühl. Ich erklärte, gerade auf Urlaub zu sein und nicht sofort 500 Kilometer wieder nach Hause fahren zu können, und so einigten wir uns: „Wann sind Sie wieder zu Hause? Sie müssen dann sofort zur Einvernahme kommen!" Ich fühlte mich wie ein Verbrecher. Es ging hier nicht um eine Zeugenaussage, sondern um eine Einvernahme eines Beschuldigten! Nachdem das Gespräch beendet war, war für mich auch geistig der Urlaub beendet, denn ich dachte an nichts anderes mehr als an diesen Wahnsinn. Da versuche ich, in meiner Funktion als Verantwortlicher bei Rapid, immer und überall zu deeskalieren, und dann bin ich schuldig?! Meine nächsten Gedanken galten meiner Familie. Der Urlaub war vorbei, es gab nur mehr das Thema – ganz bittere Momente. Ich kontaktierte meine Mitarbeiter in Hütteldorf und sie erzählten mir von Hausdurchsuchungen und Beschlagnahmungen bei rund 40 Personen am selben Tag, es gab Verhöre und sogar einige Festnahmen. Auch mein Mitarbeiter Ivica bekam um 7:00 Uhr zu Hause Besuch.

Es stellte sich heraus, dass die gleichzeitigen Einvernahmen wegen Verdunklungsgefahr zum Vorwurf des Landfriedensbruchs durchgeführt wurden. Ich verstand die Welt nicht mehr, welche Rolle man mir hier vorwarf, denn ich war ja in offizieller Angelegenheit zugegen gewesen und jeder Einsatzleiter der Polizei sah damals mein Bestreben, den Konflikt zu beenden. Noch am selben Tag der Ausschreitungen hatten sich sogar Exekutivbeamte und Ordner für mein Einschreiten, um die erhitzten Gemüter zu beruhigen, bedankt. Also was sollte das alles? "Jemand will mir jetzt einen Strick drehen, anders kann es nicht sein", solche Gedanken gingen mir durch den Kopf, als ich den Urlaub schließlich vorzeitig abbrach und mich der Polizei zum Verhör stellte.

Die Gespräche mit den Herren der Kripo waren dann sehr in Ordnung und es verlief alles respektvoll. Dennoch war das Ganze für mich nicht nur sehr einschneidend, sondern wahnsinnig belastend. Da reiße ich mir den Arsch auf, setze mich selbst der Gefahr aus, versuche durch mein Einwirken eine schwierige

Situation abzuschwächen, dass es nicht noch mehr eskaliert, und dann werde ich beschuldigt?! Ich konnte nicht mehr gut schlafen, in mir nagte das Misstrauen zu allem und jedem. Ich fühlte mich in meiner Rolle nicht mehr wohl. Wie sollte ich jetzt in Sachen Fanarbeit überhaupt weitermachen, wie wieder meine Position stärken? Einige Tage nach dem Verhör wurde mir mitgeteilt, warum es überhaupt so gekommen war: Es gab ein Bild, wo ich zwischen den Fronten stehe und zu vermitteln versuche. Angeblich hatte die Staatsanwaltschaft entschieden, dass alle, die auf diesem Bild zu sehen waren, als Beschuldigte zu führen sind. Leider hatte der Sachbearbeiter des Falls, der mich sehr gut kannte, nicht interveniert, um zu sagen: „Der Herr Marek und Herr Viskup sind Offizielle des Vereins, die geschlichtet haben." Ein Wahnsinn, der mich heute noch sprachlos macht. Kurz darauf wurde ich zwar vom Beschuldigten zum Zeugen umgewandelt – eine gewisse Erleichterung – aber es änderte nichts daran, dass mein Vertrauen zu einigen Personen und zu gewissen Abläufen nicht mehr gegeben war. Mein Argwohn und die gleichzeitige Erschöpfung führten sogar dazu, dass ich unseren damals neuen Präsidenten Michael Krammer um ein Gespräch bat, um ihm mitzuteilen, dass ich nicht mehr wollte. Man hatte mir mit dieser Aktion die Kraft und vielleicht auch mein Selbstbewusstsein genommen. Vielleicht wollte man das auch. Michael war aber bereits damals sehr stark und einfühlsam in seinem Auftreten und richtete mich in einem langen Gespräch wieder auf. Er sagte damals einen Satz, der mir immer in Erinnerung bleiben wird: „Du hast mich bestärkt, Präsident des SK Rapid zu werden. Und jetzt willst du mich allein lassen? Das kannst du nicht tun!" Das tat ich dann auch nicht und ich machte natürlich weiter. Aber es sollte seine Zeit dauern, bis ich über diese ganze Geschichte geistig hinweggekommen war und sie verarbeitet hatte. Sie zählte zu den bittersten Momenten meiner Rapid-Zeit.

Causa Ivanschitz

Gleich zu Beginn dieser Geschichte möchte ich anführen: Alles, was ich hier schreibe, ist aus meinen persönlichen Wahrnehmungen und den diversen Empfindungen entstanden, die es damals im Fall Andreas Ivanschitz bei Rapid gab. Er war ein herausragender Spieler unseres Vereins, der mit uns den 31. Meistertitel feierte, und gliederte sich somit in eine der besten Mannschaften der letzten drei Jahrzehnte ein. Er war in seiner aktiven Karriere nicht nur ein Vollprofi wie er im Buche steht, sondern von seiner Einstellung her ein absoluter Parade-Rapidler. Dennoch konnten wir ihn später zu keiner grün-weißen Veranstaltung mehr einladen – nicht zum Abschiedsspiel von Steffen Hofmann und auch nicht zu meinem letzten Spiel als Moderator in Hütteldorf. Das alles wegen der „Causa Ivanschitz", die vieles leider nicht mehr möglich machte.

Aber gehen wir's von Beginn an durch: Im Alter von gerade mal 14 Jahren stieß ein junger Kicker aus dem Burgenland zum Nachwuchs des SK Rapid. Durch sein Talent und seine ehrgeizige Einstellung zum Sport überzeugte er alle so sehr, dass er bereits mit 17 sein Profi-Debüt in der Bundesliga gab, was damals eher ungewöhnlich war. Fleiß, Einsatz und Willen zeichneten ihn aus und so entwickelte er sich zu einer Fix-Größe im Hütteldorfer Spiel, aber nicht nur hier. Denn auch im Nationalteam machte er sich schnell einen Namen und wurde von Teamchef Hans Krankl zum jüngsten Kapitän nach dem Krieg ernannt. Was für eine Ehre, was für Meilensteine! Und Andi hob dabei nicht ab. Denn seit er bei der Kampfmannschaft des SK Rapid mit dabei war, hatte ich immer mit ihm zu tun und jeden Termin, den ich an ihn herantrug, absolvierte er gut vorbereitet – bei Sponsoren, bei Fanklubs, bei VIPs oder in Schulen, ganz gleich. Jedes Mal, wenn er zu einer Veranstaltung ging, wollte Andi bereits im Vorfeld alles darüber wissen und zeigte sich sehr interessiert: „Worum geht es, was ist zu tun, was ist der Zweck des Besuchs?" Nicht ein Mal kam er auch nur um eine Minute zu spät und egal, wo man ihn sah, nahm er sich immer Zeit für unsere Fans, schrieb Autogramme und posierte gerne für Fotos. Er war ein intelligenter, vifer junger Mann, der eigene Vorschläge und Ideen einbrachte. Ein Segen für Rapid, für meine Abteilung und mich.

Auch auf dem Platz stieg seine Beliebtheit. Er wurde mehr und mehr zum Führungsspieler, die Achse Hofmann-Ivanschitz funktionierte immer besser und Rapid wurde, nach einer zähen Durststrecke von neun Jahren, 2005 endlich wieder Meister. Andreas Ivanschitz hatte hier großen Anteil daran und im Fanshop verkauften sich seine Trikots zeitweise sogar noch besser als jene von Steffen Hofmann oder Helge Payer. Es gab nichts, das er falsch machte. Oder doch? Das kommt auf die Sichtweise des Betrachters an, denn im Dezember 2005 verließ er seinen vermeintlichen Herzensklub. Überraschend war dabei nicht nur der Moment, sondern auch die Art und Weise, weil: er wechselte zum Krösus Salzburg. Das haben ihm viele bis heute nicht verziehen. Plötzlich gab es zwei Lager, das eine war empört, Andreas Ivanschitz wurde zum „Judaschitz" verdammt. Während sich das andere Lager verständnisvoll zeigte: „Warum soll er nicht auch woanders hingehen", hieß es da, wobei das der kleinere und leisere Teil der

Rapid-Gemeinschaft war. Ich glaube, es gibt nur wenige, die diesen ganzen Ablauf und vor allem die Vorläufer hautnaher miterlebten als ich. Darum jetzt hier meine Sicht der Dinge zur Causa Ivanschitz.

Wir spulen zurück in den November 2005, als ich Steffen Hofmann, Helge Payer und Andi Ivanschitz in mein Büro bat. „Mitte Dezember, in ca. einem Monat haben wir wieder unsere Weihnachtsfeier. Hier wäre es super, wenn ihr drei als Ambros/Fendrich/Danzer auftreten würdet und eine eigene Version von ‚I am from Austria' singt", kündigte ich an. Diese hatte unser Masseur Wolfi Frey umgedichtet. Ich teilte die Texte aus und wir probierten uns einzusingen. Das funktionierte ganz gut und jeder war mit seiner Passage zufrieden. Andi hatte folgende Zeilen:

„Die Austria probierts mit Göd
es is des Herz wos eana föd
de roten Bullen woins a probiern
mia lossn uns net unterkriagn"

„Könnt ihr euch mit diesen Textzeilen identifizieren?", fragte ich, mehr der Form halber. „Ja, ganz sicher, das passt gut", sagte Andi. Warum ich das hier so hervorhebe? Weil es zu diesem Zeitpunkt noch überhaupt kein Thema war, dass er uns später verlassen würde, schon gar nicht zu den direkten Klassengegnern Austria oder Salzburg. Denn wenige Wochen vor seinem Wechsel kündigte er noch an, nie zu einem anderen Verein in Österreich zu wechseln, weil er sich bei Rapid sehr wohl fühlte. So viel dazu. Nun freuten wir uns aber zunächst auf die Weihnachtsfeier. In dieser Phase kursierte erstmals ein absurdes Gerücht: „Ivanschitz angeblich zu Salzburg", das machte die Runde, aber keiner bei uns im Verein wusste etwas darüber. Ich wischte alle Bedenken beiseite und war felsenfest davon überzeugt, dass er blieb: „An der Sache ist nichts dran", antwortete ich allen, die mich fragten. Heute traue ich mich zu behaupten, dass er zu 100 % nicht wechseln wollte. Und ich behaupte auch, dass sein damaliger Manager oder Berater oder wer auch immer von diesen Leuten ihn aus finanziellem Eigeninteresse ins Gespräch bei Salzburg brachte und das Ganze so eine Eigendynamik bekam. Zwei Tage vor der Weihnachtsfeier sagte Andi zu mir: „Du musst bitte den Text ändern, ich kann das so nicht singen." Da wusste ich: Er unterschreibt oder hat schon unterschrieben. Ich war ernüchtert, aber konnte man es ihm verdenken? Wenn du als 23-jähriger Bursche von deinem Manager einen Vertrag vorgelegt bekommst, wo du glaubst, beim Gehaltsangebot gibt es einen Kommafehler, und dann noch permanent damit beschallt wirst, dass du nach diesem Vertrag dein ganzes Leben nicht mehr arbeiten brauchst; wenn du nicht unterschreibst, du vielleicht einen riesigen Fehler begehst; wenn du dich verletzt oder deine Karriere vorzeitig beenden musst – dann machst du wohl diesen Schritt, lässt dich überreden und unterschreibst.

Es war brutal, aber so ist das Geschäft Fußball. Ich änderte den Text für das Lied, und hoffte, dass lange nichts nach außen dringen würde, was aber dann zu Weihnachten nicht mehr zu verhindern war. Und jetzt ging es los, aber auch das verlangt zwei Sichtweisen. In meinen Jahren bei Rapid konnte ich neben vielen Veränderungen auch bemerken, dass das Wort „Vereinstreue" immer weniger Wert bekam. Früher war es sehr schwierig, seinen Klub zu verlassen, man hatte nicht die Möglichkeiten und identifizierte sich voll damit. Man war zufrieden mit dem, was man hatte. Ab der Jahrtausendwende wurde Rapid aber von Spielern sehr oft nur als Zwischenstation und Sprungbrett zu anderen Vereinen, vor allem im Ausland, verwendet. Sie machten daraus auch keinen Hehl, weil sie keine Identifikation mit Grün-Weiß hatten. Auf der anderen Seite hast du unsere Fans, die den Verein lieben, viel Geld, Zeit und Energie für ihn investieren und die solche Entscheidungen nicht nachvollziehen können. Daraus entsteht in der Regel eine Kluft. Wenn dann aber einer jener Spieler, den du vergötterst, weil er deinen Klub immens verkörpert, weggeht, noch dazu zur direkten Konkurrenz, dann ist das brutal. Dann ist das nicht zu verstehen. Dann ist es wie ein Fremdgehen in einer Beziehung. Emotionen gehen hoch, man fühlt sich persönlich verletzt und negative Gefühle entstehen. Weil im Fußballsport viele Gesellschaftsschichten aufeinanderprallen, verstärkt das die Emotionen nur noch und man fühlt sich bestätigt. Man lässt seinem Ärger freien Lauf, der Spieler entwickelt sich zum neuen Feindbild. Er hat sich gegen uns entschieden, unsere Beziehung zerstört und orientiert sich nur nach dem Geldsegen.

Auf die Schockphase folgt die Wut und mit dieser steigt die Vorfreude auf das erste Duell mit dem neuen Klub des vermeintlichen Verräters. Der Moment als Ventil für alles, was sich bis dahin in den Fans angesammelt hat. So war es auch hier. Anfang Jänner wollte sich Andi noch von Rapid und seinen Mitspielern verabschieden, aber das hatte sich herumgesprochen. Ich musste ein Ordnerteam organisieren und hatte alle Hände voll zu tun, um die Sicherheit zu gewährleisten. Hunderte kamen nach Hütteldorf, aber nicht, um noch schnell ein Foto zu ergattern, sondern um dem Unmut gegenüber „Judaschitz" freien Lauf zu lassen. Ich selbst packte in Gesprächen mit Fans den Vergleich aus: „Wenn du ein Gehaltsangebot bekommst, das fünfmal so hoch ist wie bei deinem bisherigen Arbeitgeber, dann wirst du doch auch die Firma wechseln, oder?" Manche ließen sich mit diesem oder ähnlichen Argumenten beruhigen, andere wiederum wollten dies so sachlich und emotionslos nicht akzeptieren, weil man es schlichtweg nicht wahrhaben konnte. Zwar verließ Steffen Hofmann Rapid kurz darauf auch – kurzfristig –, allerdings war das für die Fans etwas völlig anderes: Steff ging in seine Heimat Deutschland zurück, der andere zum immer größer werdenden Klassenfeind in Österreich. Andi Ivanschitz war zu einer Persona non grata in Hütteldorf geworden und daran gab es nichts mehr zu ändern.

In den folgenden Wochen versuchte ich, wo ich nur konnte, die Gemüter zu beruhigen, indem ich meine Sichtweise zum Besten gab: bei unserer Mitgliederversammlung, bei Fanklubtreffen und diversen Einzelgesprächen. Aber die Wut hatte sich bei so vielen bereits festgefressen, dass meine Appelle oft bei einem Ohr hinein- und beim anderen wieder hinausgingen. Ich fürchtete mich richtig vor dem ersten Duell mit Salzburg, wenn Andi dabei wäre, denn ich wusste, dass es sehr ungut werden könnte. So kam es dann auch. Ivanschitz spielte zwar nicht, offiziell war er angeschlagen und saß nur auf der Bank. Tausende Trillerpfeifen, zig Spruchbänder und Beschimpfungen waren dennoch sein Begleitchor bei der

Rückkehr nach Hütteldorf. Nach dem Spiel warteten hunderte aufgebrachte Fans vor dem Stadion und wollten sich noch von Andi auf ihre Weise „verabschieden“. Ich löste die Situation beschwichtigend, indem ich ihn durch den VIP-Bereich zum Hinterausgang führte. Dort stieg er in ein Auto, das ihn zur nächsten Raststation auf die Westautobahn brachte, wo der Mannschaftsbus von Salzburg wartete. Es ist schade und unwürdig, wie das gelaufen ist, denn Andi war ein echter Rapidler und hatte eine unglaublich professionelle Einstellung. Hätte er nicht auf die falschen, gierigen Einflüsterer um ihn herum gehört, wäre es wohl anders gelaufen.

Viele Jahre vergingen und heute schaut sich Andi auch das eine oder andere Spiel von Rapid im Allianz Stadion an. Seine Karriere hat er mittlerweile beendet, er wird aber auch jetzt noch immer wieder mit dem damaligen Thema konfrontiert. Vielleicht sind wir Rapid-Fans oft zu sehr Romantiker und müssen uns von dieser schönen Illusion, dass Spieler eine längere Vereinstreue und -zugehörigkeit hätten, einfach verabschieden. Vielleicht macht uns aber gerade diese Liebe und Eigenart so besonders leidenschaftlich. Jedenfalls: Eine blöde Sache, die Causa Ivanschitz!

Saloniki

Privat war ich schon oft in der griechischen Stadt Thessaloniki, sicher sieben oder acht Mal. Es ist ein Knotenpunkt am Weg nach Chalkidiki, wo Strand und Urlaub warten, und es war immer eine schöne Zeit. Zwei Mal reiste ich auch aus beruflichen Gründen an. Einmal, weil ich für unsere Mannschaft und die Anhänger die Hotels im Zuge der Fanreisen organisierte, das andere Mal, als unsere Mannschaft im Play Off der UEFA Europa League hier antreten musste. Was dann passierte, konnte keiner ahnen, aber es liegt in der Vorgeschichte begründet.

August 2012: Unsere aktiven Fangruppen des Blocks West pflegten zu dieser Zeit schon eine jahrelange, enge Freundschaft zu Fans des Gate 13, der Fantribüne von Panathinaikos Athen. So besuchte man sich immer wieder gegenseitig bei den Spielen und unsere Fans lernten schnell auch die Zustände und die Mentalität der Anhänger des griechischen Spitzenklubs kennen. Bei letzteren muss man sich alles südländisch-emotionaler, ungezügelter und unkontrollierter vorstellen – aber auch gewaltbereiter, denn die Zustände bei Auseinandersetzungen in Griechenland sind oft beispiellos.

Die Auslosung zum Play Off der Europa League stand an; ich verfolgte diese in unserer Geschäftsstelle und dachte mir: „Voriges Jahr mussten wir Aston Villa bezwingen, um in die Gruppenphase zu kommen, da wäre mir heuer ein leichterer Gegner wie zum Beispiel PAOK Saloniki schon lieber!“ Dieses Los wurde es auch. Ich schaute aus meinem Bürofenster und sah vor unserem Vereinsmuseum einige Rapidler diskutieren. „Was ist los?“, fragte ich, nachdem ich mich dazu gemischt hatte. „Andy, es hätte nicht schlimmer kommen können“, zeigte sich ein Capo der Ultras, der sich sehr gut auskannte, besorgt. Ich dachte zuerst nur ans Sportliche und war froh, einen Gegner bekommen zu haben, den wir auch ausschalten konnten. Es dauerte etwas, bis ich begriff, es ging um das Fanverhältnis Rapid und Panathinaikos, was sich natürlich auch bis nach Saloniki herumgesprochen hatte. Was man dabei wissen muss: Die beiden griechischen Vereine sind schwer zerstritten und hassen sich regelrecht. Und wir nun mittendrin! „Na fein, uns bleibt nichts erspart“, dachte ich laut: „Vor einem Jahr hatten wir das Problem mit dem Platzsturm und jetzt, wo sich alles wieder beruhigt hat, geht es nach Saloniki!“

Nicht, dass jemand glaubt, wir hätten das Ganze vorab blauäugig gesehen. Von Tag zu Tag bekam ich mehr Respekt vor dieser Reise und holte mir viele weitere Meinungen ein. Nicht nur aus unserer Fanszene, sondern ich bat auch unseren Präsidenten, den Manager und weitere Verantwortungsträger zu einem Gespräch in Sachen Saloniki. Wir überlegten, dass wir keine Karten für den Gästesektor nehmen würden – damit fielen auch die Fanreisen weg. Andererseits: Es gab so viele, die international immer mitgereist waren und auch hier dabei sein wollten in dieser grundsätzlich schönen Destination. Und was wir so gar nicht brauchten, dass Fans von sich aus unkontrolliert anreisten und wir gar nicht wüssten, wer dann vor Ort wäre. Weil auch viele die eventuelle Problematik in Sachen Fans in Saloniki gar nicht kannten, machten wir bereits im Vorfeld klar, dass es sich hier um keinen Volksschul-Ausflug handeln würde, sondern, dass ein großes Risiko bestünde und es dort zur Sache gehen könnte.

Der Tag des Spiels rückte näher und das Interesse, mit uns nach Griechenland zu reisen, war sehr groß. Mein Kontakt zu unserer Fanszene war hier noch enger als sonst, fast täglich hielten wir uns auf dem Laufenden. Ich machte zudem noch einmal für alle klar, dass die Polizei vor Ort verbieten würde, griechische Fans (von Panathinaikos) in unseren Gästesektor zu lassen. So wollte man verhindern, dass es zum Zusammenstoß der unterschiedlichen Fanlager kommt, und daher würden beim Einlass auch die Reisepässe kontrolliert werden. Ich gewann immer mehr den Eindruck, dass alle um die Sensibilität wussten, und man nicht nach Griechenland reisen wollte, um dort Probleme zu machen. Klar war aber: Wenn es Stress gibt, werden sich unsere Burschen wehren.

Schließlich charterten wir vier große Maschinen, die mit Rapid-Fans restlos ausgebucht waren. Ein großer Flieger, an Bord unsere Mannschaft und rund 100 Anhänger, begab sich schon einen Tag vor dem Spiel nach Griechenland. Ich hatte wie immer schöne Hotels ausgesucht und brachte nach der Ankunft alle zu ihren Unterkünften. „Geht nicht auf abgelegenen Plätzen in Grün-Weiß spazieren und vermeidet es bitte auch sonst", wies ich alle an. Mein ungutes Gefühl wuchs, weil wir in Internet-Foren mit „Welcome to hell" und ähnlichem begrüßt wurden. Am Vorabend des Spiels war ich selbst in der Altstadt unterwegs und hatte das Gefühl, alles wäre entspannt. Aber das sollte sich noch ändern, denn um 3 Uhr in der Nacht bekam ich in meinem Hotel einen Anruf, dass es schon erste Auseinandersetzungen mit Verletzten gegeben hatte. Es blieb aber im Rahmen und so konzentrierte ich mich auf den Spieltag. Hier landeten drei weitere Flieger aus Wien. Ich holte die Fans am Flughafen ab und wir brachten sie ins Zentrum. Für 18:00 Uhr war der gemeinsame Treffpunkt beim Weißen Turm am Hafen, einer besonderen Sehenswürdigkeit, eingeplant. Und ab da sollte es sehr wild werden.

Unsere Transferbusse, insgesamt 14 Stück, kamen beim Weißen Turm an und hier wollte die Polizei das erste Mal alles kontrollieren: Sind griechische Fans dabei? Oder Banner der befreundeten Fans von Panathinaikos Athen? Durch diese Kontrollen entwickelte sich auch eine gewisse Hektik und auf einmal wurde tatsächlich ein solches Banner mit dem Wappen von Panathinaikos gefunden. Unsere Fans wollten dieses nicht hergeben und die Polizei drohte. Ich ging dazwischen, beruhigte beide Fronten und nahm das Ding in meine Obhut. Damit hatte es sich aber nicht, denn plötzlich liefen aus verschiedenen Gassen an die 100 vermummten Fans auf uns zu – eine Abordnung von Saloniki, die nicht hier war, um uns zu begrüßen. Die Rapidler wehrten sich, wobei einer von uns eine Stichwunde erlitt und versorgt werden musste. Klar war, wir sollten ziemlich schnell von hier weg. Also trieb ich mit meinem Klubservice-Team alle in die Busse und es ging in Richtung Stadion. Die Straßen waren zwar von der Polizei gesperrt, aber auch hier wurde es ein Spießrutenlauf. An jeder Kreuzung standen PAOK-Fans, die uns gestikulierend zeigten, dass sie uns die Kehle durchschneiden wollten, gepaart mit massivem Mittelfinger-Einsatz und blankem Hass in den Gesichtern der

Leute. Und das alles nur wegen der Fanfreundschaft zwischen Rapid und Panathinaikos! Hier lag unglaublich viel Spannung in der Luft und ich sehnte bereits den Augenblick herbei, wenn wir wieder in Richtung Wien aufbrechen würden. Wir kamen immer näher zum Stadion und ich sah einen großen Panzerwagen, der eine ganze Straße absperrte. Hinter dem Wagen waren die gegnerischen Fans, aber gleich daneben auch der Eingang zum Gästesektor. Der Bus-Chauffeur sprach Deutsch: „Ich lasse euch ganz nahe beim Eingang aussteigen. Ihr müsst aufpassen, sie werden Dinge auf euch schmeißen!“ Und dann ging es schon los, es flogen Stangen, Steine und was man alles werfen konnte. Plötzlich sah ich eine brennende Flasche in meine Richtung fliegen. Ich wich aus, es gab einen lauten Knall und ich war entsetzt – ein Molotowcocktail!

Wir liefen zum Eingang, wo man es aber auch fast nicht aushielt, denn die Polizei hatte Pfefferspray gesprüht, um die Griechen abzuhalten, unseren Sektor zu stürmen! Es herrschte ein absolutes Chaos und wir mussten jetzt schnell sein und unsere Fans ins Stadion bringen. Beim Einlass wurde scharf kontrolliert. Jeder musste den Pass herzeigen, um sicherzustellen, dass kein befreundeter Fan von Panathinaikos mit dabei wäre. Ich half, wo ich konnte, aber die Geduld von allen war auf das Äußerste strapaziert. Und natürlich kam es, wie es kommen musste: Ein Fan aus Athen wurde aus unseren Gruppen herausgefischt, es flogen Wurfgegenstände, gegenseitige Beschimpfungen und wieder massiver Einsatz von Pfefferspray. Überall waren maskierte Polizisten zu sehen und der Ordnerdienst hatte überhaupt einen Freibrief. Pausenlos hörte ich: „Hilf mir, Andy, die wollen dieses oder jenes!“ Ich war wirklich erleichtert, als nach einiger Zeit alle im Gästesektor waren, aber jetzt ging es erst richtig los. Denn ein Teil unserer Fans begann plötzlich Panathinaikos mit Gesängen zu huldigen, immer lauter, und das gefiel den heimischen Fans gar nicht. Als dann auch noch Leuchtraketen aus unserem Sektor in den benachbarten Bereich geschossen wurden, wusste ich: „Jetzt haben wir ein riesiges Problem.“

Bei der gegenüberliegenden Kurve, dem Fanblock von Saloniki, öffnete sich ein Zaun-Tor. Hunderte schwarz angezogene, vermummte oder auch unmaskierte Fans liefen auf unseren Sektor zu und alles was nicht niet- und nagelfest war, flog in unsere Kurve. Hier gab es von beiden Seiten auch den Einsatz von Pyrotechnik, die auf die jeweils anderen abgefeuert wurde, und mir war klar: Das erreicht gerade eine Dimension, die ich auch noch nicht erlebt hatte. Das Spielfeld selbst war voll von PAOK-Anhängern, vor unserem Sektor flogen die Fetzen und

immer, wenn man dachte, jetzt hört es auf, ging es weiter – wieder eine Leuchtrakete, wieder Auseinandersetzungen. Die Ordner hatten keine Chance, waren überfordert, wendeten sich teilweise vom Geschehen ab und auf die Frage hin, warum man nicht konsequenter dagegen vorgehe, kam die Antwort: „Ich lasse mir nicht für mein Gehalt den Schädel von diesen Wahnsinnigen einschlagen." Von allen Seiten kam dann ein massiver Einsatz der Polizei und des Militärs. Unsere Fans wurden im Sektor nach oben gedrängt, die Griechen vom Spielfeld zurück in die Kurve befördert. Der UEFA Verantwortliche war komplett fertig: „Do you think it is over?", sagte er zu mir; ich wusste darauf aber keine Antwort. Wir alle waren gezeichnet und es stank nach Pfefferspray und Pyrotechnik. Nach weiteren, kleineren Stresssituationen fragte er mich dann noch einmal und ich antwortete: „Let us play football, I think it will help!" In all diesem Chaos war das die größte Überraschung, denn der Schiedsrichter brachte die Mannschaften auf das Feld und das Spiel konnte doch noch durchgeführt werden.

Im Rapid-Sektor herrschte während des Spiels eine ganz seltsame Stimmung. Einige waren traumatisiert, andere verängstigt, andere wiederum wollten das Match gar nicht mehr sehen. Sieben Fans durften es auch nicht mehr sehen, denn sie wurden von der Polizei verhaftet und konnten nicht mit uns nach Hause fliegen. Ich versuchte, sie aus dem Gewahrsam herauszubekommen, aber da war Hopfen und Malz verloren. Keiner von der Polizei wollte mit mir diskutieren, ich hörte immer nur: „This fucking fans from Rapid!" Nach dem Schlusspfiff mussten wir noch mehr als eine Stunde im Sektor bleiben, ehe es mit den Bussen zum Flughafen ging.

Der Heimflug war der ruhigste, den ich je erlebt habe. Keiner sprach ein Wort, aber nicht wegen der 1:2 Niederlage. Vielmehr waren alle erschöpft und in mir brodelte eine Mischung aus Traurigkeit, Selbstkritik, Wut, Resignation aber auch Zuversicht! Traurig, weil das alles passiert war. Selbstkritisch, weil wir vielleicht doch ohne Fans nach Griechenland hätten fliegen sollen. Wütend, weil aus unserem Sektor die Leuchtraketen flogen. Resignierend, weil ich wusste, dass ein Jahr nach dem Platzsturm jetzt wieder unsere Fanarbeit hinterfragt wird. Aber auch zuversichtlich: Weil ich überzeugt war, dass unsere Fans in Wien alles geben würden und unsere Mannschaft so intensiv unterstützen würden, um gegen Saloniki weiterzukommen. Das war dann auch so. Der 24.8.2012 wurde aber mit den Geschehnissen in Saloniki einer der schwersten Tage in meinem Leben!

Streik

Sehr oft wurde ich gefragt: „Was war für dich die schwierigste Phase bei Rapid?" Da könnte ich ausholen, denn prekäre Momente, die mir alles abverlangten, gab es genug: der Platzsturm, finanzielle Probleme im Verein, sportlicher Misserfolg, Fanausschreitungen. All diese Themen waren zugegen und stellten sich da und dort ein und jedes Mal war es aufs Neue eine ordentliche Herausforderung, sie zu lösen. Die schwierigste Zeit von allen war für mich aber ganz klar die Phase nach dem Platzsturm. Damit meine ich nicht das Ereignis an sich, das dumm und problematisch war, weil es für unseren Verein einen gewaltigen Schaden bedeutete, sondern die Wochen und Monate danach. Diese kosteten sehr viel an Substanz für uns alle beim SK Rapid und das bedeutete einen erheblichen Kraftakt. Wie bereits im Kapitel über den Platzsturm selbst angeführt, waren wir als Vereinsverantwortliche mit der ganzen Sache schwer überfordert. Besser wäre es gewesen, nach dem 22. Mai 2011 eine Nacht darüber zu schlafen, die Gedanken neu zu sortieren, intern zu beratschlagen und die entsprechenden Maßnahmen und die Vorgehensweise in Ruhe in einer Pressekonferenz bekanntzugeben. Stattdessen zerrte man uns gleich nach dem Spielabbruch von Mikrofon zu Mikrofon und so entstanden unüberlegte und vermeidbare Aussagen unsererseits, die im Nachhinein sehr überzogen waren. Nein, wir konnten die Situation nicht verharmlosen, schließlich kämpften wir selbst um unseren Ruf, aber wir warfen hier alle, die am Platz waren, in einen Topf: „Keiner von denen, die aufs Spielfeld gelaufen sind, wird das Gerhard-Hanappi-Stadion mehr von innen sehen!" Anstatt die Rädelsführer dieser Aktion herauszuziehen, forderten wir die Bundesliga medial auf, alle rigoros mit Stadionverboten abzustrafen. Diese Undifferenziertheit passte nicht: Da predigen wir immer den Zusammenhalt, die Gemeinschaft der Rapid-Familie, und dann geben wir unsere Fans kollektiv frei zum sprichwörtlichen Abschuss.

So war mir bereits am nächsten Tag klar, als sich dieses und andere Zitate über die Medien verbreiteten, dass sich jetzt eine schwer zu schließende Front aufmacht: Auf der einen Seite der Verein, der seine Reputation wiedererlangen musste, auf der anderen Seite die Fans, die bestraft wurden. Es setzte über 100 Stadionverbote, Geldstrafen und polizeiliche Hausdurchsuchungen, die scheinbar damit begründet wurden, dass „der Rapid-Präsident das so wollte", was natürlich überhaupt nicht stimmte. Aber in Zeiten des Internets entwickelte sich eine gewisse Eigendynamik und so hieß es schnell: „Der Edlinger hat die Rapid-Fans bei der Polizei verpfiffen und die Wega stand bei etlichen Fans um 6 Uhr in der Früh mit Masken in der Wohnung." Das war sehr schlecht! Ich wusste genau, was vielen Anhängern jetzt in den Sinn kam: Für Unterstützung und bedingungslose Stimmung sind wir ihnen gut genug, jetzt lassen sie uns fallen, helfen uns nicht und zeigen uns sogar an! Viele verdrängten, dass es einen Platzsturm gab, dass dieses Ereignis einen enormen Schaden für den Verein angerichtet hatte, und nahmen plötzlich von sich aus eine gewisse Opferrolle ein. Und auch von den Medien gab es natürlich die täglichen Nachfragen, was unser Klub nun alles vorhätte und mit welchen Konsequenzen die Übeltäter zu rechnen hätten. Getrieben von den Anfragen, stellten wir sehr schnell einen Maßnahmenkatalog auf, der es in sich hatte und bei dem auch Fans, die überhaupt nichts mit dem Platzsturm zu tun hatten, leider zum Handkuss kamen. Was jetzt entstand, war auch für mich Neuland. Schließlich hatte ich immer für die gute Zusammenarbeit zwischen Verein und Fans geworben, die nur mittels Dialog klappte. Aber plötzlich gab es gar keinen Dialog mehr.

Meine Mitarbeiter kamen zu mir und klagten: „Andy, keine der aktiven Fangruppen spricht mehr mit uns, die behandeln uns wie Luft!" Und da war sie nun, meine schwierigste Zeit bei Rapid. Alles, was uns vorher verbunden hatte, fiel nun weg. Es gab keine Besprechungen mehr, kein gemeinsames Planen von Aktionen und Choreografien, keinen Austausch von Ideen, man ignorierte mich ebenso wie unsere obersten Vereinsvertreter. „Lade die aktive Fanszene ein, wir wollen mit ihnen reden", sagte Präsident Edlinger zu mir, aber das funktionierte nicht. Sie wollten zu diesem Zeitpunkt kein Gespräch mit uns. Es zeigte sich schnell die angesprochene Eigendynamik in dieser ganzen Sache, die zu einem großen Problem wurde. Unser erstes Meisterschaftsspiel der neuen Saison mussten wir aufgrund des Platzsturms ohne Publikum durchführen. Eine Woche später gab es ein Auswärtsspiel in Wiener Neustadt. Ich wartete an der Gästekasse, wo wir die Karten für unsere Fans hinterlegt hatten, und sah einen Rapidler mit einem Leiberl: „United we stand" prangte darauf. Nach meiner Rückfrage teilte er mir mit, dass es eine neue Initiative gab, die sich für die ausgesperrten Fans einsetzte. Die T-Shirts gäbe es seit Kurzem zu kaufen und der Reinerlös würde den Angeklagten des Platzsturms zugutekommen für ihre rechtliche Verteidigung durch die Anwälte. Ich ahnte, was jetzt auf uns zukam. Schnell informierte ich mich im Internet über diese Initiative, die folgende Meinung vertrat: „Die aktiven Gruppen des Blocks West und der Ostkurve stellen aufgrund der Ereignisse (öffentliche Darstellung der Fans durch die Vereinsführung, unverhältnismäßige Hausdurchsuchungen, kriminalpolizeiliche Ermittlungen und Vorstellung des sogenannten Maßnahmen-Katalogs seitens des SK Rapid) rund um den Platzsturm beim Wiener Derby vom 22. Mai ihren aktiven Support bei den kommenden Test- und Freundschaftsspielen des SK Rapid bis auf Weiteres ein. Die Transparente der Gruppen werden ebenso nicht hängen. FREIHEIT FÜR ULTRAS! UNITED WE STAND!"

In den nächsten Tagen und Wochen sah ich immer mehr Fans mit diesen Leibchen und es ging in die Tausende, die so ihren Protest und die Solidarität kundtaten. Mir fielen wieder die Worte einiger Obergescheiten ein, die oft meinten, „das ist ja nur eine Handvoll von Fans" Nein, es waren Tausende, die sich von der Idee und Durchführung angetan zeigten. Sie kauften sich die Shirts nicht wegen der Optik oder Gestaltung, sondern weil sie sich solidarisch zeigen wollten. Jetzt würde auch die Atmosphäre bei unseren Spielen sehr eigen sein. Diese waren zwar gut besucht, es gab aber als Zeichen des Protests überhaupt keine Stimmung. Es war nicht zum Aushalten. Ich erinnerte mich an die wunderbaren Jahre davor, als das Dach wegflog, und jetzt? Nach einigen Wochen gelang es mir zumindest, eine Gesprächsbasis langsam wieder aufzubauen, wenngleich wir von den Ansichten her meilenweit auseinander lagen. Immer wieder traf ich mich in diesen Tagen mit Vertretern des Blocks West und der Ostkurve zum Gespräch, aber meine Stärken des Einrenkens kamen in dieser Form nicht wie gewohnt zur Geltung. Sie legten Forderungen auf den Tisch, vor allem den Maßnahmenkatalog betreffend, die man nicht akzeptieren konnte. Das schaukelte sich hoch, denn dabei vergaßen sie oft, dass am 22.5. etwas Einschneidendes passiert war. Den Platzsturm und seine Folgewirkungen konnte man nicht als Lappalie beiseite wischen. Ich war grundsätzlich immer jemand, der Lösungen suchte, musste mich aber auch in den

Spiegel schauen können, und so gingen wir oft ohne Ergebnis aus den Gesprächen. Was wiederum bedeutete: Es blieb weiterhin still im Stadion.

Auch die Anhänger auf der Nord- und Südseite im Hanappi-Stadion fügten sich irgendwie in diese gespenstische Atmosphäre ein und klatschten oder freuten sich nicht. Dabei hatte es ihnen niemand untersagt, sie ließen sich dabei einfach anstecken. Und das wirkte auch auf die Mannschaft, denn obwohl unter Trainer Peter Schöttel gut gespielt wurde, gab es keinen Jubel. Es war keine einfache Situation und damit wussten viele nicht umzugehen. Ganz skurril zeigte sich hier etwa der Mailverkehr mit einem Rapid-Fan, der mir nach dem Platzsturm schrieb: „Herr Marek, die Fans am Block West gehören alle rausgeschmissen!" Derselbe Mann schrieb ein paar Monate später: „Herr Marek, warum tun Sie nichts?! Sie müssen auf den Block West zugehen und schauen, dass sie wieder Stimmung machen!" Das sprichwörtliche Segel, das sich im Wind dreht, aber so sind viele Menschen nun mal. Ein anderes Sprichwort lautet, dass die Zeit alle Wunden heilt, und so näherte auch ich mich der Sache und ging immer wieder auf die Fans zu. Es gelang mir, durch massiven Dialog die Kluft zwischen Vereinsführung und der Fanszene nach und nach zu kitten, und man rückte mehr zusammen. Der Maßnahmenkatalog wurde in einigen Punkten geändert, was für beide Seiten im Laufe der folgenden Wochen wieder ein Miteinander bedeutete.

Das waren definitiv die schwierigsten Monate in meiner Zeit bei Rapid, und so tat es gut, dass sich eines Tages der Block West und die Osttribüne wieder in voller Lautstärke zurück meldeten.

Er half jedem und plötzlich …

Zu meinen schwersten Stunden bei Rapid und auch sonst zählte eine Nachricht, die vieles wieder relativierte, mit dem wir uns täglich auseinandersetzten. Sie ließ den Sport und alles, mit dem wir uns beschäftigten, komplett in den Hintergrund rücken. Ob Rapid gewinnt oder nicht, ob die Arbeit passt und die Umsätze im Fanshop stimmen – das war alles nicht mehr wichtig. Ja, der Alltag holt einen dann immer irgendwann ein und man verfällt in den gewohnten Trott, aber zunächst ist man einfach fertig und leer. Diese Geschichte handelt von meinem Mitarbeiter Ivica Viskup und hier muss ich zuerst ganz weit ausholen, damit man ein Gespür für unsere Beziehung bekommt.

In meiner Anfangszeit bei Rapid durfte ich immer öfter nach dem Spiel im VIP-Club vorbeischauen und konnte mich dort mit den Spielern austauschen, zuhören und eine Kleinigkeit essen. Hinter dem Buffet bediente mich ein junger Mann, der auch nicht auf den Mund gefallen war: „Darf ich dir das beste Schnitzel der Welt geben, sowas Gutes hast du noch nie gegessen!“ Es war der Koch vom Gasthaus Mader, das damals noch für das Catering in unserem kleinen, aber sehr feinen VIP-Bereich zuständig war. Wir kamen ins Plaudern und er servierte mir mein Riesenschnitzel. Dieser Koch war Ivica und zu diesem Zeitpunkt konnten wir beide noch nicht wissen, dass er irgendwann 20 Jahre für unseren Verein arbeiten sollte. Denn Ende der 90er holte ich ihn als Mitarbeiter in mein Klubservice-Team. In den Jahren davor half er immer wieder an den Matchtagen als Ordner aus und da merkte ich, dass er sich sehr gut anstellte. Jetzt war er also fix in meinem Team und jede Aufgabe, die er zu betreuen hatte, erledigte er. Er passte perfekt in die Abteilung, man konnte ihn überall einsetzen und bald hatte er bei den Kollegen in der Geschäftsstelle, den Fans, den Spielern und dem Präsidium einen großen Beliebtheitsgrad erlangt. Ivo lebte Rapid von Montag bis Sonntag und versuchte, mit voller Kraft alles für unseren Verein zu geben. Schnell hatte er den Anschluss in der Fanszene gefunden und wurde von allen für seine Arbeit und seinen Einsatz sehr geschätzt. Auch ich hatte in ihm ein zusätzliches Bindeglied zu unseren Anhängern gefunden. Er stand mir eng und loyal zur Seite. Das bewährte sich auch in brenzligen Situationen, die es galt, in den Griff zu bekommen. Da stellte sich das Kraftpaket Ivo schon das eine oder andere Mal zwischen die Streithansln, um wieder für Ruhe zu sorgen. Das waren aber die Ausnahmen, denn hauptsächlich kümmerte er sich um den von mir erstellten Masterplan für die Spieler und Trainer. Er fuhr mit ihnen zu allen Terminen, Autogrammstunden,

Fanklubtreffen, zu Sponsoren, und wenn jemand mal nicht pünktlich war, wurde Ivica richtig streng. Dennoch liebten sie ihn und er war einer der wenigen, die immer in die Mannschaftskabine durften. Er wollte sich nie eingestehen, dass er vielleicht etwas nicht schaffte, er wollte alle Aufgaben und Probleme lösen, und war es noch so schwierig – da war er mir sehr ähnlich.

Seinem Einsatz kam aber das Schicksal in die Quere, denn 2006 erlitt er einen Schlaganfall. Das Schöne war, dass er sich davon schnell erholte und nach einigen Wochen wieder alles niederreißen wollte, was er auch tat. Dennoch lag es in meiner Verantwortung, auf Ivica nun öfters aufzupassen, denn er sagte fast nie Nein. Das merkten dann auch einige Leute in seinem Umfeld und schütteten ihn immer wieder mit Aufgaben zu à la „Zum Ivo kann man gehen, er checkt das für uns" Ich habe es jetzt noch im Ohr, wenn er sagte: „Chef, wos brauchst du, i check des!", und so war es auch. Er war der Mann für alle Aufgaben, egal, ob bei nationalen oder internationalen Reisen, er war immer an meiner Seite. Und wenn es Stress gab, war er der erste, der half, das Problem zu lösen.

Manchmal musste ich hellauf über ihn lachen, er war nämlich auch sehr goschert. Eines Tages erzählte er mir, dass er sich jetzt eine Yacht gekauft habe. „Dreht er völlig durch oder will er einen Schmäh machen?", dachte ich mir, aber es stellte sich heraus, dass die Yacht ein kleines Motorboot mit zwei Metern Länge war. Wofür er es hatte und brauchte, weiß ich bis heute nicht, „aber es war so günstig auf eBay, da musste ich zuschlagen", lachte er. Aber es gab auch Geschichten, die ihn so darstellen, wie er war: lustig und cool. Ich traf bei einer Veranstaltung ein Ehepaar, das ich kannte und mit dem ich ins Plaudern kam. „Lass' den Manager von Rapid schön grüßen, ihn haben wir in der Dominikanischen Republik getroffen", gaben sie mir mit. Ich war überrascht, weil ich wusste, dass unser Manager Werner Kuhn nicht dort war und dürfte sehr verdutzt geschaut haben. „Er hat zumindest gesagt, er ist der Rapid-Manager", ergänzte die Dame: „Ein sehr netter Mann namens Ivica Viskup!" Da wusste ich, Ivo hatte wieder mal ein bisschen auf den Putz gehauen!

Oder: Rapid bekam einen neuen Trainer, der illustre Name war Lothar Matthäus. Dieser ging am ersten Tag in die Mannschaftskabine und sagte zu unserem Zeugwart Johnny Ramhapp: „Kannst du mir bitte mein Auto in eine Waschstraße fahren?", und warf ihm den Schlüssel hin. Dieser war nicht wirklich erfreut, als er in mein Büro kam: „Was glaubt der, bin ich sein Butler?" Bevor es schon am ersten Tag Stress gab, nahm ich den Schlüssel und bat Ivo darum. Er sagte sofort Ja mit dem Beisatz: „Chef, kann ich mir drei Stunden frei nehmen? Ich bleibe dafür morgen länger!" Ich dachte mir dabei nichts und stimmte zu. Die Folge kann man sich denken. Ivo übernahm den nagelneuen, riesigen BMW von Lothar Matthäus, ließ ihn waschen, kam aber erst nach drei Stunden zurück. Lothar wiederum wartete schon, da bog Ivo um die Kurve, ganz lässig mit Sonnenbrille, Hand aus dem Fenster und lauter Musik, übergab ihm den Autoschlüssel und verabschiedete sich. Am nächsten Tag besuchte mich Lothar in meinem Büro und erkundigte sich, wer das war, der mit seinem Auto drei Stunden waschen gewesen ist. Es störte ihn nicht, sondern vielmehr war er überrascht, dass fast 100 Kilometer am Tacho angezeigt wurden: „Ist eure nächste Tankstelle so weit weg?" Nein, aber Ivo hatte mit „seinem" neuen Auto eine Spritztour gemacht und es Freunden gezeigt! So war er und innerlich brachte er uns mit seinen Geschichten immer zum Lachen.

Man konnte alles von ihm haben, und auch wenn er manchmal anfangs knurrte, war auf ihn Verlass und er erledigte die Angelegenheit. Sein letztes großes Projekt bei Rapid war die Übersiedelung des Merchandising-Lagers nach St. Pölten, eine logistisch umfangreiche Nummer, aber auch das meisterte er souverän. Im Klubservice hatte er zahlreiche Aufgabengebiete und da durfte ihm niemand dazwischenpfuschen, denn sonst wurde er streng. Für diese Maschine, für diesen Kämpfer änderte sich allerdings am 10. Dezember 2016 alles.

Ivica besuchte eines Nachmittags seine Lieblingskollegin, Astrid Salzer – die beiden verband eine sehr enge Freundschaft. Bevor er noch mit zwei Spielern zu einem Fanklubtreffen musste, legte er sich kurz auf die Couch, er wirkte müde. Als er aufwachte, bemerkte Astrid, dass etwas mit ihm nicht stimmte und sie verständigte sofort den Notarzt. Die Rettung brachte ihn ins Krankenhaus und nach einer Notoperation begann sein langer Kampf ums Überleben. Er hatte eine Hirnblutung erlitten. Die Ärzte sagten, er müsse einen unglaublichen Willen haben, weil er wirklich kämpfte, um wieder zurückkehren zu können. Aber leider erholte er sich nicht mehr richtig von diesem schweren Schlag. Seither lebt er in einem Wiener Pflegeheim. Da und dort nimmt ihn sein Bruder zu einem unserer Heimspiele mit, um ihm ein bisschen Kraft zu schenken. Und wir sind uns sicher, dass er das innerlich auch alles spürt und mitverfolgt. Im Inneren lebt er Rapid mit Sicherheit weiter und vielleicht erinnert er sich selbst an legendäre Geschichten wie diese, die uns immer wieder zum Lachen bringen:

Wir spielten in der Champions League-Qualifikation auf Zypern. „Ich habe noch einen Termin mit der UEFA, geh‘ du in der Zwischenzeit ins Hotel und raste dich aus", sagte ich zu Ivica. Zwei Stunden später war auch ich zurück und sah Ivo in Badehose am Pool, links und rechts eine attraktive Dame bei ihm. Ich ging hin und eine sah das Rapid-Wappen auf meinem Anzug: „Sind sie auch von Rapid? Was machen Sie beim Verein? Euren Präsidenten haben wir schon kennengelernt!", sie deutete auf Ivo, der mich angrinste. Ich spielte mit und fragte Ivo: „Brauchen Sie mich noch? Sonst würde ich auf mein Zimmer gehen?" Ich drehte mich um und lachte – auch hier arbeiteten wir gut zusammen und das musste ich auch. Schließlich war er ja mein Präsident!

Zu seinem 43. Geburtstag gratulierte ich Ivo im Stadion und übergab ein Trikot mit der Rückennummer 43 und der Aufschrift „Die Maschine". Alle Anwesenden im Stadion spendeten Applaus, jeder mochte Ivica!

CUP
egenfurt 2017
ww.oefb.
www.oefb.at/cu
SAMSUNG
Finale

Kapitel 10

Des gibt's nur bei Rapid

Klagenfurt, wir kommen!

Sehr oft sagte ich über besonders große, einschneidende oder unvergessliche Momente: „Des gibt‘s nur bei Rapid!" Das konnte ein innerhalb weniger Stunden ausverkauftes Match sein, eine mächtige Choreografie, die sich übers ganze Stadion zog oder wenn unsere Fanflieger nach wenigen Minuten ausgebucht waren. Alles Dinge, wo wir einfach in Österreich die Vorreiterrolle einnahmen oder durch die Anzahl – etwa der Fans – sehr viel hermachten! In diese Kategorie fällt das Cupfinale 2017, das in Klagenfurt ausgetragen wurde. Unsere Mannschaft erreichte es nach 12 Jahren des langen Wartens wieder und die Sehnsucht nach einem Finalspiel und dem Titel war riesig. Noch dazu hatten wir eine sportlich ganz schlechte Saison hinter uns und so plötzlich die Chance, das Ganze noch zu einem positiven Ende zu bringen. Also, das sollte riesig werden, und alle wollten mit dabei sein! „Das wird eine bisher nie dagewesene Dimension erreichen", sagte ich zu den Verantwortlichen des Österreichischen Fußball-Bundes (ÖFB), die das Spiel veranstalteten.

Gleich nachdem fix war, dass wir im Finale stehen, besprach ich mit ihnen alle organisatorischen Details. Hier hatten wir schließlich einen großen Erfahrungsschatz. Ich schlug vor, die komplette Kartenthematik für unsere Fans auch in unseren Händen zu lassen, was dankbar angenommen wurde. Mir war bewusst, dass Gegner Salzburg nicht annähernd so viele Tickets brauchen würde: „Wir allerdings benötigen jede einzelne Karte, die verfügbar ist", vermittelte ich. Es war zwar noch mehr als ein Monat Zeit bis zum Finale, dennoch hieß es, schnell zu sein, denn die Anfragen kamen nun täglich und die Fans hätten gern eine Garantie, dass sie auch wirklich ihre Karten bekämen. Also entwickelte ich ein Verkaufsprozedere. Wir installierten eigene Kassensysteme, meine Mitarbeiter brachten diese zum Laufen und der ÖFB half über Partner oeticket mit. Zugleich tüftelten wir an Reiseangeboten: Es ging zwar nicht ins Ausland, aber viele Anhänger wollten auf von uns organisierte Busse nach Klagenfurt zurückgreifen. Wir bereiteten zwei Varianten vor: Busreise und Ticket für die Fankurve sowie

VIP-Bus mit Mittagessen und Platz auf der Längsseite. Ebenso organisierten wir einen Sonderzug mit der Westbahn. Dann ging es los: Beim Start des Kartenvorverkaufs herrschte in Hütteldorf ein Ausnahmezustand! Es ging richtig ab, aber wir hatten alles gut im Griff. Im Stundenrhythmus meldete mir Martina: „Andy, wir haben wieder einen Bus voll", und nach einiger Zeit musste ich beim ÖFB um zusätzliche Karten anfragen. So gestattete man uns, einen weiteren Sektor zu öffnen: Die Nachfrage war riesig, die Vorfreude sowieso.

Eine Woche vor dem Spiel fuhr ich dann nach Klagenfurt zur Sicherheitsbesprechung. Und die hatte es in sich! Denn was in Wien gang und gäbe war und wir gewohnt waren, sollte dort untersagt sein. Die Fans dürften dieses nicht und jenes schon gar nicht und immer wieder hörte ich den bekannten Satz: „Herr Marek, nur auf Ihre Verantwortung!" Das war für mich zwar nichts Neues, aber dieses Mal sehr viel, was ich da auf meine Kappe nehmen sollte. So hatte unsere aktive Fanszene sehr viele Wünsche, was die Choreografie und den Marsch zum Stadion, den Corteo, anging. Am Ende langer Verhandlungen wurde schließlich alles genehmigt. „Aber vergessen Sie nicht: Sie übernehmen die volle Verantwortung", gab man mir auf die Rückreise nach Wien mit. Umgehend traf ich mich mit den Capos unserer Fanklubs und wir gingen alle Pläne und Wünsche durch. Sie nahmen mir einen Teil des großen Drucks ab, indem sie versicherten, dass alles geordnet verlaufen wird und ich hatte das Gefühl, dass ich mich hier voll und ganz verlassen konnte.

Dann war er da, der 1. Juni 2017, der Tag des Finalspiels. Martina, Robert und ich fuhren sehr zeitig in der Früh nach Klagenfurt, denn um 10:00 Uhr stand noch eine letzte Sicherheitsbesprechung an. Danach musste ich mich schon um unsere VIP-Fans kümmern, die mit zwei Bussen angereist kamen und von Lukas betreut wurden. Damit man sich das bildlich vorstellen kann: Die Südautobahn war eine grün-weiße Karawane und ich bekam als Beleg immer wieder Bilder auf mein Handy geschickt. Ungefähr 80 große Busse bewegten sich vom Osten Österreichs in den Süden, dazu kamen rund 3 000 Autos, viele davon mit Schals und Fahnen geschmückt. Ein wunderbares Bild! Was auch hieß: Alle 16 000 für uns ausgelegten Karten waren weg und ebenso viele Rapid-Fans waren unterwegs. Viele kamen zum gemeinsamen Treffpunkt und die Busse fuhren dann leer zum Stadion weiter. Fans, die individuell anreisten, parkten beim Stadion und marschierten ebenso zur Sammelstelle. Wir arbeiteten auf Hochtouren, aber da alles perfekt geplant war, passte es. Volle Konzentration jetzt: Auf Kommando der „Ultras Rapid“ setzten sich rund 8 000 Menschen in Grün-Weiß in Bewegung und zogen im Corteo quer durch Klagenfurt in Richtung Stadion. Eine super Stimmung mit unvorstellbaren Bildern und diese steigerten sich noch, als man kurz vor dem Eintreffen beim Stadion unseren Mannschaftsbus kreuzte. Das war Gänsehaut pur! Wie auch an anderer Stelle im Buch beschrieben, ist es aber immer ein Nachteil, wenn so viele Menschen gleichzeitig eintreffen, denn es staute sich an den Eingängen. Dazu kam ein plötzlich einsetzender Platzregen, es schüttete wie aus Kübeln und alle wurden waschelnass. „Nun heißt es ruhig bleiben, wir müssen schauen, dass die gute Stimmung beibehalten wird“, raunte ich meinen Mitarbeitern zu.

Ich stellte mich auf ein Gitter, nahm ein Megafon und gab die Anweisungen durch: „Ihr könnt schon weitergehen, haltet eure Karten bereit ... ihr bitte wartet da noch in der Reihe!“ Wir organisierten den Einlass und viele, die drinnen waren, bedankten sich bei mir. „Andy Marek, der Beste auf der Wöd“, sangen einige und dann immer mehr. Es waren so viele Menschen und es drängte sich alles an den wenigen Eingängen dermaßen, dass wir hochkonzentriert arbeiten mussten, damit die positive Stimmung nicht kippte. Die Zusammenarbeit zwischen uns und der aktiven Fanszene funktionierte damals bestens, und so wurde jede meiner Anordnungen auch respektiert. Im Sinne von: Keinem taugt es hier im Regen auszuharren, alle wollen ins Stadion, gemeinsam schaffen wir das und jeder wird rechtzeitig im Stadion sein. Das war auch für uns eine sehr große Nummer und nachher bedankten sich die Verantwortlichen des ÖFB und des Stadions bei mir für die reibungslose Abwicklung. Sie merkten, dass meine Mitarbeiter und ich hier ganz wichtige Arbeit leisteten, denn die Ordner der Sicherheitsfirma waren überfordert und hätten das alleine nicht geschafft. Es gab insgesamt dann keine nennenswerten Probleme, und das ist bei so einer Masse und einer sehr schwierigen Infrastruktur alles andere als selbstverständlich.

Die Belohnung für uns alle folgte im Stadioninneren, ganz nach dem Motto: „Des gibt's nur bei Rapid!" Eine riesige Choreografie stimmte auf den Schlager ein und erinnerte an den letzten Cup-Titel 1995; von der ersten Minute an gab es grün-weißes Vollgas. Die Fans von Salzburg waren nicht zu hören und die Stadt Klagenfurt hatte so eine Party noch nie erlebt. Zur Pause stand es in einem offenen Schlagabtausch 0:0 und die Sehnsucht Rapids nach dem ersten Titel seit so vielen Jahren war spür- und greifbar. Salzburg ging in Führung (51.), wir glichen durch Joelinton postwendend aus (57.), doch dem Gegner gelang kurz vor Schluss der Siegestreffer (84.) zum 1:2. Bis zuletzt blieb es hochdramatisch, doch es änderte sich nichts mehr. 16 000 Rapid-Fans waren am Boden zerstört, denn man hatte sich nach dieser schlechten Saison an den letzten Strohhalm geklammert, der nun leider abgebrochen war. Ein Sieg hätte uns nicht nur zum Titel verholfen, sondern auch zum Europacup-Startplatz. Aber es sollte einmal mehr nicht sein. Als ich viel später zum Auto ging, lagen in meinem Kofferraum noch 30 bedruckte Leibchen von Adidas: „Österreichischer Cupsieger 2017" stand da neben unserem Wappen. Es wären die Shirts der Sieger im Fall der Fälle gewesen. Nun waren sie aber nutzlos und ich nahm sie wieder mit nach Wien. Es war eine bittere Niederlage, die wir verkraften mussten. Aber alles, was am Weg bis dahin geleistet und gezeigt worden war, war unglaublich schön und wird mir ewig in Erinnerung bleiben: So was gibt's eben nur bei Rapid!

Ausnahmezustand im Rapid-Dorf

Vielleicht kann sich nicht mehr jeder, der dieses Buch liest, an unser Rapid-Dorf erinnern; jene, die dabei waren, aber sicherlich. Warum es in dieses Kapitel gehört? Nun, weil wir auch hier in Österreich in der Vorreiterrolle waren und es für unsere Fanbindung ein wichtiger Baustein war. In einer Phase, in der man sportlich und auch sonst einen gewissen Aufwärtstrend bei uns spürte, überlegte ich, mit welchen Ideen wir den Zuspruch zu unserem Verein noch verstärken könnten. Hier lief mir einmal ein etwas mürrischer Fan über den Weg, der sich bei mir so richtig ausließ – es ging ihm alles auf den sprichwörtlichen Hammer: „Zu den Spielen geh' ich nicht mehr, weil das nicht meine Art von Fußball ist, ich mich bei den Kassen zu lang anstellen muss und Parkplatz bekomm' ich sowieso keinen. Beim Buffet darf ich dann wieder anstehen und versäume dann eh die erste Viertelstunde vom Match!" Es kotzte ihn alles an und ich stellte mir vor, wie er beim ersten oder zweiten Fehlpass unserer Mannschaft sofort zu pfeifen beginnen würde, egal, wie sich das Spiel noch entwickeln würde. Ich besprach mich mit meinen Mitarbeitern, die mir von ähnlichen Aufeinandertreffen erzählten, die sie mit Anhängern im Fancorner hatten. „Da müssen wir dagegen steuern", sagte ich: „Wenn es sportlich nicht läuft, können wir nichts machen. Aber bei allem anderen schon!"

Generell kamen die meisten Fans immer recht punktgenau zum Anpfiff, einfach weil es im Umfeld des Stadions keinen wirklichen Treffpunkt gab. Nirgends, wo man sich in größerer Runde hinsetzen und auf das Spiel einstimmen konnte. Also hieß es, hier anzusetzen. Und die Lösung lag unmittelbar vor uns. Von meinem Büro aus schaute ich auf die andere Seite der Keißlergasse, direkt auf ein brach liegendes Grundstück. Ich rief bei den ÖBB an, denen das Gelände durch den angeschlossenen Bahnhof Hütteldorf gehörte: „Ist diese Fläche vielleicht zu mieten?" Die Antwort war positiv, allerdings nur auf zwei, drei Jahre, da das Grundstück danach anderweitig genutzt werde. Das war beschlossene Sache. Wir mussten also schnell sein.

Mit der Idee eines „Rapid-Dorfes" als Sammelpunkt bastelte ich ein Konzept samt Budgetplan und stellte beides unserem Präsidium und General Manager Werner Kuhn vor. Man reagierte begeistert. Das wäre genau der nächste Schritt in Sachen Fangewinnung und man hätte endlich einen Treffpunkt für die Rapid-Familie vor den Heimspielen. Also mieteten wir den Grund sowie ein großes Festzelt für rund 2000 Besucher. Ich kontaktierte viele Wirte – alle mit Rapid-Bezug – und lud sie ein, im Zelt oder außerhalb eine Gastro-Gelegenheit zu installieren. Das Interesse war riesig, alle sagten zu. Wer sollte sich jetzt von dem Rapid-Dorf angesprochen fühlen? Am besten alle: Männer, Frauen und auch Kinder. Darum bestellte ich auch Riesenrutschen, Hüpfburgen und vieles mehr. Weiters brauchte es eine große Bühne im Zelt, wo für musikalische Untermalung und Stimmung gesorgt werden sollte. Ich traf mich mit den Wirtsleuten, stimmte Preise und Angebote ab, es sollte doch auch eine gewisse Abwechslung geben, und sagte: „In zwei Wochen wollen wir starten, also stampfen wir das Ganze aus dem Boden!" Wir beachteten alle Vorgaben der Veranstaltungsbehörde auf den Punkt genau, errichteten das große Zelt, die darin befindlichen Holzhütten und schmückten es entsprechend dem gastronomischen Angebot. Mit Fahnen, Transparenten und Bildern zauberten wir ein stimmungsvolles Rapid-Gefühl ins Innenleben und auch draußen lud der Funpark für Kinder zum Verweilen ein.

„Wenn alles klappt, werden die Fans jetzt früher zu uns nach Hütteldorf kommen, essen, trinken, singen, sich in Stimmung bringen und im Vorfeld in Ruhe die Karten kaufen", sagte ich: „Dann gehen sie ins Stadion und geben Gas!" Soweit die Theorie – und die Praxis? Nun, unser Rapid-Dorf wurde enorm gut angenommen. Man könnte es mit der jetzigen „Wiener Wies'n" vergleichen, einem großen Zeltfest, in dem es so richtig abging, und gleich am ersten Tag mussten wir wegen Überfüllung zeitweise zusperren. Es tummelten sich tausende Fans im „Dorf" und überall sah man positive Atmosphäre. Und auch viele neue Gesichter, die unser Verein so gewann, denn man kam nun direkt am Spieltag nach dem Mittagessen zum Stadion und stimmte sich zusammen auf die anstehenden 90 Minuten am Platz ein. Was nach einem Sieg los war, muss ich wohl nicht erwähnen. Aber eine Besonderheit doch: Es hatte sich herumgesprochen, dass ich nach erfolgreichen Partien unsere Spieler ins Zelt auf die Bühne holte, und das wollte sich keiner entgehen lassen. Wenn ich mit ihnen kam, herrschte Ausnahmezustand. Unsere Fans standen Spalier, feierten und sangen die Rapid-Hymne – es war ein richtiges Tollhaus! Was hier abging, erreichte auch die Medien, die positive Schlagzeilen verbreiteten: Rapid als Vorreiter in Sachen Fanbindung!

Natürlich gab es auch Dinge, die nicht so erfreulich waren. Wie bei jedem Kirtag oder Dorffest wurde viel getrunken, und so folgte die eine oder andere Auseinandersetzung. Meist konnten wir das aber schnell intern regeln, sodass wieder Ruhe einkehrte. Das vermittelten wir der Polizei, die nicht immer ganz zufrieden war, wenn sich gewisse Fans schon vor dem Spiel ordentlich was in die Birne schütteten, aber auch das bekamen wir in den Griff. Es war uns etwas ganz Besonderes gelungen, jedoch die Zeit sprach gegen uns. Nach wenigen Jahren wurde, wie angekündigt, der Mietvertrag für das Gelände anderweitig verwendet und wir mussten eine neue Fläche suchen. Diese fand ich hinter der Nordtribüne des Gerhard-Hanappi-Stadions, wo schließlich der zweite Ableger unseres Rapid-Dorfes entstand, der wohl noch mehr Rapid-Fans ein Begriff ist. Auch das wurde ein voller Erfolg, denn nun hatten wir die Phase, dass unsere Heimspiele oft ausverkauft waren – und jene Fans, die keine Karten mehr bekamen oder sich keine leisten konnten oder wollten, einfach ins Dorf gingen, dortblieben und ebenso feierten, wenn sie aus dem Stadion heraus den Torjubel hörten. Danach wurde gemeinsam auf die Spieler gewartet. Für mich war das immer ein zusätzlicher Stress, denn zum einen gehörte das Dorf zu meinem Aufgabengebiet, zum anderen musste ich Spieler, die eigentlich Auslaufen und Regenerieren sollten, noch zu einer „Ehrenrunde" ins Zelt bringen. Aber auch das gelang mir die meiste Zeit ganz gut. Eines Tages hatten wir Pech: Es schneite so stark, dass in der Nacht das große Zelt schließlich aufgrund der Schneelast einstürzte und wir das Dorf gleich ganz schließen mussten. Weil wir dann während der Bauphase ins Happel-Stadion wechselten, bedeutete es zugleich das Ende dieses so beliebten Ortes. Immerhin zehn Jahre hatte uns diese simple Idee mit der populären Umsetzung aber sehr in Sachen Sympathie und Zufriedenheit bei unserer Fangemeinde geholfen und diese wachsen lassen. Des gab's nur bei Rapid!

Hier stimmten sich die Rapidler bereits Stunden vorher auf das Spiel ein.

Und das kann dir keiner nehmen

Im Dezember 2017 erhielt ich diese Mail von einem sehr netten Rapid-Fan. Ich habe sie mir aufgehoben und jetzt bringe ich sie in mein Buch. Er schreibt da in einer Zeile „Des gibt's nur bei Rapid!" Deshalb findet die Geschichte in diesem Kapitel Platz.

„Lieber Andy!

Was wir heute mit Rapid erleben dürfen, ist nicht selbstverständlich, beruht nicht auf einem Zuschauerzuspruch aufgrund außergewöhnlicher sportlicher Erfolge, ist nicht allein der „Rekordmeister", der die Massen anzieht, auch ist es nicht allein die große Stadt als natürliches Biotop für Fußballbegeisterung. Es ist mehr als das. Es gibt bei Rapid einen Kitt für die Fanbindung und der heißt „Andy Marek".

Wir, Rapidler verdanken es deinem integrativen Talent, dass jeder Stakeholder, egal ob Steh- oder Sitzplatzschwein, Familien- oder VIP-Gast, Spieler, Mitarbeiter oder Sponsor sein „Rapid" erlebt. Deine treffsichere Moderation, deine besondere Art und dein auf Menschen zugehen, spricht alle gleichermaßen an und schafft einen Zusammenhalt von Zuschauerwelten, die eigentlich gar nicht zueinander passen. Dass das Publikum dazu neigt, sportlichen Erfolgen nachzulaufen, kennen wir aus den Besucherzahlen der jeweiligen Tabellenführer oder Meister. Sportlicher Erfolg ist aber ein „Vogerl". Mit schwindendem Erfolg verschwinden aber auch die Glory-Hunter aus den Reihen der Zuschauer. Was nur bei Rapid gelungen ist, sind konstant ansteigende Zuschauerzahlen abgekoppelt von der jeweiligen sportlichen Berg- und Talfahrt. Da kommt jetzt der Satz ins Spiel den du öfters im Stadion sagst: „Des gibt's nur bei Rapid!"

Man könnte leicht glauben, dass in Hütteldorf ohnehin schon immer viele Zuschauer waren, daher also „den Tauben nur weitere Tauben zufliegen". So war es aber nicht. Bis zum Jahr 1992 waren die Zuschauerzahlen in Hütteldorf und Favoriten sehr ähnlich, man zählte etwa 5 000 bis 7 000 Zuschauer pro Spiel, und es war auch nicht Rapid, das erstmals die 10 000er-Marke knackte, es war Austria Salzburg in der Saison 1991/92. Doch mit dem für Rapid besonderen Jahr 1992 begannen sich diese Verhältnisse zu verändern; langsam zunächst und anfangs noch getrieben durch Meistertitel und Europacup-Finale, doch in den kargen Jahren, als andere Vereine die Meistertitel geerntet haben, entwickelte sich bei Rapid durch dein Klubservice mehr als nur ein Fanshop; es war ein Dienst am Fan. Jeder, der sich im Fancorner einfand, wurde wie ein Freund behandelt, wie jemand, der seine erweiterte Familie besucht.

In den Jahren seit 1992, eben in der Ära Andy Marek, hat sich die durchschnittliche Zuschauerzahl in Hütteldorf vervierfacht (von 5.000 auf fast 20.000 Zuschauer pro Spiel), während im selben Zeitraum der Bundesligaschnitt nur wenig über die 7.000 Zuschauer pro Spiel gestiegen ist.

Es wird von gegnerischen Besuchern oft über die „Wiener Proleten" gelästert. Von denen gäbe es so viele, und es wäre daher kein Wunder, wenn in Hütteldorf die Hütte voll ist. Doch so einfach ist das nicht. Die Zuschauerzahlen sind nicht allein wegen der Größe von Wien so hoch. Auch unser Stadtrivale nutzt dasselbe Einzugsgebiet, erreicht aber bestenfalls Bundesligaschnitt. In Hütteldorf wird dem Publikum - egal welcher Schicht es zugezählt werden kann - große Wertschätzung entgegengebracht. Die Akzeptanz aller Besucher kommt in allen deinen Moderationen zum Ausdruck. Niemand wird ausgegrenzt, alle sind eingeladen, ihre Träume auf der Bühne des Fußballs auszuleben. Es ist eine große Leistung und geradezu ein Drahtseilakt, ein heterogenes Fußball-Publikum zu motivieren aber gleichzeitig die Emotionen auf ein erträgliches Maß zu begrenzen und zu verhindern, dass also zum Beispiel eine bestimmte Gruppe im Stadion dominiert und dadurch andere Gruppen zu kurz kommen und sogar abwandern.

Was also ist der wesentliche Unterschied zwischen Rapid und anderen Vereinen? Es ist die Kunst Deiner Kommunikation, für jeden Anlass und jedes Publikum die richtigen Worte zu finden und einen Zusammenhalt über scheinbar große Gegensätze hinweg zu schaffen. Präsidenten kommen und gehen, allein Du bist der Garant für Kontinuität. Wer bei Rapid landet, gehört zu einer Familie als dessen Oberhaupt Dich alle sehen, und dieses Gefühl wird ihm bei jeder Begegnung mit seinem Verein vermittelt. Man geht nicht zu Rapid allein um Spiele zu gewinnen oder Titel zu erobern - das auch, bei Rapid will man Teil dieser treuen Gemeinschaft werden und bleiben, ganz unabhängig von der jeweiligen sportlichen „Wetterlage".

Seit dem Besuch meines ersten Fußballspiels in Hütteldorf erlebe ich diese kontinuierliche Entwicklung, die alle kleineren und größeren Rückschläge überwunden hat. Sie trägt deine Handschrift. Und das kann dir keiner nehmen!"

adidas

Kapitel 11

Mein Versuch, es allen recht zu machen

Die Foren kosten mich viel Energie

Ich weiß nicht mehr genau, wann ich die Diskussions-Foren im Internet auf den unterschiedlichen Plattformen erstmals wahrgenommen habe. Ich glaube, es war Ende der 90er-Jahre. Fakt ist, sobald es sie gab, begannen Rapid-Fans, auch hier in einer breiten Öffentlichkeit zu debattieren. Es gab und gibt seither sachliche Diskussionen, einen Austausch oder das reine Weitergeben von Informationen genauso wie hitzige und widersinnige Streitereien. Mir selbst raubten die Foren immer viel Kraft, bedeutete es doch zunächst, sich in die Themen einzulesen, schauen, wo es Fragen gibt oder Hilfestellungen benötigt werden und einfach zu erkennen, wo sich das Interesse unserer Anhänger sammelt.

Eine bestimmte Zielgruppe nützte damals schon diese neuen Möglichkeiten, andere blieben lieber beim Telefonat oder persönlichen Gespräch. Ich selbst war für alle offen. Meine Telefonnummer und Mail-Adresse waren hinlänglich bekannt, und so konnte man mit mir jederzeit in Verbindung treten. Umso mehr ärgerte es mich, wenn aus dem Nichts haltlose Gerüchte oder gar Lügen verbreitet wurden, die sich dann zu sogenannten „Shitstorms" entwickelten. Statt einfach nur auf uns, das SK Rapid Klubservice, zuzugehen und nachzufragen, stellte man lieber einen anonymen Text in ein Forum. Aber das war leider meist viel einfacher und unter dem Motto „mich kennt eh niemand" ließ es sich dahinter ganz gut verstecken, um Rapid eine mitzugeben.

„Andy, das darfst du nicht ernst nehmen, lies' es einfach nicht", rieten mir meine Mitarbeiter oder auch Fachexperten. Aber ich wollte es nicht hinnehmen, wenn über uns, unseren Verein oder mich hergezogen wurde, als gäbe es kein Morgen, und bestimmte Komiker sich in der Anonymität des Internets suhlten. Denn irgendwas blieb immer hängen, und wenn dann andere Fans etwas lasen, was nicht stimmte, waren auch sie irritiert. Besonders ärgerten mich jene

Menschen, die uns wohlbekannt waren. Sie hatten Rapid viel zu verdanken, meine Mitarbeiter oder ich halfen ihnen, wo wir nur konnten, die aber zogen unter ihrem Pseudonym ungebremst über uns her. Wenn man sie dann damit konfrontierte, wollten sie es natürlich nicht gewesen sein, oder es hätte jemand ihren Account gehackt. „Wir müssen die wichtigsten Foren durchstöbern und die Meinungsbildner kennenlernen", gab ich den Weg vor und hielt mit meinen Mitarbeitern im Klubservice und der Presseabteilung Rücksprache: „So wissen wir, was gerade die aktuellen Themen für die Fans sind und wer sich wieder auf unsere Kosten auskotzen möchte!" Wir entwickelten ein System und ich wollte, dass man mich über die größten Beschimpfungen informierte. Das tat zwar oft weh, aber man konnte wenigstens reagieren und gewisse Dinge klarstellen. Zu unterscheiden waren dabei jene Menschen, die Rapid überhaupt nicht mochten wie gegnerische Fans, die den Fußball generell als Proletensport sahen und ihren eigenen Ärger oder Frust im Leben auf Rapid abluden. Aber auch jene, die behaupteten, die größten Rapid-Fans zu sein, nur um permanent nicht recherchierte, unwahre oder emotionale Behauptungen als Wahrheit darzustellen. Bei manchen Menschen – da konnten sie noch so viele Rapid-Fanartikel besitzen, grün-weiße Tattoos haben oder unseren Verein leben – dachte ich mir wirklich: „Wie kann so jemand Rapid lieben? Was versteht diese Person darunter, wenn sie die eigene Liebe zum Klub in permanente Abneigung oder Hass lenkt gegen alles, was wir machen?"

Ein weiteres Problem war sicher auch, dass es oft nicht nur beim kleinen Forumskreis blieb, denn mit der Zeit lasen auch viele Journalisten mit und fanden so Stoff für neue Geschichten. Die Ironie des Ganzen: Viele, die von sich behaupteten, absolute Erz-Rapidler zu sein, lieferten durch ihre Gerüchte, ihren Frust oder bewusste Falschmeldungen neues Material für Skandal-Geschichten, die in den Medien thematisiert wurden, und brachten unseren Verein wieder in die Bredouille. Ja, ich stand in der Öffentlichkeit, und so musste auch ich lernen, dass über meine Person diskutiert wurde, und ich wollte mich dem auch nicht entziehen, aber viel lieber die Dinge persönlich besprechen und regeln, so gut es ging. Das trauten sich manche Forum-User, die im Internet groß aufzeigten, aber dann doch nicht.

Meine Mitarbeiter waren also sensibilisiert und informierten mich laufend über Themen aus den grün-weißen Foren. „Da schreibt einer, der sich als größter Rapid-Fan überhaupt bezeichnet, mehrmals schon ‚Marek raus!'", sagte Martina einmal zu mir. Weil wir die betreffende Person kannten, dauerte es nicht lange, bis ich nach etwas Recherche seine Telefonnummer hatte und ihn anrufen konnte.

„Hier spricht Andy Marek!", sagte ich in den Hörer und noch vor allem anderen kam wie aus der Pistole geschossen zurück: „Ich werde es sofort löschen!" – „Nein, mach' das nicht. Sag' mir einfach, was das Problem ist und was dich stört!" Er wiederholte sich: „Es tut mir leid, ich lösche es sofort!" Ich bat erneut um Aufklärung und was er sich davon erhoffen würde, wenn ich, „Marek raus!" folgend, von Rapid plötzlich weg wäre. „Eigentlich will ich es gar nicht, aber ich bin so auf die aktuelle Situation bei Rapid angefressen. Wir spielen schlecht, ich bin unzufrieden und Sie sind für mich im Moment das Gesicht des Vereins. Aber ich lösche gleich, was ich geschrieben habe!" Wie auch immer. Wir telefonierten noch länger und einige Zeit später trafen wir uns einmal persönlich, wo er mir dann mitgab, dass er meine Arbeit sehr schätze. „Man kann es nicht allen Menschen recht machen, das kann niemand", beruhigten mich Mitarbeiter, Verantwortliche oder meine Familie immer wieder: „Und du kannst auch nicht jeden anrufen oder dich persönlich treffen!" Beides richtige Denkansätze, die ich leider viel zu selten beherzigte. Sonst hätten mich solche Falschmeldungen oder Gerüchte, Beschimpfungen oder verzerrten Darstellungen auch nicht so belastet.

Ein anderes Mal wurde in einem großen Forum behauptet, mir würden die Markenrechte des Rapid-Wappens gehören und jedes Mal, wenn es in Verwendung ist, würde ich Geld bekommen. Dieses Thema behandle ich an anderer Stelle in diesem Buch, aber auch darüber war ich bestürzt: „Wie krank muss man sein, um so etwas in die Welt zu setzen?", brachte ich es intern bei uns zur Sprache. Wie soll man auf solchen Schwachsinn reagieren? Gar nicht? Oder mit einer Reaktion? In diesem Fall mischte ich mich direkt im Forum ein und stellte alles klar, damit auch der Dümmste nach einiger Zeit verstand, dass die Markenrechte beim SK Rapid liegen und nicht bei mir. Aber all das kostete Zeit, viel Energie und war einfach schlecht. Denn so entstand bei zahlreichen Menschen ein unwahres Bild, das man erst einmal wieder korrigieren musste. Aber es gab natürlich auch positive Seiten im Forendasein. Bei sachlichen Diskussionen konnte man einiges zur Verbesserung mitnehmen und wiederum schauen, wie wir manche Ideen umsetzen könnten. Auch nutzten wir diese Plattformen dazu, um Informationen zu Karten-Vorverkäufen oder Veranstaltungen zu bewerben, und ja, da war das Ganze schon sehr nützlich.

„Du darfst die Dinge, die da über dich geschrieben werden, nicht zu persönlich nehmen", gab mir mal ein Fan, der quasi in den Foren „lebte", als Ratschlag. Leichter gesagt als getan, wenn anonym dein Name in den Schmutz gezogen wird. Mir ging das Ganze schon oft sehr nahe!

Querschüsse der Enttäuschten

„Rapid muss gewinnen, Rapid muss in der Tabelle ganz vorne sein, die Gruppenphase der Europa League muss erreicht werden, der Teller gehört nach Hütteldorf, wir müssen doch wieder einen Titel schaffen", und vieles mehr. Was ich hier anführe, sind die Wünsche, Ziele und Ansprüche, die jeder Fan bei unserem Verein hat, genauso wie alle, die sich damit beschäftigen. Die Latte liegt sehr hoch, all das jedes Jahr aufs Neue anzugehen, das ist allen bewusst. Ebenfalls, dass mit der großen Erwartungshaltung auch viele Probleme einhergehen. Aber genau das ist es dann auch, was die Arbeit bei Rapid über viele Jahre für mich so intensiv und spannend machte. Man kann sich hohe Ziele stecken und versuchen, diese mit allen möglichen Mitteln zu erreichen. Was dann aber sehr hinderlich ist, sind Querschüsse von Menschen, die mit gewissen Themen oder Situationen nicht umgehen können – und auch uns bei Rapid das Leben sehr oft schwer machten. Wen ich damit meine?

Nun, da gab es jene, die mit unserem Verein immer ein Geschäft witterten und jede Woche bei mir im Büro mit „sensationellen" Produkten ankamen, auf die man das Wappen hinaufkleben sollte, und dann in Sachen Fanartikeln ordentlich abkassieren würde. Ich bedankte mich immer, sagte vielen Projekten und Ideen aber ab, wenn sie für uns nicht gut genug schienen oder einfach nicht in unser Sortiment passten. Dann waren diese Leute beleidigt. Wo sie zuvor schon die Euro-Zeichen in den Augen hatten, machte ich ihnen einen Strich durch die Rechnung und war nun ihr Todfeind. Aus ihrer Enttäuschung heraus begannen sie, schlecht über mich zu reden oder erfanden Gerüchte. Andere wiederum wollten sich einen Vorteil von mir ergattern; sei es, um an mehr Karten für große Spiele zu kommen, sich nicht mehr anstellen zu müssen oder sonst was. Auch da machte ich nie mit und schon hatte ich einen weiteren Gegner vor mir, der von nun an gegen Rapid querschoss.

Ein anderes Beispiel: Täglich erreichten mich Anfragen unsere Spieler betreffend. „Könnte ich ein Grußvideo für meinen Vater zum Geburtstag bekommen?", „Mein Sohn möchte einmal dem Steffen die Hand geben!", „Meine Tochter wünscht sich ein Bild mit Dejan" und, und, und. Ich versuchte mit meinem Team, so viele Wünsche wie möglich zu erfüllen, aber es gelang nicht immer. Etwa, wenn man beim Match getragene Trikots unserer Spieler haben wollte – da landeten jeden Tag zig Ansuchen bei mir. Dafür hatten wir eine eigene Regelung und machten hier in erster Linie Menschen, denen es nicht so gut ging, eine Freude. Nicht immer stieß ich mit dieser Vorgehensweise auf Akzeptanz, sondern oft auf Enttäuschung. Wieder andere wollten einen Arbeitsplatz bei Rapid, aber auch das lief nach bestimmten Kriterien und Auswahlprozessen und ich sagte ab. Wieder ein paar Gegner mehr. Klar, solche Geschichten gibt es überall. Aber bei unserem Verein ist alles ein bisschen intensiver. Auch mein sehr ausgeprägter Service-Gedanke hatte irgendwo Grenzen. Ich wollte zwar helfen, wo es ging, wenn ich aber das Gefühl hatte, dass das nicht im Sinne des SK Rapid wäre, sagte ich ab und das brachte Enttäuschungen mit sich.

Am schwierigsten war es allerdings immer mit Personen, die sich fast schon manisch an die Vergangenheit klammerten, wo der Satz „Früher war alles besser" ihr Lebenselixier bildete. Sie begleiteten Rapid und mich über viele Jahre, eigentlich bis zu meinem letzten Arbeitstag, und gaben aus unterschiedlichen Gründen ihren Unmut preis. Vielleicht wurde ihnen früher, als auch bei uns alles noch kleiner war und in überschaubaren Bahnen ablief, mehr Aufmerksamkeit geschenkt. Oder sie waren bei Rapid in einem Gremium oder einer führenden Position beschäftigt und mussten, aus welchen Gründen auch immer, ausscheiden. Sie hefteten sich dann meist auf ihre Fahnen, so viel für unseren Verein gemacht zu haben, dass damals alles wunderbar war und heute alles schlecht ist. Was in der Zwischenzeit entstanden war, wie sich der Verein in allen Belangen weiterentwickelt hatte, wurde einfach beiseitegeschoben, war egal. Sie akzeptierten nur ihre eigene Wahrnehmung und gingen sogar so weit, dass sie mit Unwahrheiten Medien und Menschen aufstachelten. Ihre Mission: Unfrieden stiften und Verantwortlichen beim Klub Schaden zufügen. Allein, weil sie nicht damit fertig wurden, bei Rapid keine aktive Rolle mehr zu spielen. Weil diese Menschen ihre inneren Konflikte nach außen trugen und damit auch die Medien fütterten, musste auch ich immer wieder Journalisten Rede und Antwort zu dieser oder jener Aussage von Enttäuschten stehen. Sie sahen sich als „Wächter des Vereins", hatten vor vielen Jahren aber selbigen fast in den Ruin geführt und schossen aus ihrem verklärten Weltbild heraus gegen alles und jeden bei Rapid: gegen die Vereinsführung, einzelne Mitarbeiter, bestimmte Fangruppen, gegen den Block West und auch gegen mich.

Warum wir diese Menschen nicht ignorierten? Weil sie immer wieder gegen uns stachen und die unterschiedlichsten Wege beschritten. Partner und Sponsoren kontaktierten uns, dass sie von diesen Personen aufgesucht worden wären. Medienvertreter kamen auf uns zu und berichteten, dass sie von ihnen ein Schreiben über „Versäumnisse bei der Fanarbeit“ oder „Fehlentscheidungen bei der Personalpolitik“ bekommen hätten und sie „unbedingt darüber schreiben sollten“. Glücklicherweise wusste jeder der Journalisten, was die Absichten dieser Personen waren und so nahm man sie nicht wirklich ernst. Da genügte oft ein Blick zurück, um ihre Intentionen zu erkennen. Es ging sogar so weit, dass ein Brief an den Landeshauptmann Niederösterreichs geschickt wurde, mit der Beschwerde, warum ich denn das Landesverdienstzeichen bekommen hätte. Wahnsinn! Dieselben Menschen, die verdrängten, was sie einmal beim Verein alles in den Sand gesetzt hatten, wollten uns so die Energie rauben. Wenn das der einzige Lebenszweck war, dann ist dazu alles gesagt, und sie konnten einem nur leidtun. Solchen Personen konnte man es nie recht machen. Aber wenn ich so überlege, wollten sie das auch gar nicht, weil sie zu sehr mit ihren inneren Konflikten beschäftigt waren und dabei vergaßen, worum es eigentlich ging: einzig und allein um Rapid. Und übrigens: Diese Leute machen das auch jetzt noch, wie mir meine ehemaligen Kollegen mitteilten: sie stiften weiter Unfrieden. Böse Menschen!

Reputationsverlust

Präsident Rudolf Edlinger sagte mir einmal in einer schwierigen Lage: „Das ist ein großer Reputationsverlust!“ Ich wusste mit dem Begriff nicht wirklich etwas anzufangen, um ihn vor allem mit unserem Verein in Verbindung zu bringen. Daher googelte ich ihn und merkte schnell, dass es mit dem Verlust des Ansehens zu tun hat, und wenn das den SK Rapid betraf, musste man entgegenwirken.

In meinen Anfangsjahren beschäftigte ich mich noch nicht damit. Als Stadionsprecher fühlte ich mich wohl in der Rolle, ich gewann an Popularität und für das Image des Klubs war es positiv, dass da jemand war, der ein Programm für die Stadionbesucher machte. Im Laufe der Zeit und mit zunehmender Verantwortung sollten aber die schwierigen Phasen folgen und je öfter ich mit negativen Fanthemen in Verbindung gebracht wurde, desto problematischer wurde es auch für mich, weil ich ja Teil des Ganzen war. Ich versuchte, es aber immer pragmatisch zu sehen: Fußball ist kein Wunschkonzert. Wenn alles super lief, wir einen Rekord nach dem anderen verkündeten – Ausverkauft! Höchster Umsatz im Merchandising! Die meisten Mitglieder! – dann konnten sowohl Rapid als auch ich unser Ansehen polieren und es gab Applaus. Aber ich wusste genauso, dass uns irgendwann wieder eine nächste negative Angelegenheit unvorbereitet treffen würde.

In diesen Jahren wurde ich für die Rapid-Familie immer mehr zum Gesicht, zur Anlaufstelle bei Problemen, oder wenn Hilfe benötigte wurde. Ich wurde oft als der wahrgenommen, der den Fans die Stange hält, sie unterstützt, aber zugleich auch jener, der vermeintlich zu lasch mit Problemkindern umgeht. So wurden „die wahnsinnigen Rapid-Fans" immer schnell mit „Andy Marek" in Verbindung gebracht. Wenn man in der Öffentlichkeit steht, äußern sich eben nicht nur die Fachkundigen, sondern auch viele ohne große Ahnung von der Materie. Mir wurden Dinge unterstellt und von manchen sogar die Schuld für negative Ereignisse gegeben. Das waren aber auch jene Leute, die das Glas immer halb leer statt halb voll sahen, denn man hätte bei allfälligen Fanproblemen auch mal sagen können: „Der Marek hat alles versucht. Dieses Mal ist es nicht gelungen, aber die Fanarbeit ist auch kein Kindergeburtstag!" Nein, meist resultierten daraus Schlagzeilen oder Meinungen wie „Randale in Hütteldorf, Marek hat die Fans nicht im Griff." Ich war doch nicht der Erziehungsberechtigte, der für jedes Fehlverhalten von Menschen in der Öffentlichkeit geradestehen konnte! So beschloss ich, Aufklärungsarbeit zu leisten. Jeden, der meine Arbeit mit den Fans kritisierte, rief ich an oder lud ihn ins Büro zu einem Gespräch. Danach öffneten sich die Augen und sie alle entwickelten ein Verständnis für Dinge, die sie vorher gar nicht wussten. Aber weil ich ja nicht mit allen Kritikern persönlich sprechen konnte, musste ich lernen, mit öffentlichen, auch unsachlichen Vorwürfen umzugehen. Das ging mir schon immer wieder unter die Haut, selbst wenn ich mir mittlerweile eine dicke davon zugelegt hatte. Doch was würde davon meinem Namen langfristig schaden?

Was hier auch noch dazu kam: Das Internet! Gab es früher nur persönliches Stammtischgerede, wurde nun öffentlich über meine Person diskutiert, und einmal unbedacht hingeschrieben, verbreiteten sich gewisse Aussagen oder Gerüchte immer sehr schnell. Ich konnte mich zwar schon wehren, aber egal, wo ich hinkam, nach Fanproblemen musste ich immer wieder versuchen, mit guten Argumenten zu punkten und zu argumentieren. Einmal war ich in einer HTL zu einem Vortrag über Rapid geladen. Genau einen Tag nach unserem Platzsturm 2011. Ich wusste, dort würde es ans Eingemachte gehen und mir Fragen wie „Warum haben Sie die Fans nicht im Griff?" an den Kopf geworfen werden. Jeder hatte die Bilder vom Vortag im Fernsehen gesehen, doch der Professor begrüßte mich mit: „Herr Marek, das war gestern sicher sehr schwer, aber ich muss sagen, Hut ab, wie sie versucht haben, die Fans wieder zu beruhigen!" Damit hatte ich nicht gerechnet. Ein guter Mann, der sich auskannte! Und das war wichtig für mich, solche Rückmeldungen zu bekommen. Denn ich betreute ein so großes Aufgabengebiet mit einer riesigen

Verantwortung für zig Bereiche beim SK Rapid und es schmerzte immer, wenn meine ganze Arbeit nach Vorfällen nur auf die Fanbetreuung reduziert wurde.

Das war dann der genannte Reputationsverlust: Irgendwas blieb immer haften und so hatte ich Angst um mein Ansehen. Nicht bei den vielen Rapid-Fans, denn diese wussten ja um den Wert meiner Arbeit. Sondern bei allen anderen, die sich ihre Meinung bildeten, denn diese war nicht immer sehr positiv. Ich hatte ja schließlich auch noch mein zweites Standbein, meine geliebten Moderationen. Ein- ums andere Mal kam mir in den Sinn, dass ich von Unternehmen oder Eventagenturen nicht engagiert würde, weil „der Marek ja seine Fans nicht im Griff hat.“ Man könnte Zweifel hegen, ob ich der richtige Mann wäre, obwohl das eine nicht wirklich etwas mit dem anderen zu tun hatte. Davor war mein Respekt groß. Aber bis auf ein, zwei Mal wäre es mir nicht so vorgekommen, dass ich deshalb nicht engagiert wurde. Normalerweise machte ich immer zu Beginn meiner Moderationen, im Zuge der Begrüßung, einen kleinen inhaltlichen Abstecher zum Fußball – überall gab es schließlich Rapid-Fans. Wenn es aber wenige Tage zuvor Stress gegeben hatte, verzichtete ich darauf.

Es waren in den vielen Jahren schwierige Phasen dabei und oft fühlte ich mich ungerecht behandelt. Manchmal war die Kritik auch gerechtfertigt und mein guter Ruf litt das eine oder andere Mal darunter. Doch wenn ich wieder dran denke, wie wertschätzend ich am 16. Februar 2020 von tausenden Menschen verabschiedet wurde und wie wohlwollend auch die vielen medialen Berichte über mich in dieser Zeit waren, dann sollte das letzten Endes alles aufwiegen. Und dafür bin ich dankbar!

VIPs, Familien und Ultras – alle sollten in Rapid die Verbindung finden

Ein Spieltag in Wien-Hütteldorf bedeutet nicht nur eine Großveranstaltung mit tausenden Menschen an einem Ort, sondern auch die Zusammenkunft von verschiedenen Personengruppen im Stadion. Die Hardcore-Fans im Block West, Familien mit Kindern auf der Nordseite, Rapidler, denen die Längsseite lieber ist, die auf der Ost sowie die Fans und Besucher im Business-Club auf der Haupttribüne. Alle haben in Rapid ihre Verbindung gefunden, wobei sie sich, aufgrund ihrer komplett unterschiedlichen Ausrichtungen, auch während meiner Zeit öfters in die Haare gerieten.

Mein Ziel war dabei, zu versuchen, diese Gruppen trotz unterschiedlicher Interessen und Ansichten zusammenzuführen und das Gemeinschaftsgefühl innerhalb der Rapid-Familie weiter zu stärken. Vor allem, wenn Ereignisse für Aufregung und Unruhe sorgten, war es mir wichtig, die Beweggründe zumindest so darzustellen, dass sie plausibel waren. Ich agierte hier oftmals wie ein Anwalt der jeweils anderen Seite, verteidigte beispielsweise das Verhalten des Blocks West bei den VIPs oder umgekehrt und versuchte, gewisse Entscheidungen so zu treffen, dass sie für alle Rapid-Fans möglichst nachvollziehbar waren. Was kann man sich genau darunter vorstellen? Das möchte ich mit den folgenden Zeilen, die Erlebnisse für jede der Besuchergruppen beschreiben, erläutern.

Den vermutlich prägendsten Konflikt zwischen Block West und Haupttribüne stellte in letzter Zeit die „Causa Wöber" dar. Maximilian Wöber, ein sehr talentierter junger Fußballer, der den kompletten Rapid-Nachwuchs durchlaufen hatte, gelang der Sprung zu unseren Profis, wo er einige starke Auftritte absolvierte. Nach nur 14 Partien verpflichtete ihn Ajax Amsterdam, von dort ging es zum FC Sevilla. Unserem Verein blieb er weiter verbunden und besuchte Hütteldorf immer wieder. Auch beim Cupfinale in Klagenfurt 2019 war er mit vor Ort und feuerte unsere Mannschaft gegen Salzburg sogar lautstark vom Rapid-Fansektor aus an. Ich begrüßte ihn damals vor dem Eingang zum Stadion via Megafon und er erntete einen großen Beifall unserer mitgereisten Fans. Wenige Wochen danach fixierte er seinen Wechsel von Sevilla ausgerechnet zu unserem Finalgegner Salzburg. Das war vor allem für den Block West und diejenigen, die in Klagenfurt mit dabei waren, ein Stich mitten ins grün-weiße Herz. Die aktive Fanszene war dementsprechend enttäuscht, sodass es beim nächsten Liga-Aufeinandertreffen doch teils sehr heftige Transparente gegen Wöber gab, die leider auch unter der Gürtellinie waren. Er stand in diesem Spiel nicht im Kader der Salzburger, aber unsere Fans waren dennoch sehr wütend und ließen sich zu dieser Aktion hinreißen. Natürlich gab es im Nachhinein große Aufregung vonseiten der Medien, aber vor allem auch auf den anderen Tribünen im Stadion, speziell auf der VIP-Tribüne. Zwei Wochen später stand das nächste Heimspiel am Programm und hier gab es erneut Aufsehen. In einer Business-Loge hing ein Entschuldigungs-Transparent, an die Familie des Spielers gerichtet, was wiederum bei der aktiven Fanszene im Block West für Empörung sorgte. Warum erzähle ich das so genau? Weil ich damit die möglichen Konfliktsituationen innerhalb der Rapid-Familie erläutern will. In diesem Fall habe ich wieder versucht, die Wogen, so gut es ging, in Gesprächen zu glätten und das gegenseitige Verständnis zu verbessern. Dies ist mir zwar in den vielen Jahren nicht immer, aber die meiste Zeit recht gut gelungen.

Eine Konfliktsituation aus einem anderen Blickwinkel brachte dieses Thema immer wieder hervor. An Spieltagen blieben viele VIP-Gäste in der Halbzeitpause länger im Innenbereich zum Essen, Trinken und zum Plaudern. Nachdem die Spieler am Feld waren und das Match weiterging, kam es zu einem seltsamen Bild: In den ersten fünf bis zehn Minuten nach Wiederanpfiff war die Haupttribüne fast menschenleer, obwohl sie in der ersten Halbzeit voll besetzt war. Das ärgerte wiederum die hartgesottenen Fans am Block West á la „Rapid spielt und es interessiert sie gar nicht". Auch hier habe ich versucht, dass die Gruppen einander einfach gegenseitig respektieren und das Verhalten akzeptieren lernen. Einerseits sollte man den Block West verstehen, der die Stimmung anheizt und enttäuscht ist, wenn manche Zuschauer das Spiel stimmungstechnisch nicht so ernst nehmen, andererseits ist auch der VIP-Fan zu verstehen, der sehr viel Geld für sein Ticket zahlt und somit natürlich auch alle inkludierten Leistungen ausschöpfen möchte.

Oftmals bekam ich nach Problemen im Block West Dutzende E-Mails von Eltern, die mit ihren Kids im Stadion waren und sich beschwerten, dass man als Familie gar nicht mehr zu einem Spiel ins Stadion gehen könne, weil die Fans so undiszipliniert wären. Auch hier war es mir wichtig und ein Bedürfnis, dass ich jedem Rapid-Fan, der mir schrieb, persönlich antwortete. Ich meldete mich teilweise gleich telefonisch und versuchte, so gut es ging, die Eltern wieder von einem Stadionbesuch zu überzeugen. Hier wollte ich aber nicht den Block West und all seine Aktionen gutheißen und verteidigen, sondern vielmehr enttäuschte Rapid-Fans durch Überzeugungsarbeit wieder ins Boot holen. Ich versuchte auch, Dinge, die vorgefallen waren, zu erklären und relativieren. Dies war einfach so in mir verankert. Ich wollte, dass alle Rapidler möglichst zufrieden sind und sich gegenseitig für ihren Einsatz respektieren. Wichtig war mir aber dabei immer die Fanbindung, die über die verschiedensten Methoden funktionierte. Im Block West mit vielen Einzelgesprächen, bei den Fanklubs mit meinen persönlichen Besuchen und den großen Treffen, mit den Abonnenten und Mitgliedern bei Veranstaltungen im Laufe eines Jahres oder bei den Business-Gästen mit gezielten, exklusiven Events für die jeweilige Zielgruppe. Das war mir seit Beginn meiner Tätigkeit immer am wichtigsten, denn ohne eine Bindung zwischen Verein und Fan und vor allem ohne eine Verbindung zwischen den einzelnen Fangruppen würden wir nicht erfolgreich sein.

Abschließend möchte ich noch ein Thema anführen, das vielen Rapid-Fans vielleicht gar nicht aufgefallen ist, mir persönlich aber wichtig war. Es fällt einmal mehr in die Kategorie „Ich wollte es allen recht machen“: Seit 2016 bestreitet der SK Rapid seine Heimspiele wieder in Hütteldorf und bereits seit Bekanntgabe des Naming-Right-Partners für das neue Stadion entstand eine Diskussion innerhalb der Rapid-Familie, die wieder die verschiedenen Arten von Zugängen zu einem Thema unterstreicht. Für viele Rapidler war es kein Problem, dass unser neues Zuhause ab sofort „Allianz Stadion“ heißen wird. Für die aktive Fanszene, Traditionalisten und Fans im Block West hingegen ein sehr großes. Diese forderten lautstark die (Um-) Benennung „Weststadion“, also so, wie das einstige Gerhard-Hanappi-Stadion bei seiner Eröffnung geheißen hatte. Auch in diesem Fall wollte ich für mich einen Kompromiss finden, der eben für alle in Ordnung war. So begrüßte ich die Rapid-Fans zu einem Match in Hütteldorf nie mit den Worten „Herzlich willkommen im Allianz Stadion“ (national) oder „Herzlich willkommen im Weststadion“ (international, da Sponsoren nicht genannt werden durften), sondern wählte immer die neutrale Methode: „Herzlich Willkommen in unserem Stadion in Hütteldorf!“ Viele haben das vielleicht nicht wahrgenommen, aber ich hatte mir auch in diesem Fall wieder viele Gedanken gemacht und versucht, es so allen halbwegs recht zu machen.

18
RAPID
99
RAPID
adidas
WIEN

Kapitel 12

Dreimal Party und jede Menge Stress

100, 110 und 120 – drei runde Zahlen, mit denen man als Rapid-Fan aber natürlich sofort etwas anfängt, denn in diesem Kapitel wird es um die Jubiläumsjahre gehen, in denen unser Verein Geburtstag feierte. Für mich selbst war das nicht nur Party. 1999 durfte ich Mitglied des Organisationsteams sein, 2009 und 2019 war es dann bereits meine Aufgabe, das ganze Projekt zu leiten. Das war eine große Ehre, aber natürlich mit sehr viel Aufwand verbunden und jedes Mal eine arbeitsintensive Zeit. Die Zielsetzungen waren immer gleich: Es sollte nicht nur der Gründungstag des SK Rapid gefeiert werden, sondern sich ein Spannungsbogen über das gesamte Jubiläumsjahr ziehen. Mittels Publikationen, Veranstaltungen und speziellen Spielen wollten wir so unseren Klub und viele verdienstvolle Menschen, die damit verbunden sind, hochleben lassen. Das gelang uns in allen drei Fällen professionell und vor allem sehr emotional. In diesem Kapitel möchte ich zu jedem Jubiläumsjahr ein für mich prägendes, besonderes Erlebnis hervorheben und euch nahebringen.

100 Jahre Rapid – der Rathausplatz war unser

Im Herbst 1998 hatte ich gerade meine ersten Monate als Leiter des SK Rapid Klubservice absolviert und es lief ganz gut. So ging ich auch guter Dinge in eine Sitzung, zu der mich das damalige Präsidium einlud. Thema: 100 Jahre Rapid. Ich bereitete mich vor und überlegte mir einige Ideen, die für uns ins Jubiläumsjahr passen würden, das ein Jahr später begangen werden sollte. Einer der ersten Gedanken war, mich mit Roland Holzinger zusammenzusetzen, einem Fan, der seit Jahren jedes Spiel besuchte, Rapid so richtig lebte und mir bereits in den Monaten zuvor immer wieder angekündigt hatte, an einem Buch über unsere Vereinsgeschichte zu arbeiten. Zudem verband uns eine gewisse Freundschaft. Dieses Buch würde exzellent ins Jubiläumsjahr passen! Weiters hatte ich als Fixpunkt ein Jubiläumsspiel vor Augen, wobei ich vielmehr mit einem Turnier liebäugelte. Mit diesen Gedanken ging ich in das Meeting mit unserem Präsidium und Manager Werner Kuhn. „Du bist jetzt Teil unseres Organisationsteams zu 100 Jahre Rapid“, wurde mir umgehend mitgeteilt und ich freute mich entsprechend. Es ging darum, rasch ans Werk zu gehen. Konstruktiv einigten wir uns auf bestimmte Eckpfeiler, die unbedingt umzusetzen waren, und auch mein Vorschlag mit dem Jubiläumsturnier kam gut an. Doch dann die Überraschung: Die Idee, die Rapid-Chronik von Roland Holzinger zu produzieren, stieß nicht wirklich auf Zustimmung. „Ein Buch mit fast 1 000 Seiten wird zu teuer“, hörte ich und die mangelnden Vertriebsmöglichkeiten wären ein weiteres Hindernis. Ich musste also Roland die schlechte Nachricht überbringen, dass Rapid zwar einige seiner Bücher kaufen, sie aber nicht produzieren würde. Er war natürlich sehr enttäuscht und es entstand von seiner Seite und auch von vielen Menschen in seinem Umfeld eine negative Stimmung unserer Vereinsführung gegenüber. Das war mir gar nicht recht und so suchte ich einen Verlag samt Druckerei, die das Buch schließlich im Jubiläumsjahr produzierten und veröffentlichten. Somit gab es hier auch noch ein Happy End. Aber zurück zu unserem Meeting, das sehr intensiv war. Wir diskutierten über einen Gala-Event in der Stadthalle oder einen Jubiläums-Abend im Hanappi-Stadion und plötzlich kam in der Runde die zündende Idee auf: „Gehen wir doch für eine Woche auf den Rathausplatz und präsentieren dort Rapid!“ Je mehr wir darüber nachdachten, umso eher gefiel uns die Sache und schließlich sagte Präsident Günter Kaltenbrunner: „Andy, stell‘ uns ein Konzept zusammen – du leitest dieses Projekt!“ Ich freute mich riesig, wusste aber auch um die Tragweite des Ganzen. Es sollte besonders werden und ich musste eine entsprechende Veranstaltung abliefern.

Aus Gesprächen mit Fans wurde immer wieder der Tenor laut: „Vergesst ihr eh nicht, Rapid wird 100 - da müsst ihr was präsentieren!“ Das klang so mit einem Unterton, man traute uns damals also nicht viel zu. Genau das spornte mich auf der einen Seite an, auf der anderen zeigte es aber auch, dass es eine große Nummer werden müsste. Den Rathausplatz zu mieten und ihn dann zu bespielen, ist kein Kindergeburtstag, denn da sollte schon viel dazugehören: Ein Programm für diese Tage auf die Beine stellen. mit Infrastruktur und Gastronomie, dazu die Kosten minimal halten und das Ganze irgendwie mit Sponsoren ausfinanzieren. Das alles klang immens, aber es war genau die Art von Herausforderung, die mir gefiel und wo ich mich hineinknien musste. Ich berichtete meinem Klubservice-Team von der Aufgabe und blickte zunächst in lange Gesichter – ich stellte mir das alles wohl viel einfacher vor, als es war. „Du glaubst, du gehst ins Rathaus und die geben dir so einfach den wichtigsten und prominentesten Platz in Wien?", fragte mich mein Mitarbeiter Clemens Pieber. „Wer nicht versucht, der auch nicht gewinnt", war meine neunmalkluge, aber auch mutige Antwort: „Es geht um Rapid, wir sind jemand in Wien, also warum sollten wir das nicht schaffen?" Mein Team war also dabei und ich erhielt noch Unterstützung von einem Rapid-Fan namens Pius Strobl, der einen sehr guten Zugang zur Stadt Wien hatte. So lief auch die Schiene zu Bürgermeister Häupl, dem ich von der Idee erzählte. Parallel holte ich Angebote ein und besprach mich mit Sponsoren und Unterstützern. „Rapid wird 100 und da gratulieren wir, indem wir mithelfen", das hatte ich bald in allen Köpfen verankert und so präsentierte ich nach einiger Zeit stolz das Konzept unserem Präsidium. Es fehlte nur noch ein Name für das Spektakel, und nach Rücksprache mit einigen Fans tauften wir es schlicht „Rapid-Dorf am Rathausplatz". Unsere Zielsetzung war klar: Wir wollten so vielen Menschen wie möglich unseren Verein nahebringen und alle Altersgruppen begeistern!

Die Wochen und Monate an Planung zogen ins Land und nun war er da, der 8. Jänner 1999, der 100. Geburtstag. Wir präsentierten das Programm im Jubiläumsjahr: Der Erscheinungstermin für das Buch „100 Jahre Rapid – die Chronik". Die Gegner für das Jubiläumsturnier: Werder Bremen, AS Roma und Botafogo Rio de Janeiro. Eine Sonderbriefmarke. Eine eigene Jubiläumsmünze. Eine CD mit Liedern, gesungen von Mannschaft und Fans. Und natürlich unser Rapid-Dorf! Von 11. bis 20. Mai verwandelte sich der Rathausplatz ganz in Grün-Weiß mit täglich an die 14 Stunden Programm. Und wer den legendären Ort kennt, der weiß: Der Rathausplatz ist nicht klein, also mussten wir auch viel bieten. Wir übernahmen die riesige Bühne der Wiener Festwochen, bauten ein großes Zelt mit einer Rapid-Ausstellung auf, organisierten eine Gastromeile, eine Area zum Fußballspielen, eigene Bereiche für Kids und dekorierten alles mit Rapid-Wappen, hunderten Metern grün-weißen Stoffs, unzähligen Luftballons und vielem mehr – wir hatten hier wirklich etwas auf die Beine gestellt! So starteten wir jeden Tag ab 9 Uhr mit einem Programm und durch Kooperationen mit Schulen aus Wien, Niederösterreich und dem Burgenland sammelten sich ab der Früh immer viele Schülergruppen bei uns. Über die Tage verteilt waren das rund 10 000 Schülerinnen und Schüler. Im Rahmen der Rapid-Ausstellung und durch Gewinnspiele, die immer mit Fragen zu unserem Verein verbunden waren, wurde hier viel an grün-weißer Geschichte aufgesaugt. Geschicklichkeitsbewerbe oder ein Street Soccer-Turnier sorgten für weitere Unterhaltung. An den Nachmittagen tummelten sich viele Kinder aus Internaten und Horten am Rathausplatz, denn diese luden wir sowie unsere Greenies auch extra ein. Später im Verlauf des Tages traten dann unsere Fanklubs am Street Soccer-Court gegeneinander an, ehe immer gegen 18 Uhr das Programm auf der großen Bühne startete. Hier begrüßte ich prominente Persönlichkeiten zum entspannten Talk über Rapid: jene aus unserer Vereinsgeschichte wie Hans Krankl, Antonin Panenka, Alfred Körner, Rudi Flögel, Christian Keglevits, Zlatko Kranjcar, Michael Konsel und viele weitere ebenso wie Bands und Sänger. So sorgten Andy Lee Lang, Ulli Bäer, Waterloo, Jazz Gitti, Mo, ... mit ihren musikalischen Auftritten für eine großartige Stimmung. Großen Anklang fanden auch unsere Sonderbriefmarke mit Sonderstempel und die Jubiläums-Silbermünze, die man sich selbst prägen konnte. Auf einer riesigen Vidiwall wurde jeden Tag ein großes Fußballspiel vergangener Tage oder eine aktuelle Partie live gezeigt und hier sammelten sich immer tausende Fans, um gemeinsam legendäre Spiele nachzuschauen oder auch bei Spitzenspielen mitzufiebern wie etwa beim UEFA-Cup-Finale 1999.

Es gesellten sich auch immer viele neutrale Besucher oder Besuchergruppen aus anderen Ländern dazu, die sich über Rapid informierten oder gar nicht wussten, was passierte – kein Problem, auch hier waren wir mit Infos gleich zur Stelle. In diesen zehn Tagen grün-weißer Party moderierte ich gefühlt jeden Tag 12 Stunden durch, was zwar viel Substanz kostete, aber eine großartige Werbung für unsere Rapid im Jubiläumsjahr war. Unvergessen bleibt mir hier die Live-Übertragung des Meisterschaftsspiels unserer Mannschaft in Graz, das genau in die zehn Tage am Rathausplatz fiel. Am 15. Mai 1999 ging richtig die Post ab und knapp 8 000 Fans waren im Rapid-Dorf mit dabei und verfolgten das Spiel gemeinsam. Da wurde es sehr laut im Zentrum von Wien. An einem Abend kam auch Bürgermeister Michael Häupl vorbei und verlangte nach mir. Ich war gerade auf der Bühne, ging aber natürlich hinunter, um ihn zu begrüßen. Er schüttelte mir die Hand: „Wie du weißt, mein Freund, bin ich ein Violetter und es fällt mir jetzt ganz schön schwer, das zu sagen. Aber ich gratuliere dir, was ihr hier auf die Beine stellt, ist großartig!“ Schönere Worte als dieses Kompliment für unsere Jubiläumsveranstaltung konnte es kaum geben.

110 Jahre Rapid – plötzlich waren es zwei Jubiläumsspiele

So schnell konnte man gar nicht schauen und es stand schon das nächste Jubiläum ins Haus. Zehn Jahre später hatte sich bei unserem Verein viel getan, viele

Bereiche entwickelten sich auf professionellem Weg und nach dem Meistertitel 2008 waren wir sowieso auf einem Höhenflug. Entsprechend gerüstet, wandten wir uns dem Thema „110. Geburtstag“ zu. Präsident Rudi Edlinger bat mich, die Organisation der Aktivitäten für dieses Jubeljahr zu übernehmen und mit meiner Erfahrung im Gepäck stellte ich im Frühherbst 2008 mein Organisationsteam für die Aufgabe zusammen. Es bestand in erster Linie aus Mitarbeitern des Klubservice sowie aus unseren Abteilungen Presse und Marketing. Hier rauchten die Köpfe, denn wir legten die Latte selbst sehr hoch, weil auch die Fans gespannt waren. Das Bewusstsein und die Erwartungshaltung waren in den Jahren davor sehr gestiegen und das war auch gut so. Wo also beginnen? Wir predigten Jahr für Jahr, der Verein mit großer Geschichte, Tradition und Werten zu sein, also musste sich auch das Jubiläum dementsprechend einfügen und bald hatten wir ein sehr umfangreiches Programm zusammengestellt, das ich in einer Präsidiumssitzung präsentierte. Der Zuspruch war groß, denn wir planten für jedes Monat eine eigene Veranstaltung oder Präsentation: die grün-weiße Ballnacht, zwei Legendenabende, bei denen ehemalige Rapid-Spieler über ihre Karrieren plauderten, eine eigene Fanartikel-Linie zu „110 Jahre“, „die Chronik 2“ als geschichtsträchtige Fortsetzung, einen Galaabend im Rathaus, eine Ausstellung und natürlich das große Jubiläumsspiel. Alles wurde abgesegnet, mit einem Fragezeichen: Wer würde der Gegner für dieses Spiel werden? Hier hatten wir einige Vorschläge parat. Ich bekam schließlich den Auftrag, Liverpool oder Schalke 04 zu kontaktieren.

Also ran ans Werk. Wir starteten alle Vorbereitungen, um rechtzeitig am 8. Jänner 2009 das Jubiläumsjahr einzuläuten und das breitgefächerte Programm zu präsentieren. Alles ging recht zügig voran und mithilfe von Stefan Ebner fragten wir beim großen Liverpool FC an. Die Verantwortlichen der „Reds“ ließen sich allerdings Zeit und vertrösteten uns; nicht vor März würden wir eine endgültige Antwort bekommen. Wir wollten zwar den Gegner ebenso vorstellen, aber das ging nicht, so gaben wir zunächst nur den Termin bekannt: ein Wochenende Mitte Juli, das einzig mögliche vor dem Meisterschaftsstart. Ein paar Wochen später meldete sich Liverpool: „Sorry, wir können leider nicht zusagen.“ Ein Dämpfer, aber schnell galt es nun, mit Schalke 04 Kontakt aufzubauen. Irgendwie war es, als hätten sie darauf gewartet, denn nur einen Tag später war der Vertrag aufgesetzt und der Termin fixiert: Schalke 04 als Gegner am Samstag, dem 11. Juli im Gerhard-Hanappi-Stadion! Das war lässig, denn in der Historie beider Vereine gab es viel zu erzählen und natürlich auch viel gemeinsame Geschichte. Wir präsentierten der Öffentlichkeit unseren Gegner für das Jubiläumsspiel und bekamen dafür sehr viel Applaus. Mit dem Karten-Vorverkauf warteten wir noch ein wenig, denn jetzt galt es einmal, die anderen Veranstaltungen zu organisieren wie die große Geburtstagsgala.

Rund drei Wochen später klopfte es an meiner Bürotür. Stefan Ebner überraschte mich wie nur was: „Weißt du, was jetzt gerade war: Ein Verantwortlicher von Liverpool hat mich kontaktiert, sie würden nun doch kommen!" Ich traute meinen Ohren nicht. Alle wollten wir Liverpool, dann sagten diese ab und jetzt wieder zu?! „Wenn wir noch Interesse haben, dann müssten wir uns schnell entscheiden", fügte Stefan hinzu: „Wobei, unser Wunschtermin geht sowieso nicht, sie können nur eine Woche später." So kurios es klingt, eigentlich hätten nun wir sofort absagen müssen, denn Schalke stand als Gegner fest und an dem von Liverpool vorgeschlagenen Termin würde bei uns die Meisterschaft beginnen. Ich war aber trotzdem interessiert. „Sie haben ein Management aus Liechtenstein, vielleicht kommen sie dieses Wochenende nach Österreich und wir besprechen alles", schlug Stefan vor. Ich schaute auf den Spielplan. In zwei Tagen würden wir gegen Altach spielen und könnten uns direkt in einem Aufwischen mit den Kollegen aus Liverpool dort treffen, um zu verhandeln. Gesagt, getan. Wir wollten das Spiel gegen Schalke nicht absagen, da bereits alles ausgemacht war, ließen das Gespräch aber auf uns zukommen. Treffpunkt war in einem Hotel in Bregenz und wir kamen relativ schnell zum Punkt. Der Verantwortliche der Agentur, die Liverpool bei Testspielen betreut, sagte: „Liverpool würde am Sonntag, dem 19.7. in Wien landen, um 17:00 Uhr das Spiel bestreiten und um 21:00 Uhr zu einer Asien-Tour weiterreisen!" Nachsatz: „Alle Stars sind somit an Bord und dabei." Nun war guter Rat teuer, denn eigentlich war das ein sensationelles Angebot, andererseits startete an diesem anvisierten Wochenende die erste Runde der Bundesliga. „Wie schaut es mit den Kosten aus?", fragte ich und er legte uns einen Vertrag vor, bei dem alles bis ins kleinste Detail professionell aufgelistet war. Bei der Summe schaute ich Stefan an und er meinte: „Das ist viel zu hoch, wir können das nicht stemmen. In unser Stadion passen 17 500 Leute, wir haben also nicht ausreichend Kapazität, um hier ein vernünftiges Ergebnis zu erzielen." Uns wurde signalisiert, dass es nicht viel Spielraum gäbe, man uns aber leicht entgegenkommen würde. Also unterbrachen wir kurz, damit ich mit Stefan in einem Nebenraum unter vier Augen sprechen konnte. „Was willst du da noch weiterverhandeln, wir können uns das nicht leisten", war mein langjähriger Rapid-Kollege sehr aufgebracht. „Lass es uns machen", antwortete ich. „Bist du wahnsinnig? Wir machen hier einen Verlust von 200.000 Euro. Und außerdem bringt uns

Trainer Pacult um, wenn wir an einem Wochenende zwei Spiele bestreiten!" Ich war wieder die Ruhe selbst: „Glaube mir, wir verlieren gar nichts. Ganz im Gegenteil. Wir gehen in das Happel, das wird bummvoll und Rapid verdient 700.000 Euro. Wir müssen jetzt nur schnell versuchen, den Bundesliga-Vorstand zu erreichen und um Hilfe bitten!"

Das war nun Stefans Aufgabe. Er kontaktierte Georg Pangl und erklärte ihm unsere Situation mit der Bitte, unser angesetztes Meisterschaftsspiel zu verschieben, um gegen Liverpool antreten zu können. Die Antwort ließ uns erleichtert durchschnaufen: „Im Sinne des Fußballs und in Anbetracht des sehr prominenten Gegners werde ich alles versuchen, dass wir es hinkriegen. Ich sage euch jetzt einmal zu!" Wir waren schon eine Viertelstunde im Nebenzimmer, aber es gab immer noch ein weiteres Thema zu lösen. „Was machen wir mit Schalke?" Ich kann mich noch genau an meine Antwort erinnern: „Stefan, ich kenne die Rapid-Fans wie kein anderer! Wir spielen innerhalb von einer Woche einfach zwei Jubiläumsspiele und ich verspreche dir, beide werden ausverkauft sein!" Ich nahm den Mund damals ziemlich voll, aber es herrschte so eine tolle Stimmung im Verein, dass ich uns das zutraute. „Na, dann machen wir es – aber auf deine Verantwortung!", raunte mir Stefan zu und wir gingen wieder zum Liverpool-Verantwortlichen. Der Vertrag wurde unterschrieben. Mit dem Zusatz, wenn die Liga unser Spiel nicht verschieben würde, könnte auch das Jubiläumsspiel nicht stattfinden. „Was macht ihr jetzt? Hebt ihr die Preise an oder reicht euch mein Entgegenkommen?", fragte unser Gegenüber. Unsere Antwort: „Nein, wir gehen in das

Ernst-Happel-Stadion und dann schaffen wir mit 50 000 Fans schon ein ordentliches Ergebnis!“ – „Ihr seid gute Verhandler! Oder, so sagt man ja in Österreich: Schlitzohren!“, lächelte er anerkennend. Er war uns zuvor nur entgegengekommen, weil wir immer von 17 500 Besuchern sprachen – ins Happel gingen halt dann doch ein bisschen mehr. Wir verabschiedeten uns und widmeten uns dem Spiel unserer Mannschaft an diesem Wochenende, einem 1:1 in Altach. Innerlich hielten wir die Füße still und sprachen mit niemandem, bevor nicht die Entscheidung der Bundesliga da war. Als diese schließlich positiv zu unseren Gunsten ausfiel, war die Freude immens und wir konnten die beiden Jubiläumsspiele im Rahmen einer spektakulären Pressekonferenz präsentieren. Hier stellte ich drei Schaufensterpuppen auf und dekorierte eine mit dem Rapid-Dress, die zweite mit einem Schalke-Dress, während die dritte noch „nackt“ blieb. Als sich der Raum schließlich gefüllt hatte und alle bereit waren, zog ich dieser Puppe noch das Liverpool-Trikot an. Die Überraschung war gelungen, und wie! Beide Jubiläumsspiele gingen medial sowas von durch die Decke, waren später restlos ausverkauft und wunderbare Fußballfeste anlässlich unseres Geburtstags. Rückblickend war diese Taktik, aus dem Zufall heraus entstanden, sehr mutig von mir. Aber so war ich immer, wenn es darum ging, eine große Veranstaltung für Rapid auf die Beine zu stellen. Und hier hatten sich unsere Mühen unglaublich gelohnt.

120 Jahre Rapid – der Geburtstags-Abend war sehr kultig

Und für das dritte große Jubiläumsjahr, das ich bei Rapid nicht nur miterleben, sondern auch entsprechend organisieren durfte, hatte ich nun schon viel Erfahrung parat. Ich sammelte ein Projektteam um mich, wir besprachen die Vorschläge und stellten ein würdiges Programm zusammen. Bei „120 Jahre“ war es mir aber besonders wichtig, dass wir erstmals am tatsächlichen

Geburtstag, dem 8. Jänner, eine Veranstaltung abhielten. Oft gelang das genau an diesem Tag nicht oder verlagerte sich in die Folgemonate. So präsentierten wir im November davor bereits unser Programm im Rahmen der Hauptversammlung und stellten die einzelnen Punkte vor: eine weitere Rapid-Chronik, Sonderausstellungen im Rapideum, eine Buchpräsentation zum Thema „Trikots des SK Rapid", die Enthüllung verschiedener Gedenkstätten, Legenden-Abende und auch hier rundete jeden Monat ein spezieller Fanartikel das Jubiläum ab. Für uns hieß es: Startschuss der Feierlichkeiten am 8. Jänner 2019, also unmittelbar mit dem Jahresanfang. Es begann schon in der Früh, als unser Präsident und die beiden Geschäftsführer einen Stein der Erinnerung enthüllten in Gedenken an Vereinsfunktionär Wilhelm Goldschmidt, Namensgeber des Sportklub Rapid, vor dem Haus, in dem er seinerzeit lebte. Es folgte eine Kranzniederlegung am Grab des „Mister Rapid" Dionys Schönecker. Soweit die Würdigungen im kleinen Kreis, denn der große sollte am Abend folgen. Hier luden wir in unser Stadion zum Geburtstagsabend ein, ganz unter dem Motto „Rapid bin ich und sag' es stolz". Mir war es sehr wichtig, dass es ein gemütlicher Abend in Rapid-Atmosphäre werden sollte, und so stimmten wir alles bis ins Detail ab.

Unsere Vereinsmitglieder konnten sich im Vorfeld um 18,99 Euro eine Eintrittskarte (inklusive Essen und Getränke) für den Geburtstagsabend in der Ebene 1, der „Röhre" des Allianz Stadions, sichern. Nach nur wenigen Stunden waren die 1 000 aufgelegten Karten restlos vergriffen. Am 8. Jänner, um 19:00 Uhr ging es dann los. Vier unterhaltsame Stunden hatten mein Team und ich hier zusammengestellt. Alfred Körner und Michael Krammer brachten eine riesige Geburtstagstorte auf die Bühne. Danach gaben sich zahlreiche Legenden aus unterschiedlichen Epochen die Klinke sprichwörtlich in die Hand und plauderten aus dem Nähkästchen: Rudi Flögel, Christian Keglevits, Andreas Herzog, Carsten Jancker,

Michael Hatz, Herbert Feurer, Steffen Hofmann und Helge Payer waren ebenso dabei wie die ehemaligen Trainer Josef Hickersberger, Walter Skocik und Rudi Nuske. Auch Funktionäre wie Günter Kaltenbrunner, Rudi Edlinger oder Franz Binder Junior erzählten aus ihrer Rapid-Zeit. Der Gesprächsreigen wurde durch Fans abgerundet, die den Verein über eine lange Zeit miterlebten und auch mitgestalteten: Roland Holzinger, Roland Kresa, Jürgen Hartmann und Oliver Pohle lieferten Einblicke in ihr grün-weißes Leben. Es gab Schmankerl, Erinnerungen und Tränen und im Vorfeld hatte ich Videos zusammengestellt, die zum jeweiligen Interviewpartner eingespielt wurden.

Der musikalische Höhepunkt kam in Form von Roman Gregory von „Alkbottle", der seinen zum Klassiker avancierten Song „Wir trinken auf Rapid" zum Besten gab. Alle sangen mit. Hier passte von der Stimmung einfach alles, es war emotional, würdig und wunderschön. Aber das war es noch nicht. Denn bereits am Nachmittag kamen Vertreter der aktiven Fanszene des Blocks West mit einer Bitte zu mir: „Dürfen wir am Abend kurz ins Stadion?" Mir war klar, dass sie eine Geburtstagsüberraschung planten und so sagte ich ohne viel Umschweife zu. Die Zeit verging und ich hatte viel mit den Vorbereitungen für den Geburtstagsabend

Legenden wie Rudi Flögel, Christian Keglevits, Michael Hatz, Helge Payer und Carsten Jancker plauderten an diesem Abend aus ihren erfolgreichen Zeiten mit Rapid. Da gab es viele Schmankerl und natürlich auch viel zu lachen.

zu tun – und ganz vergessen, dass einige Fans ja am Block West derweil alles vorbereiteten. Bevor unser Geburtstagsabend sich also dem Ende zuneigte, baten mich die Capos der Ultras, alle Anwesenden ins Freie zu bringen. Das tat ich und so sahen die rund 1000 Rapid-Fans noch einen sehr stimmungsvollen und ganz besonderen Abschluss. Alfred „Fredi" Körner, damals schon rüstige 93 Jahre alt, ging aufs Spielfeld und sang via Stadionanlage die alte Vereinshymne „Rapid bin ich und sag' es stolz ...". Plötzlich entzündeten Vertreter unserer aktiven Gruppen unzählige bengalische Feuer am Block West, die zuerst die Zahl „120" und dann „SCR" ergaben. Das waren im wahrsten Sinn des Wortes „Geburtstagskerzen"! Die 1 000 Fans sangen lautstark mit und es folgte ein kurzes, aber sehr imposantes Feuerwerk. Ich habe für Rapid sehr viele große Veranstaltungen organisiert, aber dieser Abend war deswegen so besonders, weil er authentisch und persönlich wirkte, einfach würdig und schön. Übrigens: Die Polizei kam auch noch vorbei, aber nicht um mitzufeiern, sondern weil man das Feuerwerk über mehrere Bezirke hörte und es nicht angemeldet war. Aber was soll's – 120 Jahre wird man ja nicht jedes Jahr!

Kapitel 13

Und täglich grüßt das Murmeltier

Jeden Tag 296 km

Als ich 1998 beim SK Rapid fix angestellt wurde, war mir im selben Augenblick klar, dass sich nun auch etwas in meinem Leben ändern würde: Ich konnte nicht nur alle zwei Wochen zu einem Heimspiel oder wegen einer Veranstaltung nach Wien fahren, sondern die Hauptstadt wird über kurz oder lang mein Arbeitsplatz. In den ersten Monaten hatte ich mit unserem Manager Werner Kuhn noch vereinbart, dass ich viel von zu Hause, vom Waldviertel aus, erledigen kann. Bald stellte sich aber heraus, dass das so nicht mehr klappte. Ich hatte mich ja mit unserem neuen Klubservice um die Belange der Rapid-Fans zu kümmern und das geht eben am besten, wenn man sich direkt im Zentrum des Geschehens befindet. So entschloss ich mich zu pendeln: täglich von Groß-Siegharts, wo ich wohnte, nach Wien und wieder retour. Mit dem Auto waren das genau 296 Kilometer. „Du bist verrückt", hörte ich immer wieder von meiner Frau Sabine, die mich drängte, dass wir uns eine Wohnung in Wien suchten. Aber das wollte ich wiederum nicht. Mein Sohn Lukas war gerade knapp zwei Jahre alt und ich war mir sicher, dass er am Land eine bessere Lebensqualität vorfindet als in der Großstadt. „Außerdem weiß ich ja noch nicht, wie lange ich überhaupt bei Rapid bleiben werde", argumentierte ich. So vergingen Wochen, Monate und Jahre.

Nach besonders langen und harten Tagen musste ich immer wieder mit Sabine diskutieren. Sollten wir nicht doch nach Wien ziehen? Aber sie konnte mich nicht überreden. Als dann unsere Tochter Katharina auf die Welt kam, festigte das meinen Entschluss nur noch mehr und ich wollte unseren Lebensmittelpunkt nicht verlagern. Wobei, wenn ich ehrlich bin, lag dieser für mich innerlich sowieso schon in Wien. Denn die Arbeit bedeutete auch, dass ich jeden Tag um 7:00 Uhr aus dem Waldviertel weg fuhr und gegen 21:00 Uhr nach Hause kam. Viel Zeit für meine Familie oder mich selbst war da nicht und meistens fiel ich müde ins Bett. Aber ich wollte für meine Kinder doch spürbar da sein, und so ließ ich es mir nicht nehmen, Luki und später auch Kathi jeden Tag in den Kindergarten zu bringen. Die familiären Diskussionen nahmen aber nicht ab: „Es ist zu gefährlich, jeden Tag so lange auf der Straße im Auto unterwegs zu sein! Du bist permanent müde, und wenn wir in Wien wären, würdest du dir das alles ersparen", brachte Sabine ein. Auch Lukas war nun Teil unserer Diskussionen, da er bald in die Schule gehen sollte. Weil er seine ersten Freunde nicht verlieren wollte, beschloss ich, dass Lukas in Groß-Siegharts in die Schule ging. Was wiederum hieß: Wir blieben und ich fuhr weiterhin jeden Tag meine 296 Kilometer. Ich hatte zum Waldviertel nicht nur eine enge Bindung durch meine Kindheit, sondern war von der Lebensqualität so sehr überzeugt. Ähnliche Verhältnisse würden wir uns in der Bundeshauptstadt nicht leisten können. Mein Vater hatte mir einen kleinen Grund mit einem alten Haus darauf vererbt, das wir komplett um- und ausgebaut haben. Das Besondere daran: Dieser kleine Grund lag direkt im Stadtpark von Groß-Siegharts, umringt von lauter alten, großen Bäumen. Oft entstand daraus, wenn mich wer fragte, dieser Dialog: „Habt ihr zu Hause einen

Jeden Tag 148 km zum Arbeitsplatz und wieder zurück – es war weit, aber ich wollte es so.

Garten?" – „Nein, einen ganzen Park mit 50 000 m^2!" – „Und wer pflegt den?" – „Die Gemeindebediensteten, denn er gehört ja nicht uns, wir wohnen nur dort!" Das würde ich nie im Leben eintauschen wollen.

Sabine merkte zwar, dass mich diese Fahrerei auf die Dauer kaputt machte, und versuchte immer wieder, mich zu überreden. Aber uns war auch bewusst, dass sich beide Kinder im Waldviertel wohlfühlten und das wollten wir ihnen nicht nehmen. So wurde mein täglicher Ablauf – Aufstehen um 6 Uhr, Abfahrt um 7 Uhr, 148 km nach Wien, intensive Arbeit und am Abend wieder dieselbe Strecke retour – zur Routine. „Und täglich grüßt das Murmeltier", dachte ich mir oft, denn auch meine Handgriffe im Auto tätigte ich wie ferngesteuert. Gleich nach der Abfahrt begann ich mit dem Frühstück, das mir Sabine im Tupperware-Geschirr mitgegeben hatte. Dann galt mein erster Anruf meiner Assistentin Martina Mosovsky mit der täglichen Frage „Was gibt es Neues?" Wir machten uns an die Planung des Tages. Ich nützte die Fahrzeit für viele zeitige Gespräche mit Lieferanten, Partnerfirmen, Fans, unserem Präsidenten, den Geschäftsführern und vielen mehr. Der Vorteil war, dass am Vormittag alle noch sehr aufnahmefähig waren und so brachten wir viel weiter. Oft fragte mich Werner Kuhn: „Sag mir bitte, wann hast du denn dieses Event wieder geplant und organisiert?" Meine einfache Antwort: „Im Auto!" Ich konnte in den drei Stunden, die ich hier täglich verbrachte, viel voranbringen – natürlich immer mit Freisprecheinrichtung.

Irgendwann spürte ich diese vielen Kilometer nicht mehr und es gehörte einfach zu meinem Tagesablauf dazu. Wobei ich schon sagen muss, dass es nicht immer lustig war. Der Waldviertler Winter, mit 15 cm Neuschnee auf der Straße durch den Truppenübungsplatz Allentsteig, war eine Herausforderung oder der zähe, herbstliche Nebel, der immer meine volle Konzentration in Anspruch nahm. Ich kann aber auf Holz klopfen, denn in der langen Zeit, wo ich täglich mit dem Auto pendelte, ist nie groß etwas passiert. Nur dreimal ein kleiner Unfall mit Wildschaden, aber sonst ging alles gut. Wenn jemand zu mir sagte: „Du tust mir leid, weil du jeden Tag so viel fahren musst", antwortete ich mit „Ich brauche dir nicht leid zu tun, ich hätte es immer anders haben können. Aber das wollte ich nicht!" Im Nachhinein betrachtet war es schon ziemlich verrückt und vielleicht auch leichtsinnig. Wenn man alles zusammenzählt, bin ich so in meiner Zeit bei Rapid sicher rund zwei Millionen Kilometer nur zu meinem Arbeitsplatz und wieder retour gefahren.

Ich fühlte mich wohl beim Telefonieren, da konnte ich meine rhetorische Stärke ausspielen.

Tausende Mails und das Telefon

Wer mich näher kennt, weiß, dass ich bei gewissen Dingen sehr „Old School" unterwegs bin. So vertraue ich immer noch auf mein Kalenderbuch, wo ich alle meine Termine notiert habe, während viele andere längst aufs Smartphone umgestiegen sind. Vielleicht ist das meinem Alter geschuldet, aber ich fühle mich damit einfach wohler.

Mir war seit jeher der persönliche Kontakt im Gespräch von Angesicht zu Angesicht lieber, und so griff ich immer gleich zum Telefonhörer oder zum Handy, statt eine Mail zu schreiben. Das gab ich so auch meinen Mitarbeitern mit: „Wenn es ein Problem gibt, versucht es zuerst persönlich zu lösen!" Denn oft kann man im Dialog viel mehr bewirken als rein auf digitale Weise. Allerdings kam auch ich im Laufe der Zeit drauf, dass nicht jeder Mensch gerne telefoniert. Ich konnte und durfte mich irgendwann dem Medium E-Mail nicht mehr verschließen, wenn ich so viele Menschen wie möglich erreichen wollte. Also freundete auch ich mich mit dem digitalen Schriftverkehr an und öffnete damit eine große Kommunikationstür mit unserer Rapid-Familie. Sehr viele schrieben uns und das war auch in Ordnung so. Ich gab aus, dass wir auf alle Anfragen innerhalb eines Tages reagieren sollten. Da war ich sehr streng, damit das auch entsprechend erledigt wird und die Fans wissen: „Hier bekomme ich meine Antwort!" So war es vom ersten Tag an im Klubservice. Früher per Fax oder Brief, später eben per Mail – innerhalb kurzer Zeit sollte man eine Antwort auf seine Anfrage bekommen. Das war meine Zielsetzung, die ich mit meinen Mitarbeitern immer verfolgte. Aber nicht immer gelang das so einfach. Wenn etwa große Vorverkäufe für die Spiele in der UEFA Europa League stattfanden, ein Spitzenspiel vor der Tür stand oder sonst viel los war in Hütteldorf, konnte es schon sein, dass man ein wenig auf eine Antwort warten musste. Aber selbst das sollte nicht zu lange dauern.

Weil ich es aber so vorgab, musste auch ich entsprechend nach außen als Vorbild wirken. Jetzt wird der eine oder andere sagen: „Na, was ist da so besonders,

Martina war meine Assistentin und ich habe noch nie jemanden gesehen, der so schnell am Computer schreiben kann. Ohne sie würde ich heute noch E-Mails beantworten.

mailen tut ja jeder!“ Ja, das stimmt, aber es geht immer um die Dimension. Und wenn man entschied, jede Mail (oder früher Fax) zu beantworten, dann musste ich es selbst so vorleben. Was auch heißt, dass es bei einem riesigen Apparat wie Rapid zu hunderten Nachrichten am Tag kommt. Und weil man wusste, „Der Marek meldet sich persönlich“, ging die Adresse marek@skrapid.com – keine Sorge, sie ist nunmehr inaktiv – im Posteingang förmlich über. Es nahm oft schon Ausmaße an, die selbst für mich grenzwertig waren. Weil auch mein Telefon noch dazu nonstop läutete, wechselten mir meine Mitarbeiter jeden zweiten Tag den Klingelton, da sie es oft nicht mehr aushielten. Und sie war Gold wert: Fast zwanzig Jahre an meiner Seite war meine Assistentin Martina Mosovsky, die sich jeden Tag Zeiträume freispielte, in denen sie mit mir meine Mails bearbeitete, die ich ihr diktierte. „Martina, ich brauche dich wieder!“, sagte ich jeden Tag zu ihr. Sie schrieb so schnell, aber das war bei der Menge auch notwendig. Damit man sich die Dimension vorstellen kann: Wenn mein Postfach leer war und ich zu einem Termin ging, war es bei meiner Rückkehr ins Büro nach zwei Stunden wieder auf 60 bis 70 Mails angewachsen, die auf mich warteten. Und hier spreche ich rein von meiner persönlichen Adresse, noch gar nicht von der offiziellen Hauptadresse info@skrapid.com, an die man sich wenden konnte.

Ich antwortete auf alles: Lob, Anliegen, Ideen, Beschwerden oder Kritik, alles bekam die gebührende Bearbeitung. Nur Beschimpfungen, die unter die Gürtellinie gingen, ließ ich außen vor. Hier gab es kategorisch keine Antwort oder ich suchte nach einer Telefonnummer des Absenders und meldete mich zum Gespräch, das dann aber auch nicht immer diplomatisch von meiner Seite ablief, wie man sich vorstellen kann. Worauf man zudem aufpassen musste, waren Personen, die einen in endlose Mail-Diskussionen verstricken wollten oder denen langweilig war „Ich könnte ja ein bisschen mit dem Andy über Rapid hin- und herschreiben.“ Da hätte ich mich irgendwann irgendwo verlaufen und würde jetzt noch an den Antworten schreiben.

Wenn ich sie jetzt so zusammenzähle, werden es in meiner Zeit bei Rapid schon rund 300 000 oder noch mehr Mails gewesen sein, die ich (mit Martina) beantwortet habe. Aber wer sich Klubservice nennt, muss auch die Fans servicieren und das machte ich gerne. Es gehörte einfach zum Job dazu und die Rapid-Familie wartete auf ihre Antworten. Bei all den Kommunikationsformen heutzutage rangiert aber immer noch die für mich wichtigste an erster Stelle: Das Telefonieren. Denn wer mich kennt, weiß, dass ich sehr gerne und viel rede!

Soziale Medien – nichts für mich

„Warum hast du kein WhatsApp?“, „Hast du keine eigene Facebook-Seite?“, „Darf ich dir das auf Instagram zeigen?“ Nun, das waren Fragen, die ganz klar in das Kapitel „und täglich grüßt das Murmeltier“ fallen, denn sie wurden mir wirklich von so vielen verschiedenen Personen Tag für Tag gestellt. Ich kannte diese neuen, sozialen Medien vom Namen her, aber wirklich befassen wollte ich mich eigentlich nie damit, was mir doch auch immer wieder einige überraschende Reaktionen meiner Gesprächspartner einbrachte. Bei zahlreichen Veranstaltungen, die ich moderieren durfte, oder auch bei Spielen des SK Rapid, habe ich viele Leute kennengelernt, die mich immer wieder gefragt haben, wie denn mein Benutzername bei Facebook, Instagram, LinkedIn oder gar Snapchat sei. Meine Antwort kam wie aus der Pistole geschossen: „Ich nutze keine sozialen Netzwerke und brauche sie auch nicht“. Die Reaktion glich der, als hätte ich gesagt, dass ich keinen Alkohol trinken würde, was ich übrigens auch nicht tat. Es schwang befremdliche Bewunderung mit, wobei das Befremdliche doch deutlich überwog. Auch wenn ich dadurch oft das Gefühl eines Außenseiters vermittelt bekam, war ich von meiner Lebensweise ohne die sozialen Medien überzeugt und gehörte auf jeden Fall zu den Verteidigern einer analogen Kultur.

Vielleicht auch deswegen, weil ich sowohl bei meinen Kindern als auch im Arbeitsalltag bei Rapid mitbekommen habe, welch´ immer größer werdende Rolle „Social Media“ bei jedem einzelnen Menschen spielt. Eines Tages beispielsweise zog in der Früh meine Tochter komische Grimassen vor dem Handy, beim Mittagessen grinste meine Assistentin Martina dauerhaft in das Smartphone und am Abend machte mein Sohn Dutzende Selfies mit einem eigenen Selfie-Stick. Auf meine Frage hin, was sie genau tun, bekam ich die durchgängige Antwort: „Ich mach einen Snap“. Obwohl ich nicht verstand, was das sein sollte, war ich neugierig und wollte sehen, wie diese „Snaps“ aussehen, wobei ich hier dann das Skurrile erst so richtig wahrnahm: „Die kann man nicht mehr sehen, die sind nur ein paar Sekunden sichtbar“, war die für mich überhaupt nicht nachvollziehbare Antwort der „Snap“-Könige.

Dieses Beispiel war auch ein Zeichen mehr dafür, dass diese neuen Medien nicht das Richtige für mich wären, obwohl ich schon wissen wollte, ob sie auch Vorteile für meine Arbeit bringen könnten. Ich versuchte also auch einmal, dass ich mir gewisse Postings, Stories oder Geschichten auf Facebook oder Instagram ansah, allerdings bemerkte ich schnell, dass mich diese Art der Kommunikation nicht wirklich begeisterte und mein Leben dadurch nicht bereichert würde. Dieser Drang, etwas zu posten, um sich mit den anderen Usern zu messen und zu vergleichen, war einfach nicht das, was ich wollte. Ich hatte immer das Gefühl, dass das tatsächliche Leben so vieles mehr bietet als die soziale Welt, ich wollte nicht den ganzen Tag einfach nur runter scrollen.

Ich wusste natürlich, dass die sozialen Medien auch Vorteile mit sich bringen, man viel schneller über gewisse Themen informiert ist, man beispielsweise hier auch leichter an die Fans rankommt als über die Website, aber zusammengefasst waren die Vorteile für mich persönlich zu diesem Zeitpunkt deutlich in der Unterzahl. Dies hatte vermutlich damit zu tun, dass ich die Nachteile dieser schnellen, neuen Medien selbst bemerkte. Auch wenn der Grundgedanke von Facebook eigentlich der rasche persönliche Austausch mit Freunden war, glich diese Plattform doch immer mehr einem Informations- und Diskussionsmedium. Ich weiß jetzt gar nicht, ob es bei meinem Facebook-Account auch zu negativen Auswüchsen hätte kommen können, aber wenn ich ab und zu auf die offizielle Rapid-Facebook-Seite ging und sah, wie hier oft über die Leistung der Mannschaft, Entscheidungen von Verantwortlichen oder aber auch über gewisse Vorgehensweisen bezüglich Kartenvorverkäufe etc. geschimpft und negativ geschrieben wurde, verging mir der Gedanke, eine eigene öffentliche Seite zu machen, wieder sehr schnell. Wenn es Probleme gab, wollte ich diese, wie in einem anderen Kapitel dieses Buches bereits genauer erläutert, immer persönlich mit den jeweiligen Personen klären und nicht in einem großen Netzwerk diskutieren oder sogar teilweise auch anonymen Aussagen antworten.

Ich konnte in meiner Zeit bei Rapid sehr gut ohne die sozialen Medien leben, habe aber auch nie jemanden kritisiert, der sie nutzte. Allerdings, bei großen Besprechungen mit meinem Team galt immer ein striktes Handyverbot, um zu vermeiden, dass irgendjemand auf Facebook aktiv war oder sich durch irgendeine Benachrichtigung ablenken ließ. Manchmal piepste im Büro bei all meinen Mitarbeitern gleichzeitig das Handy, außer bei mir. Ich fragte mich warum und bekam die klare Antwort: „Du bist ja nicht auf WhatsApp und somit nicht in unserer Gruppe!“. Grundsätzlich war auch WhatsApp nicht notwendig für mich, weil ich einfach der Mensch bin, der am liebsten mit den Leuten persönlich oder eben via Telefon spricht und nicht dauerhaft schreibt, Bilder oder gar Smileys hin- und herschickt. Nach oftmaligen Überredungsversuchen durch Christoph Peschek, mir WhatsApp für eine schnellere Kommunikation innerhalb der SK Rapid-Führungskräfte downzuloaden, ließ ich mich letztendlich 2018 dazu hinreißen. Im Endeffekt fand ich es dann gar nicht so schlecht, aber telefonieren tat ich trotzdem noch immer viel häufiger und lieber.

Am 17. März 2020 veränderte sich aber dann irgendwie meine Einstellung zu den sozialen Medien – oder sagen wir gegenüber einer bestimmten Plattform in dieser digitalen Welt. Es war der erste Lockdown aufgrund der Coronapandemie in Österreich und ich weiß noch ganz genau, wie ich zu Luki sagte: „Du kannst dir gar nicht vorstellen, wie mir im Moment die Bühne fehlt, die Veranstaltungen und Moderationen!" – „Dann hol sie dir doch und geh' auf Insta", meinte Luki spontan. Ich hatte zwar keine Ahnung, wie das funktionierte und ob ich das jetzt wirklich wollte, aber binnen weniger Minuten installierte er hier etwas und ich war online! Ich muss jetzt mehr als ein Jahr danach zugeben, dass es eine gute Entscheidung war und ich doch in einer gewissen Art und Weise in dieses Thema hineinkippte. Vor allem auch deswegen, weil mir aufgrund der stark steigenden Follower-Zahl eine große Wertschätzung entgegengebracht wurde und viele User mir positives Feedback gaben. Und eines war von Anfang an klar: Wenn ich etwas mache, dann mit 100 %. So versuchte ich gleich, lässige Projekte aus dem Hut zu zaubern wie beispielsweise die „Rapid-Hymne von zu Hause" gemeinsam mit den Spielern zu produzieren oder bei meinen „Insta Talks" Persönlichkeiten aus allen Themengebieten live zu interviewen und somit die fehlende Bühne wieder annähernd zu spüren. Mir macht es ehrlicherweise sehr viel Spaß, dass ich nur das preisgebe, was ich auch wirklich will, mit niemanden über irgendwelche Themen diskutieren muss, sondern mich über das Feedback auf meine Stories freue.

Zusammengefasst war ich doch eher der „Old School"-Typ, den die sozialen Medien nicht interessierten, wobei ich im letzten Jahr gelernt habe, dass diese Art der Medien schon begeistern kann, wenngleich ich die analoge Kommunikation trotzdem immer noch am meisten genieße. Und bei Treffen mit Freunden freue ich mich, wenn sie das Handy nur selten zur Hand nehmen und nicht pausenlos drauf schauen.

PS: Ich würde mich trotzdem über ein Like auf Instagram freuen - @andymarekofficial

Kapitel 14

„Andy, moch wos!" und mein soziales Engagement

Der Hilfe-Leister

Als ich 1998 mit dem SK Rapid Klubservice meine eigene Abteilung gründete, stand für mich ein Leitmotiv von Beginn an ganz oben: Wo es nur geht, wollten wir Rapid-Fans helfen. Zu Beginn umfasste das Erleichterungen beim Kartenkauf, Zugang zu Informationen – damals gab es das Internet ja noch nicht in dieser Form–, Aktionen, um Menschen näher zum Klub zu binden, und die Organisation von Veranstaltungen, damit man Rapid hautnah erleben konnte. „Wir wollen es unseren Fans so einfach wie möglich machen, damit sie sich ganz dem Spielbesuch und dem Ausleben ihres Fan-Daseins widmen können", gab ich vor. Jedem, der in Zusammenhang mit dem Verein Fragen oder Probleme hatte, sollte geholfen werden. Wie kann ich meinen Fanklub anmelden? Wie komme ich beim Auswärtsspiel zum richtigen Eingang? Ich möchte Mitglied werden, wie geht das? Wo können wir unsere Banner im Stadion montieren? Sind Fahnen erlaubt? Kann ich bei einem Training dabei sein? Das waren nur einige Anliegen, auf die wir eine Antwort benötigten, und mein Team und ich lösten sie alle. Weil Schnelligkeit auch immer mein Ziel war, hörten wir darum oft: „Ich habe gestern eine Mail an euch geschickt und gleich eine Antwort bekommen!" oder „Im Fancorner wurde ich super unterstützt, ihr seid ein großartiges Team!" Das tat richtig gut, weil mir bewusst war, dass generell weniger gelobt und viel einfacher kritisiert wird. Wahrscheinlich legte ich mir damit die Latte aber selbst höher, denn ich verlangte von uns immer mehr. Wenn es irgendein Problem gab, brauchte es sofort eine Antwort von uns, um es zu lösen. Daraus entwickelte sich langsam die Lage, dass wir nicht mehr nur reines Service boten, sondern überhaupt gleich zum Hilfe-Leister Nummer 1 wurden. Ich möchte nachfolgend einige Beispiele geben, damit man versteht, was ich damit konkret meine.

Auswärtsspiel in Amsterdam. Eine lange Schlange vor den Stadion-Eingängen, da unsere Anhänger gleichzeitig im Corteo angekommen waren, und es staute sich. Weil alles so langsam ging, wurden einige ungeduldig, dann schrie einer: „Andy, bitte moch wos!“ Ich versuchte zu helfen, kontaktierte einen Verantwortlichen von Gastgeber Ajax, damit wir eine Lösung fänden, um den Einlass zu beschleunigen. Ich intervenierte, noch einen weiteren Eingang zu öffnen, die Anzahl der Ordner zu erhöhen, und es gelang! Der Einlass ging zügig dahin und unsere Fans waren wieder zufrieden. Oder wenn wir irgendwo im Ausland spielten und einigen Rapidlern wegen zu viel Alkoholkonsums der Zutritt ins Stadion verweigert wurde, ließ ich sie eine Zeitlang mit viel Wasser ausnüchtern und setzte dann all mein Verhandlungsgeschick und meine Erfahrung bei den Sicherheitskräften ein, damit sie das Spiel doch noch sehen konnten. Oder wenn die Polizei jemanden aufgrund einer Rangelei inhaftierte, versuchte ich, ihn durch Gespräche wieder aus der Lage herauszubekommen, damit er mit uns nach Hause reisen konnte. Auch das war wichtig, weil seine Freunde sicher nicht ohne ihn gefahren wären und das hätte wieder Stress verursachen können. Also war ich da und intervenierte. Oder als sich einer aufgrund zu intensiven Wodkakonsums

Egal, wo Hilfe gefragt war, ich versuchte zu helfen und auch wenn es von der Ferne war.

übergeben hatte: Wir konnten ihn ja nicht mit angespiebenem Gewand in den Flieger setzen, also: „Andy, bitte moch wos!" Ich besorgte einen Trainingsanzug, damit er sich umziehen konnte und wieder zivilisiert aussah. Übrigens, er kam dann wenige Tage später zu uns in den Fancorner und bezahlte den Trainingsanzug. Das waren nur die kleineren Geschichten, aber es gab auch immer wieder die großen Themen, die vor allem im Ausland aufgrund der unterschiedlichen Interpretation von Fankultur auf uns warteten.

Denn, was in Österreich erlaubt war, war in Spanien vielleicht verboten. Aspekte der Fankultur, die wir gewohnt sind, wollte man in Osteuropa nicht sehen, in England waren Megafone nicht erlaubt, in der Ukraine keine Trommeln und so weiter. Da ich wusste, wie wichtig gewisse Stilmittel unseren Fans waren, hieß es für mich, da immer schon im Vorfeld viel zu organisieren und besprechen, damit wir nicht vor Ort vor vollendeten Tatsachen standen und wir uns erst dort mit der Problemlösung beschäftigen mussten. Auch zu Hause in Österreich tickten bei manchen Vereinen die Uhren anders, und so musste ich mithelfen, wenn etwa in Ried die Dinge von der Behörde anders beurteilt wurden als in Wien oder Graz. Somit war hier ebenso Überzeugungskraft notwendig, aber ich setzte mich überall, wo unsere Fans Hilfe benötigten, für sie ein. Dabei war mir kein Problem zu groß. Ich wollte einfach, dass alles vernünftig ablief und wir keine Sorgen bereiteten, aber auch für uns ebenso wenig entstanden. Das ist mir auch fast immer gelungen; ein-, zweimal war aber auch ich absolut machtlos: bei der Einkesselung unserer Fans vor dem Wiener Derby 2018. Da nützte jegliche Hilfeleistung von meiner Seite nichts. Was damals genau passierte, kann man im Internet nachlesen – ein unglaublich komplexes Thema.

Im Laufe der Zeit sammelten sich die Angelegenheiten aber nicht nur im Zusammenhang mit Rapid, sondern darüber hinaus. Wie gesagt, wenn ich helfen konnte, freute mich das. Aber mit der Zeit wurde das Motto „Der Andy wird's schon richten" immer populärer und man verließ sich oft ganz auf mich, teilweise ohne jede Selbstverantwortung. Weil ich also niemanden enttäuschen wollte, musste ich oft Lösungen auch für Bereiche finden, die überhaupt nicht in unser Aufgabengebiet fielen. So wurde ich immer mehr zu einer Anlaufstelle für Probleme aller Art von Rapid-Fans, also auch im privaten Bereich. Das wissen nur die wenigsten, aber ich half mit, wenn Menschen sozial in Schräglage geraten waren, um ihre Lebenssituation zu verbessern. So setzte ich mich ebenso ein, um ihnen auf der Suche nach Jobs oder Wohnungen zu helfen. Und ich war nicht mehr nur

Hilfe-Leister, sondern auch ein „Sozialarbeiter". Mit der fortschreitenden Menge an Aufgaben und Menschen zehrte das ganz schön an der Substanz, das möchte ich gar nicht bestreiten. Dennoch überwog die Freude, anderen helfen zu können, und sehr emotionale Geschichten, die mich auch selbst berührten, wogen das Ganze wieder auf. „Mit Rapid haben wir etwas, das für zahllose Menschen unglaublich viel bedeutet", gab ich bei uns intern immer zu bedenken, „somit können wir ihnen auch viele schöne Momente bereiten". Wenn wir etwa Kindern im Krankenhaus einen Besuch mit unseren Spielern oder Trainern abstatteten oder bei Fans, denen das Schicksal schlimm mitgespielt hat, zu Besuch waren. Diese Überraschungen mit der zumindest kurzfristigen Aufhellung ihres Alltags, das waren immer sehr schöne Momente. Ebenso, wenn wir Benefizveranstaltungen organisierten und finanziell mithelfen konnten, schwere Lebensumstände von Rapid-Fans ein bisschen zu erleichtern.

Auch hier war ich also der Hilfe-Leister. Gehörte es von Berufswegen zu meiner Aufgabe, Probleme zu lösen, so waren diese speziellen Momente Zusatzaspekte, die ich von Herzen gerne machte.

Für den Opernball ausgestattet

Eines Tages meldete sich eine Dame aus dem Wiener Rathaus telefonisch bei mir: „Können Sie mir Ihre Mail-Adresse sagen, ich schicke Ihnen gleich ein spezielles Schreiben" – „Worum geht es denn?", fragte ich und natürlich hatte sie mich neugierig gemacht, wenngleich ich nicht wirklich wusste, was überhaupt der Anlass war. „Sie werden sich freuen, Herr Marek", war ihre Antwort. Ich war gespannt und es dauerte nicht lange, da trudelte schon eine Nachricht aus dem Rathaus in meinem Postfach ein.

Und die hatte es in sich. Mir wurde eine Ehre zuteil, die ich so nicht erwartet hätte. Es hatte sich anscheinend herumgesprochen, dass ich immer ein offenes Ohr für Menschen habe, denen es nicht so gut ging, dazu kamen meine soziale Arbeit, die ich auch bei Rapid mit karitativen Projekten bewiesen hatte, und mein Engagement gegen Ausgrenzung. Ich überflog hastig die Zeilen, bis ich an dem speziellen Punkt angelangt war, dem Grund der Einladung: „Goldenes Verdienstzeichen des Landes für das soziale Engagement der ‚Stimme Rapids'" stand da schwarz auf weiß. Und weiter: „Gesundheits- und Sozialstadträtin

Mag.a Renate Brauner wird am Dienstag, den 26. September 2006, Andy Marek, Leiter des Klubservice SK Rapid, in Würdigung seiner großen Leistungen das Goldene Verdienstzeichen des Landes Wien überreichen." Ich war sprachlos, sperrte mein Büro ab, weil ich nicht gestört werden wollte, und las schnell weiter: „Marek, der wichtigste Ansprechpartner für die Rapid-Fans, hat in den vergangenen 15 Jahren zahlreiche Aktivitäten gegen Rassismus und Ausländerfeindlichkeit tatkräftig unterstützt und sich für ein friedliches Zusammenleben eingesetzt. Er kümmert sich mit großem Einsatz um die Fans und nimmt sich dabei auch immer wieder um deren alltägliche ‚kleinen' Sorgen an. Sein soziales Engagement unterstreicht auch seine Unterstützung für die Stiftung Kindertraum."

Meine Freude war riesengroß. Ich hatte mit einer solchen Auszeichnung natürlich nicht gerechnet. Was mich aber umso mehr begeisterte war, dass man meine unermüdliche Arbeit in den vielen Bereichen, wo ich mich für andere Menschen einsetzte, offenbar wahrgenommen hatte. Ich war gespannt auf die Verleihung. Ich durfte Familie und Freunde mitnehmen und in einem altehrwürdigen, prunkvollen Rahmen fanden wir uns im Rathaus ein. Renate Brauner, damals Vizebürgermeisterin, hielt eine sehr einfühlsame Laudatio, die mich, so ehrlich muss ich sein, immer wieder rührte, und meinte: „Das große soziale Engagement der ‚Stimme Rapids' ist der breiten Öffentlichkeit weniger bekannt. In den vergangenen

Josef Hickersberger und Peter Schöttel kamen als Gratulanten.

15 Jahren hat Andy Marek immer wieder großes Herz gezeigt und Zivilcourage bewiesen und damit zum sozialen Zusammenhalt in dieser Stadt beigetragen. Er hat auch einen wesentlichen Beitrag zur Deeskalation und Vermeidung von Gewalt am Fußballplatz geleistet und zahlreiche Initiativen gegen Ausländerfeindlichkeit und Rassismus tatkräftig unterstützt. Als glaubwürdige ‚Stimme Rapids' hat Andy Marek den Gedanken der Fairness auf tausende Fans übertragen!"

Ich verspürte große Wertschätzung und musste meine Tränen zurückhalten, hatte aber auch noch eine Rede vor mir. Dann war ich an der Reihe und aus mir sprudelte es nur so heraus. Ich erzählte von meinem Leben, Rapid und warum es mir sehr am Herzen liegt, anderen Menschen zu helfen. Mein Blick schweifte durch die Reihen der Gäste und ich fühlte mich bestätigt. Neben meiner Familie und vielen Freunden freuten sich Rudi Edlinger und das komplette Rapid-Präsidium, Manager Werner Kuhn, unser damaliger Trainer Peter Schöttel, einige Legenden wie Josef Hickersberger, Michi Hatz und auch einige Vertreter der Ultras mit mir. Sie alle waren meine Gäste und ich verstand die Ehrung nicht nur als Auszeichnung, „sondern als Auftrag, mit meinem sozialen Engagement genauso weiterzumachen", wie ich betonte.

Und das tat ich auch, was in den Folgejahren auch meinem Heimatbundesland Niederösterreich nicht verborgen blieb. So wurde ich im November 2012 in das Landhaus in St. Pölten eingeladen, wo mein langjähriger Freund und Landeshauptmann Dr. Erwin Pröll eine emotionale und feierliche Ansprache hielt, die mir unter die Haut ging. Zahlreiche Wegbegleiter aus Sport, Politik und Wirtschaft waren dabei und natürlich meine Familie mit an meiner Seite, als mir das Goldene Ehrenzeichen für Verdienste um das Bundesland Niederösterreich überreicht wurde. „Das alles gibt mir noch einen zusätzlichen Turbo, um genauso weiterzumachen", kündigte ich gerührt an und setzte mich in der Folge weiter für Menschen ein, die Unterstützung jeglicher Art benötigten.

Und ja, natürlich bestärkten mich diese beiden Ehrungen in meiner Arbeit und gaben mir viel Kraft mit: gegen Widerstände und Herausforderungen, aber auch gegen Kritiker, die auf undifferenzierte Weise immer etwas an meiner Fanarbeit auszusetzen hatten. Neider waren mir sowieso egal und die ewigen Nörgler nahm ich irgendwann nicht mehr ernst. Meine Energie sollte jenen gelten, die sie brauchten und verstanden, was ich warum umsetzte. Ich freute mich, dass man meine Arbeit in der Öffentlichkeit wahrgenommen hatte. Mit diesen beiden

Orden in der Hand sagte ich oft spaßhalber: „Jetzt bin ich wirklich ausgestattet für den Opernball!“ Aber beide Auszeichnungen bekamen bei mir natürlich einen Ehrenplatz im Büro und jedes Mal, wenn ich es betrat und sie ansah, erinnerte ich mich wieder: den Mitmenschen so gut es geht helfen und immer mit Respekt entgegentreten. Mein Gebot, das ich auch heute noch genauso hochhalte und allen nur weitergeben möchte!

Die Spenden für die Heimat

„Ich heiße Andy Marek und komme aus dem Waldviertel.“ Dieser Satz war einerseits der Beginn meiner langen Karriere bei Rapid, andererseits habe ich damit schon damals gezeigt, dass ich nie vergessen werde, wo meine Wurzeln sind, und ich stolz darauf bin, aus dem Waldviertel und speziell aus dem Bezirk Waidhofen/Thaya abzustammen. Abgesehen davon, dass ich jeden Tag hin und her pendelte, war es mir immer ein ganz besonderes Anliegen, mich auch in meiner Heimat sozial zu engagieren, wodurch diese Geschichte zwar nicht unmittelbar mit Rapid zu tun hat, aber auf jeden Fall Teil dieses Kapitels sein sollte.

Ich kann mich noch ganz genau erinnern, als ich im Oktober 2014 spätabends nach einer gelungenen Rapid-Veranstaltung, die von meinem Team und mir organisiert worden war, wieder einmal meine 148 Kilometer von Wien nach Hause ins Waldviertel fuhr und so zu mir sagte: „Eigentlich geht es mir sehr gut, denn ich bin gesund, meine Familie ist gesund und dafür bin ich sehr dankbar." Ich dachte in solchen Momenten auch immer wieder an Menschen, denen es nicht so gut ging. Menschen, die schlimme Schicksalsschläge erlebten oder an schweren Krankheiten litten, weshalb mir bei dieser Autofahrt eine Idee kam, die ich unbedingt umsetzen wollte. Denn genau da fiel mir ein, dass ich doch mein Know-how, meine Erfahrung in Bezug auf die Organisation und Durchführung von Veranstaltungen, nutzen könnte, um in meiner Heimat einen Event zu organisieren, der gleich zwei Fliegen mit einer Klappe schlagen könnte. Nämlich einerseits die Bevölkerung im Waldviertel mit einer unterhaltsamen Show zu begeistern und andererseits aus dieser Show mit einer Spende Menschen, die dringend Hilfe benötigten, zu unterstützen. Irgendwie war ich von dieser Idee so angetan, dass ich noch am Heimweg ein Konzept im Kopf gestaltete und zu Hause dann auch gleich niederschrieb. Ich versuchte, einen passenden Termin sowie einen Namen für die Veranstaltung zu finden. Schnell war mir klar, dass ich den Menschen kurz vor Weihnachten Freude bereiten möchte, wodurch die „Andy Marek Weihnachtsshow" geboren wurde.

Aber worum sollte es bei dieser Show gehen? Ich organisierte Jahr für Jahr zahlreiche Veranstaltungen, durfte die besten Künstler der Showbranche anmoderieren und kennenlernen, viele Prominente sogar auch zu meinen Freunden zählen und dachte mir einfach: „Warum soll das nicht gehen, dass diese Persönlichkeiten zu meiner Show ins Waldviertel kommen und mit mir gemeinsam einen Abend im Zeichen des guten Zweckes verbringen?" Es sollte ein abwechslungsreiches Programm, also für die ganze Familie, für Jung und Alt werden. Prompt sagten mir die ersten Künstler zu, weil sie vor allem auch den karitativen Hintergrund dieser Veranstaltung sahen, worüber ich mich sehr freute und dadurch schnell überzeugt war, dass dies ein wunderbarer Abend werden würde.

Aber wo genau sollte diese Show stattfinden? Ich kannte den Stadtsaal in Waidhofen/Thaya sehr gut. Dieser war mit seiner Kapazität von 450 Besuchern von der Größe her optimal geeignet und somit fixierte ich meinen Wunschtermin kurz vor Weihnachten. Natürlich war es auch wichtig, einige Partner und Sponsoren für diese Veranstaltung zu finden, da beim Organisieren und Umsetzen eines derartigen Events diverse Kosten anfallen. Auch hier bekam ich erfreulicherweise sehr schnell einige Zusagen und konnte somit schon in den Druck der Werbeplakate gehen. Auffallend war dabei der Satz: „Genießen Sie einen Abend voller Überraschungen mit Künstlern aus der Showbranche!“ Mehr stand nicht auf dem Plakat – keine Namen von Künstlern, keine Dauer der Veranstaltung, keine detaillierten Infos. Ich muss ehrlich sagen, es war schon etwas verwegen, zu glauben, dass die Leute Karten kaufen würden, ohne nur einen Namen zu kennen. Wobei einen Namen gab es ja – meinen. Die Leute im Waldviertel wussten, dass sie sich auf mich verlassen können, und schenkten mir ihr Vertrauen. Die 450 aufgelegten Karten waren binnen weniger Tage verkauft und jeder war gespannt, welche Show das nun werden sollte. Komischerweise wurde die Anspannung bei mir nicht von Tag zu Tag größer, sondern irgendwie kleiner, weil mir immer mehr tolle Künstler zusagten und ich somit wusste, dass das Publikum bestimmt große Freude haben würde. Die Organisation verlangte mir in den letzten Tagen vor der Show schon einiges ab, aber ich erfuhr hier durch meine Familie eine enorm wichtige Unterstützung. Und somit stand einem reibungslosen Ablauf nichts mehr im Wege.

Die Show funktionierte dann auch richtig gut, ich war persönlich sehr zufrieden und vor allem überwältigt von der Wertschätzung und Begeisterung, die mir das Publikum entgegenbrachte. Österreichs Künstler-Riege gab sich ein Stelldichein in Waidhofen und sorgte für einen besonderen Abend im Waldviertel. Besonders wurde der Abend aber vor allem auch deshalb, weil durch Spenden des Publikums und Erlöse aus Versteigerungen von Exponaten, die mir Rapid-Spieler zur Verfügung gestellt hatten, eine schöne Geldsumme für den guten Zweck zusammenkam. So ist eigentlich alles aufgegangen, was ich mir damals bei der Autofahrt vorgenommen hatte, wobei meine Erwartungen sogar übertroffen wurden.

Im Waldviertel sprach man sehr viel über diese Veranstaltung, diverse Medien berichteten euphorisch und ich fand großen Gefallen daran, meine eigene Show in den darauffolgenden Jahren wieder zu machen. Es entstand ein echter Hype um die Karten, denn zwölf Monate später war die Nachfrage so groß, dass sich viele Menschen einige Stunden um Tickets für die Andy Marek Weihnachtsshow anstellten. Das erinnerte mich an die Weihnachtsfeiern von Rapid, wo sich auch die Fans teilweise über viele Stunden um Karten bemühten. Nun war dies bei meiner eigenen Show der Fall, was ich wirklich enorm schätzte. Nachdem in diesem Jahr die 450 Karten bereits innerhalb weniger Minuten vergriffen waren, reagierte ich und veranstaltete die Show einfach an zwei aufeinanderfolgenden Tagen – jeweils ausverkauft! Dabei erfreuten mich während der Shows die begeisterten Besucher in der Halle und mich machten die Gesichter der Menschen, denen ich wenige Tage nach meiner Veranstaltung unangemeldet Spenden überbrachte, besonders glücklich. Das waren und sind Momente, die ich nie vergessen werde und hoffentlich noch des Öfteren erleben darf.

Da die Organisation von zwei Veranstaltungen an einem Wochenende sehr aufwendig und vor allem aufgrund der nötigen Zeitflexibilität der Künstler schwierig war, entschied ich dann im dritten Jahr, die Show in der großen Sporthalle Waidhofen mit einer Kapazität von 1 500 Personen durchzuführen. Ja, und auch das ging sehr schnell, ausverkauft in kürzester Zeit. Es lief alles so, wie ich es mir wünschte. Es wurde mir die Ehre zuteil, vor einer ausverkauften Halle meine eigene Show zu organisieren und natürlich auch zu moderieren und darüber hinaus auch teilweise selbst zu singen, um irgendwie auch meine Ursprünge, die ich in der Musik speziell im Waldviertel hatte, einzubringen.

Mittlerweile durfte ich die Andy Marek Weihnachtsshow schon acht Mal präsentieren und es war jedes Mal ein echt schönes, persönliches Erlebnis für mich, sowohl die Begeisterung des Publikums zu spüren als auch Spenden an Menschen, denen es nicht so gut geht, weiterzugeben. Und obwohl im vergangenen Jahr

Robert Palfrader alias „der Kaiser" begeisterte das Publikum bei meiner Weihnachtsshow.

leider coronabedingt keine Veranstaltungen dieser Größe möglich waren, wollte ich die Show trotzdem unbedingt durchführen, um einmal mehr Menschen in Not zu helfen. Auch wenn es ohne Publikum nicht dasselbe war, war es trotzdem ein sehr schöner Abend und vor allem eine große Ehre, am Samstagabend eine Fernsehshow zu moderieren, die nicht nur über die diversen Plattformen gestreamt, sondern auch live auf dem Wiener Stadtsender W24 übertragen wurde.

An dieser Stelle kann ich nur danke allen Künstlern sagen, die sofort zugesagt haben, um mein Projekt zu unterstützen, und das waren sehr viele in den letzten Jahren. Ich möchte hier einige nennen, dass man sich ein Bild der Qualität dieser Veranstaltung machen kann. So standen bei mir auf der Bühne Andy Lee Lang, Stella Jones, Josh, Marc Pircher, Angelika Niedetzky, Robert Palfrader, Kristina Sprenger, Dennis Jale, Gerold Rudle, Tricky Niki, Christoph Fälbl, Maya Hakvoort, Lukas Perman, Nicholas Ofczarek, Ina Regen, Richard Lugner, Waltraud Haas, Erwin Pröll, Klaus Eckel, die Echten, Michael Seida, Die Comedy Hirten, Monica Weinzettl, Waterloo, Tom Walek, Jazz Gitti und einige mehr. Aber auch viele regionale Künstler, wo es mir persönlich auch sehr wichtig war, dass diese eine Bühne bekommen, waren immer wieder dabei. Akrobaten, Zauberer oder Jongleure zeigten ebenfalls eine großartige Show.

Das Wichtigste war für mich aber vor allem auch der karitative Hintergrund, und daher bin ich sehr stolz, dass ich hier jedes Jahr Spenden an bedürftige Menschen oder Hilfsorganisationen weitergeben konnte, wo ich wusste, dass dieses Geld gut angelegt ist. Insgesamt spendete ich in den letzten Jahren über 40.000 Euro durch die Durchführung der Andy Marek Weihnachtsshows und ich hoffe, dass in den nächsten Jahren dieser Betrag noch vergrößert wird.

Zum Schluss dieser Geschichte will ich noch anmerken, dass die Andy Marek Weihnachtsshow schon auch mit Rapid zu tun hat, denn zum einen lernte ich in Hütteldorf sehr viel zum Thema „Organisation von großen Veranstaltungen“ und zum anderen unterstützten mich immer auch einige Mitarbeiter aus meinem SK Rapid Klubservice-Team bei der Umsetzung der Show vor Ort. Dies freute mich besonders und war zugleich auch eine große Hilfe, da mein Team ja genau wusste, wie ich eine Veranstaltung umgesetzt haben möchte, nämlich: perfekt!

Also auch hier zeigte ich mein soziales Engagement, als ich mir bei einer Autofahrt ins Waldviertel dachte: „Andy, moch wos!“ für deine Heimat!

BUNDES
LIGA
ÖSTERREICHISCHER

Kapitel 15

Sportliche Sternstunden und Niederlagen mit Folgen

Die Meistertitel und ihre Feiern

Es waren an der Zahl drei, die ich in meiner Zeit bei Rapid miterleben durfte. Drei Meistertitel in unvergesslichen Saisonen, die alle ihren ganz eigenen Verlauf hatten und bei denen ich mich schließlich um die jeweiligen Meisterfeiern kümmerte. Ich war wie immer für die Organisation und Moderation verantwortlich und blicke auf jede Phase mit großer Begeisterung zurück.

1995/96: Nach vielen Jahren des Wartens hatte Rapid 1995 mit dem Cup-Erfolg endlich wieder einen Titel geholt. Man war damit international vertreten und wir schlugen uns dermaßen gut, dass wir bis ins Europacup-Finale der Cupsieger stürmten. Ganz Österreich war in grün-weißer Ekstase und ich konnte einige Male vor 50 000 Fans im Happel-Stadion moderieren, wo wir Sporting Lissabon, Dynamo Moskau und Feyenoord Rotterdam ausschalteten. Diese positive Stimmung nahmen wir ins gesamte Jahr mit und sie übertrug sich auch auf die Meisterschaft. Rapid war sehr erfolgreich unterwegs und hatte im Saisonfinale Sturm Graz zu Gast. Uns genügte ein Unentschieden, um Meister zu werden, die Grazer mussten gewinnen. Das Interesse war riesengroß und so entschlossen wir uns, das Spiel in den Prater zu verlegen. „Glaubt mir, wir werden innerhalb kürzester Zeit ausverkauft sein", meinte ich damals zu unseren Verantwortlichen. Und so war es auch. Nach wenigen Tagen gab es keine Karte mehr und die Rapid-Fans waren aufgeputscht von den Europacup-Nächten und der Sehnsucht, nach acht Jahren den Teller nach Hütteldorf zu holen. 1. Juni 1996: Schon beim Aufwärmen der Spieler wurde es ein Tollhaus. Ich stand auf der Laufbahn und probierte, die ohnehin schon unglaubliche Stimmung noch weiter aufzuheizen. Das war aber kaum notwendig, weil bei „Hier regiert der SCR!" fast schon das Dach wegflog. Ich zelebrierte die Mannschaftsaufstellungen, jeder Spielername wurde mitgebrüllt und dann holte der Schiedsrichter die Teams zum Tunnel. Wenn mich jemand fragt, wie wichtig der „12. Mann" bei Rapid ist, erzähle ich immer folgenden Moment:

„Meine Damen und Herren, hier kommen beide Mannschaften für das entscheidende Spiel um die Meisterschaft 1995/96. Wo san die Rapid-Fans?“, schleuderte ich ins Mikro und verstand mein eigenes Wort nicht mehr, so laut schallte es von den Tribünen zurück. Ich stand dabei genau beim Ende des Tunnels und an mir gingen die Sturm-Spieler Markus Schopp und Mario Haas vorbei. Letzterer schaute zur Rapid-Kurve, ließ die unglaubliche Atmosphäre auf sich wirken und sagte laut zu Schopp: „I scheiß mi‘ au“‘! Da wusste ich: Wir werden Meister! Unsere Anhänger trugen Rapid förmlich zum 30. Meistertitel, wir gewannen 2:0 und nach dem Spiel luden wir alle hinter das Happel-Stadion. Dort hatten wir im Vorfeld eine große Bühne aufgebaut und hier feierten wir dann so richtig ausgiebig. Rapid und die Fans hatten es sich verdient!

2004/05: Der Weg zum 31. Meistertitel verlief ganz anders. Trainer Josef Hickersberger formte eine großartige Mannschaft, die mit Routiniers und jungen Spielern wie Hofmann, Payer, Kulovits, Ivanschitz oder Garics gespickt war. Obwohl wir im Europacup nach der ersten Quali-Runde ausgeschieden waren, wurde es in Liga und Cup bis zum Schluss spannend. Das Eigenwillige an diesem Titel war, dass wir die Entscheidung um die Meisterschaft nicht im Stadion, sondern vor dem Fernseher miterlebten. Wir hatten unsere Hausaufgaben gemacht und bereits am Samstag Nachzügler Bregenz mit 4:1 besiegt. Nun ging es darum, wie sich unser direkter Konkurrent um den Titel, die Austria, am Sonntag schlug. Sie kam über ein 1:1 nicht hinaus und so reichte uns das drei Runden vor Schluss zum Meistertitel. Nun waren wir alle nicht im Stadion, aber vor den Bildschirmen. Die Mannschaft sammelte sich im Lokal von Rapid-Fan Sigi Döring und blickte gebannt auf das Geschehen. Nachher natürlich riesiger Jubel, aber es war schade, dass nicht gemeinsam mit den Fans gefeiert werden konnte. Also musste kurzfristig etwas organisiert werden! Oliver und Markus, die Capos der Ultras, kontaktierten mich mit einem spontan geschmiedeten Plan, der in die Geschichte eingehen sollte. Ich war zunächst skeptisch, denn dafür brauchte es eine gewisse Vorlaufzeit. Aber ihre Idee hatte mich überzeugt. Noch im Waldviertel, packte ich meine Sachen zusammen und fuhr nach Wien. Auf dem Weg organisierte ich den Mannschaftsbus und rief die Spieler an. Die Ultras wiederum verbreiteten die Info, dass die Mannschaft auf dem Stephansplatz zu einer Feier zusammenkommt. Und so war es auch: Der Bus fuhr im Herzen von Wien ein, wo bereits an die 1 000 Fans warteten, Jubelgesänge anstimmten und bengalische Feuer zündeten. „Aber was jetzt?“, fragte ich mich. Es gab keine Bühne, wo wir die Mannschaft hätten präsentieren können. Ich entschied spontan, ging mit den Spielern ins angrenzende Haas Haus, stellte mich in die Mitte des dortigen Restaurants, wo sich ein Balkon befand, und sagte zu den Gästen: „Meine Damen und Herren, die beste österreichische Fußball-Mannschaft, Rapid, ist heute Meister geworden. Haben Sie ein Problem, wenn die Spieler hier vom Balkon aus ein wenig mit den Fans unten feiern?“ Die anwesenden Gäste im sehr noblen Rahmen legten das Besteck weg und fingen an zu klatschen! Der Restaurantleiter schwitzte zwar, aber weil er selbst Rapid-Fan war, gab er grünes Licht. Schon standen wir am Balkon, alle lagen sich in den Armen und von unten dröhnte die Party zu uns hinauf. Vielleicht war es diese Improvisation, die das Ganze so emotional machte, auf jeden Fall konnten wir somit dennoch unseren Titel gemeinsam feiern. Aber die Saison war noch nicht vorbei. Eine weitere Feier folgte im Happel-Stadion, wo wir die Tore zum Spielfeld öffneten – leider hatten wir das Derby, das unmittelbar davor am Rasen stattgefunden hatte, mit 0:1 verloren – und dann noch eine nach Meisterschaftsende am Rathausplatz im großen Stil. Für mich war in diesen Tagen aber die spontane, herzliche Party am Stephansplatz am emotionalsten.

2007/08: Der in meinen Augen schönste Meistertitel stellte sich 2008 ein. Die Austria wurde zwar Herbstmeister und auf Platz 1 überwinterte Sturm Graz, weil wir aber ein sensationelles Frühjahr absolvierten – mit einem legendären 7:0 in Salzburg als Höhepunkt – waren wir nun in der Führungsrolle. Und die ließ sich Rapid auch nicht mehr nehmen. In der vorletzten Runde, am 20. April 2008, konnten wir zu Hause gegen Altach alles fixieren. Der Showdown in Hütteldorf war angerichtet, alles brodelte und 18 400 Fans wollten Rapid siegen sehen. Zahlreiche selbstgebastelte Meisterteller wurden in die Höhe gestreckt, es herrschte eine unglaublich positive Stimmung. Im Hintergrund hatten mein Team und ich alles vorbereitet. Eine fahrbare Bühne stand parat, um sie schnell nach Schlusspfiff auf das Spielfeld zu schieben. „Wenn wir den Teller holen, dann brechen alle Dämme", gab ich bei aller Euphorie zu bedenken. Dass wir die Chance noch vergeben würden, daran dachte keiner. Meistershirts und Meisterschals waren vorbereitet und dann ging es schon mit einer riesigen Zettel-Choreo über das gesamte Stadion los. „SIEG" stand am Block West in großen Buchstaben und dieser sollte es mit einem ungefährdeten 3:0 auch werden. Der Schlusspfiff ertönte, tausende Fans stürmten aufs Feld und waren außer Rand und Band. Nun mussten wir schnell sein und die Bühne aufbauen, daneben moderierte ich und der Sekt floss in Strömen. Die Freude war so groß, dass ich es über mich ergehen ließ, als man mich schnappte und mir die Haare abrasierte. „Jetzt bist du dran", grinsten die Spieler und ich zu diesem Zeitpunkt auch noch. In den nächsten Tagen verging mir beim Blick in den Spiegel aber das Lachen.

Was vor drei Jahren noch improvisiert war, wurde diesmal sehr groß. Schnell verbreitete sich die Info, dass Rapid wieder am Stephansplatz feiern würde, und so kamen spontan an die 5 000 Fans zusammen und zelebrierten eine riesige Party, wie es nur wir können. Diesmal brachte uns eine Stretch-Limousine zum Haas Haus und mir schmerzen noch heute die Knochen, wenn ich daran denke, wie wir, alle (!) in einem großen Auto eingepfercht, ankamen. Dann ging es los und die emotionalen, schönen, aber lustigen Bilder gingen um die Welt, weil auch zahlreiche Medienvertreter mitbekommen hatten, wo gefeiert wurde. Das war sowieso unüberhörbar: Der 32. Meistertitel – und ganz Österreich feierte mit! Noch größer und richtig imposant wurde es dann nach Saisonschluss, als wir uns am Rathausplatz einfanden. Was da abging, suchte seinesgleichen. Ich kümmerte mich mit meinem Team um die komplette Organisation und wir bauten eine riesige Bühne samt Gastro-Straße, eine Vidiwall und viele Merchandising-Stände mit der Meister-Kollektion auf. Quasi nebenher hatte ich mich um das Rahmenprogramm mit Rainhard Fendrich, Alkbottle, Gerold Rudle und vielen mehr gekümmert und holte mir nun viele prominente Gratulanten zum Gespräch. Darunter war mit Bürgermeister Michael Häupl ein bekennender Violetter zu Gast, und weil ich sagte, dass er uns den Rathausplatz zur Verfügung stellte, wurde auch er mit Applaus bedacht. Dann startete der Countdown: Angeführt von zig Harley-Davidson Bikes geleitete ein Truck unsere Spieler und Trainer über die halbe Ringstraße, gesäumt mit unzähligen Rapid-Fans. Indes hatten sich vor der Bühne geschätzte 30 000 Anhänger versammelt und überall, wo man hinschaute, war Grün-Weiß. Was da abging, kann man mit Worten nicht beschreiben! Ich holte alle einzeln auf die Bühne und dann stemmte Kapitän Steffen Hofmann endlich den Teller in die Höhe: „Hier regiert der SCR!" Unsere Feierlichkeiten wollten kein Ende nehmen und diese Bilder bleiben mir ewig in Erinnerung. Ebenso aber die organisatorische Leistung meines Teams und den vielen Helfern. Feierlichkeiten sind schön, aber hier steckt sehr viel Einsatz, Kreativität und Verantwortung dahinter und das „meisterten" wir exzellent. Denn auch diesmal hatten wir keine Eventagentur, sondern erledigten alles selbst: „Ich bin sehr, sehr stolz auf euch", sagte ich danach meinen Mitarbeitern glücklich, aber auch erschöpft.

Jeder Meistertitel ist und war etwas Besonderes. Um die Emotionalität und die ganze Atmosphäre zu begreifen, muss man es aber selbst erleben, das lässt sich nur schwer in Worte fassen. Zeit also, dass es wieder irgendwann für uns soweit ist und jeder solche schönen Momente in sich aufnehmen kann!

Die schönsten Europacup-Nächte

Spiele gegen internationale Mannschaften waren immer etwas Besonderes. Nicht nur, weil man sich mit großen und spannenden Vereinen aus dem Ausland messen konnte, sondern weil damit für mich auch viele Herausforderungen anstanden, auf die ich mich schon immer freute. Zudem reisten zu unseren Heimspielen immer viele Fans aus den Bundesländern an, was natürlich auch zu koordinieren war. Es gab Fahrgemeinschaften und Busse – man wollte einfach dabei sein, wenn Rapid der Aufstieg gelang oder sich eine vermeintlich unlösbare Situation noch spielerisch zu unseren Gunsten drehte. Interessant war: Fand das erste Duell in Wien statt, war das Faninteresse oft geringer, als wenn es sich um das Rückspiel handelte, denn das hatte meist Entscheidungscharakter und das wollten alle miterleben. So gab es viele Anhänger, die während der Meisterschaft nicht oft ins Stadion kamen, aber zu unseren Europacup-Partien regelrecht pilgerten. Dadurch stiegen die Zuschauerzahlen und bald entschieden wir uns, vom Hanappi-Stadion ins Happel-Oval auszuweichen, da wir sonst die große Nachfrage nicht abwickeln hätten können. Für mich waren die Europacup-Abende immer recht anstrengend. Nicht wegen der Spannung, der Feierlichkeiten oder der späten Beginnzeit. Vielmehr aufgrund der intensiven Arbeit mit der UEFA, die mich in Sachen Spieltags-Organisation mit vielen neuen Aufgaben betreute. Auch die nachfolgenden Beispiele sind subjektiv; jeder hat einen anderen Zugang zu den Partien. Manche freuen sich, wenn Rapid einfach aufsteigt, andere stehen auf richtige Thriller und wieder anderen taugt es, wenn unsere Fans für eine sensationelle Stimmung sorgen und die Matches deswegen im Gedächtnis bleiben. Hier findet ihr meine Favoriten, an die ich gerne zurückdenke, aus sportlicher Sicht und organisatorischen Gründen, wenn für mich und unser Team alles gepasst hat.

SK Rapid – Sporting Lissabon 4:0, 2.11.1995: Als keiner mit einem Aufstieg rechnete

Es war das so erfolgreiche Europacup-Jahr, in dem wir sensationell das Finale erreichten. Bis dahin war es ein weiter Weg und eigentlich wäre die Reise schon nach dem Hinspiel in Lissabon zu Ende gewesen. Rapid verlor mit 0:2 und hätte Michael Konsel nicht etliche Gegner-Chancen zunichte gemacht, wäre die Niederlage höher ausgefallen. Die Stimmung für das Rückspiel war gedämpft, und so fanden sich gerade mal 25 000 Zuschauer im Happel-Stadion ein. Diese aber sollten das Spiel nicht vergessen. Unsere Mannschaft war ein derart eingeschworener Haufen und ging entsprechend ins zweite Duell, als hätte es das erste nicht gegeben. Unsere Fans peitschten Rapid nach vorne, wir gingen durch Didi Kühbauer in Führung, aber es blieb spannend, denn der zweite Treffer wollte nicht gelingen. Bis uns Christian Stumpf in der 90. Minute in die Verlängerung rettete, wo wieder

der Stürmer und Carsten Jancker für die weiteren Tore sorgten. Das Stadion war zwar nur halbvoll, aber es war megalaut. „Chriiiiistian!", brüllte ich ins Mikro bei der Tor-Ansage und aus tausenden Kehlen kam „Stuuuuuumpf!" zurück. Was für eine Stimmung, die belohnt wurde mit dem Aufstieg! Jene, die zu Hause geblieben waren und sich dieses Spektakel hatten entgehen lassen, ärgerten sich noch lange nachher.

SK Rapid – Feyenoord Rotterdam 3:0, 18.4.1996: Einzug ins Finale mit einer Gala

Dieselbe Saison, anderer Gegner. Diesmal aber mit einem ausverkauften Happel-Stadion und ganz Rapid und Österreich in Vorfreude, ging es doch um den Einzug ins Finalspiel in Brüssel. Die Holländer waren damals eine europäische Spitzenmannschaft, gegen die wir über die eigenen Grenzen hinauswuchsen und eine der besten Halbzeiten in der Vereinsgeschichte überhaupt zeigten. Nach etwas mehr als einer halben Stunde stand es nach zwei Jancker-Treffern und einem Stumpf-Tor 3:0, der „Kas war gegessen" und das Stadion stand Kopf. Das war auch deswegen so schön, weil Feyenoord im Vorfeld große Töne gespuckt hatte, Trainer Arie Haan bei der Auslosung von Rapid als „Wunschgegner" gesprochen hatte und sie im Hinspiel trotz 1:1 den Ton angegeben hatten. Nach dem Schlusspfiff kannte der Jubel kein Ende und unsere Spieler sangen in Richtung Gästekabine: „Finale, Finale, Europacup-Finale!!!" Und auch ich brüllte lautstark mit – ein unvergesslicher Moment!

SK Rapid – Partizan Belgrad 5:1, 27.9.2001: Spiel- und Regenfluss

Es war eine Zeit, in der wir die absolut „Geprügelten" waren. Sportlich lief es überhaupt nicht, alle waren unzufrieden und die Stimmung schlecht. Nachdem Ernst Dokupil beurlaubt worden war, folgte ihm Lothar Matthäus als Trainer nach. „Mit diesem Weltstar wird es sicher besser", hörte ich oft und es herrschte eine regelrechte Aufbruchstimmung. Diese führte auch in diese Partie: Nach einer 0:1 Niederlage im Hinspiel in Belgrad folgte im zweiten Duell in Hütteldorf eine unvergessliche Vorstellung unserer Mannschaft, die keiner für möglich gehalten hätte. Es goss in Strömen, dennoch kamen knapp 15 400 Rapid-Fans und jubelten über einen Doppelpack vom damals noch ganz jungen Roman Wallner und Tore von Rene Wagner sowie des überragenden Gaston Taument. Die Spielfreude zeigte sich auch bei unserem Trainer. Aus 30 Metern flog ein Ball an der Seitenlinie auf uns zu. Ich dachte schon „Oje, was nun?", aber da machte Lothar einen Schritt nach vorne, stoppte den Ball direkt mit seinen Lederschuhen und ließ ihn locker abtropfen. Das ganze Stadion klatschte und es war gut, dass er das so löste, denn bei mir hätte es wohl anders ausgeschaut! Einziger Wermutstropfen: Die

Partizan-Fans waren schlechte Verlierer und zerlegten uns die halbe Osttribüne. Für mich war es dennoch eine der schönsten Europacup-Nächte!

Lok Moskau – SK Rapid 0:1, 23.8.2005: Zum zweiten Mal Champions League

Nach einem 1:1 in Wien standen die Chancen, dass wir es noch in die Gruppenphase der UCL schaffen würden, nicht allzu gut. Favorit war Lok Moskau, noch dazu mussten wir in der Fremde antreten. Dennoch reisten rund 500 getreue Rapid-Fans mit und wollten die kleine Chance auf ein Wunder wahrnehmen. Die Anspannung im Stadion war groß, dazu herrschten auch noch unglaublich hohe Temperaturen und uns allen rann der Schweiß herunter. Dennoch hatten wir das Gefühl, dass da was gehen könnte. Weil die russischen Kollegen etwas überfordert waren, holte ich immer wieder Wasser, um unsere Fans damit zu versorgen. Die Abkühlung war notwendig, denn der Thriller sollte bis zur 84. Minute andauern, bis uns Jozef Valachovic erlöste und in die Champions League köpfelte. Nun floss nicht mehr das Wasser, sondern der Wodka und grenzenloser Jubel folgte. Dieser begleitete uns bis nach Schwechat, wo uns am Flughafen hunderte Fans zu Freudenstürmen empfingen– und das im eigentlich für sie verbotenen Bereich bei der Gepäckausgabe, in den sie von außen hineingekommen waren, um mit uns zu feiern. Ich kümmerte mich um unseren Goldtorschützen Jozef Valachovic, sonst hätten ihn die Fans vor Freude erdrückt.

SK Rapid – Hamburger SV 3:0, 17.9.2009: Debüt in der Gruppenphase

Nachdem wir den großen Favoriten Aston Villa im Play Off ausgeschaltet hatten, ging es für uns mit einer unglaublich positiven Energie in die Gruppenphase. Erster Gegner: der HSV, der als damaliger deutscher Tabellenführer bei uns gastierte. Wenig verwunderlich, dass das Happel-Stadion innerhalb kürzester Zeit mit fast 50 000 Fans restlos ausverkauft war! Aus der Hansestadt kamen im Vorfeld überhebliche Töne und mehr brauchte es für uns an Motivation nicht. Organisatorisch war es für mein Team und mich eine große Nummer. Zum ersten Mal im Hauptbewerb, dazu kamen unzählige Auflagen der UEFA, die wir umsetzen mussten, und es herrschten enorme Sicherheitsvorkehrungen, weil auch aus Deutschland rund 2000 Fans angereist waren. Wenn ein Spiel die Bezeichnung „Hexenkessel" verdient, dann dieses. Unsere Mannschaft wurde nach vorne getrieben und ging durch Steffen Hofmann und Nikica Jelavic in Führung. Das, was von den Rängen bei meiner Toransage zurückkam, war unbeschreiblich laut. Zur Rapid-Viertelstunde stellte Christopher Drazan auf 3:0, just in dem Moment, als der Kommentator im deutschen TV sagte: „Jetzt passen Sie auf, was da los ist, wenn die Uhr jetzt gleich umspringt" – er verwies auf die sehr laut eingeklatschte Rapid-Viertelstunde. Sportlich und stimmungsmäßig war das Ganze auf allerhöchstem Niveau, ein richtig schöner Europacup-Abend, den man sich so nur wünschen konnte.

Aston Villa – SK Rapid, 26.8.2010: "Your nightmare returns"

Das zweite Aufeinandertreffen mit dem englischen Traditionsverein war für mich noch spezieller als die erste Begegnung. Nach unserem sensationellen Aufstieg im Jahr davor warnte ich bei uns intern bei der Auslosung: „Sie werden nicht nochmal den Fehler machen, uns zu unterschätzen!" Dennoch herrschte wieder ein sehr großes Interesse, in Birmingham mittels unserer Fanreisen dabei zu sein, auch wenn man die Gegebenheiten bereits aus dem Vorjahr kannte. Und unsere Anhänger gingen mit einem Glauben an den Erfolg in dieses Spiel, was sie schon beim Anpfiff zeigten. Ein großes Spruchband wurde entrollt mit der Aufschrift „Your nightmare returns!", euer Albtraum ist zurück! Und sie sollten recht behalten. Nach einem 1:1 in Wien war die Ausgangslage zwar keine besonders

gute und wir bekamen auch auswärts zwei Gegentore. Allerdings trafen wir durch Atdhe Nuhiu, Mario Sonnleitner und Rene Gartler ebenso und besiegelten den denkwürdigen Aufstieg. Riesiger Jubel folgte und begleitete uns bis nach Wien. Das Ganze war einfach „europäische Weltklasse", wie es Mario Sonnleitner mit seinem legendären Ausspruch traf.

SK Rapid – Vojvodina Novi Sad 2:0, 9.8.2012: Deni Nervenstark
Ein Spiel, das man vielleicht nicht in dieser Aufzählung erwartet, aber durch die Anspannung, die hier vorhanden war, wurde es eines meiner schönsten Europacup-Erlebnisse. Auch wegen des Hinspiels in Serbien, wo wir nicht den besten Tag hatten. Der Gastgeber erzielte das 2:0 in der 94. Minute, aber Deni Alar hielt uns mit seinem Anschlusstor in der 97.(!) im Rennen. Die Chance für den Aufstieg war also intakt und im Rückspiel verbreitete ich unter Clemens und meinen anderen Mitarbeitern Optimismus: „Wartet ab, wir machen das!" Doch das Warten mündete in einen richtigen Krimi. Und 16 000 Rapid-Fans kochten nicht nur wegen der Temperaturen, auch sie nahm der Nervenkitzel richtig mit. Es war ein offener Schlagabtausch ohne Tore, bis Trainer Peter Schöttel in der 71. Minute Deni Alar einwechselte. Es blieb beim 0:0 und die 90. Minute war angebrochen: „Ich soll abwarten? Ja, aber wie sollen wir das jetzt noch machen?", gab mir Clemens zurück. Und wie er das sagte, gab es Elfmeter für uns. Die nachfolgenden Minuten wurden legendär. Nicht der etatmäßige Kapitän Steffen Hofmann schnappte sich den Ball, sondern Alar selbst. Es war plötzlich sehr ruhig im Stadion. Wenn er trifft, sind wir weiter, wenn nicht, sind wir weg. Deni aber verwandelte, versetzte Hütteldorf in den Ausnahmezustand und jeder jubelte über seine starken Nerven in dieser Situation. Das 2:0 durch Terrence Boyd hintendrauf war noch die Zugabe. Wir waren weiter!

SK Rapid – Rangers FC 1:0, 13.12.2018: Das war Stimmung pur!
Ein Spiel möchte ich noch anführen, das mir wegen dieser Kombination in ewiger Erinnerung bleibt: die Leistung der Mannschaft, die Stimmung im Stadion, meine persönliche Anspannung und der Arbeitsaufwand dahinter. In einer schweren UEL-Gruppe mit Spartak Moskau, Villarreal und den Rangers aus Glasgow lief alles auf den letzten Spieltag hinaus. Hier empfingen wir die Schotten in Hütteldorf und brauchten zumindest einen Punkt, um aufzusteigen. Kompakt formuliert, wurde es organisatorisch ein Wahnsinn.

Alle wollten zum Spiel, insbesondere die Fans der Gäste. 2 000 Karten standen ihnen zu, sie aber wollten 10 000, was wiederum von unserer Seite her nicht ging.

Somit mussten wir damit rechnen, dass sich tausende Schotten ohne Karten in Wien tummeln werden. Und so war es auch. Alle probierten noch, irgendwie an Karten zu kommen. Trotz dieser schwierigen Lage schafften wir es mit vereinten Kräften, dass alles halbwegs gut und friedlich ablief. Im Stadion herrschte eine unvorstellbare Stimmung, denn endlich hatten wir auch einmal einen Gegner in Sachen lautstarkem Support. Das motivierte wiederum unsere Fans, noch mehr zu geben und die Atmosphäre wiegelte sich immer wieder auf. Als Dejan Ljubicic den Siegtreffer zum 1:0 erzielte, ging überhaupt die Post ab! Damit waren die Rangers rund um Startrainer Steven Gerrard ausgeschieden und wir weiter, und die Summe aller Aspekte war es, die diesen Abend so unvergesslich machte.

Einprägende Erfolge

Bei 599 Pflichtspielen, die ich für Rapid in Serie moderiert habe, kam natürlich auch einiges zusammen, darunter 344 Siege und insgesamt 1 147 Tore für unseren Verein. Und wenn ich auch nicht das Mikro in der Hand hatte, so war ich doch bei hunderten Auswärtspartien mit dabei. Somit ist es für mich gar nicht so einfach, meine prägendsten Momente auszusuchen, weil es so viele schöne Augenblicke und Erfolgserlebnisse gab. Die angeführten Spiele blieben mir aber auch wegen der Folgen in Erinnerung, wobei ich hier geschaut habe, dass es keine Wiederholungen zu den anderen Geschichten in diesem Buch gibt.

SK Rapid – Austria Salzburg 2:0, 6.5.1995: Aufbruchstimmung in Hütteldorf
Dieses Spiel war für mich aus zweierlei Hinsicht unvergesslich: Eine packende, enorm spannungsgeladene Cup-Partie gegen die damalige Spitzenmannschaft aus Salzburg und eine sensationelle Stimmung mit fast 17 000 Rapid-Fans. Mann des Abends war Marcus Pürk, der uns mit seinen Traum-Toren in der 71. und 81. Minute ins Finale schoss – das Stadion stand kopf! Die Aufbruchstimmung, die damals herrschte, übertrug sich von den Tribünen auf den Rasen und noch heute ist mir die Toransage im Ohr: „Marcus!“, rief ich. „PÜÜÜÜRK!“ kam zurück. Ein richtig fetziger Thriller war das!

FC Admira – SK Rapid 0:1, 11.5.2005: Ferdl mit der Schulter
Nach neun langen Jahren stellte sich in der Saison 2004/05 das Gefühl ein, heuer könnte endlich wieder etwas gehen. Denn wir wurden Herbstmeister und auch im Frühling lief es sehr gut. Mit jeder Runde, die gespielt wurde, stieg die Euphorie –

wir befanden uns voll und ganz auf Meisterkurs. Vier Runden waren noch zu absolvieren, davor gab es aber noch ein Nachtragsspiel für uns: Grün-Weiß gastierte in der Südstadt. Und an diesem Tag wollte jeder dabei sein. Stolze 10 500 Fans waren zugegen, davon wohl 10 000 Rapidler. Alle wussten, dass wir hier mit einem Sieg dem Meistertitel einen großen Schritt entgegen machen könnten. Doch so nervenaufreibend das Match war, es wollte kein Tor gelingen. Bis zur Nachspielzeit. Es war in der 93. Minute und der Schiedsrichter ließ die allerletzte Aktion des Spieles laufen, blickte aber schon auf die Uhr. Ein letzter Freistoß von Andi Ivanschitz fand Ferdinand Feldhofer, der den Ball nicht in der Manier eines Stürmers, aber mit der Schulter ins Tor bugsierte – der Siegestreffer! Schlusspfiff und hunderte Fans stürmten das Feld, um mit Rapid zu feiern, obwohl ja noch vier Partien zu bestreiten waren. Mit meinem Team hatte ich alle Hände voll zu tun, die Situation wieder zu ordnen inmitten von freudestrahlenden Gesichtern, die sich alle schon im Meisterrausch wähnten.

RB Salzburg – SK Rapid 0:7, 23.3.2008: Ein Osternest mit sieben Eiern

Ich musste mit meiner Frau diskutieren: „Ostersonntag und du willst nach Salzburg?“, bekam ich an den Kopf geworfen und das irgendwie auch zu Recht. Lukas war 11 Jahre, Kathi 7 Jahre und viele hätten hier der Eier- und Nesterlsuche Vorrang gegeben. Bei mir war das nun mal anders und ich bin dankbar, dass ich eine so tolerante Familie habe. Also stieg ich ins Auto und machte mich auf den Weg zum Schlagerspiel. Mit einem Sieg würden wir im Kampf um die Meisterschaft Salzburg überholen, aber der Gastgeber war in Bestform. Dort also gewinnen? Da bräuchte es schon ein Wunder – und das wurde es. Bis heute begreife ich nicht wirklich, wie das möglich war. Salzburg trat in Vollbesetzung an, aber während ihnen gar nichts gelang, zauberten wir Unbeschreibliches auf den Rasen.

Der Spielverlauf sagte alles: 0:1 (7.) Hoffer, 0:2 (10.) Maierhofer, 0:3 (11.) Korkmaz, 0:4 (17.) Maierhofer, 0:5 (30.) Hoffer, 0:6 (46.) Hoffer, 0:7 (91.) Hofmann. Vom Spielfeldrand blickte ich immer wieder zu unseren Fans auf den Gästesektor und da schüttelten alle fassungslos den Kopf, ebenso Trainer Peter Pacult, der seine Emotionen erst am Schluss zeigte. Auf der anderen Seite waren die Star-Trainer Trapattoni/Matthäus, die sich am liebsten vergraben hätten, völlig fertig. Zweitausend Rapidler im Gästesektor waren außer Rand und Band und feierten noch eine Stunde nach Schlusspfiff weiter die Mannschaft, die ihre Runden drehte. Dieser unfassbare Sieg gab uns im Verein sehr viel Kraft mit auf den weiteren Weg, schweißte uns noch mehr zusammen und führte wenige Wochen später schließlich zum Meistertitel. Und mir hätte es wohl sehr weh getan, hier nicht dabei gewesen zu sein, so sehr ich meine Familie auch liebe!

SK Rapid – Austria Klagenfurt 5:1, 2.8.2009: Eine Tür geht zu, eine andere auf
Eigentlich war es ein ganz gewöhnliches Meisterschaftsspiel, auch nicht der große Gegner oder Schlager. Aber es sollte dennoch sehr emotional werden, wurde mit diesem Match doch Publikumsliebling Erwin „Jimmy“ Hoffer verabschiedet. Bei Rapid schoss er in drei Saisonen, also 91 Pflichtspielen, stolze 43 Tore, verhalf uns damit zum Meistertitel und wechselte jetzt zum italienischen Spitzenklub Neapel. Sein Name wurde besungen und der Block West übergab ein Geschenk an unseren Stürmer. Die Tränen flossen, der Abschied war feierlich. Dieses Kapitel schloss sich also, aber unerwartet ging am selben Nachmittag ein neues auf.

Das Spiel verlief spannend, die Gäste gingen in Führung, aber wir drehten das Ganze durch Tore von Steffen Hofmann und Mario Konrad in Hälfte Zwei. Zur Pause kam ein junger Burgenländer ins Spiel, der aus der Regionalliga zu uns gewechselt war und gerade seine ersten Schritte in Grün-Weiß machte – ein unbeschriebenes Blatt. Ich sagte ihn an: „Spielertausch bei Rapid – neu im Spiel: Christopher Trimmel!“ Und was war das für eine Vorstellung, denn „Trimbo“ erzielte innerhalb von sechs Minuten einen lupenreinen Hattrick, und so konnte ich ihn in den Minuten 85, 87 und 91 noch drei weitere Male präsentieren! Am Schluss stand es 5:1 und eine neue Tür war aufgegangen. Es war der Startschuss zu einer tollen Karriere, die Christopher über Rapid später nach Deutschland führen sollte. Aber das war an diesem Tag noch Zukunftsmusik und nicht erwartbar. Dennoch sehr besonders!

SK Rapid – RB Salzburg 3:3, 12.4.2015: Da zeigte unsere Mannschaft Moral!
Diese Saison war eine sehr spannende und wir sollten sie als Vizemeister beenden. Bis dahin war es aber eine packende Angelegenheit, in der vor allem die Duelle mit Salzburg hervorstachen. Eines, das wir im Happel-Stadion absolvierten, blieb mir dabei besonders in Erinnerung und wohl auch vielen anderen. Vor 26 800 Fans schlitterten wir fast in ein Debakel und wurden hin- und hergespielt. Zur Pause lag Rapid mit 0:3 zurück und es hatte nicht den Anschein, dass Salzburg nun einen Schongang einlegen würde. Mir schwante Böses. Ich weiß nicht wie, aber Trainer Zoran Barisic schien in der Kabine die richtigen Worte gefunden zu haben, denn plötzlich spielten unsere Burschen wie ausgewechselt. Robert Beric erzielte in der 51. Minute das Anschlusstor, nur acht Minuten darauf verkürzte Philipp Schobesberger auf 2:3. Ein Ruck ging durchs Stadion und auch unsere Fans legten in Sachen Unterstützung noch eine Schaufel drauf. Der Lohn folgte in der Nachspielzeit, als Philipp Prosenik noch der Ausgleich gelang – in der 93. Minute wackelte das altehrwürdige Happel-Stadion ganz ordentlich! Salzburg wiederum sehnte sich nach dem Schlusspfiff, der dann auch erfolgte. Und ich bin mir bis heute sicher, wäre es noch eine Spur länger gegangen, hätten wir das Spiel sogar noch gewonnen. Aber was war das für eine Kraft, für eine Moral – ganz stark!

SK Rapid – LASK 2:1, 26.4.2017:
„Vielleicht retten wir damit diese blöde Saison"
Semifinale im österreichischen Cup und es ging gegen den LASK, der damals noch in der zweiten Liga spielte. Unser Verein hatte sportlich unglaublich schwierige Monate hinter sich und damit verbunden auch zwei Trainerwechsel: von Büskens zu Canadi und dann zu Djuricin, alles innerhalb einer Saison. In der Tabelle orientierten wir uns eher nach unten als nach oben und es knisterte ganz ordentlich in Hütteldorf. Die Gefahr war groß, dass wir zu Saisonschluss mit leeren Händen dastehen würden. Allerdings gab es noch einen Strohhalm, an den sich alle klammerten, darunter auch ich: Den Cup! Mit einem Einzug ins Finale könnten wir das Ganze noch in eine positive Richtung bugsieren, vor allem, da das Finalspiel in Klagenfurt stattfand und das eine grün-weiße Massenwanderung bedeuten würde. Aber dazwischen stand eben noch der LASK. Also galt, ausscheiden

verboten! Sonst hätten wir in allen Belangen unsere Probleme: Fanproteste, der Abo- und Kartenverkauf für die neue Saison stand vor der Tür und auch für die Sponsoren und Partner brauchten wir ein Erfolgserlebnis, um Gusto für die kommenden Monate zu machen. Ja, auch das ist Rapid, wir leben nun mal von Erfolgen und Hoffnungen. „Vielleicht retten wir damit diese blöde Saison", sagte ich bei uns. Aber die Brisanz hatten wir nicht nur abseits des Platzes, sondern auch während des Spiels. 18 200 Fans sahen eine sehr dramatische Begegnung, in der wir spät, zur Rapid-Viertelstunde erst, durch Thomas Murg in Führung gingen. Das Finale war zum Greifen nah und als schon fast alle schrien: „Klagenfurt, wir kommen!", erzielte Ex-Rapidler Rene Gartler in der Nachspielzeit den Ausgleich. Was für ein Dämpfer, aber unser Stürmer Joelinton bestätigte danach, dass ein Spiel eben erst zu Ende ist, wenn der Abpfiff erfolgt – und schoss in der 93. Minute noch den Siegestreffer! Damit standen wir nach 12 langen Jahren wieder in einem Cupfinale und dementsprechend groß war die Erleichterung. Die Saison war somit nicht ganz verkorkst und wir konnten wieder nach vorne schauen.

SK Rapid – FK Austria: Das Derby bleibt das wichtigste Spiel im Jahr
Ein italienischer Freund von mir, der Fan der AS Roma ist, sagte einmal zu mir: „Wir spielen heuer eine sehr schlechte Saison. Roma ist irgendwo in der Tabelle und kommt nicht in den Europacup. Aber das Wichtigste haben wir geschafft, Lazio zweimal zu schlagen!" Das zeigt, dass für viele ein Stadt-Derby eine ganz wichtige Stellung und ungemein hohes Prestige hat. So war es auch immer bei mir, denn obwohl die Organisation dieser Duelle immer sicherheitstechnisch ganz schwierig und mühsam war, kribbelte es in einem ganz ordentlich. Gewinnt man, dann hat man zumindest eine Zeit lang positive Stimmung. Wenn nicht ... naja. Viele unserer Rapid-Legenden erzählten mir immer, dass sie nach einer Derby-Niederlage oft gar nicht außer Haus gehen wollten: man wurde angesprochen, in Diskussionen verwickelt oder gar angepöbelt. Bei Siegen trug man sie auf Händen. Weil eigentlich fast jedes Derby für mich besonders war, möchte ich darum keines herausstellen. Jeder Sieg war großartig, jede Niederlage schmerzte und hatte oft auch unangenehme Folgen. In meinen 27,5 Jahren bei Rapid war ich bei 108 Derbys gegen die Austria dabei und es war eine sehr ausgeglichene Sache: 35-mal Jubel, 35-mal Schmerz und 38-mal folgte eine Punkteteilung. Als wir einmal in der Meisterschaft sehr schlecht platziert waren, sagte ein Austrianer zu mir: „Mir wär's recht, wenn ihr absteigt' s!" Das sehe ich umgekehrt nicht so. Wenn es einen von beiden Vereinen irgendwann erwischen sollte, fehlte auf längere Zeit schließlich das wichtigste Spiel des Jahres. Und das wäre dann für uns, bei aller Rivalität, doch sehr schade.

Bittere Niederlagen

Auch ihnen muss ich Platz widmen. Jenen Niederlagen, die mich besonders schmerzten, oder Spiele, die nicht verloren gingen, sich aber wie Niederlagen anfühlten. Oder jene, die oftmals schwerwiegende wirtschaftliche, aber auch emotionale Folgen mit sich brachten. Bei mir waren es jedenfalls die aufgelisteten, die mich lange beschäftigten. Wenn ein gewisses Match fehlen sollte, dann kann es sein, dass ich es bereits erfolgreich verdrängt habe.

SK Rapid – SK Sturm Graz 2:3, 6.5.2000:
Leider griff sich Dejan auf den Schenkel

Dejan Savicevic spielte von Juli 1999 bis Mai 2001 bei unserem Verein und da, wo er auflief, standen die Fans auf vor Begeisterung. Er war ein unglaublicher Spieler, ein internationaler Star, der den Unterschied ausmachte. Mit nur einem Problem: seine zur damaligen Zeit hohe Verletzungsanfälligkeit. Wenn er nur das kleinste Zwicken verspürte, deutete er einen Wechsel an und tauschte sich quasi von selbst aus. Manchmal wussten unsere Ärzte nicht, wo das Problem lag, aber er sagte nach einer Ultraschall-Untersuchung: „Maschine sieht keine Schmerzen!" So auch bei diesem Schlager. Wir schrieben die 32. Runde (von 36) und waren ganz vorne mit dabei. Rapid gegen Sturm hieß der Schlager und im Happel-Stadion sammelten sich 35 700 Fans – es herrschte eine großartige Stimmung. Rapid dominierte dank „Il Genio" Savicevic, der gleich in den ersten Minuten zwei Tore schoss. Sturm gelang zwar der Anschlusstreffer, aber Dejan zauberte weiter. In der 38. Minute zeigte er auf den Oberschenkel und ließ sich austauschen – und wir verloren noch mit 2:3. Es lag natürlich nicht nur an ihm, aber schon maßgeblich, und ich bin noch heute überzeugt, hätte er weitergespielt, hätten wir gewonnen und wären Meister geworden.

Dejan war einer der besten Spieler der Welt und für mich war es eine große Ehre, zwei Jahre mit ihm zusammenarbeiten zu können. Doch hätte ihm sein Körper nicht die Signale gegeben, die ihn immer wieder stoppten, wäre für uns viel mehr möglich gewesen. So blieb mir das Spiel leider als ganz bittere Niederlage in Erinnerung.

SK Rapid – GAK 0:4, 5.8.2001: Ein wirkliches Heimdebakel

Es war ein schwieriges Match in meiner Funktion als Klubservice-Leiter. Bereits nach etwas mehr als einer halben Stunde kamen wir zu Hause gegen den GAK mit 0:4 unter die Räder, und was sich dann ereignete, kannte ich so noch nicht. Um die 20 Fans kletterten über die Zäune, setzten sich aufs Spielfeld und verharrten dort. Es war absolut friedlich und ich ging zu jedem einzelnen hin und versuchte, ihn zum Gehen zu bewegen. „Andy, do muss si‘ wos ändern, so geht des net weiter“, sprach die verständliche Enttäuschung aus ihnen. Es gelang, dass sie nach ein paar Minuten das Feld verließen, und so konnte weitergespielt werden. Zum Glück fiel kein Tor mehr, aber auch danach regierte der Frust. Ernst Dokupil, damals Trainer und Sportdirektor, kritisierte per Stadionmikrofon die Fans und Medien. Klar war damit, dass die Liebe erloschen war. Ein sehr trauriger und einschneidender Nachmittag und, wenn man so will, mein erster Platzsturm, den ich miterleben musste.

SK Rapid – FK Austria 0:3 (Abbruch), 22.5.2011: Der Platzsturm

Der zweite, viel größere, reiht sich hier gleich ein. Im Kapitel „Schwere Stunden“ widme ich diesem Sonntag eine eigene Geschichte, daher hier nur in Kürze. Sportlich waren wir gegen die Austria völlig chancenlos, aber die Niederlage wurde durch die Ereignisse danach und die mediale Welle an Kritik natürlich noch viel schmerzhafter. Man merkte, wie sich die von mir immer so hochgelobte Rapid-Familie teilte und ganz schwere Zeiten auf unseren Verein und damit auch auf meine Fanarbeit zukamen. Es gab an diesem Nachmittag bei Rapid nur Verlierer, doch die Folgen waren es, die schwer wogen und uns noch lange begleiten sollten.

SK Rapid – HJK Helsinki 3:3, 28.8.2014: Leichtfertig verspielt

In den Jahren zuvor hatten wir im Play Off zur UEFA Europa League zweimal Aston Villa und auch PAOK Saloniki ausgeschaltet, somit schien mir das Los HJK Helsinki deutlich leichter. Wir hatten nur diese Duelle mit den Finnen und würden dann fix in der Gruppenphase weitermachen. Zudem spielten wir das erste Spiel auswärts, was immer zu einem Vorteil gereicht. Zwar gingen wir in Helsinki durch Louis Schaub in Führung, verloren aber dennoch überraschend mit 1:2. Die Ausgangslage für das Rückspiel im Happel-Stadion war aber weiter sehr gut. Seltsamerweise kamen „nur“ 21 000 Fans zu diesem Entscheidungsspiel. Das war für mich nicht verständlich, ging es doch um so viel für unseren Verein. Und es begann nach Wunsch – schnell führten wir mit 2:0 (wieder Louis) – und wir waren in Gedanken schon bei der Auslosung für die Gruppenphase. Im Prater wieder

Fußballfeste feiern in einem vollen Stadion und viel Werbung für Rapid machen können ... Da drehte sich das Spiel. Am Ende stand es 3:3 und der internationale Traum war jäh ausgeträumt. Vom Ergebnis war es zwar keine Niederlage, aber es fühlte sich danach an. Für uns wäre es in diesem Jahr so immens wichtig gewesen, wieder auf der großen Bühne spielen zu können, aus sportlichen und wirtschaftlichen Gründen. Und für unsere Fans sowieso.

Shakhtar Donetsk – SK Rapid 2:2, 25.8.2015: Zum Greifen nah

Als wir nach Lemberg flogen, um gegen den ukrainischen Vertreter Shakhtar anzutreten, war ich ziemlich entspannt. Es handelte sich bereits um das Play Off zur Champions League und in der Runde davor hatten wir Ajax Amsterdam bezwungen. Würden wir jetzt ausscheiden, wären wir also zumindest in der UEL-Gruppe. Ein Weiterkommen wäre sowieso eine Wahnsinnsgeschichte, wenngleich wir das Hinspiel in Wien mit 0:1 verloren hatten. Unsere Fans waren ebenso gut drauf, wobei es für mich in Sachen Organisation nicht so einfach war. Seitens der ukrainischen Behörden gab es viele Schikanen und ich musste mich richtig einsetzen, damit man unseren Anhängern nicht alles verbot. „Sie kämpfen wie ein Löwe für ihre Fans", staunte auch der Vertreter der UEFA nicht schlecht. „Ja, weil wir ihre Unterstützung im Stadion brauchen", gab ich zurück. Und so war es auch. Trotz schnellen Rückstands drehte Rapid das Spiel, bekam wieder den Ausgleich und mit einem 2:2 ging es in die Pause. So wie ich hatten auch unsere Fans und wir alle das Gefühl, dass da was geht – wir brauchten so dringend noch ein Tor. In den allerletzten Minuten köpfelte Robert Beric alleinstehend hauchdünn neben das Gehäuse und Philipp Prosenik traf in der Nachspielzeit sogar noch die Stange. Aus, Schluss und viele Tränen. Die Teilnahme an der Champions League war zum Greifen nah, aber es sollte nicht sein.

Valencia CF – SK Rapid 6:0, 18.2.2016: Das war schwierig!

Eines sei einmal vorangestellt: Rapid hatte sensationell das Sechzehntelfinale der UEFA Europa League erreicht und das war schon etwas ganz Außergewöhnliches! Dementsprechend stolz waren wir alle auf die Mannschaft und das Trainerteam und daran änderte auch das Los Valencia nichts. In derselben Region waren wir kurz zuvor auch in der Gruppenphase, als wir gegen Villareal angetreten waren. Unsere Anhänger nahmen die grün-weißen Reiseangebote aber natürlich an, um bei diesem besonderen Spiel dabei zu sein. Doch leider wurde es nicht nur sportlich, sondern auch fantechnisch ein sehr problematisches Aufeinandertreffen. Unsere Fans hatten wie immer ihre Utensilien mit wie Trommeln, Fahnen,

Megafone und natürlich ihre Fanklub-Banner. Unverständlicherweise waren die Verantwortlichen der Behörden und vom Verein sehr ablehnend und gestatteten nicht alle Utensilien beim Eintritt ins Estadio Mestalla. Ich verhandelte hart, aber sie ließen nicht mit sich reden und verboten auch das „Ultras"-Banner. „Dann gehen wir auch nicht hinein", war die Reaktion. Viele Fans erklärten sich daraufhin solidarisch und so hatten wir ein fantechnisches Problem: man lagerte vorm Stadion und harrte dort aus. Während ich vor der Tür weiterverhandelte, schepperte es am Feld fast im Minutentakt. Zur Pause stand es 5:0, am Schluss gar 6:0 für Valencia. Was für eine Packung! Somit waren wir nicht nur aus dem Bewerb ausgeschieden – eine Aufholjagd wäre wohl das größte Fußballwunder aller Zeiten geworden –, sondern bekamen auch noch ein Nachspiel, was man auf fantechnischer Seite dann beim Rückspiel in Wien sehen sollte. Ich wusste, das lassen sich unsere Fans nicht so einfach gefallen!

SK Rapid – FK Austria 0:2, 23.10.2016:
Die erste Meisterschaftsniederlage im neuen Stadion

Wenn du in dein eigenes neues Stadion einziehst, dann hast du zwei Ziele: Viele Fans zu begrüßen, damit eine tolle Stimmung herrscht, und dass du sportlich zu einer Macht wirst, damit die Gegner Respekt haben, wenn sie nach Hütteldorf kommen. Das gelang auch so in den ersten Spielen im damals neuen Allianz Stadion, als wir Ried (5:0), Admira (4:0), Mattersburg (3:0) und Co. besiegten. Die erste Meisterschafts-Heimniederlage setzte es aber ausgerechnet im Derby! Rapid verlor hier mit 0:2 und das markierte so einen richtigen Einbruch gegen den Lokalrivalen. Denn obwohl die Stimmung bis zu diesem Zeitpunkt bestens war und alles, auch in den späteren Duellen, auf einen Erfolg gegen Violett in unserem neuen Stadion hoffte, sollte er bis dato nicht gelingen. Zeit wird's also, und dann gehört ordentlich gefeiert!

FK Austria – SK Rapid 6:1, 16.12.2018: Die Einkesselung

Es war das letzte Spiel in einem ohnehin schwierigen Herbst 2018: Zum ersten Mal ging es für uns ins neue Stadion der Austria, aber unsere Fans sollten fehlen. Warum? Rund 1 300 Grün-Weiße wurden in einem Polizeikessel neben der stark befahrenen Südosttangente zusammengezogen und mussten dort bei Minusgraden stundenlang ausharren. Die Personalien aller wurden aufgenommen und ich hatte den ganzen Abend damit zu tun, zu verhandeln, zu beruhigen und die Dinge halbwegs zu ordnen. Ich möchte hier nicht mehr näher auf diese dumme, unverhältnismäßige Geschichte eingehen, aber ärgere mich noch heute darüber. Alle

Abläufe dazu findet man online. Ebenso das „Tennis"-Ergebnis aus dem Stadion, denn immer, wenn ich aufs Handy blickte, fiel ein Tor. Das grausame 6:1 wurde die höchste Niederlage gegen die Austria seit 1969 und das einzig Positive daran war, dass das Ergebnis aufgrund der Einkesselung der Fans danach völlig unterging. Ein richtig unguter, verzichtbarer Tag kurz vor Weihnachten.

SK Rapid – RB Salzburg 1:2 n.V., 25.9.2019: Bitterer geht's nimmer!

Ihr wollt wissen, was das emotional schwierigste Spiel für mich war? Das fand an diesem Spieltag statt, in der 2. Runde des österreichischen Cups. Rapid empfing Salzburg und die Begegnung sollte vom dramatischen Drehbuch her kaum noch zu übertreffen sein. Über 20 000 Fans waren unter der Woche bei diesem Schlager dabei und auch, wenn es spannend begann, blieb es zunächst torlos. Nach der Pause folgte der Startschuss des Krimis. Salzburg ging in der 50. Minute durch einen Freistoß in Führung. Unsere Burschen ließen sich davon nicht beeindrucken und glichen wenige Minuten darauf durch Koya Kitagawa aus - das Stadion stand kopf! Wieder nur kurz darauf wurde Kapitän Stefan Schwab mit Gelb-Rot ausgeschlossen. 25 ausstehende Minuten mit einem Mann weniger, da brauchte es die Rapid-Tugenden mehr denn je. Und man sah sie auch – und wie! Unsere Mannschaft kämpfte, kratzte und biss, als gäbe es kein Morgen. Dafür gab es Chancen auf beiden Seiten und in der Nachspielzeit musste mit Dalibor Velimirovic ein zweiter Rapidler vorzeitig vom Feld. Nun war im ganzen Stadion klar: 9 gegen 11, wir können es nur gemeinsam schaffen! Also spürte man einen Ruck, wie ich ihn nur selten erlebt habe. Jeder Fan gab alles, war stolz auf die Mannschaft und half durch Gesänge, Klatschen oder einfach mit positiver Stimmung, damit Rapid den Aufstieg schaffte. Ich blickte immer wieder auf die Uhr, der Schlusspfiff rückte näher und Salzburg drückte. Man wollte sich das Elfmeterschießen ersparen. 120 Minuten waren bereits um, Schiedsrichter Eisner gab noch eine Minute Nachspielzeit und in dieser erzielte Minamino den Siegestreffer für Salzburg. Was für eine Watschn! Nein, bitterer geht es wohl nicht mehr und wir alle waren k. o. Aber das Ganze hatte auch etwas Positives, denn so rückten Mannschaft und Fans noch näher zusammen. Trotz dieser unbarmherzigen Niederlage überwog bei uns der Stolz.

RAPID
WIEN

Kapitel 16

Die Stimme Rapids und …

… der Rapid-Stadionsprecher 599 x

Als ich am 24. Juli 1992 zum ersten Mal ein Meisterschaftsheimspiel des SK Rapid in Hütteldorf moderierte, dachte ich mir ehrlicherweise nicht, dass 27,5 Jahre folgen sollten. Dieser lange Zeitraum selbst ist schon sehr bemerkenswert, noch außergewöhnlicher ist aber die Tatsache, dass ich in diesen 27,5 Jahren kein einziges Pflichtspiel des SK Rapid versäumt habe und somit 599 x in Serie meine Stimme bei einem Heimspiel Rapids durch die Stadionlautsprecher zu hören war.

Natürlich gab es in den fast drei Jahrzehnten auch Tage, wo man normalerweise mit einer Grippe das Bett hätte hüten sollen, oder mich der Magen/Darm Virus ans WC fesselte, aber wenn man so ein Mensch ist wie ich und von Beginn an diese Aufgabe nicht als Beruf, sondern als Leidenschaft und ehrenhaftes Amt auffasst, dann will man auch jedem zeigen, dass es keinen anderen geben soll, der Rapid-Heimspiele moderiert. Aus diesem Grund bin ich nicht nur einmal mit Fieber oder Kohletabletten ins Stadion gefahren – habe es aber auch nie bereut. Es war mir vergönnt, in dieser Zeit keinen längeren Spitalsaufenthalt zu haben, bis auf zwei Operationen am Knie, wobei sich diese Eingriffe auch nach Rapid richten mussten, damit sie auf keinen Fall mit einem Heimspiel kollidierten. Moderationen mit Krücken am Spielfeld waren also auch manchmal Folgen meines verbissenen Ehrgeizes und Pflichtgefühls, was ich aber im Nachhinein immer noch als gut und richtig empfinde.

Begonnen hat, wie bereits in einem anderen Kapitel genauer erläutert, alles mit dem Tag der offenen Tür 1992, meiner ersten Moderation für den SK Rapid. Wenige Tage später stand dann schon ein Heimspiel gegen den Wiener Sport-Club an. Auch wenn das Ergebnis dieses Matchs leider nicht so erfreulich war, gelang mir persönlich die Premiere recht gut und ich hatte das Gefühl, dass die Fans mit der neuen Stimme im Stadion zufrieden waren. Ich wollte zu Beginn meiner Tätigkeit als Stadionsprecher alles zerreißen und so richtig Stimmung in das Stadion bringen, da mein Vorgänger die Heimspiele Rapids doch eher langweilig moderierte und die Fans nicht mit ins Boot holte. Jedoch war mir schnell klar, dass die Selbstdarstellung bei Rapid fehl am Platz war. Somit legte ich meine Moderationen auch so an, dass das Miteinander mit den Fans einen wesentlichen Teil meiner Aufgabe bedeutete. Und es war der richtige Weg, den ich gewählt hatte.

Dass ich Qualität abliefern und meine Stärken zeigen musste, war auch von Beginn an klar, denn Rapid ist der Verein mit der größten Medienaufmerksamkeit Österreichs, wodurch jede öffentlichkeitswirksame Position sehr im Fokus steht. Darüber hinaus gab es auch immer eine gewisse Neidgesellschaft, natürlich auch gegenüber meiner Person und meinem Job. Dahingehend musste ich aufpassen und vor allem versuchen, so wenig Fehler wie möglich zu machen, was mir ehrlicherweise auch recht gut gelang.

Während ich in den ersten beiden Jahren meine Funktion aus einer verglasten Sprecherkabine ausübte, kam dann im Jahr 1994 ein gewisser Ernst Dokupil auf mich zu und bat mich, in Zukunft meine Moderationen vom Spielfeldrand durchzuführen, um näher am Geschehen dran zu sein und damit verbunden mit einer Art Unterhaltungsprogramm noch mehr für die Fans zu bieten. Das Thema Entertainment sollte aber in einem Rahmen sein, der für alle Beteiligten zufriedenstellend war, denn wie immer war mir hier der Dialog mit den Fans, und speziell einigen Fanvertretern, sehr wichtig, um auch zu erfahren, was sich die Fans unter einer Stadionmoderation und dem Stadionerlebnis vorstellten.

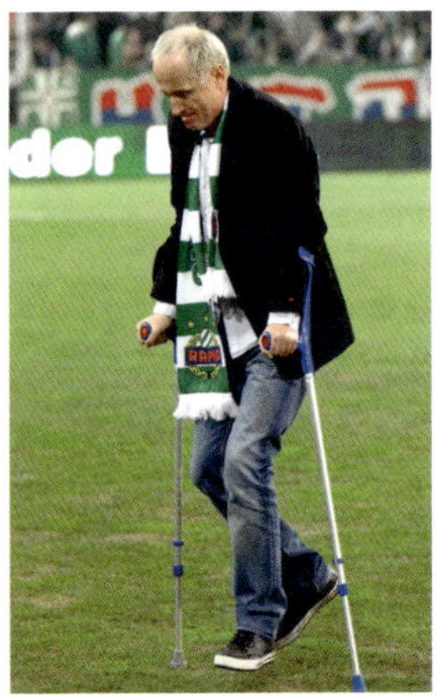

Im Stadion vor Tausenden zu moderieren, war mir immer eine große Ehre, und auch wenn ich nicht ganz fit war, ich zog es trotzdem durch – 599-mal in Serie.

Der nächste einschneidende Punkt diesbezüglich trat dann ab dem Zeitpunkt der Gründung des Klubservices und meiner damit verbundenen Leitung ein, denn seitdem war ich nicht „nur" der Stadionsprecher, sondern auch hauptverantwortlich für die Matchtag-Organisation und somit den reibungslosen Ablauf einer Großveranstaltung mit tausenden Menschen. Dadurch traf ich auch während eines Spiels viele Entscheidungen direkt vom Spielfeldrand. Wichtig war mir aber stets die Qualität der Moderation, denn diese durfte auf keinen Fall unter dem größeren Aufgabenbereich leiden – stellte das Moderieren eines Rapid-Spiels doch immer die größte Ehre für mich dar. Vielen Fußballinteressierten in Österreich war ich ohnehin immer mehr als der Stadionsprecher bekannt, und nicht als der Klubservice-Leiter beziehungsweise der Verantwortliche für alle Fanthemen.

Ein für mich besonders schönes Erlebnis war die Eröffnung des sanierten Gerhard-Hanappi-Stadions im Jahr 2002, denn endlich gab es eine neue Tonanlage mit sehr guten Lautsprechern, die die alten „Hörner" aus den 70er-Jahren verschwinden ließ und mich dadurch noch besser verständlich machte. Immer mehr versuchte ich in dieser Zeit auch, einen bestimmten Ablauf der Moderationen und auch der Musik zum Erkennungsmerkmal eines Stadionbesuchs in Hütteldorf zu machen. So war den Fans, die oft dabei waren, schnell klar, dass bei einem bestimmten Lied die Aufwärmphase begann, nach der Rapid-Hymne die Mannschaftsaufstellungen am Programm standen und natürlich mit bestimmter Musik auch eine Spannung für den Einmarsch der Mannschaften aufgebaut wurde. Ich schaute, dass wir Jahr für Jahr professioneller wurden. Die Vidiwalls beispielsweise halfen dabei natürlich auch mit, denn nun konnten einerseits die Informationen, die ich durchsagte, auch gleichzeitig visuell wahrgenommen werden, andererseits war ich aber via Kamera auch für die Fans noch näher zu „spüren".

Jedes Rapid-Spiel, das ich moderieren durfte, war eine Ehre für mich. Besonders in Erinnerung blieben mir aber natürlich vor allem auch jene Spiele, die ausverkauft waren, und somit eine unglaubliche Stimmung herrschte. Egal, ob in Hütteldorf oder im Happel-Stadion, ich durfte als Einziger in den letzten Jahrzehnten vor manchmal sogar bis zu 50 000 Fans sprechen. Ein Privileg, das ich unglaublich zu schätzen lernte und ich ebenso nie vergessen werde. So wie die Auszeichnung mancher Medien und Fans, die mich zur „Stimme Rapids" tauften. Meine Stimme war aber nicht nur in Österreich zu hören, denn ich durfte auch einige Male in den schönsten und größten Stadien Europas moderieren. Bei internationalen Spielen war es früher manchmal gewünscht, dass der Stadionsprecher der Gastmannschaft auch die Mannschaftsaufstellung seines Teams moderiert. Somit wurde mir diese Ehre zuteil im Old Trafford in Manchester, in der Allianz Arena in München, im damaligen delle Alpi Stadion gegen Juventus Turin, im Parc des Princes in Paris, im Estádio José Alvalade gegen Sporting Lissabon oder sogar im Şükrü Saracoğlu Stadı von Fenerbahçe, wo ich ehrlicherweise zugeben muss, dass die Pfiffe der türkischen Fans fast lauter waren als meine Durchsagen zu den mitgereisten Rapid-Fans.

Während ich diese Geschichte schreibe und über alle meine Einsätze als Rapid-Stadionsprecher nachdenke, frage ich mich selbst, ob es eigentlich Pannen bei meinen Moderationen gab, wo ich mich versprach oder nicht weiterwusste? Große Fehler waren es nicht. Das eine oder andere Mal machte ich zwar einen Rapidler zum Torschützen, obwohl es ein Eigentor der Gäste war, oder es fälschte jemand einen Schuss ab, was ich aus meiner Position zunächst gar nicht sah. War dies der Fall, korrigierte ich mich natürlich schnell und es passte wieder. Ein guter Stadionsprecher muss, abgesehen von seinen Texten, die er sich vorbereitet hat, auch spontan oft die richtigen Worte finden. Wichtig war das immer in Situationen, die die Sicherheit betrafen, oder wenn unsere Fans irgendetwas machten, was nicht den Richtlinien entsprach, denn da war meine Wortwahl besonders gefragt und nicht leicht zu treffen. Eine Floskel sollte es nicht sein, als Oberlehrer wollte ich auch nicht wirken. Vielmehr musste es einen Sinn ergeben und das Problem schnellstmöglich lösen, was nicht immer einfach war, aber meistens recht gut funktionierte. Darüber hinaus war aber ein Punkt für mich auch sehr wichtig: Bei meiner Moderation musste auch das Zusammenspiel zwischen Fans und mir passen. Wenn ich auf eine Antwort der Fans wartete, dann sollte sie auch laut kommen, denn ich wollte nicht, dass so etwas wie bei manch anderen Stadionsprechern passiert, die brüllen als wären 20 000 Fans da, und im Endeffekt sind es 500, die aber auch nichts antworten. Somit versuchte ich auch immer, meine Art der Moderation der Anzahl der Fans im Stadion und natürlich auch der gegenwärtigen sportlichen Situation anzupassen.

Als ich im Herbst 2019 bekanntgab, dass ich nach rund 54 000 Minuten und somit nach meinem 599. Spiel in Serie aufhören würde, fragten mich viele: „Warum denn bei 599? Warum machst du nicht noch das 600. Match?" Ich muss ehrlich sagen, als ich meine Entscheidung getroffen habe, beim Spiel gegen WSG Tirol zum letzten Mal als Stadionsprecher des SK Rapid zu moderieren, wusste ich nicht, dass es das 599. Spiel in Serie sein würde; es hätte auch das 580. oder das 604. Spiel sein können. Ich traf meine Entscheidung so und finde, die 599 passen auch sehr gut. In den Tagen vor und nach meinem Abschied las ich dann auch immer wieder einige sehr emotionale Postings in den sozialen Medien und oftmals kam der Satz vor: „Wahnsinn, als ich das erste Mal bei einem Rapid-Match im Stadion war, hörte ich diese Stimme – jetzt 20 Jahre später bin ich verheiratet, gehe mit meinen Kindern zu Rapid und höre immer noch diese Stimme. Ich bin mit ihr groß geworden und sie wird mir fehlen!" Worte, die mich sehr berühren und einmal mehr zeigen, dass ich diesem Verein einfach unglaublich verbunden war und natürlich noch immer bin.

Ich kann allen Rapidlern getrost sagen, die Stimme, die jetzt im Stadion zu hören ist, klingt sehr, sehr ähnlich wie meine und dieser junge Mann macht das sehr gut!

... für Österreich im Einsatz – der „Teamspeaker"

Anfang August 1993 läutete eines Tages bei mir das Telefon, es meldete sich Alfred Ludwig, der damalige Generalsekretär des Österreichischen Fußball-Bundes. Wir plauderten über Rapid und er zeigte sich sehr angetan von meinen

Links: Für die österreichische Nationalmannschaft zu sprechen, ist auch etwas Besonderes. Rechts: Ich war Teamspeaker bei der Heim-Euro 2008. Der damals leider verletzte Helge Payer besuchte mich im ausverkauften Ernst-Happel-Stadion.

Moderationen im Hanappi-Stadion und dem Cup-Finale 1993, meinem ersten Match im Ernst-Happel-Stadion. Sehr schnell war er auch beim Grund des Anrufs: „Willst du das Ländermatch Österreich gegen Finnland in drei Wochen moderieren?“ Es war eine große Ehre für mich und ich sagte sofort begeistert zu, obwohl ich kurz überlegte, ob es mit meiner Tätigkeit bei Rapid kollidieren würde. „Aber warum sollte es, stehen doch auch Rapidler in der Nationalmannschaft“ und ich machte mich schon an die Planungen. Darunter litt, wie so oft in meiner Karriere, das Privatleben, denn ich ordnete dem Beruf alles unter. Genau in der Woche des Spiels hatte ich schon eine Urlaubsreise gebucht, die nun storniert werden musste.

Am 25. August war es soweit. Ich moderierte erstmals ein Spiel des Nationalteams und hier ging gleich alles auf. Österreich gewann gegen Finnland mit 3:0 und der erste Torschütze, den ich vor 21 000 Besuchern im Happel-Stadion ansagte, war ein gewisser Didi Kühbauer. So weit entfernt war Rapid also auch in meiner neuen Tätigkeit gar nicht! Was folgen sollte, waren mehr als 100 Länderspiele, bei allen Partien in Wien zwischen 1993 und 2021 durfte ich dabei sein und es werden hoffentlich noch etliche mehr dazukommen. In diesem langen Zeitraum versäumte ich nur ein einziges Match. Österreich absolvierte ein freundschaftliches Länderspiel gegen Schweden im damals neuen Stadion der Austria, das kurz zuvor eröffnet worden war. Hier ließ ich einem Kollegen bewusst den Vortritt.

Auch bei der Euro 2016 in Frankreich war ich als Teamspeaker dabei. Ein großes Erlebnis.

Auch mit der österreichischen Nationalmannschaft machte ich wunderschöne Erfahrungen. Etwa die Qualifikation für die WM 1998 mit Herbert Prohaska als Trainer und natürlich der Weg nach Frankreich anno 2015/16 mit Marcel Koller, was den meisten wohl noch eher in guter Erinnerung sein wird. Es waren damals fast immer ausverkaufte Stadien, Menschenmassen mit knapp 50 000 Zuschauern, vor denen ich moderieren durfte. Und da und dort hatte ich nicht nur die Möglichkeit, die größten Fußballer der Welt live zu sehen, sondern auch mit ihnen ein paar Worte zu wechseln. Neben den besten Spielern Österreichs kreuzten so Kaliber wie Zidane, Ibrahimović, Neymar, Neuer, Lambert, Cavani oder Iniesta meinen Weg. Was ich allerdings nie machte, jemanden um ein Foto oder Trikot zu bitten, denn ich dachte mir immer, das passt nicht. Nur einmal gab es eine nette Situation, als das Nationalteam von England das Stadion verließ und ich ebenso gerade am Weg zum Ausgang war. Ich sah den Mannschaftsbus, der noch auf jemanden zu warten schien. Dieser jemand kam dann auch und stand sogleich neben mir, ganz locker: David Beckham. Ich brachte keinen Ton heraus, aber irgendwas signalisierte ich ihm. Denn er nahm seinen Sweater, den er um die Schulter geschwungen hatte und drückte ihn mir in die Hand: „It is a present, have a nice day!" Klar, dass der Sweater bei mir nun einen speziellen Platz hat!

Es waren so viele spannende und packende Spiele, und wenn 50 000 Fans für dein Land jubeln, ist das schon etwas ganz Besonderes. Eine außergewöhnliche Sache, die für mich noch extra herausstach, war, dass ich zweimal der „Teamspeaker" Österreichs sein konnte. Das bedeutete, ich moderierte bei Großereignissen für das eigene Land: 2008 bei der EM zu Hause und, noch beeindruckender für mich, bei der EM 2016 in Frankreich. In ganz Österreich herrschte damals eine unglaubliche Euphorie für die Nationalmannschaft, unser Team qualifizierte sich souverän für die Endrunde, und so pilgerten auch zigtausende Österreicher an den Austragungsort der EM. Es war unbeschreiblich. Dreimal stand ich vor der riesigen Kurve in Rot-Weiß-Rot in den Stadien in Bordeaux, in Saint-Denis und im Pariser Parc des Princes und versuchte, durch meine Moderation die Menge noch mehr in Stimmung zu bringen, was ein absolutes Gänsehautgefühl erzeugte! Aber auch stressige Situationen brachte die EM mit sich, denn obwohl mir die UEFA den Aufenthalt für zwei bis drei Wochen in Frankreich organisiert und gezahlt hätte, ging es für mich zwischendurch immer wieder zurück nach Wien. Ich hatte hier so viel zu tun! Denn in wenigen Wochen stand die Eröffnung des Allianz Stadions in Hütteldorf an, was für mich ein unglaublich intensives, aber auch schönes Pendeln und Organisieren bedeutete.

Oft wurde ich von Grün-Weißen gefragt: „Wie kannst du Spieler, die vielleicht wenige Tage vorher gegen Rapid ein Tor erzielt haben, dann beim Team abfeiern?“ Ich konnte es, denn sie spielten für unser Land, und ich bin stolzer Österreicher – somit ging das. Was ich aber schon immer brauchte, war volle Konzentration. Denn durch die jahrelang eingeübten Abläufe und Routinen hätte schon mal da und dort statt „Spielerwechsel bei Österreich“ ein „Spielerwechsel bei Rapid“ kommen können. Vor 50 000 Fans wäre das sehr peinlich gewesen, da ich ja Perfektionist bin.

Umso ärgerlicher war dann, dass ich nach 103 Spielen, die ich für Österreich moderiert hatte, zum ersten Mal einen Fehler machte. Es war im Spiel gegen Norwegen, November 2020, coronabedingt war, bis auf die Medienvertreter und Organisatoren, auch niemand im Stadion. In der Nachspielzeit fiel ein Tor und mir rutschte unkonzentriert heraus: „93. Spielminute, Tor für Ra...!“ Ich biss mir sofort auf die Zunge und besserte mich umso lauter aus: „Tor für Österreich!“ Das war mir vorher noch nie passiert. Zum Glück hatte es auch kaum jemand mitbekommen, aber insgeheim ärgerte es mich sehr. Immer wieder wurde mir auch die Frage gestellt, ob mir sonst irgendein Hoppala passiert, oder etwas Besonderes widerfahren ist. Hier bleibt mir eine Geschichte speziell in Erinnerung. Freundschaftsspiel Österreich gegen die Schweiz, an einem lauen Sommerabend, Anpfiff um 20:45 Uhr. Ich startete um 19:00 Uhr mit der Moderation, alles lief nach Plan. Auf die Minute genau verkündete ich die Mannschaftsaufstellungen und präsentierte zur Primetime die Teams: „Meine Damen und Herren, begrüßen Sie bitte beide Mannschaften!“ Das Schiedsrichterteam wollte sie aufs Spielfeld führen, doch plötzlich fiel im kompletten Stadion das Licht aus! Es war zwar Sommer, aber um diese Uhrzeit schon etwas dämmrig. Mein Stadionmikro funktionierte aber weiter, ein kompletter Stromausfall konnte es also nicht sein. Was tun? Der Stadionchef, Walter Weiss, und der Generalsekretär, Alfred Ludwig, liefen auf mich zu und ersterer sagte: „Bis das Licht wieder anspringt, brauchen wir 20 Minuten!“ Ludwig unterbrach ihn: „Andy, jetzt kannst du beweisen, was du draufhast, bitte unterhalte die Leute solange!“

Ich dachte mir: „So, jetzt musst du alles aus dir herausholen. Rund 25 000 Anhänger im Stadion, es ist finster und du sollst sie unterhalten!“ Also begann ich mit: „Meine Damen und Herren, wir haben den Auslöser für unseren Stromausfall gefunden. Aber bis das komplette Flutlicht wieder anspringt, dauert es doch noch einige Minuten. Ich lade euch ein, dass wir diese gemeinsam überbrücken!“

Und das taten wir: Die Welle lief, glaube ich, an die 30-mal durch das Oval – ich sang vor, die Menge sang wie bei einem Rockkonzert nach. Wenn ich wissen wollte, welche Tribüne die lauteste wäre, strengten sich alle umso mehr an, um die anderen zu übertönen. Wir hatten eine lässige Stimmung und die Zeit verging sehr schnell. Nach einer Weile sprang das Flutlicht wieder an und das Spiel konnte beginnen. Als der ganze Trubel vorbei war, bedankten sich die Herren Ludwig und Weiss inständig. Es war auch für mich eine Herausforderung, aber sie taugte mir rückblickend sehr.

Und so war auch diese Geschichte nicht nur ein Erlebnis, sondern eine große Ehre, denn es ist schon etwas Besonderes, beim österreichischen Nationalteam zu moderieren.

... der Moderator und Eventorganisator

Es waren die letzten Tage bei Rapid, die ich in meiner bekannten Funktion ausübte. Bereits hier machte man mir viele schöne Geschenke und bedachte mich mit besonderen Ehrungen. Viele Menschen, vom Verein selbst bis hin zur Fanszene, besuchten mich und spendeten mir wertschätzende Worte. „Rapid hat Andy Marek viel zu verdanken!“, hob etwa Präsident Michael Krammer hervor. Das war eine sehr berührende Aussage, die ich aber für diese Geschichte umdrehen möchte: Auch ich habe Rapid sehr viel zu verdanken. Denn es gelang mir, neben meiner Tätigkeit in Hütteldorf, und vor allem auch durch diese selbst, ein

Auch meine Moderationen abseits vom Sport bereiten mir große Freude. Ich darf auf den größten Bühnen Österreichs moderieren.

zweites und in der Folge sogar drittes berufliches Standbein aufzubauen. Durch meine Moderationen beim populärsten Verein Österreichs gewann auch ich an Popularität und so wurde man ab Mitte der 90er auch immer mehr auf mich aufmerksam. Funktionäre anderer Sportarten, Unternehmen und Agenturen meldeten sich bei mir, um mich für ihre Veranstaltungen als Moderator zu engagieren. Zu Beginn waren es noch überschaubare, kleinere Events, aber in den Jahren eröffnete sich mir hier ein sehr emotionales und natürlich auch finanziell interessantes Betätigungsfeld.

Emotional deshalb, weil ich das Moderieren liebe und es immer mit voller Überzeugung ausgeübt habe. Wenn mich also jemand für eine Veranstaltung buchte und mir die Aufgabe zusagte – ganz wichtig –, dann versuchte ich das Beste zu geben. Ja, und finanziell war es auch gut; es ist kein Geheimnis, dass Qualität ihren Preis hat. Um Buchungen zu bekommen, half mir vor allem meine eigene Kommunikationsfähigkeit, das Vernetzen mit Leuten und auch die Mundpropaganda. Bis heute bin ich so wahrscheinlich einer der ganz wenigen Moderatoren, wenn nicht der einzige, der kein Management oder keine eigene Website hat. Ich vermisse es auch nicht, sondern gestalte mir somit immer alles selbst. Eines will ich dabei hervorheben: Ich ordnete alle Anfragen und Engagements dem grünweißen Terminkalender unter. Spielte Rapid oder gab es ein Thema in Hütteldorf, sagte ich ab. Dennoch gelang es mir, bei vielen der größten und bekanntesten Veranstaltungen des Landes zu moderieren.

So natürlich im Sport bei Skirennen, riesigen Laufveranstaltungen, vor zigtausenden Besuchern am Tag des Sports am Heldenplatz, aber natürlich auch bei unzähligen Firmenevents der größten Unternehmen Österreichs. Hunderte Galas und Shows machten mir, der das Entertainment liebt, immer große Freude. Hier holte ich große Persönlichkeiten aus Wirtschaft, Sport und Politik vor das Mikrofon und lernte dadurch viele prominente Menschen kennen. Immer an meiner Seite war dabei Rapid, denn bei jeder meiner Moderationen brachte ich unseren Verein ins Spiel – war sie noch so ernst, tragend oder humorvoll, ich rührte für Grün-Weiß die Werbetrommel. Manchmal sehr offensiv, einige Male subtiler, aber den Leuten gefiel es und die Auftraggeber hatten auch nie Probleme damit. Weil ich so Rapid positiv platzieren konnte, gab es auch im Verein nie eine ernsthafte Diskussion darüber, ob mir diese Nebentätigkeiten gestattet wäre. Die Verantwortlichen von Rapid sahen schnell, dass es eine Win-win-Situation war und man so wieder neue Menschen für den Rekordmeister begeistern konnte.

Manchmal gab es aber schon so etwas wie vermeintliche Gewissenskonflikte. Etwa als mich unser „roter" Präsident Rudi Edlinger fragte: „Andy, moderierst du den Wahlkampf vom ‚schwarzen' Erwin Pröll?" Ich antwortete vorsichtig: „Ja, denn wir kennen uns sehr gut." Die Antwort mit einer Mischung aus Ernst und Augenzwinkern: „Gut, dann machst du aber eh auch ein bisschen Werbung für uns. Und übrigens, lass' ihn schön grüßen, ich mag ihn ganz gern!" Somit gab es nie ein Problem, auch weil ich wusste, welche Anfragen ich annehmen durfte und welche nicht passten und damit unvereinbar mit meinen Tätigkeiten oder Wertvorstellungen waren. Eine Veranstaltung in der Generali Arena oder beim größten Konkurrenten unseres Hauptsponsors? Da wusste ich unschwer meine Grenze zu ziehen. Aber jetzt lüfte ich ein Geheimnis, denn zu Beginn meiner Rapid-Zeit ging ich tatsächlich einmal „fremd". Ich sprach ganz kurz für Salzburg, allerdings nicht für Red Bull, sondern für das damalige Casino Salzburg. Weil diese Mannschaft im Europacup für so große Furore gesorgt hatte und damit auch das Zuschauerinteresse gestiegen war, wich man für internationale Spiele 1994 ins Happel-Stadion aus. Als Sprecher der Nationalmannschaft und bei Rapid bekannt, fragte man bei beiden um mich an, und so einigten sich alle. Das wäre in den kommenden Jahren unvorstellbar gewesen und ich hätte ein solches Angebot auch nicht mehr angenommen.

Durch die vielen Moderationen gewann ich immer mehr an Routine, aber dennoch ließ ich hier nie spüren, dass es nur ein „Job" wäre. Denn das war es für mich nie. Oft sagten Firmenchefs: „Herr Marek, wir engagieren sie deshalb, weil man bei Ihnen das Gefühl hat, sie versetzen sich in die Rolle des Eigentümers der Firma. Sie wissen, was wichtig ist zu kommunizieren!" Und genau das war auch meine Herangehensweise. Denn nicht der Moderator ist der Star des Abends, sondern der Kunde, der mich beauftragt. Diesen muss ich möglichst gut in Szene setzen und das gelang mir anscheinend immer ganz gut. In meiner langen Karriere wurden es tausende solcher Auftritte, im Sport und natürlich auch abseits davon. Neben den Moderationen an sich, gesellte sich noch eine zweite Fähigkeit dazu: Durch Rapid lernte ich nämlich auch, wie man Veranstaltungen entsprechend inszeniert.

Natürlich kommt es immer auf die Zielgruppe an. Aber wenn du während des Jahres für Grün-Weiß an die 100 Events organisierst, dann hast du irgendwann so viel Erfahrung, um dies auch außerhalb von Hütteldorf umzusetzen. Man gewährte mir auch das, weil man immer wusste, dass meine Arbeit für Rapid nicht darunter leiden würde. So wurde ich in den letzten Jahren mehrmals gebeten, große Veranstaltungen zu organisieren, und auch hier schaute ich immer, dass es meine Zeit erlaubte und sie nicht mit Rapid kollidierten.

Abschließend möchte ich anmerken, dass ich meinen Vorgesetzten bei Rapid unglaublich dankbar war und bin. Ich konnte und durfte mir als Moderator und Eventorganisator auch außerhalb von Rapid ein Standbein aufbauen und nützte das aber auch zum Vorteil für den Verein. Jetzt, nach meiner Zeit in Hütteldorf, gehe ich meiner großen Liebe zum Moderieren weiter nach. Für die Pension bin ich noch zu jung und ja, ich habe tatsächlich noch etwas vor. Ich durfte in Österreich auf jeder großen Bühne stehen, wo ich die prominentesten Persönlichkeiten anmoderiert und interviewt habe. Tausende Menschen konnte ich dabei unterhalten. Was mir aber noch fehlt und was ich immer auch einmal machen wollte, ist, eine kleine Show im Fernsehen zu moderieren. Das Leben spielt oft mit Überraschungen – auch das kann ja noch kommen!

… endlich auf Sendung

Neben dem Fußball war es mir als Moderator vergönnt, auf den größten Bühnen Österreichs zu stehen. Ich durfte die schönsten Veranstaltungen des Landes vor tausenden Menschen moderieren und konnte mich somit sehr glücklich schätzen. Einen Wunsch aber, den hatte ich immer im Hinterkopf: Ich wollte einmal eine Sendung im Fernsehen moderieren. Das nahm eines Tages auch konkrete Züge an, als mir Christoph Peschek in seinem Büro über ein Gespräch mit dem Verantwortlichen von W24 berichtete, einem Wiener Stadtsender, der in der Bundeshauptstadt und via Streaming online zu sehen ist. Man hatte eine Idee geboren: Ein wöchentliches Format namens „Rapid-Viertelstunde“ sollte ins Licht der Öffentlichkeit gerückt werden. „Was hältst du davon, wenn wir so ein Projekt umsetzen und du das Ganze moderierst?“, fragte mich Christoph und er hatte gleich meine volle Aufmerksamkeit. Es sollte eine Sendung werden, die Rapid-Fans und allen Interessierten einen Blick hinter die grün-weißen Kulissen bietet, mit Geschichten über Spieler und Fans, fernab von herkömmlicher Fußball-Berichterstattung. Ich war sehr angetan, wusste ich doch, dass wir damit nicht nur viele Informationen auf neuen Wegen weitergeben könnten, sondern die Sendung auch optimal für die Fanbindung wäre. Aber es bedeutete auch, wöchentlich sehr gute Beiträge zu produzieren, denn die Reichweite war schon eine große mit fünf Wiederholungen pro Woche. Auch wenn sie nur eine Viertelstunde dauern sollte, „braucht es hier Qualität, wir wollen uns schließlich abheben von den klassischen Sportsendungen", gab ich das Motto vor und sammelte Ideen und Kreativität. Viel kam hier von unserer Kommunikationsabteilung mit Peter Klinglmüller und dem ganzen Team dahinter, aber auch von W24 selbst. Mit Gunther Schmidek und Nico Bertotti hatten wir bald ein Duo gefunden, das das Projekt mit mir umsetzte. Und so starteten wir mit der ersten Sendung gleich in die damals neue Saison 2014/15 mit einer Vorlaufzeit von rund drei Wochen. Das Besondere: Die erste Episode wurde genau eine Woche nach dem Abschiedsspiel aus dem Gerhard-Hanappi-Stadion ausgestrahlt, was bedeutete, dass wir den Blick hinter die Kulissen hatten und zudem mit dem Abschied aus Hütteldorf einen richtig emotionalen Knaller!

Genau so setzte ich uns die Latte: „Wir wollen die Menschen immer verblüffen, nicht nur mit den Themen an sich, sondern auch mit den Locations, von denen ich mich melde!" Und da waren einige Schmankerl dabei. Etwa als mich ein Kran auf unserer Stadionbaustelle auf 60 Meter Höhe hochzog und ich von dort aus moderierte. Oder am Dach des Ernst-Happel-Stadions, wo einem der Wind um die Ohren pfiff – auch das war nichts für schwache Nerven! Nerven brauchte ich auch, als wir uns einmal vom Wiener Christkindlmarkt meldeten und jeder Zweite, der vorbeiging, vermeintlich lustig in die Kamera grinste und winkte. Nervosität kam bei mir dazu, als ich beim Bundespräsidenten in der Hofburg sein durfte und von hier aus die Rapid-Fans begrüßte. Oder am Flughafen in Schwechat, wo es ein bisschen eng wurde. „Haben Sie eine Drehgenehmigung?", hörte ich den nahenden Security rufen. Aber schnell stellte sich heraus, er war ein Rapidler, also konnten wir weiterdrehen. Unwohl war mir immer, wenn ich mich von der Baustelle in Hütteldorf meldete und an mir die riesigen Bagger vorbeifuhren. Auch hier hieß es, durchbeißen und locker moderieren. Für mich am schönsten war es aber, wenn ich anderen Menschen eine Freude bereiten konnte und sie überraschte. Etwa als wir den damals ältesten Rapid-Fan Otto Filipsky in seiner Heimat Retz besuchten und er mir über vergangene Zeiten erzählte. Der Herr war damals unglaubliche 104 Jahre alt – später haben wir ihn öfters auch ins Stadion eingeladen. Auch kleine Rapid-Fans freuten sich immer bei Überraschungsbesuchen und besonders, wenn ich auch mit einem Spieler vorbeischaute. Unser Konzept ging auf. In der „Rapid-Viertelstunde" lernte ich neuen Spielern aus anderen Ländern ein bisschen Deutsch, machte Übungen in der Kraftkammer mit, Steffen Hofmann zeigte mir in einer Trainingseinheit einige Tricks oder wir sammelten uns mit Kindern in Schönbrunn zur Weihnachtsbäckerei. Ebenso mit dabei waren wir, wenn es um soziale Themen ging, und besuchten Rapid-Fans, die das Schicksal getroffen hatte, bei ihnen zu Hause oder im Spital. Große Ereignisse wie die Stadioneröffnung, das Karriereende von Steffen Hofmann oder das Cup-Finale in Klagenfurt waren auch Bestandteil unserer Sendungen sowie kleinere Geschichten, wenn wir etwa Rapid-Legenden zum Gespräch einluden - von Körner bis Keglevits, von Krankl bis Weber waren sie alle zu Gast. Ich könnte unzählige Erlebnisse aufzählen. Wichtiger aber war zu sehen, die Sendung kam sehr gut an!

Nach jeder Folge landeten zahlreiche Mails bei mir und die große Begeisterung unserer Anhänger sah man auch an den Einschaltquoten. Das freute uns alle sehr, denn obwohl es nur 15 Minuten Programm waren in der Woche, sollte es immer etwas Neues, Spannendes sein, was die Zuschauer überraschen konnte. Das war nicht immer leicht, aber es gelang. Noch ein Geheimnis möchte ich an dieser Stelle lüften: Aus organisatorischen Gründen zeichneten wir die Sendungen jeweils am Donnerstag, also einen Tag vor der Ausstrahlung auf, was grundsätzlich kein Problem war. Als wir dann aber immer wieder in der UEFA Europa League am Donnerstag spielten, oft auch im Ausland, stellte uns das vor eine Herausforderung: „Wie soll ich hier die Zuschauer begrüßen, wenn ich gar nicht in Wien bin und wir nicht wissen können, wie das Spiel ausgeht?", fragte ich: „Schließlich wollen wir ja in einer Freitagsendung auch über den Ausgang berichten!" Also wendete ich einen Trick an. Bevor die Reise losging, nahmen wir drei unterschiedliche Varianten der Begrüßung auf: Einmal meldete ich mich euphorisch, als hätten wir bereits gewonnen, einmal zufrieden (Unentschieden) und einmal richtig traurig (im Fall einer Niederlage). Gleich nach dem Abpfiff im Ausland wurde in Wien die passende Version in die Sendung geschnitten – so waren wir brandaktuell, mussten aber immer ein bisschen spekulieren. Und noch ein Schmankerl: Wenn man die Sendung kennt, weiß man, dass ich immer meine Moderationskarte in der Hand hielt. „Was sind da eigentlich für Stichworte notiert gewesen?", fragten mich oft Rapid-Fans. Ganz ehrlich? Gar keine! Von der ersten bis zu meiner letzten Folge war es immer dieselbe leere Karte – sie machte sich gut im Bild und vermittelte einen professionellen Eindruck. Gebraucht habe ich sie nicht, denn alle notwendigen Infos waren bereits in meinem Kopf gespeichert. Nach meinem Abschied übergab ich die Moderation der Sendung nach 214 Folgen an meinen Sohn Lukas, das Konzept der „Rapid-Viertelstunde" aber blieb gleich: einen Einblick in die Vielfalt unseres Vereins geben, zwar verknappt auf jeweils 15 Minuten, aber immer mit den Geschehnissen der Woche. Das ist uns, denke ich, immer gut gelungen und ich war darin aufgegangen. „Meine" eigene Sendung, mit der ich mich immer wieder bei der Rapid-Familie melden konnte!

w.skrapid.at
RAPID
WIEN ENERGIE
tipp3
ADMIRAL
Kamper
PANACEO
LYONESS

RAPID
MAGISCHE ZEITEN

RICOH

... wir fühlten uns von ihm angezogen

Diese Geschichte ist ein Text, den ein sehr netter Mann in einem Forum über mich als Stadionsprecher schrieb:

Ich weiß oft nicht, was genau mich zu Rapid zieht: das Spiel oder die Stimme. Jedenfalls begleite ich unseren Sohn Florian und versuche, ihm ein einigermaßen gleichwertiger Gesprächspartner zu sein. Als er etwa 10 Jahre alt war, begann er sich für Fußball zu interessieren. Es war ein theoretisches Interesse, ein solches von dem Fernseher. Es waren die Jahre von Sturm Graz und FC Tirol. Rapid war damals für uns kein Thema und spielte nur eine untergeordnete Rolle. Es wurde mir klar, dass man dieses große Interesse für Fußball fördern müsse, aber wie? Ich selbst wusste nichts über Fußball, Florian war mir mit seiner Detailkenntnis weit voraus. Für uns, als Favoritner, war es naheliegend, zum nächstgelegenen Bundesliga-Verein zu gehen, und im Jahr 2000 besuchten wir tatsächlich einige Spiele am Verteilerkreis. In der Folge planten wir Reisen so, dass wir möglichst immer auch ein Fußballspiel besuchen konnten. Graz, Salzburg, Innsbruck, Bregenz und Klagenfurt waren unsere Ziele.

Schließlich fehlte uns noch ein Verein in unserer Sammlung: Rapid. Wir wählten das Spiel Rapid-LASK am 28.4.2001. Es war die Zeit, als das Hanappi-Stadion ein neues Dach bekommen sollte und es gab auf der West aus diesem Anlass auch ein Spruchband. Rapid war Zweiter in der Tabelle, der Trainer Ernst Dokupil. Umso betrüblicher die Zuschauerzahl von nur 6.850. Dennoch war es nicht ein Spiel wie alle anderen, die wir gesehen haben. Es war der uns damals unbekannte Mann mit dem Mikro, der den Unterschied ausmachte. Ich hatte den Eindruck, als würde er mich und mit mir auch alle anderen im Stadion persönlich ansprechen. Hier war jemand, der nicht nur eine Mannschaftsaufstellung aufsagt. Die Stimme appellierte an eine Gemeinschaft, sprach von einer Familie, und der größte Wunsch des Sprechers war, dass sich diese Familie vergrößern möge.

Man muss Florian eher die Wünsche von den Augen ablesen als dass er sie aussprechen würde. Umso mehr hat mich verblüfft, dass er bei der Heimfahrt von unserem ersten Spiel in Hütteldorf von sich aus vorgeschlagen hat, ab jetzt nur mehr Spiele von Rapid in Hütteldorf zu besuchen. Vielleicht war es die interessante Stadionzeitung, vielleicht hatte auch ihn diese Stimme fasziniert, jedenfalls war es bemerkenswert.

Zwar waren diese Stadionbesuche bedingt durch schulische Verpflichtungen nicht immer möglich, aber wir tasteten uns an den grün-weißen Fußball schrittweise an; zunächst mit Einzelkarten, dann mit einem Frühjahrs-Abo, natürlich ergänzt durch Mitgliedschaften. An einem „Tag der offenen Tür" gewann Florian ein Abo auf der Südtribüne. Das war der Startschuss für eine immer enger werdende Bindung an Rapid. Aus diesem einen Abo wurden im Laufe der Jahre vier und wir begannen, an allen Veranstaltungen, die den Mitgliedern angeboten wurden, teilzunehmen, wurden zu fallweisen Auswärtsfahrern, auch international.

Und so, wie unsere Beziehung zu Rapid sich intensivierte, so wuchs auch die Rapid-Euphorie bei den Gleichgesinnten gleichermaßen. Wir alle wurden vom charismatischen Sprecher angezogen; es war magisch, wenn „Hier kommt Rapid!" aus den Lautsprechern schallte.

Während unserer 20 Jahre mit Rapid stiegen die Zuschauerzahlen bei Rapid viel stärker als bei den Mitbewerbern. Es ist unschwer zu erraten, dass ein Mitgrund für diese große Popularität einen Namen hat, nämlich Andy Marek.

Grün weiße Grüße
Euer Franz Fiala

Franz Fiala schrieb nicht nur die schönen Zeilen über mich, sondern er überraschte mich mit einem sehr aufwendig gestalteten Bild zu meinem 50. Geburtstag!

SK RAPID W

Kapitel 17

Ich glaube es erst, wenn es dasteht

Die Mitglieder waren die ersten

Mindestens ebenso lange wie meine Jahre bei Rapid verfolgte uns die Frage nach einem neuen Stadion. Bereits Mitte der 90er gab es fixfertige Pläne, die nur auf die Umsetzung warteten – teilweise wurden sie sogar schon der Öffentlichkeit präsentiert. Bis dann wieder die Ernüchterung einkehrte und aus unterschiedlichen Gründen nichts daraus wurde. Anfang der 2000er-Jahre gab es eine ähnliche Situation, in der man einen neuen Versuch startete, aber auch hier legte man die Planspiele zunächst auf die Seite. Ein Stadionprojekt ist nicht im Vorbeigehen zu realisieren und das zeigte sich immer wieder bei der Finanzierung, aber auch am Standort: Die Geschichte bindet uns an Hütteldorf und dort ein neues Zuhause hinzustellen, war immens schwierig. Immer wieder probierte es unser damaliger General Manager Werner Kuhn mit einem Neuversuch, doch die Mühen waren vergebens. Und wenn das Thema neu aufflackerte, nahm man es schon gar nicht mehr ernst: „Jetzt mochn‘s scho wieder a Theater wegen an neich‘n Stadion, ober des wird eh wieder nix“, solche oder ähnliche Antworten bekamen wir. Wenn ich ehrlich bin, glaubte auch ich nicht mehr daran, dass wir in Hütteldorf so schnell in einem neuen Stadion spielen würden, und so zogen zunächst wieder einige Jahre ins Land.

2010 startete eine neue Diskussion zu diesem Thema und erstmals schnappte ich den Begriff „UVP“ auf, mit dem ich damals nichts anfangen konnte. Es ging um eine Umweltverträglichkeitsprüfung, die offenbar ein Knackpunkt wäre, so Experten, und einen Neubau verhinderte. Wieder schwirrten zahlreiche Ideen herum wie eine Standortverlagerung in den benachbarten Stadtteil Auhof, in die Seestadt Aspern und sogar über ein gemeinsames Stadion mit dem violetten Lokalrivalen wurde kurz beratschlagt. All das war für unsere Fans aber keine Option und auch für uns nicht. Dennoch musste bald etwas passieren. Es regnete ins altehrwürdige Hanappi-Stadion hinein, die Sessel rosteten vor sich hin und die Räumlichkeiten waren einfach nicht mehr in jenem Zustand, den es heutzutage, vor allem auch im Europacup, brauchte. So intervenierten unser damaliger Präsident Rudi Edlinger und Manager Werner Kuhn bei der Stadt Wien und man sah auch dort die Notwendigkeit einer Sanierung. Unser Verein erhielt 2011 eine Subvention, die zwar besser als nichts war, denn so konnten wir zumindest mal renovieren, dennoch wussten wir alle, dass wir über kurz oder lang nicht über einen kompletten Neubau hinauskommen würden. Intern stellten wir ein Team zusammen, das sich ganz mit dieser Möglichkeit beschäftigen sollte. „Wieder ein Versuch, der wohl in der Schublade landen wird", dachte ich mir, aber irgendwann zeigte sich, dass immer mehr Meinungsbildner von einem Neubau überzeugt waren. Und wieder poppten sie auf, die geflügelten Worte von der UVP, dem neuen Standort und vielem mehr. Nur diesmal mit einem gravierenden Unterschied: Es gab das wirtschaftliche Fundament, um zumindest einen Teil des Stadions selbst finanzieren zu können und viele engagierte Rapid-Freunde, die dies auch unbedingt wollten, mehr denn zuvor.

So startete man 2013 mit der Planung eines neuen Stadions am altbekannten Standort. Präsident Rudi Edlinger, der dieses Projekt sehr antrieb, verabschiedete sich nach 12 Jahren im Amt und ihm folgte mit Michael Krammer jemand, dem sowieso keine Hürde zu hoch war und der mit seinem Team den Turbo in Sachen Stadionprojekt zündete. An der Spitze mit dabei war Harry Gartler, der einen unglaublich guten Job verrichtete und von Tür zu Tür lief, um Unterstützer zu finden. Auch im neuen Präsidium strotzte man vor Energie und alle hatten einen Zugang zu Bereichen, die für den Neubau wichtig waren. So trug jeder seinen Teil bei, und auch darum hatte ich Anfang 2014 das Gefühl, dass es diesmal was werden könnte. Aber so dachten leider nicht alle oder sagen wir, noch zu wenige. Im Gespräch mit Fans oder beim Blick in Foren kam immer wieder sowas auf wie „Das wird wieder nichts!" oder „ich glaube es erst, wenn es dasteht!". Jene, die es ganz schlecht mit uns meinten, setzten Gerüchte in die Welt wie „Die lügen euch an, sie haben weder Geld, noch dürfen sie in Hütteldorf bauen!" Ganz falsch war es dennoch nicht, denn, auch wenn wir nicht gelogen hatten, war das Stadion noch nicht ausfinanziert und die fixe Zusage für den Neubau an dieser Stelle fehlte ebenfalls noch. Daher bat ich Anfang Mai Michael Krammer um ein Gespräch: „Michael, die Leute glauben uns nicht, dass es ein neues Stadion geben wird. Die Stimmung ist nicht positiv, vor allem gibt es Meinungsbildner, die falsche Gerüchte in die Welt setzen!" – „Was schlägst du vor?", fragte er mich. Ich hatte einen Plan: „Machen wir eine große Veranstaltung, etwas ganz Besonderes, und dort präsentierst du live, was Sache ist!" Michael dachte nach und meinte: „Du weißt aber schon, dass wir tatsächlich noch keine Baubewilligung haben und auch keine Abrisserlaubnis. Und mit der Finanzierung sind wir auch noch nicht durch!" Das stimmte zwar, aber es sah gut aus: Der Naming-Right-Partner des Stadions, die Allianz, war an Bord, es gab die Förderung der Stadt Wien und der Rest zur Finanzierung mit einer Bank war auch fast ausverhandelt. Nach weiterem Abwägen schloss Michael Krammer mit: „Ich weiß, wenn du so eine Veranstaltung planst und in die Hand nimmst, wird es großartig! Ja, wir machen das. Wir zünden jetzt den Turbo und lassen uns von niemandem mehr aufhalten!" So kannte ich ihn, so ist er, eine Maschine! Michael bat mich, ihm ein Konzept zu präsentieren, wie ich mir alles vorstellte und vor allem auch, wo die Veranstaltung stattfinden sollte. Ich sammelte gemeinsam mit meinem Klubservice-Team einige Ideen und hatte auch unsere Kommunikationsabteilung an Bord, denn wir brauchten ja eine breite Öffentlichkeit. Ich entschied mich für die Halle F der Wiener Stadthalle und auch der Präsident war von diesem Vorschlag sehr angetan. Den Titel für den Abend hatten wir bald: „Alte Heimat – neues Zuhause: Das grün-weiße Jahrhundertprojekt". Mit dieser Veranstaltung, exklusiv für unsere Mitglieder, wollten wir einen Meilenstein unseres Jahrhundertprojektes setzen.

Hier konnten wir endlich unsere Pläne und Details erstmals unseren Mitgliedern präsentieren und mein Auftrag war klar: Es musste groß, emotional werden und Gänsehautcharakter haben. Ich schmiss mich voll in die Planung und zog alle Register. Am 10. Juni 2014 war es dann so weit und wir hatten im Vorfeld bereits großes Interesse geweckt – auf Ö3 gab es etwa stündlich die Schlagzeile, dass Rapid heute seine Stadionpläne präsentiert. Um 19:30 Uhr ging es in der Halle F der Stadthalle los, die bummvoll war und Zigtausende verfolgten die Veranstaltung via Livestream von zu Hause aus mit. Und anders als in den Wochen zuvor herrschte jetzt eine regelrecht euphorische, sehr positive Stimmung, denn alle waren auf den Abend gespannt. Ich selbst kann mich an keine Rapid-Versammlung erinnern, bei der die Erwartungshaltung so emotional war. Die Leute waren richtiggehend kribbelig vor Freude. Unter dem Motto „alle Generationen" holte ich eine Abordnung der Rapid-Legenden, Spieler des Rapid-Nachwuchses, unsere Trainer, das Präsidium und die komplette Mannschaft des SK Rapid auf die Bühne und jeder fand dort in einem eigenen Bereich seinen Platz. Allein das erzeugte schon ein sehenswertes Bild. Dann kam der große Auftritt von Michael Krammer und unser Präsident sollte mit seiner Ansprache schlussendlich auch alle Skeptiker und Pessimisten auf unsere Seite holen. Er machte keinen Hehl daraus, dass es noch einige Hürden geben würde, die zu meistern wären, aber er versprach, dass im Sommer 2016 in Hütteldorf ein neues Stadion steht. Tosender Applaus folgte nach jedem zweiten Satz und dann war es endlich so weit: „Schauen wir uns jetzt gemeinsam unser neues Zuhause an!“ Einzigartig war, dass kein Medium, kein Journalist oder sonst jemand diese Pläne zuvor gesehen hatte. Die Mitglieder des SK Rapid waren als erste dran und verfolgten jede Sekunde des Videos, das eine Visualisierung unserer neuen Heimstätte zeigte. Projektleiter Harry Gartler stellte via Skizzen die Details vor und Christoph Peschek, damals noch Vizepräsident, verkündete, dass das Stadion künftig am Gerhard-Hanappi-Platz 1 stehen werde –

auch das passte perfekt! Es war alles unglaublich emotional, Standing Ovations folgten und ich sah gestandene Männer mit Tränen in den Augen. Alle lagen sich in den Armen und freuten sich auf das, was kommen sollte. Man spürte eine regelrechte Aufbruchstimmung und alle skeptischen Stimmen verstummten zumindest an diesem unvergesslichen, sehr professionellen und positiven Abend. Es war noch ein ereignisreicher Weg, aber genau zwei Jahre und ein Monat später sollte unser Jahrhundertprojekt dann wirklich stehen. Und diese emotionale Veranstaltung war der gebührende Anpfiff!

Michael Krammer kam unmittelbar nach der Verabschiedung auf der Bühne zu mir und sagte: „Andy, ich habe in meinem beruflichen Leben mit vielen großen Eventagenturen zusammengearbeitet, das, was du allerdings heute hier auf die Beine gestellt hast, mit welcher Emotionalität und Professionalität hier alles abgelaufen ist, das hat alles Bisherige übertroffen! Ich danke dir für deine Idee und diese Umsetzung.“ Diese Worte taten sehr gut.

Erste Reihe fußfrei

Nach der großen Präsentation unserer Stadionpläne sprach ganz Österreich über das Jahrhundertprojekt des SK Rapid. Alle waren sehr angetan davon und die Medien, egal ob aus dem Sport, der Wirtschaft oder anderen Bereichen, berichteten intensiv und mit viel Neugierde. Wir dürften mit der Vorstellung in der Stadthalle einen Nerv getroffen haben und ich freute mich darüber. Später sollten das Abschiedsspiel, die Versteigerung des Inventars und die kultige Abrissparty folgen, die an anderer Stelle in diesem Buch beschrieben werden. Doch als bei letzterer der erste Bagger ein großes Stück Mauerwerk aus der Tribüne herausklopfte, war das nicht nur symbolisch und emotional, sondern auch Grund für eine Sorgenfalte. Zu diesem Zeitpunkt hatten wir zwar bereits eine Bewilligung zum Stadionabriss, die Förderung der Stadt Wien, den Bankkredit und die Vergabe des Naming-Rights in trockene Tücher gebracht und abgesichert, aber uns fehlte noch die Baubewilligung. Und ohne die, richtig, konnte man nicht bauen. Jetzt wurde es zeitlich ein bisschen heikel, denn obwohl Präsident Michael Krammer bei der Präsentation der Pläne signalisiert hatte, dass uns nichts aufhalten werde, fehlte eben noch das letzte Stück Formalität für die Umsetzung. Sollte es wirklich so kommen, wie einige Skeptiker und Negativisten meinten, dass wir es doch nicht auf die Reihe bringen? Dazu stand noch die große jährliche Hauptversammlung für unsere Mitglieder vor der Tür, wo wir natürlich Auskunft geben mussten. Das war nicht einfach, aber was ist bei Rapid schon einfach?!

Bei der Planung des Ablaufs grübelte ich. Ich hatte eine Liste der Tagesordnungspunkte erstellt, Punkt 8 war der Bau des Stadions. Konnten wir uns jetzt die Blöße geben und sagen: „Abreißen dürfen wir schon, aber bauen (noch) nicht?“ Das wäre fatal. Wie immer überstrahlte Michael Krammer meine Zweifel mit positiver Souveränität: „Ich habe unseren Fans versprochen, dass wir ein neues Stadion bauen und im Juli 2016 eröffnen. Also wird das auch so sein!“ Woher er diese Gelassenheit nahm, wusste ich nicht. Dennoch bereitete ich mich mit Plan B vor: Offensiv über die Situation zu sprechen, auch zur fehlenden Baubewilligung, wohl wissend, dass sich dann wieder ein Schwall an Fan- und öffentlicher Kritik über uns ergießen würde. Stadionprojektleiter Harry Gartler versuchte gemeinsam mit Vizepräsident Christoph Peschek und den weiteren Präsidiumsmitgliedern Nikolaus Rosenauer und Erich Haider, alles zu unternehmen, um es doch noch rechtzeitig in die Wege zu leiten. Dann war er da, der Tag der Hauptversammlung. Um 15:00 Uhr meldete sich ein sehr lockerer, fast überdrehter

Harry Gartler: „Hallo Andy, mein Bua! Du brauchst ka' Angst mehr haben, alles geritzt, wir haben die Baubewilligung bekommen!" Knapper hätte es kaum sein können – wenige Stunden vor der Hauptversammlung. Aber ja, ich war wirklich beruhigt und wischte die Bedenken über die Spezialisten, die aus diesem Thema wieder eine entbehrliche Geschichte gemacht hätten, beiseite.

So verlief unsere Hauptversammlung am 27.11.2014 im Congress Center der Messe Wien sehr gut. Die Stimmung war super und wir konnten unseren genauen Zeitplan, den ja unser Stadionbau-Generalunternehmer im Vorfeld auch ohne Baugenehmigung schon vorbereitet hatte, den Mitgliedern präsentieren. Da stand der 16. Juli als Tag der geplanten Stadioneröffnung niedergeschrieben – der es dann auch wurde. Allerdings: Jetzt musste alles passen, da durfte es keine Verzögerungen oder Überraschungen mehr geben. So war es dann auch, denn wir hatten wettermäßig Glück. Die Wintermonate sollten sich sehr mild gestalten, und so konnten die Bagger, Kräne und vor allem die vielen tüchtigen Arbeiter der Baufirma Strabag schon zu Jahresbeginn richtig loslegen. In Hütteldorf erlebte ich dabei vom Büro aus alles aus der ersten Reihe fußfrei mit. Mein Fenster ging genau in Richtung Baustelle, und so war es zwar faszinierend, wie es jeden Tag voranschritt, weil ich mich ja auf den Neubau freute, aber ich wurde zugleich sentimental. Augenzeuge zu sein, wie eine Tribüne nach der anderen zusammenfällt und das geliebte Gerhard-Hanappi-Stadion verschwindet, machte schon etwas mit mir.

Zeitweise tummelten sich hunderte Arbeiter auf der Baustelle und alles lief professionell ab. Hier ziehe auch meinen literarischen Hut vor den Verantwortlichen der Firma Strabag, allen Professionisten und vor allem vor Harry Gartler und seinem Team. Die Baustelle sollte zur bestbesuchten unseres Landes werden, denn jeden Tag kamen Schaulustige, Anrainer oder auch Architektur-Studenten mit Professoren vorbei, um anhand der Ereignisse etwas zu lernen oder einfach zuzuschauen. Auch zahlreiche Rapid-Fans besichtigten die Baustelle von außen und malten sich aus, wie und wo ihr künftiger Platz im Stadion wäre. Es ging so unglaublich schnell dahin, dass eines Tages Harry Gartler in meinem Büro stand: „Jetzt kannst du dich schon ans Organisieren unserer ersten Veranstaltung im neuen Stadion machen!" Das wurde die traditionelle Gleichenfeier, die man im Rohbau abhielt. Zig Medienvertreter kamen, alle wollten das Bauwerk von innen sehen, Ehrengäste der Stadt Wien und Mitarbeiter der Strabag wurden eingeladen und wir zelebrierten eine würdige erste Veranstaltung im neuen Zuhause. Dieses entwickelte sich auch deswegen prächtig, weil alles ohne gröbere Pannen nach Plan verlief, zeitlich wie finanziell. Alle paar Wochen holten wir unsere Spieler auf die Baustelle, damit sie die Entstehung live miterlebten – sie trainierten zu diesem Zeitpunkt ja im Trainingszentrum im Prater. So wurde dann auch die eine oder andere, kleinere Einheit auf der Baustelle abgehalten, indem man etwa einen Stufenlauf oder ein Krafttraining am sicheren Rohbau abhielt. Hier entstand unser neues Zuhause und das sollten sie alle von Beginn an miterleben!

Vier Monate vor der Eröffnung bekam ich dann mein neues Outfit überreicht: Baustellenschuhe und vor allem den eigenen Helm. Ab diesem Zeitpunkt war ich auch fast täglich auf der Baustelle anzutreffen, um Dinge abzumessen, zu planen und alles bildlich durchzugehen, wie es dann fertig aussehen könnte – wie etwa der neue Fancorner und Fanshop –, denn man musste das Ganze ja dann noch zum grün-weißen Leben erwecken und einrichten. Hier hatte ich alle Hände voll zu tun. Anfang April luden wir zur Präsentation unseres Gegners für das Eröffnungsspiel ein, es war die zweite Veranstaltung im beinahe fertiggestellten neuen VIP-Bereich. Die Medienvertreter staunten nicht nur über den Gegner Chelsea, sondern für ebenso große Bewunderung sorgte der bereits sehr weit fortgeschrittene Bau des Stadions. Die Sitze waren montiert, der Rasen verlegt und vieles mehr. Das blieb auch der Außenwelt nicht verborgen und es kamen fast täglich Fans vorbei, die uns fragten, ob sie nicht schon Probesitzen könnten. Soweit es die Sicherheit erlaubte, ließen wir das zu, gingen mit zukünftigen Abonnenten

auf die fast fertigen Tribünen und unsere Fans entschieden sich dann für einen Platz, wenn er noch verfügbar war. Zusammengefasst: Ich glaube, es gab bisher weltweit nur wenige Stadionbauten, die in so kurzer Zeit über die Bühne gingen. Und, da klopfe ich aufs Holz meines Schreibtisches, mit so wenig Problemen und ohne das veranschlagte Budget zu überziehen. Was auch zeigte: Alle Beteiligten leisteten einen immens guten Job, um das Stadionprojekt zu realisieren!

Der Business BANG

Die Überschrift dieses Kapitels mag knallen, aber sie sagt noch nicht viel aus. Es geht um eine Veranstaltung, die ich entsprechend taufte, weil sie für uns einen enorm großen Stellenwert hatte. Im Jänner 2015 begannen die Abrissarbeiten am Standort Hütteldorf und der Stadionbau lief. Jeden Tag sah man eine kleine Veränderung und es tummelten sich zahlreiche Arbeiter auf der populärsten Baustelle des Landes. Präsident Michael Krammer lud alle Abteilungsleiter des SK Rapid zu einem Meeting ein: „Der Bau ist auf Schiene, aber jetzt sind wir gefordert, alle anstehenden Projekte umzusetzen!" Hier meinte er Wettbewerbe in den verschiedenen Bereichen: Viele Firmen wollten mit Rapid zusammenarbeiten und aufgrund der Wettbewerbe sollten wir mit den jeweiligen Projektteams den Bestbieter auswählen. Wer würde die Gastro und den Ausschank bei den Buffets übernehmen, welche Sicherheitsfirma für Ordnung sorgen? Solche Entscheidungen mussten für alle Sparten getroffen werden, von der Ton- und Lichttechnik bis hin zur Reinigung für den gesamten Stadionbereich. Die Aufgabenpakete wurden verteilt, und weil ich bei Rapid schon lange Jahre den VIP-Bereich geleitet hatte, vertraute mir Michael Krammer das Projekt „Wettbewerb Catering" an. Das war eine spannende Aufgabe. Auf der einen Seite wollten viele Firmen zum Wettbewerb eingeladen werden, auf der anderen Seite wusste ich auch, dass es nicht viele gab, die so eine große Sache überhaupt stemmen könnten. Wir sprachen hier von der Erfahrung und den Ressourcen, um zumindest alle 14 Tage für 2 500 Personen im VIP-Bereich aufzutischen.

Ich überlegte mir ein Konzept, das Hand und Fuß hatte, und suchte mir die namhaftesten 20 österreichischen Cateringunternehmen heraus. Der Schwerpunkt lag auf Ostösterreich, denn es hätte nicht viel Sinn gemacht, eine Firma aus Tirol oder Vorarlberg zu nehmen, die dann mit all dem Equipment immer anreisen müsste. 19 Firmen meldeten sich sofort zurück, bekundeten Interesse und kamen zu einem Meeting, wo ich die Wettbewerbskriterien festlegte. Wichtig war mir hier, dass alle eine genaue Ausgangssituation vorfanden und somit dieselben Informationen bekamen. Es brauchte einen Partner, der bei rund 22 Heimspielen jährlich in der Lage war, ein hochwertiges Catering für 2 500 Gäste zu stellen, nicht nur im Sinne der Verpflegung, sondern auch den Service mit Equipment, Personal, Logistik oder Küche. Das hieß pro Spiel ca. 10 000 Teller, 20 000 Bestecke, 8 000 Gläser, 350 Personen an Personal. Nach dem ersten Meeting waren es nur mehr 12 Firmen, die sich das zutrauten und diese präsentierten sich einzeln unserer Jury. Mit dabei waren Präsidiumsmitglied Gerhard Höckner, ein erfolgreicher Gastronom, Finanzchef Raphael Landthaler, Zahlengenie und Kenner von Catering-Betrieben, Sales Direktor Jürgen Gruber, der die VIP-Karten verkaufen musste und Harry Gartler. Manche Präsentationen waren hervorragend, bei anderen merkte man, dass die Aufgabe den Unternehmen eine Spur zu groß war. So trennte sich rasch die Spreu vom Weizen und schließlich blieben die besten vier übrig, mit denen wir in ein großes Finale gingen. Die Firmen Motto am Fluss, Käfer/Impacts, Food Affairs und Allianz Catering mussten jeweils bei einem Spiel des SK Rapid im Ernst-Happel-Stadion, unserer Ausweichheimat zu diesem Zeitpunkt, für 1 000 Gäste ein Probe-Catering durchführen. Eingeladene Tester, Gastronomen, Haubenköche, Lehrer von Tourismusschulen, sollten auf Listen ihre Eindrücke niederschreiben und bewerten. Mit den Ergebnissen ging ich in unsere Präsidiumssitzung, wo es eine finale Gruppenentscheidung brauchte, denn zwei Kandidaten lagen ganz nah beisammen. Die Wahl fiel transparent und nach allen Abwägungen schließlich auf Food Affairs. Somit konnten wir ein Jahr vor der Stadionöffnung auch der Öffentlichkeit unseren neuen Partner präsentieren. Was wiederum sehr wichtig für unser Sales-Team war, mussten diese ja noch 2 500 VIP-Abos absetzen und die Menschen dafür begeistern. Ich hatte eine Idee. „Machen wir eine Informationsveranstaltung für potenzielle VIP-Gäste und zeigen wir, was unser VIP-Bereich kann – und was wir können“, schlug ich meinem Kollegen, Jürgen Gruber, vor und setzte mich sogleich an die Planung mit meinen Mitarbeitern im Klubservice. Es brauchte einen Abend auf höchstem Niveau, der wienerische Atmosphäre vermitteln und zugleich ein kulinarisches Erlebnis sein musste. Das ehrgeizige Ziel: Jeder, der hingeht, soll mit einer VIP-Jahreskarte für unser neues Stadion nach Hause gehen. Es musste einfach „BANG“ machen, und so gingen wir auch mit dem Arbeitstitel ans Werk.

Wir mieteten die Marx Halle, eine große, coole Location in Wien, die allerdings komplett leer war. Da hatten wir ordentlich zu zaubern und mussten sie zunächst mal mit Leben erfüllen. Ich organisierte eine riesige Bühne mit einer Ton- und Lichtanlage, die alle Stückeln spielte. Weiters 1 000 Plexiglassessel, 80 große runde Tische, 50 Meter Bar-Elemente, 60 Meter Buffet-Elemente, 120 Stehtische, 10 Ledersitzgarnituren, 120 Barhocker, eine riesige Vidiwall, zig Scheinwerfer. Was für ein Aufwand! Ja, normal wäre das alles nicht leistbar gewesen, aber viele Firmen, mit denen wir zum Teil schon Jahre zusammengearbeitet haben, kamen uns entgegen und halfen mit. Für Rapid war dieser Abend so wichtig, wir mussten abliefern! Und das taten wir auch beim Programm: Die Wiener Sängerknaben, eine Abordnung der Wiener Philharmoniker, der Wiener Andy Lee Lang und unsere Spieler würden für richtige, lokale Atmosphäre sorgen. Und so luden wir am 30. Juni 2015 zu dieser besonderen Gala in die Halle ein. Was der Öffentlichkeit bisher vorenthalten geblieben war, wurde nun rund 1 000 fußballinteressierten Vertretern aus Wirtschaft, Politik und Gesellschaft vorgestellt. Hier waren Top-Entscheidungsträger aus Unternehmen ebenso mit dabei wie viele Rapid-Fans, die sich für eine VIP-Jahreskarte interessierten. Unter dem Motto „Fußball – Business – Meisterliche Erfolge" präsentierten wir die neuesten Informationen zum künftigen Business-Bereich im Allianz Stadion. Gezeigt wurden animierte Visualisierungen der Business- und Logen-Areale, dazu holte ich prominente Gäste zum Interview auf die Bühne und präsentierte das Unternehmen, das in den nächsten Jahren für das leibliche Wohl in diesem Bereich sorgen sollte. Unser neuer Caterer Food Affairs zauberte an diesem Abend, als gäbe es kein Morgen, und alles, was das Herz begehrt, wurde aufgefahren und serviert. Präsident Michael Krammer verlieh den begeisterten Gästen einen Eindruck, was es heißt, Rapid zu atmen und Spannung zu genießen: „Wenn Spitzenleistungen aus Sport und Wirtschaft zusammentreffen, dann findet man sich künftig in den Logen und im neuen Business-Club-

Dieser elegante VIP-Bereich sollte die Käufer der VIP-Jahreskarten erwarten.

bereich des SK Rapid wieder", waren seine markanten Worte. Sehr viele Besucher entschieden sich sofort vor Ort, Jahreskarten zu kaufen, und wir konnten wirklich zufrieden sein: Es hatte an diesem Abend so richtig „BANG" gemacht – bei allen, die dabei waren!

Das „Weststadion" – Die Überzeugung der Skeptiker

Jeder kennt den Satz „Früher war alles besser" und es gibt immer Menschen, die dieses Motto richtig leben, die sich nach vergangenen Zeiten sehnen und so nicht bereit sind, sich für Neues zu öffnen. Viele Menschen sind von Natur aus vorsichtig oder lassen ihre Zweifel in die erste Reihe rücken; sie wollen so zuerst mal von einer Sache überzeugt werden – oder auch nicht. In Sachen Neubau des Stadions gab es diese Bedenken bei den meisten Rapid-Fans nicht. Das Gerhard-Hanappi-Stadion war alt und baufällig und aufgrund der notwendigen Standards hätten wir über kurz oder lang dort sowieso nicht mehr spielen dürfen. Zudem wurde das neue Zuhause in Hütteldorf am selben Standort errichtet. Alles bestens also? Nein, denn nicht alle waren aus den unterschiedlichsten Gründen damit glücklich.

Nach dem Schlusspfiff im Abschiedsspiel gegen Celtic saßen einige Fans stundenlang am Rasen und weinten. Viele dachten: „Wenn einem das beste Zuhause weggerissen wird, kann das neue Zuhause noch so gut sein!" Man würde ihm anfangs wenig Chancen einräumen wie allem, das neu ist und etwas Liebgewonnenes ersetzt. Das Hanappi-Stadion atmete alten, geschichtsträchtigen Charme, das neue Allianz Stadion würde modern sein, das war allen klar. Viele fürchteten, wir würden eine kalte, austauschbare Hütte hinstellen wie in anderen Teilen Europas. Zudem kam die Sorge auf, dass durch Sponsoren oder Investoren viele Rapid-fremde Veranstaltungen in unseren „vier Wänden" abgehalten würden. „Ihr werdet sehen, zum Beginn der zweiten Hälfte wird die riesige VIP-Tribüne halb leer sein, weil alle noch im VIP-Bereich essen, statt sich das Spiel anzuschauen", das bekamen wir von Skeptikern zu hören. Würde sich Hütteldorf zum Tummelplatz von rein kommerziellen Interessen entwickeln und echte Fußball-Leidenschaft künftig hintangestellt werden? Ein Hauptargument war sicher der Stadionname, denn daran stießen sich viele aus der aktiven Fanszene: Hier ging es nicht darum, nur Ultra-Mentalität zu verkörpern, also zumindest ein Stück gegen etwas zu sein, sondern vielen einfach ums Prinzip. Das hörte ich in

Gesprächen und wusste auch, dass mit der Vergabe der Namensrechte eine große Sensibilität einherging. Ich erinnere mich noch an eine Aussendung der Ultras von 2008, wo sinngemäß angekündigt wurde: Sollte der Stadionname geändert werden, würde die Klubführung damit in Kauf nehmen, dass der selbst so oft gepriesene Traditionsklub SK Rapid ein wenig von seinem Glanz verlieren und sich in Richtung aller anderen Bundesligaklubs entwickeln würde. „Es liegt an uns Fans, das zu bewahren, was Rapid wirklich ausmacht: Tradition, Kampfgeist & Leidenschaft!“, stand da geschrieben.

Klar war, die Kritik richtete sich nie gegen die Sponsoren an sich, denn alle wussten, dass diese überlebenswichtig für einen Fußballverein sind. Doch es gab für die aktive Fanszene des Blocks West Grenzen, die nicht zu überschreiten waren, und dazu gehörte aus ihrer Sicht eine Umbenennung des Stadions. Man befürchtete, dass das jahrelang sorgsam aufgebaute Lebensgefühl von Tradition, Leidenschaft, Geschichte und dem Kampf gegen die Kommerzialisierung im Fußball wie ein Kartenhaus in sich selbst zusammenbrechen könnte. Diese Aussagen bezogen sich damals darauf, falls das ehrwürdige Gerhard-Hanappi-Stadion plötzlich einen neuen Namen bekommen hätte. Als es dann Jahre später Wirklichkeit wurde und es im Zuge des Stadionneubaus so weit war, war klar: Es wird einige geben, die dieses Vorhaben nicht sang- und klanglos hinnehmen würden und den Weg nicht mitgehen wollten. Ich führte in dieser Zeit hunderte Gespräche und versuchte, mit guten Argumenten Überzeugungsarbeit zu leisten. Bei einigen gelang das, andere wiederum fühlten sich betrogen. In ihnen hatte sich eine Aussage der früheren Vereinsführung, dass das Wappen und der Stadionname unangetastet blieben, eingebrannt. Man spürte grundsätzlich eine Vorfreude auf das neue Zuhause, aber die Sache mit dem Namen, das ging für sie nicht. Davon waren sie nicht abzubringen.

Ab dem Zeitpunkt, als wir den neuen Namen „Allianz Stadion“ bekannt gegeben haben, begann eine Kampagne der Fanszene unter dem Motto „Weststadion“. So hieß das Gerhard-Hanappi-Stadion vor seiner Umbenennung und war im Volksmund auch weiter so verbreitet. Für mich war der Name an sich ein bisschen skurril, denn ich konnte mich noch an die ersten Tage nach dem Wechsel von der Pfarrwiese in das damalige neue Stadion erinnern – damals hatten viele gar keine Freude mit dem Namen „Weststadion“. Aber wir hielten es bei Rapid immer so, dass Meinungsfreiheit gilt, und so gestatteten wir es auch, dass rund eineinhalb Jahre bei jedem Heimspiel in der Übergangsheimat Ernst-Happel-Stadion, während der Bauphase in Hütteldorf, ein Transparent hing mit der Aufschrift

„Weststadion". Es war eine sensible Situation und unserem Partner Allianz gegenüber natürlich nicht einfach zu argumentieren, wobei es die Chefetage meiner Meinung nach sehr gelassen sah. Allerdings rückte der Tag der Stadioneröffnung immer näher und mir war bewusst, dass der Block West dem „Weststadion" huldigen würde. Das wurde nicht nur mit einer Choreografie beim Eröffnungsspiel gemacht, sondern auch mit einem Banner, das in 20 Metern Höhe unter dem Stadiondach aufgezogen wurde und seither dort hängt. Auch damit hatten die Verantwortungsträger der Allianz kein Problem, was großartig ist und alles andere als selbstverständlich, schließlich zahlten sie dem SK Rapid ja sehr viel Geld, damit wir das Stadionprojekt überhaupt hatten umsetzen können.

Viele Skeptiker ließen sich im Lauf der Zeit in ihren Vorurteilen eines Besseren belehren und akzeptierten das neue Zuhause, wie es ist. Andere werden es immer „Weststadion" nennen, was auch in Ordnung geht. Nur ganz wenige ließen sich in ihrer Meinung nicht überzeugen und verweigern sogar bis heute den Besuch unserer Heimspiele. Was schade ist, aber das müssen sie mit sich selbst ausmachen.

Ein Stadion ohne Innenleben

Wenn man ein neues Stadion plant, was ja nicht jeden Tag vorkommt, dann müssen auch Entscheidungen getroffen werden, die sitzen. Sobald etwas gebaut ist, gibt es kein Ändern mehr, darum musste auch bei uns alles wohl überlegt sein. Natürlich arbeiteten wir zusammen an diesem Jahrhundertprojekt – alles für den SK Rapid –, aber dennoch musste auch jede Abteilung für sich nachdenken und ihr Revier abstecken, wie groß und in welcher Form die jeweiligen relevanten Bereiche werden müssten. Das begann bei den Büros, ging aber vor allem in Richtung der diversen Verkaufs- und Repräsentationsflächen. So feilschte ich etwa mit Harry Gartler um jeden Quadratmeter für das neue Vereinsmuseum Rapideum, einen großzügigen Fanshop und einladenden Fancorner. Diese hieß es aber jetzt einzurichten. In meiner Zeit im Waldviertel, als ich noch in der Textilbranche tätig war, hatte ich immer wieder meine eigenen Geschäfte mitgeplant und so einiges an Erfahrung gesammelt. Diese half mir jetzt, aber ich brauchte trotzdem Unterstützung und die holte ich mir mit Eric Philip und Raimund Crammer, zwei ausgezeichneten Architekten, die selbst auch Rapid-Fans sind und so meine Wünsche punktgenau zu Papier brachten. Gemeinsam hatten wir unter anderem das Rapideum 2011 realisiert, welches nun im selben Stil einfach vergrößert werden sollte, weil es ja optisch und vom Konzept her optimal gelungen war. Der Fanshop brauchte ein stylisches, modernes Ambiente, wo man alles findet, was das Rapid-Herz begehrt und das dabei zum Verweilen einlädt. Und der Fancorner musste eine zweckdienliche Anlaufstelle für Infos werden, wo man sich auch die Karten oder Abos sichern kann. Hier waren wir gut auf Schiene und setzten alles wirklich so wie geplant und vor allem mit viel Rapid-Gefühl um.

Eines Tages kam allerdings unser Geschäftsführer, Christoph Peschek, zu mir und ich merkte, dass ihm etwas sehr am Herzen lag: „Andy, bitte versuche, auch dem Rest unseres Stadions ein Rapid-Leben einzuhauchen!" Damit meinte er etwa die vielen Stiegenhäuser, VIP-Bereiche, Zugänge und Durchlaufstellen, die zwar alle in einem schönen Weiß glänzten, aber unseren Verein noch nicht repräsentierten. Einfach nur das Vereinswappen hinzukleben, wäre da zu wenig.

Wir standen nun unmittelbar vor der Eröffnung, in wenigen Wochen sollten die ersten Fans ins neue Allianz Stadion können. Nun war guter Rat teuer. Ich stellte ein kleines Team zusammen und wir sammelten Ideen. Und diese sprudelten nur so. Ein Punkt war etwa die Textzeile unserer alten Hymne: „Drum zieht sich auch um meine Brust das grün und weiße Band". Diese nahmen wir als Grundlage für die Gestaltung und wir zogen das grün-weiße Band optisch durch

die gesamten Innenbereiche, von den Stiegenhäusern bis in die Büros, überall sollte man dieses verbindende Symbol sehen. Zusätzlich hauchten wir den Flächen weitere Vereinsgeschichte ein, indem wir Bilder großer Rapid-Legenden anbrachten und hochwertig gestaltete Rapid-Wappen. Auch die Spieltags-Bereiche bei den Kabinen mussten gestaltet werden und dort sollten emotionale Sprüche nochmals symbolisch den letzten Kick am Weg auf den Platz geben oder die Gegner ein bisschen einschüchtern. All das gelang sehr gut und wir waren richtig euphorisch. Aber wie immer, wenn man etwas gut macht, kommt schon die nächste Aufgabe um die Ecke und man sagt: „Du machst das so gut, das könntest du auch gleich umsetzen!“ Eigentlich ein schönes Lob, aber auch ein Mehr an Arbeit. So lag als nächstes Projekt die Gestaltung der Rekordmeister-Bar unter dem Dach der Eingangsröhre auf meinem Tisch. Diese Bar sollte einen Pub-Charakter bekommen und einfach gemütlich werden. Es war wichtig, all diese Dinge möglichst gut umzusetzen, denn das Innenleben eines Stadions kann dir so viel an Energie zurückgeben. Wenn man die Geschichte spürt, und da hat ja Rapid viel zu bieten, dann fühlen sich auch alle, die sich darin aufhalten, wohl. Ich denke, auch das ist uns sehr gut gelungen, denn bei jedem Besuch spürt man die entsprechende Atmosphäre – auch wenn kein Spiel stattfindet!

Der Tag X

Wenn ich alles über die Vorbereitungen, Erlebnisse und Ereignisse im Zuge der Stadioneröffnung hier erzählen würde, bräuchte man wohl das Doppelte an Seiten. Denn es war unglaublich intensiv, weil der Ablauf und die Umsetzung des Programms am Tag X in den Händen meines Klubservice-Teams lagen. Und nur bei uns: Wir waren unsere eigene Eventagentur, beschlossen alles selbst und setzten es um. Das war richtig viel, denn abseits der reinen Fertigstellung des Stadions gab es noch etliche Hausaufgaben auf unserer Liste zu erledigen. Im Mai starteten wir bereits mit dem Kartenverkauf für das Eröffnungsspiel in Form eines Packages: Eine edel gestaltete Box mit Matchkarte gegen den Chelsea FC, speziellem Rapid-Schal und der neuen Stadion-Bezahlkarte „Rapid Mari€“ mit 20 Euro Guthaben bereits aufgeladen. Damit konnte man gleich am Spieltag zu den Buffets gehen und bezahlen. Zum einen stellten wir hier schon im Vorfeld eine einschneidende Neuerung vor, zum anderen wurden so Verzögerungen im Gastrobereich vermieden. Denn ich brauche wohl kaum zu erwähnen, dass das Stadion innerhalb kürzester Zeit restlos ausverkauft war. Die Nachfrage war so groß, dass wir es wohl doppelt ausverkaufen hätten können. Wir dachten an alles, auch an mögliche Störfälle. Ich erzählte in einer Besprechung von Pannen bei internationalen Stadioneröffnungen, wo etwa der Strom ausgefallen war, es sich im Gastrobereich spießte oder die Drehkreuze verrücktspielten. Das wollten wir unbedingt vermeiden, aber ganz ausschließen konnte man es natürlich nicht. So entstand eine zündende Idee: Wir wollten eine Woche vor der eigentlichen Eröffnung einen Probelauf veranstalten, exklusiv für unsere Mitglieder. Zusammen mit einem kleinen Programm und einem Legendenspiel wäre es ein softer Start, bei dem wir noch einmal alles austesten könnten. Gesagt, getan, rund 7 000 Mitglieder ließen sich das erste Probesitzen nicht entgehen und wir schauten genau hin, an welchen sprichwörtlichen Schrauben noch zu drehen war. Das half immens und so konnten wir uns ganz auf den Tag X konzentrieren, der uns allen unglaublich viel Kraft und Substanz abverlangen sollte.

Ich hatte ein minutiös geplantes Konzept geschrieben, denn die gesamte Eröffnung, also auch vor und nach dem Match, brauchte einen zeitlich funktionierenden Ablauf. Alles musste hier klappen, schließlich wurden wir auch live im TV übertragen. Ein solches Programm wie hier für das Jahrhundertprojekt, plant man nicht jeden Tag, aber es sollte so vielen wie möglich zusagen. Jeder Besucher, jung wie alt, die gesamte Rapid-Familie sollte sich darin wiederfinden und begeistert sein. So entwickelten wir den Arbeitstitel „Tradition trifft Innovation" und der passte wie angegossen: Rapid als Traditionsverein verband sich durch das neue Stadion mit der Moderne. Daran sollte sich auch das Programm anpassen, also etwa eine junge Band und ein legendärer Musiker. Es allen recht zu machen, das schafft niemand, aber es brauchte eine bunte Mischung mit unterschiedlichen Impulsen. Sympathisch und würdig war der erste Tagespunkt. Unser Special Needs Team sollte gegen eine ebensolche Abordnung des Chelsea FC antreten, für die musikalische Untermalung zwischendurch lud ich die Wiener Sängerknaben, den Ostbahn-Kurti, Roman Gregory, FlowRag und eine Abordnung der Wiener Philharmoniker ein. Aber wir hatten noch mehr Überraschungen parat, die für besondere Stimmung sorgen sollten. Und natürlich der Chelsea FC als großer Gast unserer Mannschaft – also auch nicht irgendwer.

Alle sagten zu und die Planungen liefen wie am Schnürchen. Dennoch wurde es dann am Schluss quasi eine Punktlandung à la „vorne sperren wir die Türen auf und hinten gehen die letzten Arbeiter hinaus". Einen Tag vor der Eröffnung packten alle Mitarbeiter unseres Vereins noch einmal an, egal aus welcher Abteilung.

Es wurde gebohrt, geschraubt und fertiggestellt. Es gab eine Menge zu tun, denn alles sollte seine Ordnung haben, wenn einen Tag später die Besucher kamen. Und wir räumten auch noch organisatorische Hindernisse zur Seite: Knapp 300 Logensitze fehlten noch und der LKW, der sie bringen sollte, schaffte es nicht rechtzeitig. Harry Gartler schnaufte. „Ich kümmere mich darum“, entgegnete ich und rief einen unserer Lieferanten aus der Eventbranche an. Dieser lieferte am Tag X am Vormittag noch 300 Sessel für die Logen, also sozusagen in letzter Minute. Die abschließenden Checks wurden durchgeführt und dann war es so weit. In meiner Verantwortung an diesem besonderen Tag lagen die Organisation und Abwicklung des Eröffnungs-Programms, die Organisation des VIP-Bereichs mit 2 500 Gästen, die Fanshops, die komplette Sicherheit in der Röhre und einiges mehr. Ich kann mich noch genau erinnern, als ich am 16. Juli 2016 um genau 15:00 in mein Funkgerät diesen Satz sagte: „Ich wünsch‘ euch jetzt alles Gute, machen wir die Tore auf!“ Die Stadiontore öffneten sich und Menschenmassen strömten in unser neues Zuhause. Es wurde fotografiert, überall sah man Fans mit Handys und strahlende Gesichter!

„Meine Damen und Herren, herzlich willkommen in der alten Heimat in unserem neuen Zuhause!“, begrüßte ich erstmals die vielen Rapid-Fans und kündigte die beiden Special Needs Teams zu ihrem Match an. Hier spürte man große Freude, die ansteckend war und sich über den ganzen Tag ziehen sollte. Schnell wurde eine Bühne auf dem Rasen aufgebaut, wo dann die diversen musikalischen Acts auftraten. Die Wiener Philharmoniker rund um Rapid-Mitglied Clemens Hellsberg spielten unsere Rapid-Hymne. Projektleiter Harry Gartler und Roman Hornischer (Strabag) erzählten von der Bauphase. 50 Biker auf Harley Davidsons fuhren zur Musik von Steppenwolf auf den Rasen, ehe die Kultband Alkbottle „Mir san daham“ intonierte. Viele weitere Auftritte folgten, darunter eine seltene Live-Darbietung von Kurt Ostbahn und Band sowie den Wiener Sängerknaben. Gerührt waren nicht nur Präsident Michael Krammer und Geschäftsführer Christoph Peschek, als unser Fredi Körner die alte Rapid-Hymne sang, von mir mit dem Klavier begleitet wurde und tausende Fans gemeinsam einstimmten. Dann folgte der Countdown, den ich mit dem vollen Stadion herunterzählte, und Alt-Präsident Heinz Fischer und weitere Ehrengäste durchschnitten symbolisch das Eröffnungsband. Nach den Eröffnungsworten von Michael Krammer kamen Rapid und Chelsea aufs Feld und absolvierten unser erstes Spiel im neuen Zuhause. Dieses gewann unsere Mannschaft. Und auch wenn es nur ums Prestige ging, wird das dem neuen Trainer Antonio Conte nicht übermäßig gefallen haben, weil

Mäzen Roman Abramovich in unserer Rapid-Loge zugegen war und den „Blues“ zuschaute. Er sah ebenso die große Choreografie zum „Weststadion“ am Block West, der eine großartige Stimmung folgte. Ich stand unter Dauerstrom, war immer über Funk mit all meinen Mitarbeitern in Verbindung und stellte an diesem Nachmittag sicher hunderte Mal die Frage: „Leute, wie schaut's aus? Passt alles?“ Die Verantwortung war schließlich groß: Über 28 000 Fans im Stadion, die sich noch nicht auskannten, die Laufwege waren für sie ebenso neu wie die Sitzplätze oder die Zahlungsmodalitäten mit der Rapid-Mari€. Dennoch arrangierte man sich schnell, freute sich über die neuen Gegebenheiten und das brachte auch meinen Puls herunter. Das Einzige, was mich beunruhigte: Der Block West kam mir überfüllt vor. Es schienen sich zu viele Menschen auf der Tribüne aufzuhalten. Genau das konnte aber nicht sein, denn wir hatten ja nur so viele Karten verkauft, wie behördlich genehmigt waren. Dennoch wanderte mein sorgenvoller Blick während des Spiels immer wieder zum Block, schließlich ging es ja um die Sicherheit aller. Ein Gedränge oder eine Massenpanik konnten wir gar nicht gebrauchen. Fakt war später, dass zwar genau so viele Fans auf der Tribüne waren, wie erlaubt, aber die Planung, wo die Fans stehen würden, eine andere war als in der Realität. Auch daraus lernten wir und reduzierten für die kommenden Spiele die Kapazität. Von da an passte es. Im VIP-Bereich mit seinen 2 500 Gästen funktionierte es von Anfang an wie gewünscht und hunderte Service-Mitarbeiter leisteten einen großartigen Job zum Gelingen des Nachmittags.

In der Pause des Spiels brandete erneut großer Jubel auf, als wäre gerade ein Tor gefallen. Ich brachte den ältesten Rapid-Fan, Otto Filipsky, damals knapp 104 Jahre (!) alt, auf das Spielfeld und er wurde von den Fans euphorisch begrüßt. „Hier im Stadion sein zu können, das ist der schönste Augenblick in meinem Leben“, gestand unser ältester Fan gerührt. Und nicht nur die Mannschaft fühlte sich wohl, sondern wir alle – trotz großem Stress, der mit diesem Tag X verbunden war. Wir hatten eine immense Vielfalt an Aufgaben zu bewältigen, mit einer Stadioneröffnung noch keine wirkliche Erfahrung und ich brauchte danach schon einige Zeit, um meine Energiereserven wieder aufzuladen. Aber all das, was mit diesem neuen Stadion, mit unserer neuen Heimat hier einhergegangen ist, war trotz alledem ein Erlebnis, das ich nicht vergessen werde. Der Tag ging zu Ende und alle waren zufrieden. Es war eine super Zusammenarbeit aller Mitarbeiter und natürlich auch meiner Leute im Klubservice-Team, die danach ein bisschen berechtigte Ruhe brauchten. Aber wir alle kennen Rapid: Das Stadion war eröffnet – und nun hatte alles gerade erst begonnen!

WESTSTADION
WESTSTADION

SK RAPID WIEN
RAPID
SK RAPID

SK RAPID WIEN

Kapitel 18

Das werde ich nie vergessen #1

Als Dejan den Papst umarmte

Nach einer so langen Zeit als Mitarbeiter eines Fußballvereins sind es in erster Linie die sportlichen Erfolge, die besonderen internationalen Spiele, Derbysiege und Meistertitel, die einem ewig in Erinnerung bleiben. Aber auch abseits des Spielfeldes gab es in diesen mehr als 27 Jahren unglaublich viele Erlebnisse, die ich einerseits nie vergessen werde und für die ich andererseits sehr dankbar und demütig bin.

Ein so ein unvergessliches Erlebnis ereignete sich im Frühling 2018, als ich gemeinsam mit einigen Spielern, Betreuern, den beiden Geschäftsführern, Vertretern des Präsidiums, Mitarbeitern und dem Rapid-Pfarrer auf einer ganz besonderen Liste stand. Welche spezielle Liste das war? Es waren diejenigen Personen darauf, die der rund 30-köpfigen Delegation für eine Reise nach Rom angehörten, allerdings nicht, um in der italienischen Hauptstadt ein Fußballspiel zu absolvieren, sondern um einer privaten Audienz des Papstes persönlich beizuwohnen. Als ich von diesem Vorhaben erfuhr, war ich ehrlicherweise zunächst überwältigt, denn ich bin ein sehr gläubiger Mensch und war schon des Öfteren in Rom bei gewissen Audienzen am Petersplatz, mitten unter Tausenden Menschen, dabei. Dass ich nun die Ehre hatte, dem Pontifex in einer Privataudienz ganz nahe zu kommen, freute mich umso mehr.

Ich erkundigte mich zunächst einmal, wie es überhaupt zu dieser einzigartigen Möglichkeit gekommen war. Mir wurde mitgeteilt, dass sich aufgrund des Baus unseres Andachtsraumes im neuen Stadion diese besondere Idee entwickelte und in Zusammenarbeit mit unserem Rapid-Pfarrer Christoph Pelczar, Stadionprojektleiter Harry Gartler und vor allem Kardinal Schönborn umgesetzt und fixiert wurde. Ich war aber auch dieses Mal nicht nur Mitglied der Delegation, sondern wurde mit der Planung und Durchführung der Reise betraut, da ich in diesem Bereich in den letzten Jahren viel Erfahrung durch die Organisation unserer internationalen Reisen zu Spielen in der UEFA Champions oder Europa League gesammelt hatte. Also buchte ich für alle Personen auf besagter Liste die Flüge, die uns am 16. Mai 2018 in der Früh nach Rom und gleich am selben Nachmittag wieder zurück nach Wien bringen sollten. Darüber hinaus organisierte ich einen Transferbus und reservierte Plätze zum Mittagessen in einem urigen italienischen Lokal. Das Wichtigste dabei war schon im Vorfeld der Reise das punktgenaue Timing. „Wir müssen alle vorgegebenen Zeiten einhalten, denn weder der Papst noch der Flieger zurück nach Wien werden auf uns warten", sensibilisierte ich alle an der Reise teilnehmenden Personen schon Tage vor dem Abflug.

Nachdem alles gebucht war, hieß es noch Geschenke für Seine Heiligkeit vorzubereiten, und da hatten wir doch einige sehr schöne Ideen. Neben einem grün-weißen Trikot mit „Papa Francesco" als Aufdruck und einer Original Sacher-Torte wollten wir auch, dass der Pontifex selbst Mitglied beim SK Rapid wird, daher bereiteten wir ihm eine lebenslange Mitgliedschaft vor. Irgendwie wurde speziell bei mir die Anspannung, aber auch die Freude auf dieses einzigartige Ereignis von Tag zu Tag größer. Vor allem deswegen, weil unser Pfarrer, Christoph Pelczar, mich bat, vor Ort dem Papst unsere Delegation ein wenig vorzustellen. Wie bereits erwähnt, war ich schon öfters am Petersplatz, sah den Papst aber immer nur von einer mindestens 100 Meter weiten Entfernung. Das war schön, aber dass ich jetzt die Ehre bekommen sollte, ihm die Hand zu schütteln und mit ihm zu sprechen, konnte ich mir damals noch gar nicht vorstellen.

Es war so weit, der Tag des Papstbesuches stand an und bereits um 5.30 Uhr gab es einen sehr zeitigen Treffpunkt am Flughafen Wien-Schwechat. Die komplette Delegation bekam im Vorfeld von mir einen Dresscode übersendet, alle hielten sich perfekt daran und erschienen im schönen SK Rapid-Klubanzug. Manche baten mich zwar noch, die Krawatte zu binden, aber sonst waren wir eigentlich schon gebührend gekleidet und startklar. Wobei, leider noch nicht ganz. Boli Bolingoli hatte seinen Wecker nicht gehört und verschlafen. Nachdem ich ihn angerufen hatte, sprang er in ein Taxi, war schon auf der Höhe Simmering, da bemerkte er, dass er keinen Pass mithatte. Leider schaffte er es im Endeffekt nicht, rechtzeitig an Bord zu sein, und somit hoben wir ohne ihn Richtung Rom ab.

Pünktlich um 8.00 Uhr landeten wir am Flughafen der italienischen Hauptstadt, mussten auf kein Gepäck warten und konnten damit planmäßig in den Bus einsteigen, der schon vor der Tür wartete. „Nicht länger als eine Stunde Fahrzeit vom Flughafen Fiumicino bis zum Vatikan", hieß es im Vorfeld der Reise vom

Busunternehmer. Die Privataudienz war für 9.30 Uhr angesetzt und diese Zeit sollten wir unbedingt einhalten, denn um 10.00 Uhr musste der Papst schon am Petersplatz die Generalaudienz mit tausenden Menschen durchführen. Warum gehe ich hier so detailliert auf die Zeiten ein? Ja, weil wir leider schon bei der Stadteinfahrt im Stau standen und unser Plan nicht aufzugehen schien. Kardinal Schönborn, der im Bus direkt neben mir saß, wurde von Minute zu Minute unruhiger und versuchte, den Privatsekretär des Papstes zu erreichen. Dieser signalisierte allerdings Gelassenheit, weil es doch noch 30 Minuten bis zum vereinbarten Termin waren. Allerdings wurde der Verkehr nicht weniger, wir fuhren größtenteils nur im Schritttempo, die Zeit lief und im Bus hatten die meisten das Gefühl, dass die private Audienz nichts mehr werden würde. Der Kardinal rief erneut im Vatikan an, dieses Mal war auch sein Gegenüber überhaupt nicht mehr gelassen und sagte: „Der Papst muss um 10 Uhr am Petersplatz sein, und wenn ihr zu spät seid, kann man dann nichts mehr machen!" Der Kardinal war blass, der Buslenker war blass, ich war blass und im Bus war es auf einmal ganz still. Sollten wir jetzt wegen ein paar Minuten eines der größten Erlebnisse versäumen? Auch wenn die Situation aussichtlos schien, blieb ich optimistisch, dass wir es doch noch irgendwie schaffen könnten.

Wir kamen an, die Schweizergarde öffnete die Tore des Vatikans und wir fuhren direkt in den großen Innenhof. Schnell war klar, dass es keine Privataudienz geben würde, denn wir hörten schon den Papst, der bereits die Generalaudienz in mehreren Sprachen am mit tausenden Menschen gefüllten Petersplatz zelebrierte. Wir waren zuerst traurig, aber dies änderte sich schnell, denn wir bekamen dann doch noch unvergessliche Momente zu erleben. Rasch verließen wir den Bus und wurden vorbei an den privaten Räumen des Pontifex hinaus auf den Petersplatz gebracht. Seitlich, ungefähr 50 Meter von ihm entfernt, nahmen wir Platz und lauschten andächtig, beteten mit und jeder von uns war irgendwie in der Hoffnung, dem Papst doch noch näher zu kommen. Kardinal Schönborn saß in der Zwischenzeit schon bei den anderen anwesenden Kardinälen, sehr nahe beim Papst, und ich hatte das Gefühl, dass er noch etwas ganz Besonderes für uns organisierte. Papst Franziskus begrüßte uns persönlich in seiner Ansprache an die tausenden Gläubigen am Petersplatz und erteilte schließlich allen den Segen. Wir freuten uns zwar sehr über diese Worte, dachten aber, dass es das jetzt war. Wir irrten – Gott sei Dank!

Als die Menschen langsam den Petersplatz verließen, wurden vor uns einige Absperrungen geöffnet und wir waren plötzlich am direkten Weg zum Papst und

er am Weg zu uns. Ich durfte auf ihn zugehen, schüttelte ihm die Hand, stellte ihm unseren Präsidenten, die beiden Geschäftsführer sowie natürlich unseren Pfarrer vor und dann waren die Spieler an der Reihe. Jeder begegnete dem Pontifex anders. Die Brasilianer Joelinton und Galvao, sehr gläubige Menschen, hatten beispielsweise so einen erfüllten Ausdruck, als sie ihm die Hand gaben, andere wiederum waren eher zurückhaltend und erstarrten fast in Ehrfurcht. Der Papst segnete auch einen von Richard Strebinger mitgebrachten Rosenkranz und einen Stein von Mario Pavelic. Alles verlief mit ein bisschen Distanz, großer Aufregung und viel Nervosität, bis „er" kam. Dejan Ljubicic, ein gut erzogener, respektvoller junger Mann, war an der Reihe, um dem Papst die Hand zu geben. „Was ist jetzt los?", dachte ich mir. Keine Hand, kein Abstand – Dejan umarmte Franziskus so innig, dass man fast meinen konnte, er würde ihn erdrücken! Es war so viel Leidenschaft dabei, dass

der Papst selbst zunächst verblüfft war, dann aber auch Dejan nahm und umarmte. Ich stand daneben, war von dieser Situation persönlich sehr berührt und hatte ein paar Tränen in den Augen. Jedoch musste ich dann Dejan darauf hinweisen, dass andere Spieler auch noch warteten, denn sonst hätte er den Papst, glaube ich, nicht mehr losgelassen. Von Christoph Peschek erhielt der Papst danach noch eine Sacher-Torte, Stefan Schwab überreichte ihm ein Rapid-Trikot mit der Nummer 10 und dem Namen „Papa Francesco" und bedankte sich auf Italienisch, dass wir hier sein durften. Schlussendlich überreichte ihm auch noch unser Präsident Michael Krammer eine wertvolle Schatulle und machte Papst Franziskus zum lebenslangen Mitglied des SK Rapid.

Für die gesamte Gruppe gab es im Anschluss dann einen exklusiven Besuch im an diesem Tag gesperrten Petersdom, wo alle über die Pietà von Michelangelo, das Petrusgrab und vieles mehr staunten. Nach einer kleinen Stärkung durch ein italienisches Spaghetti-Menü ging es dann um 15:30 Uhr wieder zurück nach Wien. Im Flieger saß eine grün-weiße Delegation, die sehr beeindruckt und besonders glücklich war, diesen unvergesslichen Tag miterlebt zu haben, vor allem auch im Hinblick darauf, dass es zeitlich alles sehr knapp war und dieser enge Kontakt mit Papst Franziskus beinahe nicht möglich gewesen wäre.

Mich persönlich hat es unglaublich gefreut, diese Momente zu erleben, und seitdem hängt bei mir zu Hause im Büro ein Bild von unserem Papstbesuch, das mich immer an Dejans herzliche Umarmung mit dem Papst erinnert.

Als ich in Brüssel beim Finale sprach

Es war Mitte der 90er und es lief für mich in meiner Tätigkeit als Stadionsprecher sehr gut. Ich konnte mich voll entfalten und ging darin immer mehr auf. Bei Rapid wuchs ich zu einem fixen Bestandteil heran und seit Sommer 1993 war ich nun auch bei den Heimspielen der österreichischen Nationalmannschaft am Mikrofon aktiv. Eine große Auszeichnung entdeckte ich in dieser Phase, als ich den „Kurier“ aufschlug: Die Tageszeitung hatte mich bei einer Wahl mit der Höchstnote von fünf Sternen zum besten Stadionsprecher des Landes gewählt. Es konnte gar nicht schöner laufen, aber viele Highlights warteten noch auf mich. Denn durch meine Tätigkeiten beim Nationalteam wurde auch die UEFA auf mich aufmerksam, und so lud man mich für ein ganz besonderes Spiel ein. Nur die wenigsten wussten bislang, dass ich das in Wien stattfindende Champions-League-Finale zwischen Ajax Amsterdam und dem AC Milan 1995 moderierte, vor 50000 Zuschauern im Happel-Stadion. Für mich war es eine riesige Sache, ein wunderschönes Erlebnis. Aber ehrlich gesagt, fehlte natürlich durch die Distanz zu beiden Teams die Emotion – es war halt nicht Rapid. Ein Jahr später sollte es sich dann einstellen: ein weiteres Finalspiel, bei dem ich mit dabei war und das zudem auch eine absolute Sternstunde unseres Vereins markierte.

Manager Werner Kuhn fädelte 1996 ein, dass ich im Europacup-Finale in Brüssel moderieren konnte. Ein unbeschreibliches Erlebnis.

Nachdem unser Weg von Petrolul Ploiesti aus Bulgarien, Sporting aus Lissabon, dem russischen Cupsieger Dynamo Moskau über Hollands Spitzenmannschaft Feyenoord Rotterdam führte und wir alle sensationell ausgeschaltet hatten, stand Rapid plötzlich im Europacup-Finale der Cupsieger. Das war definitiv etwas Besonderes, eine Sensation! Ganz Österreich sprach über uns, die Leistungen hatten über die Grenzen hinaus Interesse geweckt, und dass dieses auch für das Finale in Brüssel immens war, brauche ich wohl nicht weiter zu betonen. Rund eine Woche vor dem Entscheidungsspiel gegen Paris SG um die Trophäe kam unser Manager Werner Kuhn auf mich zu: „Die UEFA hat vorgeschlagen, dass beide Stadionsprecher, von Rapid und PSG, das Finale zusammen moderieren!" Wenn es eine Frage war, so hörte ich sie schon gar nicht mehr, und sagte wie aus der Pistole geschossen sofort zu. Ich konnte mein Glück gar nicht fassen – wieder ein Finale, diesmal aber mit meinem SK Rapid!

Der große Tag für Grün-Weiß rückte näher und näher und die Medien, die ganze Öffentlichkeit hatte nur dieses eine Thema vor Augen. Plötzlich wurde auch bekannt, dass ich im Finale sprechen würde und bei mir trudelten zahlreiche Interview-Anfragen ein: „Was bedeutet es für dich?", das war natürlich die meistgestellte Frage. Meine Antwort war simpel, aber voller Stolz: „Es ist die größte Ehre, wenn du im EC-Finale unter Beteiligung deiner Mannschaft sprechen darfst!" Und so fieberten wir alle in Richtung Spiel, unsere Fans sowieso. Jeder Finalist bekam 15 000 Matchkarten zugesprochen, die in wenigen Stunden vergriffen waren. Es machte sich eine riesige Karawane auf den Weg nach Brüssel zum Europacup-Finale. Für mich fühlt es sich an, als wäre es gestern gewesen. Ich konnte im Mannschaftsflieger mitreisen, wo als Einstimmung ein Video mit den Toren vom Weg ins Finale gezeigt und dazu ein neues Rapid-Lied abgespielt wurde, das extra für dieses große Ereignis entstanden war, und ich durfte es singen. Alle sangen mit – absolute Gänsehautstimmung!

In Brüssel angekommen, ging es für mich dann schnell ins König-Baudouin-Stadion, wo ein Termin zur Besprechung der Moderatoren angesetzt war. Hier wurde bereits alles für das große Spektakel vorbereitet und das Stadion wandelte sich auch optisch immer mehr für das Finale. Ich lernte meinen Kollegen von Paris Saint-Germain kennen, einen sehr freundlichen Mann, mit dem ich mich gleich gut verstand. Wir waren beide froh, dass wir hier dabei sein konnten. Ganz genau, also minutiös, musste man sich indes an den Ablaufplan der UEFA halten, und auch wo man sich bewegen durfte, um mit den Fans Stimmung zu erzeugen.

Hier, direkt vor dieser Kurve mit den Rapidfans, durfte ich beim Finale in Brüssel moderieren.

Wir hatten unsere Plätze jeweils vor der eigenen Fankurve – eine coole Sache. Als wir die Proben beendet hatten, kam unsere Mannschaft zum Abschlusstraining auf den Rasen und auch hier war es zu spüren: Jeder war stolz, mit dabei zu sein und diesen großen Moment genießen zu können.

Einen Tag später war es soweit, der 8. Mai 1996 brachte uns das Europacup-Finale der Cupsieger und man kann sich nicht vorstellen, was im Zentrum von Brüssel los war. Überall war Rapid vertreten, Menschen, Fahnen, Gesänge, man freute sich gemeinsam auf den Abend, auf das Spiel der Spiele und vor allem war man glücklich, hierfür überhaupt Karten zu haben. Natürlich sah man auch Fans von Paris, aber ich nahm viel weniger wahr, obwohl es gleich viele hätten sein müssen – hier hatte ich wohl die grün-weiße Brille auf. Alles verlief sehr entspannt und jeder fieberte dem Stadioneinlass entgegen.

Dann füllten sich die beiden Fankurven, je 15 000 Fans auf jeder Seite, dazu kamen 8 000 neutrale Besucher. Insgesamt waren 38 000 Zuschauer zugelassen. Unsere Kurve zu sehen, ganz in Grün-Weiß, war hier ein sehr erhebendes Gefühl. Banner, Transparente, Fahnen, 15 000 Anhänger mit Plastiküberziehern in Grün-Weiß und dann auch noch eine Zettelchoreografie, das ergab ein wunderschönes Bild. Wobei es gar nicht so einfach umzusetzen war, denn wegen der Choreo musste ich zu Beginn sehr viel mit den Belgiern diskutieren, weil sie die Zettel auf einmal nicht mehr erlaubten. Nachdem sich die Aufregung gelegt hatte, kam meine persönliche Anspannung, ich startete meine Moderation. Die 15 000 Rapidler waren sofort dabei, waren so laut – ich bekomme jetzt beim Schreiben eine Gänsehaut, wenn ich daran denke. Ich sagte die Mannschaftsaufstellung durch und nach den Vornamen kam jeweils ein so intensives Echo mit den Nachnamen zurück, dass es mir fast einen Scheitel zog (ich hatte damals noch mehr Haare). „Hier regiert der SCR", tönte es unglaublich laut durch das Stadion, aber auch von der Gegenseite wurde ordentlich Stimmung gemacht. Unbeschreibliche Momente! Wie alle wissen, haben wir dann das Spiel nach einer tapferen Leistung leider mit 0:1 verloren. Unvergesslich waren diese Erlebnisse für mich aber nicht nur wegen des Finalspiels an sich oder weil ich hier moderieren durfte. Vielmehr waren es die Geschehnisse NACH dem Schlusspfiff. Es gab natürlich große Enttäuschung und Tränen am Spielfeld, in unserer Kurve und auf der Längsseite bei der Delegation und den Spielerfrauen. Auch mir fiel es sehr schwer, hier die richtigen Worte zu finden. Unsere Kurve versuchte aber dann, die Mannschaft, sich selbst und uns alle aufzurichten. „RAPID!", begann es zu schallen zum bekannten rhythmischen Klatschen. Laut, intensiv, unaufhörlich, immer weiter, es fühlte sich wie eine Stunde an und man hörte so nicht mal den Jubel der Fans auf der Gegenseite bei der Siegerehrung. Man übertönte sie einfach. Neutrale Beobachter meinen wohl bis heute, dass der Pokal nicht an PSG, sondern an den SCR ging: Es war so laut, so emotional, alle waren mit dabei, es wollte nicht aufhören und irgendwie war bald niemand mehr traurig, sondern wir waren alle nur stolz, Rapidler zu sein. Unvergesslich!

Hoit de Pappn …

Eigentlich wollte ich in diesem Kapitel nur über Geschichten schreiben, die mir sehr positiv in Erinnerung bleiben werden. Nichtsdestotrotz fällt auch das folgende Thema unter diese Rubrik, denn das Ereignis und vor allem seine unglaublichen Nachwirkungen haben mich enorm beschäftigt, belastet und wahrlich hinuntergezogen, sodass ich dies auch nie vergessen werde.

Der Reihe nach: Rapid bestritt am 20. Oktober 2019 ein Meisterschafts-Heimspiel gegen den WAC. Unser Stadion war mit 21 200 Fans sehr gut gefüllt, was vor allem daran lag, dass an diesem Nachmittag der Vierte auf den Dritten der Fußball Bundesliga traf und der WAC in den Wochen davor international doch für etwas Furore gesorgt hatte. Schon im Vorfeld der Partie gab es das eine oder andere mediale Geplänkel, vermutlich auch deswegen, weil unser Trainer Didi Kühbauer selbst einige Jahre Trainer der Kärntner war.

Organisatorisch lief alles nach Plan, die Stimmung im Stadion war gut und ich nahm mit Spielbeginn meinen Platz gleich neben unserer Trainerbank ein wie schon seit rund 25 Jahren. Gleich zu Beginn der Partie merkte man, dass es sehr hitzig zur Sache ging. Einerseits mit vielen Fouls, wodurch Schiedsrichter Alexander Harkam im Laufe der Partie 11-mal die gelbe Karte zog, andererseits auch mit heftigen Wortgefechten zwischen den beiden Betreuerbänken. Wenig überraschend kam es dann auch zu einem Ausschluss abseits des Spielfeldes. Der Co-Trainer der Wolfsberger, Mohamed Sahli, sah aufgrund deutlicher Kritik am Schiedsrichterteam bereits früh die rote Karte und musste das Spiel von der Tribüne aus weiterverfolgen.

Sportlich gesehen zeigte unsere Mannschaft eine gute Leistung und ging in Minute 31 durch Taxi Fountas in Führung. Das 1:0 brachte aber leider nur wenig Ruhe in die Partie, es wurde gefühlt von Minute zu Minute hitziger und die Zweikämpfe von beiden Mannschaften wurden immer härter geführt. Für mich änderte dies persönlich aber vorerst nichts, hatte ich doch schon einige ähnliche Spiele gesehen. Was aber nach dem Schlusspfiff kam, das habe ich wirklich noch nie erlebt, doch vorerst die Entstehungsgeschichte.

In der 64. Minute erzielte der WAC den Ausgleich. Es fiel aber nicht nur das Tor, sondern leider auch ein Bierbecher von unserer VIP-Tribüne in Richtung Spielfeld und schlug etwa einen Meter neben dem WAC-Trainer auf. Ich sah den Vorfall, funkte sofort in unsere Sicherheitszentrale und bat, den Schützen ausfindig zu machen. Unsere Ordner erhielten durch die Aufzeichnungen der Videoüberwachung die genaue Information, wo der Werfer saß, nahmen seine Daten auf und brachten ihn sofort aus dem Stadion. Unmittelbar nach dem Wurf und meinem Funkspruch lief der WAC-Trainer zum 4. Offiziellen, es war bei diesem Spiel Manuel Schüttengruber, und beschwerte sich furchtbar über den Becherwurf. Schüttengruber kam zu mir und sagte: „Hast du das gesehen? Ihr müsst sofort etwas unternehmen!" – „Wir haben den Werfer, er wird bereits von seinem Platz abgeholt!", antwortete ich ihm. Der 4. Offizielle war mit unserer Reaktion zufrieden, ein gewisser Trainer namens Gerhard Struber allerdings nicht. Dieser bemerkte das Gespräch zwischen Schüttengruber und mir, lief auf uns zu und begann, mich plötzlich zu beschimpfen. Dass sich zwei Trainer während des Spiels gegenseitig einige nicht so nette Worte zurufen, habe ich schon des Öfteren gehört, aber dass ein gegnerischer Trainer, mit dem ich bis zu diesem Tag noch kein einziges Wort gewechselt hatte, mich derb beschimpfte, war ein absolutes Novum. Als Struber dann mit den Worten „Gratuliere zu deinen deppaten Fans!", endete und somit ein ganzes Stadion pauschal wegen einer Person verbal angriff, da konnte ich leider nicht mehr stumm sein und ließ mich zu folgenden Worten hinreißen, die in weiterer Folge noch böse Wellen schlugen: „Hoit de Pappn!". Ich wollte damit einer längeren Diskussion aus dem Weg gehen und setzte mich danach wieder auf meinen Platz.

Das Spiel lief dann einigermaßen normal weiter, die Wortgefechte zwischen den beiden Bänken blieben intensiv, das Ergebnis änderte sich aber nicht mehr, und so gab es am Ende eine sehr hitzige Punkteteilung in Hütteldorf. Ich bedankte mich nach dem Spiel wie immer per Mikro bei den Rapid-Fans für die Unterstützung und verabschiedete mich. Das Stadion leerte sich, aber bei mir ging es dann so richtig los, denn auf meinem Handy kamen unzählige Nachrichten herein, die sich allesamt auf dasselbe Thema bezogen: „Super gemacht", „Wahnsinn, du traust dich was", „Jetzt bist du der Internet-Star", ... stand in den meisten SMS- oder WhatsApp-Nachrichten geschrieben. Eigentlich wusste ich nicht wirklich was los war, bis mir dann ein Mitarbeiter aus meinem Team zeigte, dass sich im Internet gerade eine Geschichte auf diversen Sportseiten verbreitete, mit der ich wirklich, nicht gerechnet hatte. In der Live-Übertragung auf Sky sah man in einer Extra-Zeitlupe ganz genau mein Gesicht und konnte die Worte „Hoit de Pappn", die ich an Struber gerichtet hatte, doch sehr gut erkennen. Nur wenig später wurde ich medial ziemlich „abgewatscht", wodurch ich nun zum Grund komme, warum ich diese Situation nie vergessen werde.

Ich wusste immer, dass es solche und solche Journalisten gibt, wobei ich einerseits viele davon sehr schätze, andererseits aber mir auch bei einigen schwerer tue, ihre Art und Weise der Berichterstattung zu verstehen. Eigentlich hatte ich bis zu diesem Tag immer den festen Glauben daran, dass jeder Mensch und vor allem auch jeder Journalist immer zuerst gut recherchiert, bevor er über jemanden urteilt. Die erste „Hoit de Pappn"-Berichterstattung begann gleich nach dem Spiel in der Matchanalyse von Sky, wo die Moderatorin in die Runde der beiden Experten fragte: „Darf auf dieser großen weiten Welt so etwas passieren, dass ein Platzsprecher das zu einem Trainer sagt? Gibt es das irgendwo anders als bei uns auch noch?" Grundsätzlich war für mich diese Fragestellung schon ziemlich absurd, aber was danach kam, hat mich persönlich noch mehr gekränkt. Einer der beiden Experten im Studio war ein Herr, den ich sehr lange und durch viele Veranstaltungen, vor allem in Niederösterreich, sehr gut kannte und eigentlich als Freund bezeichnete, doch seine Antwort war wahrlich nicht freundschaftlich: „Das Verhalten ist ein absolutes No-Go. Das ist nicht zu entschuldigen, was da passiert ist. Noch dazu ist Andreas Marek auch Platzsprecher bei der Nationalmannschaft. Einen gegnerischen Trainer mit 'Hoit de Pappn' wegzuschicken, ist ein absolutes No-Go." Für mich ist eher ein No-Go, wenn man mich verurteilt, ohne zu wissen, was Herr Struber gesagt hatte und wirklich alles passiert war. Menschen, die fair sind und nicht einfach eine Skandal-Überschrift haben wollen, hätten vermutlich gesagt: „Herr Struber muss jetzt Andy Marek sehr beschimpft oder provoziert haben, denn einfach so sagt der das nicht!" Dazu muss man nicht einmal ein Freund von mir sein, sondern einfach ein fairer Mensch, aber dies war leider in dieser Situation nicht der Fall. Einige Medien stürzten sich in weiterer Folge auch auf diese Story und schrieben von einem „Skandal" über „Eklat" bis hin zur Frage, warum ich dort überhaupt während eines Spiels gewesen wäre. Für alle, die es nicht wissen, ist dies auch ganz einfach erklärt: Ich war seit 1998 für die Matchtagorganisation des SK Rapid verantwortlich und neben meinem Job als Stadionsprecher liefen bei mir alle Informationen betreffend der Sicherheit der Fans etc. zusammen, wodurch ich von dort auch viele Entscheidungen traf.

Bei allem Ärger über diese Situation muss ich aber auch festhalten, dass nicht alle Medien gleich sind. Einige berichteten gar nicht über diesen vermeintlichen Skandal, andere recherchierten, befragten mich zur Situation und stellten dann diese Geschichte deutlich wahrheitsgemäßer dar. Manche wollten leider nur ihre Schlagzeilen mit vielen Klicks und Lesern, vermutlich haben sie auch schon länger darauf gewartet, mich öffentlich an den Pranger zu stellen. Eine zweite Meinung wollten diese „Journalisten" damals anscheinend nicht hören. Als ich dann einen Redakteur, der in seinem Online-Beitrag von einem unglaublichen „Platzsprecher-Eklat" sprach, damit konfrontierte, kam die plumpe Antwort: „Das darfst du nicht persönlich nehmen!" Nicht persönlich? Wie soll ich es denn dann nehmen, wenn es um mich geht, dachte ich mir.

Auch wenn der Ärger über diese Situation in den Tagen danach bei mir noch zu spüren war, hat die klare Rückendeckung innerhalb des Vereins sehr gutgetan. Einerseits durch Präsident Michael Krammer und Geschäftsführer Christoph Peschek, die mich auch in aller Öffentlichkeit verteidigten, andererseits aber auch durch viele Rapid-Fans. Einige Fanklubs fertigten nämlich sogar T-Shirts mit dem Schriftzug „Hoit de Pappn“ an, verkauften diese für eine Charity-Aktion, druckten Abziehbilder mit jenen drei Worten sowie meinem Gesicht und darüber hinaus wurde ich tagelang mit meiner getätigten Aussage von vielen Personen scherzhaft begrüßt.

Alles in allem werde ich diese Situation also nie vergessen, wobei nicht der Disput mit Herrn Struber so einprägsam war, sondern viel mehr die Tatsache, dass mich hier einige Leute, die sehr oft etwas von mir gebraucht hatten, und mit denen ich meiner Meinung nach eigentlich ein gutes Verhältnis gepflegt hatte, aufgrund ihrer Berichterstattung sowas von fallen gelassen haben, womit ich nie gerechnet hätte. Letztendlich muss ich aber nochmals betonen, dass nicht alle Journalisten so waren und einige doch noch der journalistischen Sorgfaltspflicht nachgegangen sind.

Da ich aber ein Mensch bin, der sich alles zu Herzen nimmt, und dieses Wortgefecht mit Gerhard Struber nicht so auf mir sitzen lassen wollte, rief ich den damaligen WAC-Trainer wenige Tage danach an und wir haben diese Situation ausgesprochen und geklärt – dazu hätte es die „Skandal“-Stories einiger Leute aber nicht gebraucht.

Top 20 im österreichischen Fußball

In Österreich gibt es derzeit rund 600 000 aktive Fußballerinnen und Fußballer, die bei knapp 2 200 Vereinen, von der Bundesliga bis hin zur 2. Klasse, gemeldet sind. Ohne Wenn und Aber ist Fußball der Lieblingssport der Österreicher sowohl aktiv ausgeübt als auch passiv verfolgt. Dies zeigt die Tatsache, dass der Österreichische Fußball-Bund (ÖFB) der eindeutig größte aller Sportverbände in unserem Land ist.

Angefangen vom Spieler über die Trainer, Funktionäre, Kantinenbeauftragten bis hin zum Platzwart – tausende Menschen arbeiten beinahe täglich im sowie für den Fußball und hunderttausende Fans in Österreich besuchen während eines Jahres Spiele ihrer Lieblingsmannschaft. Warum ich das jetzt hier anführe, hat damit zu tun, dass auch ich einer der vielen Österreicher bin, die vom Fußball begeistert sind und für den positiven Stellenwert dieser Sportart arbeiten, was mir von Beginn an, Tag für Tag, eine große Ehre war.

Eine besondere Auszeichnung wurde mir dann 2007 zuteil. Es war zwar kein Pokal, keine Medaille und keine Urkunde, aber dafür ein Zeitungsartikel, den ich nie vergessen werde. Am 16. Jänner waren mein Mitarbeiter, Clemens Pieber, und ich sehr zeitig in der Früh am Weg zu einer Merchandising Messe in Hamburg. Da der Abflug für 6.30 Uhr morgens angesetzt war, bedeutete das für mich bereits eine Abfahrt im Waldviertel um 4.00 Uhr und man konnte regelrecht merken, dass ich dadurch sehr müde und nicht besonders gut drauf war. Nichtsdestotrotz freute ich mich auf die Reise und war gespannt, welche möglichen neuen Fanartikelideen wir dieses Mal nach Hütteldorf bringen könnten.

Am Weg zum Abfluggate griff Clemens nach einer in einem Behälter aufgelegten Gratis-Tageszeitung und blätterte sie von vorne bis hinten durch. Als wir am Gate ankamen und noch etwas Zeit bis zum Boarding hatten, setzten wir uns nieder und ich döste ein paar Momente vor mich hin. Da sagte Clemens plötzlich zu mir: „Der Herr Andy ist heute ein bisschen grantig, ich glaube, ich habe hier etwas entdeckt, das ihm Freude bereiten wird!“ Er zeigte mir eine Doppelseite der Heute-Zeitung mit der Überschrift: „Die Top 20 des Fußballs – HEUTE kürt die wichtigsten Personen im heimischen Kick!“ Ich sah 20 kleine Bilder mit den verschiedensten Köpfen und auf einem fand ich mich wieder, was mich ehrlicherweise sehr begeistert hatte, denn der Text der Geschichte lautete: „Während unser Fußball sich langsam aus dem Winterschlaf erhebt, wollte HEUTE, rund 500 Tage vor der Fußball-EM, wissen: Welche wichtigen Idole, Sponsoren, Trainer oder Manager halten das runde Leder am Rollen? Unsere Sportexperten kürten ihre subjektiven Top 20.“

SportHeute

Austria gewinnt in Belek Testspiel und verpflichtet „Akademiker“

Chicago Bears im Playoff-Halbfinale

Dallas Mavericks siegten in letzter Sekunde 97:96

„Becks“ soll bereits im April zu LA Galaxy

Mateschitz vor allen anderen: „Heute“ kürt die wichtigsten Personen im heimischen Kick

Top 20 des Fußballs!

„Entwicklungshilfe“ von Pucher, Palme und Grad

Platz 1

Jede Form von Müdigkeit war prompt verflogen, denn da gibt es in Österreich so viele, die im Fußball zu tun haben, und ich bin einer derjenigen, die von einer sehr namhaften Expertenrunde unter die Top 20 gewählt wurden! Ich muss ehrlich gestehen, dass ich damit überhaupt nicht gerechnet hatte, denn niemand nahm im Vorfeld mit mir Kontakt auf, keiner hatte mir von dieser Geschichte

erzählt, keiner hatte mich interviewt, es wurde lediglich meine Arbeit bewertet und das war schon ein sehr schönes Zeichen der Wertschätzung. Vor allem auch die Begründung, warum ich die Ehre hatte, diesem elitären Kreis anzugehören, machte mich in gewisser Art und Weise auch sehr stolz: „Überraschungs-Aufsteiger ist Andy Marek, das Rapid-Urgestein mischte das Feld noch etwas auf. Der sympathische Fankoordinator und Stadionsprecher im heimischen Kick zeigte vor, dass man mit viel Herz auch einiges bewirken kann!“, stand direkt neben meinem Foto.

Ich freute mich damals riesig und bin auch heute noch sehr geehrt, dass mir dies zuteil wurde. Und wenn ich jetzt gerade den Zeitungsausschnitt noch einmal anschaue, muss ich schmunzeln, weil man mich schon 2007 zu einem Rapid-Urgestein machte, nicht wissend, dass noch 13 intensive Rapid-Jahre folgen sollten.

SK RAPID
CHAMPIONS
adidas

Kapitel 19

Die Nr. 1 bei Veranstaltungen sind wir

Die größten Veranstaltungen Österreichs

Natürlich steht beim SK Rapid immer das Sportliche im Vordergrund und das ist auch gut so. Aber wie in diesem Buch auch beschrieben, braucht es abseits des Platzes Veranstaltungen, um die Strahlkraft des Vereins nach außen zu tragen, neue Fans zu gewinnen und bestehende Anhänger auch neben den Spieltagen zu begeistern. Hier ist das SK Rapid-Klubservice der wichtigste Akteur und in meinen Jahren entwickelte sich dieser Bereich zu einer eigenen Eventagentur im Klub selbst. Man wird das nicht über Nacht: Es braucht die entsprechende Grunderfahrung, Organisationstalent, den offenen Zugang zu neuen Dingen und auch das Wissen, die Routine. Als ich in Hütteldorf begann, gab es bis auf einen mehr halbherzig aufgezogenen, kleinen Tag der offenen Tür eigentlich noch keine Veranstaltung. Aber mir war bereits die Notwendigkeit klar, und so brachte ich mich immer wieder aktiv ein. Neben dem Tag der offenen Tür nahm ich die Weihnachtsfeier in meine eigenen Hände und führte später den Greenie-Tag und das Fanklub-Turnier ein. Jedes Jahr schauten wir, dass wir neue, zusätzliche Events organisierten, die nicht nur für die Fanbindung und das Image des Vereins wichtig waren, sondern ebenfalls eine ideale Plattform für unsere Partner und Sponsoren. Auch das durfte man nie außer Acht lassen. Die Veranstaltungsorganisation lag nun also direkt bei mir und meinem Team, und so machten wir uns daran, die eigenen Zielgruppen zu bestimmen: Kinder, Jugendliche, Familien bis hin zu Business-Kunden und vor allem die eingefleischten Fans, alle sollten abgedeckt werden. Es galt, sie alle für unseren Verein zu begeistern, und so einen wirtschaftlichen und imagemäßigen Mehrwert zu schaffen.

Und es war wie ein Kreislauf. Je mehr Marketingaktionen gestartet wurden, umso mehr begleitende Veranstaltungen waren notwendig, umso mehr Ideen brauchten wir, umso mehr Konzepte schrieb ich. Und umso mehr hatte meine Abteilung am Tisch, um diese Themen auch in die Praxis umzusetzen. Dementsprechend waren wir gefordert. Mit unserem neuen Stadion kamen viele neue Events dazu, die natürlich auch als Verkaufsargumente für unseren Business-Club wirken sollten. Ich glaube, dass ich mich beim Titel dieser Geschichte nicht zu weit aus dem Fenster lehne und es nicht überheblich klingt – es stimmte vielmehr und entsprach der Wirklichkeit. Über viele Jahre hinweg zogen wir die größten Veranstaltungen Österreichs auf und mein Team wuchs immer mehr in die Rolle der Eventagentur. Man darf nicht vergessen: An einem Tag der offenen Tür kamen zu uns nach Hütteldorf im Schnitt so um die 5 000 – 7 000 Menschen, zur Weihnachtsfeier Jahr für Jahr 1 800 und auch beim Greenie-Tag tummelten sich tausende Kinder und ihre Begleitpersonen. Dazu kamen riesige Programmpunkte wie „100 Jahre Rapid" mit einem zehntägigen Fest am Rathausplatz, die Meisterfeiern oder die Jubiläumsgala im Rathaus. All das abseits der Matchtage, denn mit meinem Team war ich in den letzten zwei Jahrzehnten auch für alle Spiele unserer Mannschaft im Gerhard-Hanappi-, Ernst-Happel- und später auch im Allianz Stadion verantwortlich. In der Liga begrüßten wir im Schnitt an die 16 000 Besucher, international passierten im Happel-Stadion knapp 50 000 Fans pro Spiel die Drehkreuze. Dazu kamen die Bereiche Sicherheit, Parkplätze, Ticketing, Programmablauf, der VIP-Bereich und vieles mehr. Überall sollte es passen und funktionieren, damit wir von einer gelungenen Veranstaltung sprechen konnten.

Das neue Stadion in Hütteldorf gewährte uns noch weitere Möglichkeiten. Davon abgesehen, dass wir alle zwei Wochen eine hohe Zahl an Zuschauern beheimateten, galt es vor allem, den größten VIP-Bereich des Landes zu organisieren. Alles für sich eine Veranstaltung auf vier Ebenen mit 40 separaten Logen noch dazu. Das hieß in Summe pro Jahr 25-mal knapp 2 300 Gäste zu bewirten, was auch kein kleines Verantwortungsgebiet darstellte. Denn hier musste vom Einlass ins Stadion über die Essensauswahl, die Ordner, die Dekoration in den Räumlichkeiten, die Hostessen und das Rahmenprogramm ebenso alles stimmen. Ein unglaublicher logistischer Aufwand. Aber hier sprechen wir nur von den Spieltagen an sich. Denn um unsere Sponsoren und die VIP-Jahreskartenbesitzer bei der Stange zu halten, organisierten wir fast jeden Monat eine eigene Netzwerkveranstaltung. Diese waren meist auf einem sehr hohen, exklusiven Niveau und verlangten somit von uns Perfektion. Wir begrüßten zu Events mit prominenten Keynote-Speakern und auch diese waren immer sehr gut besucht.

Ganz zu schweigen von den vielen Veranstaltungen, die sowieso schon traditionell zu unserem Standardprogramm in Sachen Anhängerbindung gehörten:

Die Fanklub-Treffen, die Rapid-Stammtische, das Mitgliedertreffen, die jährliche Hauptversammlung, Legenden-Abende, Kamingespräche, das Fanklub-Turnier, diverse Ausstellungseröffnungen im Rapideum, unsere sommerliche Trikotpräsentation und viele mehr. Mitte Jänner machte ich mich immer an die Jahresplanung und gab unseren sogenannten Masterplan an alle Mitarbeiter weiter. In manchen Jahren waren hier an die 60 (!) Events notiert, die Spieltage gar nicht miteinbezogen. Jedes einzelne war aber eine Freude und im Rückblick konnten mein Team und ich immer stolz über das sein, was wir geschaffen hatten. „Ihr seid die Nummer 1 in Sachen Veranstaltungen!" war nur eines der schönen, vielen Komplimente, die wir bekamen und das uns Kraft schenkte. Diese war auch wichtig, denn die nächste Veranstaltung stand meist schon wieder ins Haus.

Weihnachtsfeier-Kult

Kann man sich eigentlich vorstellen, dass sich Leute eine Nacht lang um Karten für eine Weihnachtsfeier anstellen? Wobei, eine simple Feier, wie man sie landläufig kennt, war es dann auch wieder nicht, was wir bei uns jedes Jahr veranstalteten. Es war viel mehr: Rapid zum Angreifen, ein Abend in der grün-weißen Familie in einem unterhaltsamen, weihnachtlichen und großen Rahmen. Am Ende sprengten wir alle Superlativen und jeder, der dabei war, schwärmt heute noch davon. Aber auch der Weg dahin nahm einmal seinen Anfang. Und der lag im November 1994. „Möchtest du unseren heurigen Weihnachtsabend moderieren?", fragte mich Werner Kuhn und ich war zunächst mal überrascht. Was sollte es da schon groß zu moderieren geben? Man sitzt zusammen, es wird gegessen, geplaudert und zum Abschluss gibt's noch kleine Geschenke. Soweit meine Vorstellung. „Nein, so ist es auch wieder nicht", bemerkte er: „Die Spieler werden etwas einstudieren, es gibt einen Zauberer als Show-Act und vielleicht könntest du noch eine Zwei-Mann-Band organisieren?" Ja, konnte ich und natürlich sagte ich zu. Und das war sie, meine erste Weihnachtsfeier im Rapid-Rahmen, die damals am Walzerschiff Johann Strauß am Donaukanal abgehalten wurde. Geladen waren knapp 100 Personen – Spieler und Betreuer mit Begleitung, Sponsoren und einige Ehrengäste. Es war sehr nett und auch zum Lachen, denn Magic Christian hypnotisierte ein paar Spieler, die seinen Kommandos folgten, die Mannschaft sang als Schlümpfe verkleidet das Schlumpf-Lied und den bösen Hexer Gargamel gab natürlich Trainer Ernst Dokupil. Das war noch nicht das große Kino, aber ich dachte mir: „Da geht sicher noch mehr!"

Als mich Werner ein Jahr später wieder um die Moderation bat, schlug ich ihm sogleich ein ganzes Showprogramm mit unseren Spielern vor. Ich würde die Organisation übernehmen und von da an wurde die Weihnachtsfeier zu einem begehrten Event, das man sich nicht entgehen lassen wollte. Wir verlagerten uns in den Rathauskeller und erstmals konnten auch Fans – gegen Eintritt mit inkludiertem Essen – mit dabei sein. Ich stellte das Programm in Form einer Playback-Show zusammen, die die Leute begeisterte: Michi Hatz als Falco, Peter Schöttel und Andi Heraf als Karel Gott und Darinka, Trainer und Betreuer als Sister Act und vieles mehr. Ein gelungener Abend, der sich herumsprach, und mit den Jahren wollten immer mehr Anhänger mit dabei sein. Ich machte mich auf die Suche nach größeren Locations. Wir gingen ins Hotel Wimberger, das irgendwann ebenfalls zu klein wurde. So zogen wir wieder weiter. Was machte unsere Weihnachtsfeiern so populär? Es war einfach nicht nur die klassische Veranstaltung mit Speis und Trank, sondern auch ein Showabend mit jenen Rapidlern, die man sonst nur im Stadion sah: Spieler, Trainer und später auch mal Präsidenten und Geschäftsführer. Wenn neue Spieler zu unserem Verein stießen, kamen sie oft nach ein paar Wochen zu mir und kündigten sich an: „Ich bin zwar nicht der größte Sänger, aber ich würde gerne bei der Weihnachtsfeier auftreten!" Und wenn ich manche nicht ins Programm eingeplant hatte oder sie nicht sofort fragte, waren sie enttäuscht. Nicht nur die Begeisterung dafür wuchs, sondern wir alle. Nach drei Jahren ging es vom Hotel Wimberger bereits in die Wiener Stadthalle, wo in der Halle E Platz für 1 000 Gäste war.

Jahr für Jahr wurde auch das Programm professioneller, vor allem von den Spielern. Anfangs war noch überhaupt keine Zeit für Proben, da gab ich jedem einfach eine CD mit: „Übt zu Hause euer Lied!" Manche wussten am Veranstaltungstag nicht mal, was sie da genau zu singen hätten, aber im Kostüm und Scheinwerferlicht machten sie ihre Sache gut. Als ich einmal kurz vor dem Auftritt in der Umkleide fragte, ob sie textsicher wären, antwortete Christian Stumpf mit einer Gegenfrage: „Was singen wir überhaupt?" – „Es ist Playback, beweg' einfach den Mund und sing irgendwas", sagte ich. Das tat unser Stürmer dann auch, nur vergaß der Tontechniker, sein Mikro abzudrehen und so hörte jeder laut im Saal, wie er irgendwas hineingrölte, das klang wie „I kenn mi gor net aus, wos i do tua!" Das Publikum tobte vor lachen und er wusste nicht, warum. Auch solche Geschichten sprachen sich herum und man fragte sich, was wir uns für das neue Jahr wieder einfallen lassen würden. Die Fans rannten uns die Tür ein, so groß war die Nachfrage, und bald wechselten wir von der Stadthalle ins Wiener

Sie alle und viele mehr performten live auf der Bühne: Terrence Boyd als Stevie Wonder | Steffen Hofmann als Peter Alexander | der echte Roland Düringer als Düringer | Andi Dober, Markus Katzer, Sebastian Martinez als Gipsy Kings | Steffen Hofmann, Andreas Ivanschitz, Helge Payer als A3 | Martin Hiden, Peter Hlinka, Petr Vorisek, Marek Kincl, Marcin Adamski als Wiener Sängerknaben | Zoran Barisic als Peter Cornelius

Gasometer, wo wir ebenfalls nach einiger Zeit an unsere Kapazitätsgrenzen stießen. Die Lösung war die Event-Pyramide Vösendorf: Man hatte einen guten Blick auf die Bühne und Platz für 1 800 Gäste. Weil das so gut passte, blieben wir dort für ganze 12 Jahre, von 2004 bis 2015. Die Weihnachtsfeier und der Trubel darum entwickelten sich jährlich zu einem richtigen Kult. Schon im September trudelten bei uns Anfragen und Kartenwünsche ein und das Programm wurde immer größer und, ehrlich gesagt, auch immer besser. Im ersten Teil des Abends waren nun echte Stars und Persönlichkeiten dabei wie Michael Niavarani, Rainhard Fendrich, Peter Cornelius, Opus, Seiler und Speer, Christina Stürmer, Roland Düringer, Gerold Rudle, Andreas Vitasek, um nur einige zu nennen. In Teil 2 der Show folgten traditionell die Mannschaft und die Trainer. Und auch diese gaben sich immer mehr Mühe, bis sie schließlich sogar live singen wollten. In Sachen Veranstaltung war die Weihnachtsfeier eine große Nummer, bei der wir wieder einmal aufzeigten, was wir zu organisieren imstande sind. Das Interesse der Medien wuchs und jedes Jahr waren wir in TV, Zeitungen, Radio oder Online breit vertreten. Man sprach in den höchsten Tönen von unserem grün-weißen Jahresausklang!

Bei aller Begeisterung stellte ich mir aber auch immer die Gewissensfrage im Vorfeld: Was ist, wenn es sportlich nicht läuft? Wenn wir uns irgendwo in der Tabelle befinden, die Mannschaft schlecht spielt oder wir gar davor ein Derby verlieren? Dürften wir dann so eine Show abziehen mit Spielern, die „in Kostümen und Perücken herumhüpften“? Hier war das Glück aber meist auf unserer Seite, und wenn es mal gar nicht passte, dann speckte ich das Programm etwas ab und improvisierte. Statt eines Gesangsauftrittes gab es dann eine Gaming Show, wo Spieler in Ruhe ihr Wissen oder Geschick unter Beweis stellten. Die Rapid-Weihnachtsfeier hatte sich zu einem gesellschaftlichen Fixpunkt am Jahresende entwickelt. Und war meine Aufgabe in den Anfangsjahren nur die Programmgestaltung, so lag irgendwann die Gesamtorganisation in den Händen des Klubservice. Vom Parkplatz bis zur Bühne, vom Menüplan bis zum Showprogramm, von der Tisch-Logistik bis zum Kartenverkauf, alles lief über unseren Tisch. Sogar die Anfragen und Kartenausgaben entwickelten einen kultigen Ablauf, denn das Platzangebot wurde immer begehrter. In den ersten Jahren wechselten wir immer wieder zu größeren Locations, als wir dann aber in der Pyramide angekommen waren, wusste man: Mehr als 1 800 Personen passten nicht hinein, also hieß es, die Karten rasch zu sichern. So begann man, sich anzustellen, um den gewünschten Platz zu bekommen. Das Prozedere dazu fand immer in Hütteldorf statt im Fancorner, Fanshop oder im Eingangsbereich der Geschäftsstelle. Und die

Nachfrage war so groß, dass viele stundenlang ausharren wollten oder gar über Nacht (!) bei teilweise sehr kalten Temperaturen ihren Platz in der Schlange sicherten. Sie campierten also, taten auch das später schon in Gruppen und immer professioneller, und natürlich bekamen sie ihre Karten als erste. Wir meldeten immer sehr rasch: „Ausverkauft!"

Wir machten das Ganze nicht aus Spaß und für die reine Show, sondern die Weihnachtsfeier war ein elementarer Bestandteil unserer Fanbindung. Jeder, der mit dabei war, ging begeistert nach Hause und erzählte über den SK Rapid. So nahmen Fußball-Fans ihre Frauen und später Kinder mit, die so erstmals mit unserem Verein in Kontakt kamen. Daraus wurden Stadionbesucher: Man brauchte aufgrund der Kartenverknappung im Laufe der Zeit auch die Rapid-Mitgliedschaft, um an diesem Abend dabei sein zu können, also wurden viele auch neue Mitglieder. Es war somit für eine bestimmte Zielgruppe genau jene Art von Veranstaltung, die man sich abseits des Spielfelds wünschte. Als das neue Stadion 2016 stand, sagten wir der Event-Pyramide „Servus" und wechselten in den Business-Bereich des Allianz Stadions. Hier fanden wir zwar nur Platz für 1 000 Gäste mit gutem Einblick zur Bühne, aber da uns sowieso keine Hürde zu hoch war, veranstalteten wir gleich zwei (!) Abende an zwei aufeinanderfolgenden Tagen. In den ganzen 26 Jahren konnte ich als Moderator durch die Weihnachtsfeier des SK Rapid führen und es war jedes Mal etwas Besonderes für mich. Nicht, weil es quasi „mein" Veranstaltungs-Baby war, das ich da entwickelt hatte, sondern weil es ein Fixstern im so vollen Kalender des SK Rapid wurde. Und ein würdiger Jahresausklang gleich obendrein.

TdoT: Ein Fest der Rapid-Familie

Warum hebe ich den Tag der offenen Tür an dieser Stelle einzeln hervor? Nun, es ist jene Veranstaltung, mit der bei Rapid für mich alles begonnen hat. Im Sommer 1992 stellte ich mich auf einer kleinen Bühne vor ein paar hundert Leuten erstmals vor und begrüßte sie in Hütteldorf. Ich wusste damals noch nicht, dass mich das Ganze über all meine Jahre begleiten und zu einem wichtigen Fixpunkt im Eventkalender von Rapid werden würde. Schon zu Beginn bat mich Werner Kuhn, bei der Organisation mitzuhelfen, und mit jedem Jahr wuchs die Geschichte. Alle Zielgruppen wurden angesprochen, von den Kindern bis zu den Großeltern, und für jeden Geschmack gab es ein Angebot. Wir wählten immer Anfang Juli, rund zwei Wochen vor dem Meisterschaftsbeginn, einen Termin für

den Tag der offenen Tür. Es sollte ein Freitag oder ein Wochenende sein, wo möglichst viele Fans Zeit hätten, bei uns vorbeizuschauen. Ort des Ganzen war dort, wo unsere Mannschaft zu der jeweiligen Zeit spielte: Beim Hanappi-Stadion unter der Nordtribüne, beim Ausweichen ins Happel-Stadion das Umfeld im Prater und bei der Rückkehr nach Hütteldorf der Vorplatz vom Block West. Bis 1998 lief alles im eher kleinem Rahmen ab, dann aber setzte ich mich an ein Konzept mit einer klaren Zielsetzung: Die Veranstaltung sollte für positive Stimmung sorgen, damit alle eine Vorfreude auf die neue Saison entwickeln. Das Programm würde für rund fünf Stunden konzipiert sein und viel bieten. Die Kinder brauchten Möglichkeiten zum Austoben, Hüpfburgen, Geschicklichkeitswettbewerbe, Torschusswände und eine große Tombola mit der Chance auf lässige Preise. Für die Erwachsenen waren natürlich die gastronomische Versorgung für eine angeregte Geselligkeit ebenso wichtig wie Künstler aus der Showbranche, die als Akrobaten, Jongleure oder Sänger für Stimmung sorgten. Alles im grün-weißen Rahmen, der schließlich zum Höhepunkt überleiten sollte. Türen und Tore, die normalerweise verschlossen sind, würden offenstehen und es ermöglichen, einen Blick hinter die Kulissen zu werfen. Und um Rapid hautnah zu erleben, brauchte es auch die Mannschaft, Trainer und Betreuer. Dazu benötigten wir eine große Showbühne. „Wenn wir das alles so umsetzen können, wird das eine unserer wichtigsten Veranstaltungen in Sachen Fanbindung“, dachte ich mir und machte mich an die Realisierung.

Natürlich brauchten wir auch immer das passende Wetter dazu, aber in den meisten Jahren hatten wir Glück. Bei strahlendem Sonnenschein pilgerten 5 000–7 000 Rapid-Fans zu uns und mein Team und ich stellten ein Event auf die Beine, bei dem es an nichts fehlen sollte. Man musste das erlebt haben, denn es ging zu wie im Prater, überall Action und Gewusel. Der große Funpark mit Riesenrutschen, Hüpfburgen, Riesenwuzzler, Kletterparcours und Torschusswänden schraubte den Geräuschpegel in die Höhe. Familien setzten sich ins Stadion und man zeigte seinen Kindern, wo man bei jedem Spiel seinen Platz hat. Oft bettelten die Kleinen in diesem Augenblick sogleich, dass sie auch einmal mitgehen wollten – da war sie wieder, die Fanbindung. Ich moderierte währenddessen fast durch, stellte Quizfragen, führte Interviews und begrüßte Künstler und weitere Gäste auf der Bühne. Alles drehte sich ganz um Rapid, und wer hier noch nicht Fan war, wurde es im Zuge dieses riesengroßen Festes. Der große Höhepunkt sollte aber noch kommen: Die Mannschaftspräsentation, die wir richtiggehend zelebrierten und bei der alle zur Bühne pilgerten, um sich ihren Platz zu sichern.

Mit unserer Vereinshymne ging es los, dann holte ich die Spieler in der Reihenfolge der Rückennummern zu mir hinauf und stellte jeden vor. „Mit der Nummer 24: Helge!“, schrie ich und „PAYER!“ kam es zurück. „DAAAAANKE!“ – „BITTE!“ Die Stimmung kochte und man sah die Freude auf die neue Saison, auf Rapid. Traditionell sprachen auch unser Präsident und die Geschäftsführer zu unseren Fans und oft wurde es durch Überraschungen emotional. So bekam ich im Vorfeld immer Schreiben mit Bitten von Fans à la „Mein Kind hat genau heute Geburtstag“ oder „Es würde für meinen Sohn das Größte sein, wenn er Steffen Hofmann die Hand geben könnte“. Ich nützte das für die großen Überraschungen, holte die Kinder auf die Bühne, wo sie etwa „Jimmy“ Hoffer zu sich nahm oder Stefan Kulovits Selfies schoss. Viel Freude und viele Emotionen! Der Moment, der auch bei mir für Gänsehaut sorgte und mir ewig in Erinnerung bleibt, war schließlich jener, als Steffen vor tausenden Rapidlern seine Kapitänsschleife offiziell an seinen Nachfolger Stefan Schwab übergab – das

ließ keinen kalt, auch mich nicht. Und traditionell durfte auch eins nicht fehlen, das Stagediving! Hier sprangen von mir ausgewählte Spieler oder auch Trainer in die Menge, die sie dann über die Hände bis nach hinten transportierte. Das sorgte ebenso für viel Begeisterung wie die große Autogrammstunde, die nach dem gemeinsamen Singen der Rapid-Hymne noch folgte. Und diese wurde zu einem richtigen Marathon, denn alle signierten stundenlang und sorgten so für viele leuchtende Kinderaugen.

Wir hatten bei diesem Treiben immer so viele Menschen für unseren Verein begeistert, dass auch niemand skeptisch fragen konnte: „Braucht man dieses Event?" Es war vielmehr offensichtlich. Hier wurde eine positive Grundstimmung über unsere Rapid-Familie, in der medialen Berichterstattung und in der Öffentlichkeit gelegt, die wir mit in die nächsten Wochen nahmen. Auch deckten sich zahllose Anhänger an diesem Tag mit Fanartikeln für die neue Saison ein und schlossen neue Mitgliedschaften ab, was man ebenfalls nicht unterschätzen durfte. Viele andere Vereine versuchten, es uns nachzumachen und in dieser Form auf den Zug aufzuspringen, aber es gelang nicht. Wir hatten die Latte dieser Veranstaltung so hoch gelegt, dass man sich kaum daran messen konnte. Es war auch für uns eine wirklich große Nummer, aber nach getaner Arbeit waren wir immer sehr begeistert vom großen Erfolg, der uns Kraft mitgab. Man sollte den „Tag der offenen Tür" eigentlich umbenennen in „das Fest der Rapid-Familie", denn genau das war es!

Ihr müsst was machen

Diese Geschichte gehört genau deswegen in dieses Kapitel, weil wir bei unseren Veranstaltungen abseits des Fußballs nicht nur viele neue Fans dazugewinnen konnten, sondern auch sonst Vorreiter mit dieser Art von Events waren. Und diese brauchte es oft so dringend wie einen Bissen Brot, um wieder vieles geradezurücken. Wie hier: Nach dem Platzsturm im Mai 2011 durchlebte der SK Rapid eine sehr schwere Zeit. Es waren ungemein schädliche Bilder, die weltweit durch die Medien gingen, und in der Öffentlichkeit festigte sich der Eindruck, dass es in Hütteldorf immer Skandale gibt, à la „zu Rapid kannst du nicht mit der Familie hingehen." In der Folge wendeten sich viele Menschen tatsächlich von unserem Verein ab und das spürten wir in allen Bereichen. Die Sponsoren beobachteten die Situation scharf, der Ticketverkauf schleppte sich dahin und im Fanshop brach der Umsatz ein. Man wollte in der Öffentlichkeit nicht zeigen, dass man Rapidler war. So verlängerten viele ihre Mitgliedschaft nicht und auch unsere Greenies, die jüngsten Rapid-Fans, die die Tragweite vielleicht gar nicht so verstanden, durften nicht mehr kommen. Dazu hatten wir uns nicht international qualifiziert. Es folgte die Zeit des Protests unserer aktiven Fanszene im Stadion – keine Stimmung, kein Support – und die Lage hatte sich richtig festgefahren. Ich versuchte, wo es nur ging, das Ganze in eine positive Richtung zu drehen, aber es war ungemein schwierig.

Eines Tages läutete das Telefon, mein Freund Philip Newald meldete sich. Er war lange Zeit Mitarbeiter bei Rapid in der Marketing-Abteilung, danach wurde er Chef von tipp3 und sitzt jetzt im Präsidium unseres Vereins. Ohne Umschweife kam er zum Grund des Anrufs: „Ihr müsst was machen. Es muss positiv über Rapid berichtet werden! Macht etwas für Kinder, damit sich diese wieder zu Rapid hingezogen fühlen!“ Ich ließ das sacken und sprach mit meinen Mitarbeitern. Wie durch Zufall hatten wir am selben Tag noch einen Termin mit zwei sehr cleveren Rapid-Fans. Daniel Mandl und Stefan Kjaer, die immer wieder gute Ideen hatten, wollten mich zu einer Themenfindung in Sachen Mitglieder besuchen. Ich hatte ihnen noch gar nichts vom Telefonat erzählt, da legten sie mir schon nahe, dass wir etwas Außergewöhnliches in der Öffentlichkeit veranstalten müssten. Etwas Positives, das kein anderer Fußballverein hat. „Machen wir einen Rapid-Lauf und die Einnahmen gehen an karitative Zwecke!“ Wieder eine Idee, die ich geistig wachsen ließ. Nach einigen Tagen waren wir bereit und ich startete mit meinem Klubservice-Team zwei Projekte mit folgenden Zielsetzungen: Fans zurückgewinnen, sie an den Verein binden, die Leute wieder abholen und die Sympathiewerte steigern. Für die kleinen Rapid-Fans planten wir das größte Fußball-Hallenturnier Österreichs mit Autogrammstunde. Und für die ganze Familie eben den 1. Rapid-Lauf.

Zwar hatten wir bereits während des Jahres wie gewohnt unzählige Veranstaltungen geplant, nun kam aber etwas Neues hinzu. Beide Events sollten uns vor große Herausforderungen stellen. Für das Kinder-Fußballturnier mieteten wir die Westside Soccer Arena, die sich unmittelbar neben unserem Stadion in Hütteldorf befindet. Hier stehen zahlreiche kleine Fußball-Courts zur Verfügung, ideal also für viele Kinder. Wir machten richtig Werbung für das Turnier und der Höhepunkt des Ganzen sollte nach den Spielen die große Autogrammstunde mit unserer Mannschaft sein – ein zusätzlicher Anreiz, um hier mitzumachen. Und ja, es wurde sehr umfangreich. Das Problem dabei war nur, dass die meisten Kinder, die zusammenspielten, einander noch nicht kannten. Andere meldeten sich zwar gleich als gesamtes Team an, aber speziell aus unserem Greenie-Club mussten wir viele erst zusammen losen. Aber auch das klappte schließlich. Fast 150 Teams mit über 1 000 Kindern waren hier bei der Sache. Es ging unvorstellbar zu, überall wuselte es, es war laut, aber alle zeigten sich gut drauf. Auch die Eltern waren glücklich, weil sie sahen, wie professionell und herzlich das Ganze ablief. Alles drehte sich um Fußball und Rapid, die Halle präsentierte sich ganz in Grün-Weiß, unsere Lieder liefen vom Band und es kam ja auch noch die Mannschaft mit den Spielern und Trainern. Hier ging niemand ohne sein Autogramm nach Hause! Dementsprechend waren die Schlagzeilen in den Zeitungen am nächsten Tag: „Tolle Stimmung, Rapid begeisterte viele Kinder". Wir waren in zahlreichen Medien positiv vertreten und hatten den ersten Schritt aus dem negativen Gefühlskarussell gemacht. Das zeigte sich auch daran, dass in den Tagen danach zig Mails von Eltern oder Großeltern der Kinder bei mir eintrudelten: „Ihr habt das großartig gemacht", war überall die gleiche Botschaft.

Gut. Das eine Projekt war erfolgreich abgeschlossen und wir machten uns sogleich ans nächste. Der Rapid-Lauf brachte uns hier in ein neues Metier, aber mit meinem starken Team an der Seite wagte ich mich heran. Zielsetzung war, dass wir mit dieser Sportveranstaltung Menschen für Rapid begeistern, das eigene Image verbessern und schließlich, als schönen Effekt, Geld sammeln wollten für Bedürftige. Unser Motto: „Laufen-Spenden-Feiern!" Damit wir die ganze Sache richtig angingen, holte ich mir von Lauf-Profis viele Informationen und wertvolle Tipps ein. Zusätzlich hatte ich durch die Moderation von diversen Läufen auch schon einiges an Erfahrung gesammelt. Wir planten Kinderläufe, Distanzen für Jugendliche und den Hauptlauf, der sich über 5,4 Kilometer in einer der schönsten Gegenden Wiens, in der Prater Hauptallee, erstreckte. Eine tolle Laufstrecke, bei der wir an alles denken mussten, was so dazugehörte: von der professionellen

Zeitmessung bis hin zu einem Festzelt mit Gastro und Bühne, wo nachher die Siegerehrungen stattfinden sollten. Vom Startgeld gingen pro Person 5 Euro an die St. Anna Kinderkrebsforschung. Wir hatten die Planung abgeschlossen und konnten jetzt nur mehr hoffen, dass die Laufveranstaltung auch angenommen werden würde. Und das wurde sie! Zahlreiche Rapid-Fans meldeten sich an, aber auch viele Läufer, die jetzt nicht unbedingt was mit Fußball am Hut hatten. Es war die Veranstaltung, die sie reizte, und so sammelten sich in der Starterliste plötzlich viele österreichische Spitzenläufer. Sie vertrauten unserer Organisation und wir sollten sie nicht enttäuschen. Am Tag der Veranstaltung lachte die Sonne vom Himmel, bestes Laufwetter und Legende Alfred Körner gab das Startzeichen. Viele Kinder, deren Eltern, Freunde, Bekannte, alle waren sie gekommen und natürlich liefen auch unsere Spieler und Legenden mit und standen nachher für Fotos und Autogramme zur Verfügung. Beim Zieleinlauf gab es nur positive Stimmung, das Festzelt füllte sich und das Ganze entwickelte sich einfach zu einer perfekten Geschichte. Die Spitzenläufer, die viel internationale Erfahrung hatten, lobten uns für die Veranstaltung und gaben uns so das Signal, dass alles passte.

Ich freute mich, denn ein solches Event hatten wir als Rapid ja auch noch nicht hinter uns gebracht. An die St. Anna Kinderkrebsforschung konnten wir danach 10.000 Euro übergeben und die ganze Mischung machte es möglich, dass das quasi erst der Startschuss war. Wir hatten damit ins Schwarze getroffen und veranstalteten in den Folgejahren den Rapid-Lauf mit immer mehr Teilnehmern und entwickelten uns auch hier weiter. Es war ein großer, positiver Schritt für unseren Verein abseits des Fußballs, der uns wieder Selbstvertrauen mitgab und bei der Imagepflege sehr hilfreich war. Auch eine solche Veranstaltung konnten wir also perfekt ins Ziel bringen!

Zu viel Eventverein, zu viel Kommerz – eine Gratwanderung

Die Überschrift beschreibt sehr gut, worum es sich in dieser Geschichte handelt, denn solche oder ähnliche Aussagen begleiteten mich über meine gesamte grün-weiße Laufbahn. Es geht hier um die Frage, wie viele Veranstaltungen und Events ein Fußballverein, der natürlich immer das Sportliche im Auge behalten muss, verträgt. Ohne vom Wesentlichen abzulenken, ohne dass in der Öffentlichkeit der Eindruck entsteht, man würde sich sowieso nur mehr um ein Geschehen abseits des Platzes bemühen. Hier einen Mittelweg zu finden, damit alle zufrieden waren, war sicher immer eine Gratwanderung für mich – wie es beim SK Rapid so viele andere gab. Dazu stellte ich mich oft hitzigen Diskussionen mit jenen Fans, die sich als Hüter der Tradition unseres Vereins sahen und diesen Geschichten natürlich sehr kritisch gegenüberstanden. „Man kann Traditionen und Werte auch hüten und muss sich deswegen nicht gänzlich vor Neuem verschließen", brachte ich immer wieder an. Schließlich ging es auch um die Weiterentwicklung unseres Klubs. Wie so oft, wenn viele Menschen im Spiel sind, kam hier eine gewisse Doppelmoral zu tragen, die mich sehr ärgerte. „Warum macht ihr nicht dieses?" oder „Schaut einmal jenen Verein an, der macht das großartig!" hörte ich da. Aber wenn es dann eine solche Veranstaltung gab oder wir etwas in dieser Art planten und aufzogen, kamen dieselben Leute zu uns und übten Kritik: „Das ist jetzt nur mehr Kommerz!" und „Wir werden zu einem Eventverein!" Hier konnte ich sprichwörtlich durchdrehen, denn das ließ ich überhaupt nicht gelten, ein Problem zu suchen und für sich zu dramatisieren. So ergaben sich oft sehr mühsame und unnötige Diskussionen für uns alle.

Genauso, wenn es sportlich nicht so lief, und dann das Argument kam, mit Veranstaltungen wollten wir vom Fußball ablenken. Hhier verstand man offenbar nicht, dass sich ein Event – ob Greenie-Tag, Rapid-Lauf usw. – nicht von heute auf morgen ganz spontan organisieren ließ, sondern dass da eine gewisse Planung dahintersteckte. Und man diese unmöglich nach dem tagesaktuellen Geschehen am Feld ausrichten konnte, denn es lag ja nicht bei uns, ob unsere Mannschaft gewann oder nicht. Vielmehr stand bei allem, was wir so organisierten, die Fanbindung im Vordergrund. Menschen die Möglichkeit zu geben, Rapid hautnah zu erleben. Oder in der Öffentlichkeit ein Ausrufezeichen zu setzen und mit sympathischen Aktionen zu zeigen, dass sich bei uns etwas tut und dass wir nicht untätig sind, um so eine positive Außenwirkung zu haben. Jemand, der Rapid lebt, begleitet und sowieso immer dabei ist, mag sich dann manches Mal gefragt haben „wofür wir das wieder brauchen?". Aber wenn man ein bisschen zurückdenkt, weiß man, dass auch wir nicht immer vor vollen Stadien gespielt haben. Und dass Zeiten, in denen wir um jeden Anhänger kämpfen mussten, noch nicht allzu lange hinter uns liegen. Kurzum, hier ging es auch immer um unseren nachhaltigen Fortbestand, damit sich neue Menschen für Rapid begeisterten und wir uns als Verein somit vergrößerten. Denn ein Selbstläufer ist das nie gewesen, auch wenn so mancher das durch eine verklärte Sichtweise gerne glauben mag oder sich nach einem halbleeren Stadion mit nur einer Handvoll treuer Rapid-Fans zurücksehnt.

Wenn wir also eine Stammtisch-Tour veranstalteten und viele Rapid-Fanklubs in Niederösterreich, Oberösterreich oder der Steiermark besuchten, dann nicht deswegen, weil ich so gerne im Auto fahre und in geselliger Runde ein Bier trinke. Sondern, damit auch die Fans in den Bundesländern Rapid sehen konnten und sich so mit unserem Verein eng verbunden fühlten. Wir veranstalteten grün-weiße Skirennen, den Rapid-Lauf, das Golfturnier, Legenden-Abende, Weihnachtsfeiern und vieles mehr. War das alles notwendig? Ja! Denn nur so (!) konnten wir viele verschiedene Zielgruppen ansprechen, die Rapid-Familie wuchs und es blieb immer etwas Positives hängen. Auch wenn das mancher in seiner grün-weißen Welt nicht glauben mag, der Erfolg gab und gibt uns recht: Durch Image-Aktionen erreichten wir viele neue Menschen außerhalb unserer Welt in Hütteldorf und genau deswegen verteilten am Valentinstag Spieler Blumen, veranstalteten wir Oster- und Muttertags-Aktionen, wo unsere Spieler als Testimonials für unsere Fanartikel warben und vieles mehr. All das, um die Sympathiewerte zu steigern und den Umsatz im Fanshop anzukurbeln. Ist das „zu viel Kommerz"? Ich denke nicht; eher haben wir so Sorge getragen, dass unser Verein über Jahre hinweg ein solides Fundament bekam, wirtschaftlich wie öffentlich.

Hätte ich im Stadion pausenlos Werbeansagen durchgegeben à la „der folgende Eckball wird Ihnen präsentiert von..." oder „TOOOOOORR für Rapid – powered by ..." oder wenn unsere Fans mit von Partnern gesponserten Werbeartikeln winken müssten – dann ja! Aber all das kam sowieso nicht infrage. Darum ärgerte es mich auch, als eine Zeitung in einer Überschrift forderte „Aus dem Eventverein Rapid wieder einen Fußballklub machen". Das war Wasser auf die Mühlen jener, die mit unseren Veranstaltungen ein Problem hatten. Für mich war die Aussage nicht nachvollziehbar. Und zum Glück für Rapid sahen meine jeweiligen Vorgesetzten im Verein das genauso wie ich, dass ein Fußballverein mehr ist, als ihn auf Trainings und Spiele am Wochenende zu reduzieren. Das geht heutzutage auch nur mehr im Amateurbereich oder in unteren Ligen; im Profigeschäft muss man sich diesen neuen Feldern widmen und ständig am Ball bleiben. Es war nie mein Ziel, dass es wieder so würde wie in meiner Anfangszeit: Alles plätscherte damals irgendwie dahin, würden überhaupt Fans zum Spiel kommen oder nicht und man begnügte sich mit sehr minimalen Ansprüchen, obwohl das Stadion halb leer war. Ich wollte immer mehr. Darum kann ich sagen, dass Rapid heute nicht nur ein Fußballverein ist, sondern auch eine Art Unternehmen. Und das ist auch richtig und wichtig so. Wir alle werfen oft einen Blick zu anderen großen, internationalen Vereinen und vergleichen uns gerne. Wenn wir dann wieder nach

Österreich schauen, bemängeln wir, dass wir auch mal versuchen müssten, dahin zu kommen. Genau deswegen braucht es solche Veranstaltungen, um als Teil im Projekt Fanbindung Image und Popularität des Vereins aufzuwerten, und wir so auch einen wirtschaftlichen Mehrwert erzielen. Unser damals neuer Geschäftsführer, Christoph Peschek, gab bei seiner Antrittsrede die Devise „Wachstum“ aus und das geht eben nicht, wenn man sich im Büro einsperrt und wartet, dass die Fans von allein auf dich zukommen. Auch bei Rapid nicht.

Eine wichtige Zielgruppe sind bei unserem Verein auch die Sponsoren und Business-Kunden. Dieses Feld vergrößerte sich mit dem neuen Stadion ebenso. Sie haben den Anspruch, betreut zu werden, und dementsprechend wurden auch für diese Zielgruppe spezielle Veranstaltungen ins Leben gerufen. Hier sorgten wir mit dem „SK Rapid Doppelpass“, bei dem prominente Gäste einen Vortrag hielten, oder mittels der „Spielverlagerung“, die wir immer wieder bei unseren Sponsoren durchführten, für engere Bindungen.

Dabei möchte ich abschließend anmerken: Kein Spieler oder Trainer war mit solchen Terminen überfordert. Vielmehr waren sie immer genau abgestimmt und intern besprochen, damit wir erst gar nicht in die Verlegenheit kämen, uns rechtfertigen zu müssen, wenn es sportlich nicht lief – „Sie müssen ja dauernd auf Veranstaltungen sein und können sich nicht aufs Kicken konzentrieren.“. Ja, das Wesentliche blieb immer der Fußball. Damit wir für diesen in unserem Klub aber auch die entsprechende Grundlage bieten konnten, war ein Wirken abseits des Platzes, wie hier beschrieben, absolut notwendig.

Die Hawaii-Partie

Es ist eine kurze Geschichte, die aber unbedingt Platz finden muss. Schließlich ist sie mehr eine Danksagung an besondere Männer im Dienst unseres Vereins. Durch ihre Hilfe erst war es mir überhaupt möglich, vieles so erfolgreich umzusetzen: die Hawaii-Partie. Ein witziger Name, der seinen Hintergrund hat, aber dazu möchte ich am Schluss kommen. Es handelt sich um Rapid-Fans von Grund auf, die irgendwann den Impuls hatten: „Wir wollen nicht nur Spiele besuchen, sondern bei unserem Herzensverein auch anpacken!“. Am Anfang war es noch eine kleine Handvoll an Freunden, die sich von ihrem Hauptberuf bei der ÖBB kannten. Im Verlauf der Zeit gesellten sich aber immer mehr von ihnen dazu und das war sensationell. Überall, wo Not am Mann war oder es eine Herausforderung gab, konnte ich sie einsetzen. Hilfe war somit gesichert!

Die Bandbreite ihrer Unterstützung war vielfältig. Von der Mitarbeit bei unseren Veranstaltungen, einfachen Botenfahrten, Transport von Spielern von A nach B bis hin zum Ordnerdienst reichte ihr Aufgabengebiet. Weil sie so gut wie immer im Einsatz waren, hatten sie auch schnell in unserer aktiven Fanszene Fuß gefasst. Man kannte und akzeptierte sich, und daher wurden sie auch von mir als Ordner für unsere Auswärtsspiele eingeschult. Und ganz ehrlich, was gibt es Schöneres, als mit Leuten zu arbeiten, die dir immer flexibel helfen können und einsatzbereit sind? Ich war schließlich berühmt-berüchtigt dafür, dass mir manche Dinge erst recht spontan in den Kopf schossen, und so konnte es zu Mittag sein, dass ich zum Hörer griff: „Ich brauche für 16:00 Uhr einige Leute! ... Ja, ich spreche von heute!" Mein Mitarbeiter Robert Racic aus unserem Klubservice-Team hatte die Antwort, die ich hören wollte: „Ich rufe die Hawaii-Partie an, das kriegen wir hin!" Sie alle hatten ihren Hauptberuf und ich weiß bis heute nicht wirklich, wie sie es zustande brachten, aber Hilfe war immer zur Stelle. Dabei war ihnen keine Arbeit zu minder zu oder schwer, man konnte alles von ihnen haben. Sie waren auch ein Mitgrund, warum wir diese Vielzahl an Veranstaltungen umsetzen konnten, ohne ins Straucheln zu geraten – weil die Hawaii-Partie zur Stelle war und unterstützte, bis alles passte. Oft reichte eine Besprechung samt Einsatzplan und schon lief es. Wobei natürlich nicht alles über Nacht klappen kann. Um einen Rapid-Lauf zu organisieren musste man die Strecke vermessen, Absperrungen ziehen und das Festzelt aufbauen, was auch wieder zeigte, die Bandbreite an

Aufgaben war eine große. „Wahnsinn!", staunte ich nach getaner Arbeit selbst oft, obwohl ich ihnen da und dort schon motivierend einheizte. Aber ich wusste, dass die Burschen nichts kleinkriegt. Nicht mal, wenn am Sonntag noch Heimspiel war und am Montag die Weihnachtsfeier an gleicher Stelle stattfinden sollte – so baute man eben in der Nacht alles um. Geschick und Einfühlungsvermögen zeigten sie auch am Greenie-Tag, wo hunderte Kinder bei Hüpfburgen und anderen Attraktionen betreut werden mussten. Das war ebenso eine Herausforderung wie bei unseren Fanreisen ins Ausland, wo sie die Flieger voll mit Rapid-Fans in ihrer Verantwortung hatten. Oder auch mal ganz simpel: Sie schlüpften genauso ins Weihnachtsmann-Kostüm oder in jenes unseres Speedy, dem Vereinsmaskottchen, wenn jemand anderes ausfiel. Auch da war immer Verlass!

Ich könnte jetzt sehr viele Beispiele anführen, wo die Hawaii-Partie zum Einsatz kam, aber das schönste war, dass sie selbst viel Freude am Gelingen ihrer Arbeit hatten, und sie machten es nicht wegen des Geldes. Ihre Rapid-Leidenschaft war spürbar und ging sogar so weit, dass sie es oft auch mit ihren Arbeitgebern verbanden: „Habt ihr überhaupt Zeit?", fragte ich, „Ja, wir haben uns einen Urlaubstag genommen, um Rapid helfen zu können", kam als verblüffende Antwort. Das alles aus der Begeisterung an der Sache! Im Laufe der Zeit wussten sie auch auswendig, was einem Perfektionisten wie mir wichtig war und worauf ich besonders Wert legte. Dementsprechend gründlich arbeiteten sie auch, damit wir nach und nach weniger zum Nachbessern hatten. Dabei strapazierte ich ihre Geduld oft bis aufs Äußerste. Wenn wir etwa in der Event-Pyramide Vösendorf für die Weihnachtsfeier Tische und Sessel für 1 800 Gäste hin- und herrückten, bis alles richtig stand, konnte es schon bis spät in der Nacht andauern. Oder wenn wir vor Spieltagen durch alle Bereiche des Business-Clubs wanderten und sie rund 100 Pflanzen so hinstellten, bis es mir endlich passte: „Nein, ein bisschen mehr nach rechts. Auch wieder nicht. Probier es mal gegen den Uhrzeigersinn", solche Anweisungen bekamen sie von mir. Es dürfte so nachhaltig gewesen sein, dass sie mir zum Abschied sogar eine eigene, große Topfpflanze kauften und schenkten. Sie steht heute bei mir zu Hause und da bin ich es, der sie hin- und herschiebt, wenn mir was nicht passt.

Warum ich sie irgendwann so nannte? Ich weiß es nicht mehr wirklich, aber es hatte sicher damit zu tun, dass sie nach getaner Arbeit keine Kinder von Traurigkeit waren und Rapid das Glück hatte, einen Bier-Sponsor zu haben. Das konnten sie nämlich auch: richtig Feiern! „Ihr seid's mir eine Hawaii-Partie", grinste ich, und schon war die Bezeichnung geboren – und ging nicht mehr weg!

SK RAPID WIEN

Kapitel 20

Was unbedingt notwendig war

Ein Museum – Am Anfang ohne Exponate

Zum 100-Jahr-Jubiläum des SK Rapid hatte Roland Holzinger, selbst ein wandelndes Rapid-Lexikon, die erste grün-weiße Chronik geschrieben. In dieser Phase zeigte er erstmals mit Ideen für ein Museum auf, das unser Verein dringend bräuchte. Wertvolle Pokale, Wimpel, Gastgeschenke oder Erinnerungsstücke sollten nicht einfach in irgendwelchen Kammern verstauben, sondern an einem würdigen Ort ausgestellt werden. Viele Dinge wären in den 80ern einfach verschwunden; wohin, sagte er mir nicht. Aber für ihn wie für mich mir klar, dass solche Missstände abgestellt gehörten und ein Museum hermusste. Leider hatte Roland damals eine andere Vorstellung von gewissen Abläufen im Verein und wandte Rapid den Rücken zu; er fand seine guten Ideen zu wenig wertgeschätzt. Er, ein Rapidler durch und durch, ließ sich von mir nicht umstimmen, was schade war. Denn wenn es zu dieser Zeit jemand geschafft hätte, ein Vereinsmuseum ins Leben zu rufen, dann Roland.

Die Idee, einen solchen Ort bei Rapid umzusetzen, kam aber nun immer wieder auf. „Wie kann es sein, dass ein so großer Verein wie unserer kein Museum hat?", klagten mir oftmals Fans und verwiesen auf unsere Geschichte und Tradition. Sie hatten absolut recht, und so gab ich einen Auftrag an alle bei uns: „Wenn ihr bei Spielen oder Ereignissen einen Wimpel oder Pokal bekommt, dann geht sorgsam damit um, lasst uns diese Gegenstände sammeln!" Das funktionierte zwar ganz gut, war aber noch weit entfernt von einer Sammlung für die damals bald 110-jährige Vereinsgeschichte. Es plätscherte alles weiter dahin und auf die zahlreichen Nachfragen in diesen Jahren konnte ich immer nur sagen: „Uns fehlen leider viele Exponate, wir wissen nicht, wo die verschwunden sind und wer sich damit bereichert hat". Das war meine ehrliche Antwort, denn obwohl viel spekuliert wurde, und auch Namen im Raum standen, hatten wir keine Beweise.

Bei einem Derby lernte ich eines Tages den langjährigen Rapid-Fan Domenico Jacono näher kennen, der mir von einem Buchprojekt erzählte, das er plante und das die Geschichte unserer Anhänger im Wandel der Zeit beleuchten sollte. Er glänzte mit einem unglaublichen Fachwissen und so trafen wir uns einige Wochen später wieder im Zusammenhang mit dem Buch. Da kam erneut die Frage auf: „Warum macht Rapid kein Museum?" Meine oft genutzte Ausrede musste wieder als Antwort herhalten: „Weil wir keine Exponate haben!" – „Da muss man doch welche finden, die müssen ja wo sein", gab er nicht auf und ich bat ihn, seine Vorstellungen in einem Konzept niederzuschreiben. Wir trugen unsere Ideen zusammen, motiviert vom Gedanken, dass jetzt etwas passieren musste. Nicht nur wegen der permanenten Nachfragen, sondern weil unser Lokalrivale Austria im Mai 2009 sein eigenes neues Vereinsmuseum präsentierte. Das brachte uns nun unter gehörigen Zugzwang. „Wie kann das sein, dass die Veilchen sowas haben und wir nicht", „alle unfähig" und vieles mehr bekamen wir zu hören. Im Juli stand unsere Mitgliederversammlung an und einen Tag davor traf ich mich mit Rudi Edlinger: „Herr Präsident, wie das Amen im Gebet kommt morgen die Frage nach einem Museum. Was machen wir?" – „Haben wir irgendetwas, das wir ausstellen könnten?", fragte er leicht angefressen zurück im Wissen, dass es da nur wenig gäbe. „Nein, haben wir nicht, aber wir können trotzdem etwas präsentieren", überraschte ich ihn, „Es gibt ein Konzept und viele Ideen, die ich gemeinsam mit einem Rapid-Fan namens Domenico zusammengetragen habe."

Ich ergänzte den heiklen Satz: „Wir werden Exponate finden, es kann ganz großartig werden. Sie brauchen nur ein Budget freispielen für den Bau und einige Exponate, die wir ankaufen müssen." Sogleich präsentierte ich meine Vorstellungen samt Kostenschätzung. „Dann machen wir es so!", beschloss Rudi Edlinger. Er war überzeugt, denn er wusste, wie wichtig ein Museum für Rapid wäre. Mit einem gewissen Gefühl der Erleichterung gingen wir in die Mitgliederversammlung, wo ich den Unmut von vielen Fans verspürte: „Jetzt haben die vom Verteilerkreis a Museum und wir bringen des net z'samm!" Als ich dann an diesem Abend die Überraschung bekannt gab, dass auch wir ein Museum bekommen würden, gab es tosenden Applaus. „In genau eineinhalb Jahren werden wir eröffnen", verkündete ich motiviert, aber das war zu diesem Zeitpunkt sehr kühn, eigentlich dumm von mir. Schließlich hatten wir fast keine Ausstellungstücke. Aber gleich am nächsten Tag setzten wir uns an das Projekt und Domenico schlug mit Thorsten Leitgeb einen weiteren Experten vor, um zu uns dazuzustoßen. Dieser hatte bereits ein Jahr zuvor, anlässlich der EURO 2008, eine Ausstellung kuratiert. Das Team stand nun, wobei ich mich in erster Linie einmal um den Standort kümmerte und die anderen beiden das Material für das Museum zusammenstellten.

Wir starteten öffentliche Aufrufe: Alle Rapid-Fans sollten mithelfen, wertvolle Stücke zu sichten, den eigenen Dachboden oder Keller zu durchforsten. Und auch grün-weiße Legenden riefen wir an, damit diese bei sich zu Hause stöberten. Über die Medien machten wir auf das Thema aufmerksam und bei Heimspielen informierte ich via Stadion-Durchsagen. Und tatsächlich: Langsam trudelten die ersten wertvollen und einzigartigen Dinge bei uns ein. Domenico und Thorsten waren hier sehr dahinter, damit etwas weiterging, und so meldeten sich auch echte Sammler bei uns. Durch ihr Fingerspitzengefühl bei Ausstellungen bzw. mit dem geschichtlichen Wissen vermittelten die beiden den Menschen, dass es um ein wichtiges Projekt für unseren Verein ging und somit jeder mithelfen sollte. Sie archivierten und kategorisierten alle Stücke und langsam füllte sich der Raum, den wir für die Lagerung vorbereitet hatten. Von meiner Seite hieß es oft, einen kühlen Kopf zu bewahren. Ich verwaltete das Budget und manche Menschen verlangten für ihren wertvollen alten Rapid-Wimpel eine Stange Geld. Aber es ging ganz gut voran und wir machten uns Gedanken, wie das Museum aussehen sollte. Mit Eric Philip stieß ein weiterer, wichtiger Puzzlestein hinzu: „Er ist Architekt, Rapidler und wir haben mit ihm einen Vorschlag kreiert, wie wir das Ganze aufziehen könnten", stellten mir Domenico und Thorsten den sehr kompetenten Mann vor. Die Idee war genial: Es sollte ein interaktives Museum werden, in dem man selbst anpackt, Laden und Kästen öffnet und so als Besucher auf Entdeckungsreise geht. „Das Ganze soll ‚Rapideum' heißen!" Ich war begeistert, behielt aber immer auch den Zeit- und Budgetplan im Auge.

Zwei Dinge waren ihnen noch besonders wichtig: „Wir brauchen ein Modell der Pfarrwiese im Rapideum und eine Statue von Dionys Schönecker davor!" Besonders letztere ging ins Geld, aber Michael Krammer sprang hier ein und finanzierte sie mit. Alles lief wie gewünscht und so konnten wir im Dezember 2011 endlich unseren eigenen Ort der Geschichte eröffnen. Das Rapideum wurde super angenommen, immer mehr Fans kamen und vertieften sich in die grün-weiße Historie. Besonders schön war auch, dass uns viele Schulklassen besuchten, die „Rapid" auf ihren Stundenplan gesetzt hatten. Da merkte ich wieder, wie wichtig auch solch ein Museum für die Fanbindung sein kann, denn viele schauten vorbei, obwohl sie unseren Verein zunächst gar nicht so kannten. Nachher waren sie Rapid-Fans. Trotz des großen Zuspruchs mussten wir 2014 wieder schließen, aber das hatte einen entsprechenden Grund: Das Gerhard-Hanappi-Stadion wurde abgerissen. Wir beschlossen, unserem Vereinsmuseum im neuen Stadion doppelt so viel Platz zu widmen, um noch mehr wunderbar geschichtsträchtige Exponate

ausstellen zu können. Nachdem uns Domenico mittlerweile verlassen hatte, brauchte ich einen Nachfolger, der sich darum kümmern konnte, und fand ihn mit Laurin Rosenberg. Gemeinsam mit Thorsten und Eric hatte er nun sehr viel zu tun, galt es doch, den historisch-modernen Charme auf eine viel größere Fläche zu zaubern. Das gelang mit zusätzlichen Stücken, aber auch vielen aus dem „alten" Rapideum, wodurch wir wirtschaftlich vernünftig arbeiteten. Was es alles in unserem Vereinsmuseum Besonderes zu sehen gibt? Nun, das sollte sich jeder einmal selbst anschauen und uns in Hütteldorf einen Besuch abstatten – es zahlt sich aus! Ich möchte an dieser Stelle mit einem „DANKE" schließen: An alle, die mitgeholfen haben bei diesem schweren Stück Arbeit, das wir quasi ohne irgendwelche Ausstellungsstücke aus dem Boden gestampft haben. Der Lohn der Mühen ist seither ein wunderbarer Streifzug durch unsere Vereinsgeschichte, die besucht werden kann.

Keiner kümmerte sich um die Legenden

Diese Geschichte soll und muss hier ihren Platz haben, weil sie eine große Tragweite für unseren Verein hatte. Bei Rapid gab es über die Jahrzehnte hinweg viele großartige Spieler und Trainer, aber irgendwie hatte ich das Gefühl, dass sich von Vereinsseite niemand recht um sie kümmerte. Ich selbst hatte viel Kontakt zu Spielern, die während meiner Zeit im Verein unser Dress trugen. Wenn ich sie etwa für Veranstaltungen benötigte, sagten sie meist immer gerne zu.

Nur die älteren Persönlichkeiten früherer Generationen, die für uns viel geleistet hatten, blieben außen vor. Ja, es gab zwar den „Klub der Alt-Internationalen", der von Alfred Körner ins Leben gerufen wurde. Hier trafen sich jeden Freitag aber gerade mal eine Handvoll Rapidler, aber nicht viel mehr. Anfang des Jahres 2007 stellte sich ein Ereignis ein, das mir immer in Erinnerung bleiben wird und das so gesehen den weiteren Weg mit ebnete. Unabhängig voneinander erzählten mir zwei ganz große Rapidler ein- und dieselbe Geschichte. An einem Nachmittag stand ich beim Gerhard-Hanappi-Stadion und Walter Glechner, langjähriger Kapitän in Grün-Weiß, schlenderte vorbei. Nach einem Smalltalk fragte ich ihn: „Waren Sie letzte Woche beim Heimspiel?" Seine Antwort war demaskierend: „Schau', i hab fast 350-mal für Rapid g'spüt, bin viermal Meister und dreimal Cupsieger woan, oba kana von eich pfeift si um uns!" Das saß tief in mir. Glechner wohnte unmittelbar in der Nähe unseres Stadions und hatte Tränen in den Augen, wenn er daran vorbeiging. Er verband mit Rapid so viel, aber der Verein offenbar nicht mehr viel mit ihm. Ähnliches berichtete mir Rudi Flögel, den ich einige Tage später traf. Er war sehr enttäuscht über die Vorgehensweise der Verantwortlichen beim Klub. Es ging hier gar nicht so sehr um die damals aktuelle Zeit von 2007, sondern vielmehr um die zahlreichen Jahre davor, in denen sie quasi ohne jegliche Würdigung ihrer Leistungen vergessen wurden.

Mit diesen Eindrücken ging ich auf Präsident Rudi Edlinger und Manager Werner Kuhn zu. „Sprich einmal mit Herbert ‚Funki' Feurer, der ist auch kürzlich mit diesem Thema an uns herangetreten", sagten sie und so meldete ich mich bei ihm. Funki, selbst eine große Rapid-Legende, erzählte mir von seinem Projekt „Legendenclub des SK Rapid", den er installieren wollte, und fragte, ob ich mithelfen würde. „Es ist mir eine Ehre", sagte ich zu, obwohl ich noch zig andere Themen am Tisch hatte, die alle gleichzeitig behandelt werden wollten. Er begann zu erzählen: Immer, wenn er mit Rapid auf Reisen war, sei es noch als Tormann oder später auf der Betreuerbank, fiel ihm eines ins Auge: Ehemalige, verdienstvolle Spieler bekamen bei renommierten Klubs eine ganz andere Würdigung und hatten einen großen Stellenwert. „Das finde ich nachahmenswert", inspirierte es ihn und er hatte mich sogleich auf seiner Seite. Mit tipp3 und weiteren privaten Gönnern hatte Funki bereits einige Partner mitgebracht, die das Prestigeprojekt unterstützen würden. Also setzten wir die ganze Sache um: Im VIP-Bereich suchten wir einen Platz, an dem sich Legenden bei jedem Spiel gemütlich treffen und austauschen könnten. Dabei gab es bestimmte Kriterien, um überhaupt in den illustren Kreis aufgenommen zu werden, etwa eine Anzahl von absolvierten Spielen, eine gewisse Zeit bei unserem Verein oder Meistertrainer. Diese gab Funki vor und bat mich, eine Veranstaltung zu organisieren, mit der wir den „Legendenclub“ offiziell aus der Taufe heben könnten. Gesagt, getan. Es wurde wirklich eine sehr würdige Start-Veranstaltung, bei der wir alle einluden, die bei unserem Verein Rang und Namen hatten. Legionäre wie Antonin Panenka oder Trainer Otto Baric reisten nach Wien, betagte große Legenden wie Alfred Körner, Pepi Höltl, Rudi Flögel und andere konnten wir ebenso begrüßen, wie ehemalige Größen wie Heribert Weber, Michael Konsel, Kurt Garger oder Christian Keglevits, deren Karriereende noch nicht allzu lange her war. Die geladenen Medienvertreter berichteten sehr positiv und so brachte uns die Gründung des Legendenclubs nicht nur viel Werbung nach außen, sondern viel positives Image. Auch Präsident Edlinger zeigte sich hellauf begeistert, traf er doch hier wieder viele Spieler seiner Generation. Das alles war zudem sehr einschneidend für uns. Wir merkten die ehrliche und große Dankbarkeit bei den ehemaligen Spielern, die teilweise schon viele Jahre gar nicht mehr ins Stadion gekommen waren. Meine Assistentin Martina wurde zur Ansprechperson bei uns im Verein, an die sich alle Legenden nun wenden konnten. Wir schickten immer wieder aktiv Briefe mit Einladungen zu Veranstaltungen, Informationen zu den Geschehnissen, aber auch kleine Weihnachtsgeschenke und luden sie zu eigenen Legenden-Abenden ein. So kamen wir immer wieder zusammen und ich lernte ehemalige Spieler der älteren Generation kennen, die ich vorher noch nicht persönlich getroffen hatte. Daraus entstanden mitunter wunderschöne Freundschaften.

Walter Glechner, Franz Hasil, Rudi Flögel, Heribert Weber, Alfred Körner und Herbert Feurer genossen oft gemeinsam Rapid-Spiele und nachher das gemütliche Beisammensein.

Für Rapid wiederum war es eine Win-win-Situation: Wir begannen, unsere verdienstvollen Vereinslegenden zu würdigen, und diese bereicherten durch ihre Anwesenheit spezielle Momente – im Stadion, bei Events, aber auch mal bei Sponsorentreffen oder im Gespräch mit Fanklubs, wo sie aus ihrem bewegten Leben erzählten. Es war schön, sie immer wieder bei uns zu begrüßen. Und vor allem, wenn man bedenkt, wie sich das Ganze weiterentwickelte. Von einem kleinen Extraraum im Hanappi-Stadion über spezielle Tische im Happel-Stadion bis hin zu einem schönen Bereich im Allianz Stadion, wo man nun alle zwei Wochen untereinander zusammenkommt. Als Michael Krammer 2013 das Präsidentenamt übernommen hatte, war ihm hier eine stetige Verbesserung sehr wichtig, sein Nachfolger, Martin Bruckner, und die Geschäftsführung setzen diesen Weg nun fort. Und egal, ob wir gewonnen oder verloren hatten, ich ging fast nach jedem Spiel zu unseren Legenden, hieß sie willkommen und horchte mir ihre Meinung und Sichtweisen zum Match an. Nun, wo ich schon mehr als ein Jahr von Rapid weg bin, bekomme ich immer wieder Anrufe oder Einladungen von zahlreichen Legenden, mit denen ich den Kontakt weiter sehr intensiv pflege: „Andy, magst nicht vorbeikommen?“ Ein schönes Signal, das mich sehr freut.

Der Legendenclub des SK Rapid war ein Projekt, das unbedingt notwendig war, und ich bin froh, dass ich bei der Umsetzung mithelfen konnte.

Weihnachten im Stadion

Es war ein Thema, das mich jahrelang beschäftigt hat und das aus unterschiedlichen Gründen immer wieder auf meinem Tisch gelandet ist. „Warum machen wir das bei Rapid nicht?“, bekam ich jährlich Anfragen wie diese, ebenso Ansuchen à la „Bei der regulären Weihnachtsfeier bekomme ich nie Karten, sie ist immer gleich ausverkauft. Wollt ihr nicht etwas machen, wo alle dabei sein können?“. Die Argumentation hatte etwas für sich und ich schaute mir an, wie erfolgreich Vereine ein Weihnachtssingen im eigenen Stadion umsetzten: Union Berlin hatte es als Vorreiter erfunden und ihnen folgten von Köln bis Dresden, ja sogar bis Dortmund immer mehr Fußballklubs. Aber würden auch zu uns so viele Menschen pilgern, wenn es statt Fußball eben Weihnachtslieder, einen Christkindlmarkt und die entsprechende Atmosphäre gäbe? Obwohl hunderte Mails dazu eintrafen, schob ich das Thema immer wieder zur Seite. Ja, wir wollen in Österreich Vorreiter sein, so oft wie möglich, aber irgendwie hatte ich Respekt vor solch einer Veranstaltung. Was, wenn wir so etwas vorbereiten, und dann in unser großes Stadion etwa nur 500 Menschen kommen? Ich griff aber zum Hörer und rief Christopher Trimmel an, unseren ehemaligen Stürmer und mittlerweile langjährigen Kapitän von Union Berlin: „Kannst du mir ein bisschen was erzählen, wie kommt das Ganze bei euch und dir so an?" – „Ich glaub', du musst dir da keine Sorgen machen, Andy", sagte Christopher lachend, „Es ist bei uns wirklich großartig und die Fans nehmen es sehr gerne an! Zu uns kommen da im Schnitt mehr als 20 000 ... aber am Anfang waren es schon nur ein paar Hundert!" Na also, genau da war meine Sorge wieder bestätigt. Union veranstaltete es seit 2003 und die Weihnachtsabende mussten sich auch bei den Berlinern erst entwickeln. Was also sollten wir nun machen?

Schließlich führte der Zufall Regie. Denn 2019 begingen wir unser Jubiläumsjahr „120 Jahre Rapid", und als ich mir für jeden Monat Programmpunkte überlegte, fehlte mir ausgerechnet noch der Dezember. „Jetzt könnten wir es ausprobieren", dachte ich mir und notierte „Weihnachten im Stadion." Direkt nachdem wir unser Jubiläumsprogramm veröffentlichten, erreichten mich sehr viele positive Schreiben dazu – besonders zum Punkt Weihnachten. Der Grundtenor: „Endlich macht ihr das, ich freue mich schon und komme fix vorbei!" Das gab mir Sicherheit und Zeit für die Planung hatten wir noch genügend, schließlich war es erst Jänner. Aber wie immer bei Rapid, gab es einen Haufen anderer Arbeit zu verrichten und ich ließ das Thema einmal ruhen.

So schnell schaute ich gar nicht, war es schon Oktober und ich hatte noch keine Idee, wie wir das Ganze nun umsetzen sollten. Wir brauchten ein Konzept und ich besprach mich mit meinem Team: „Es darf nicht mickrig wirken, aber wenn wir es groß aufziehen, müssen auch entsprechend viele Menschen kommen" Die eine Hälfte meiner Leute war sofort angetan, bei der anderen brauchte ich erst Überzeugungsarbeit. Ich hatte schließlich Pläne wie: eine große Bühne aufs Spielfeld zu stellen, hundert Christbäume aufzureihen, 25 Weihnachtshütten mit einem riesigen Kran auf die Tribüne zu heben und dort eine Art Dorf aufzubauen und vieles mehr. Alles tolle Ideen, aber selbst war ich nicht zu 100 % bei der Sache, weil in zwei Wochen meine Krebs-Operation anstand. So bat ich Martina: „Wir werden das genau nach meinem Konzept umsetzen. Wenn ich dann aber längere Zeit im Spital bin, musst du es bitte so erledigen, wie ich es dir zusammengeschrieben habe." Auf meinem Zettel waren viele weitere Themen angeführt, die sie nun zu organisieren hatte: Ebene 1 und 2 des VIP-Bereichs sollten weihnachtlich dekoriert werden, es brauchte eine große Gastro-Meile, die bestellten 25 Weihnachtshütten mussten mit Leben gefüllt werden, es benötigte Kunsthandwerker, Weihnachtsprodukte und natürlich den unverzichtbaren Punsch, Glühwein und Ofenkartoffeln. Alles, was eben so dazugehört. Um das Showprogramm und das Weihnachtssingen auf der Bühne kümmerte ich mich noch. Martina nahm alles auf, vermittelte mir aber, dass es nicht leicht werden würde: „Wir werden unser Bestes geben, Andy, damit das alles funktioniert!" Die Tage vergingen, wir starteten mit der Bewerbung und ich musste zunächst mal ins Spital. Die Operation verlief zwar gut, doch ich fühlte mich sehr schwach und schleppte mich die nächste Zeit antriebslos durch die Gegend. Aber zurückstecken war nicht. Von zu Hause aus musste die große Hauptversammlung organisiert werden, dazu das tägliche Geschäft mit den Spielen und dem Programm im Stadion, die alljährliche Weihnachtsfeier für unsere Business-Partner und Sponsoren und nun auch noch das Projekt „Weihnachten im Stadion". Ich war völlig saft- und kraftlos und musste mich jeden Tag aufs Neue motivieren. „Du weißt schon, dass sich unsere Fans bei ‚Weihnachten im Stadion' was Besonderes erwarten", spornte mich Martina an und da war er wieder, mein innerlicher Turbo. Weil ich wollte, dass wir mit dieser Aktion in Österreich einmal mehr Vorreiter wären und Rapid großen Zuspruch bekommen sollte. Sie alle lockten mich aus der Reserve und mobilisierten in mir versteckte Kräfte, wenn sie, vom Familienvater über Ultra bis hin zum Sponsor, fragten: „Womit werdet ihr uns da überraschen?"

Mein Hunger war also wieder geweckt und somit hieß es, ran ans Werk. Ich bestellte die Band „Take 4", die auch schon immer wieder bei unseren Veranstaltungen dabei war, orderte eine riesige Bühne und musste unseren Stadionverantwortlichen, Bernd Kreuzinger, überreden, diese aufs Spielfeld stellen zu dürfen. Alles, was in meinem Aufgabengebiet lag, arbeitete ich ab und verließ mich im Gegenzug auch auf Martinas Engagement. Es lief wie gewünscht. Was jetzt noch fehlte: Wer singt, was wird gesungen, was wollen wir überhaupt? Als großer Musikfan stellte ich ein Programm mit 18 Liedern zusammen, fuhr zu meiner Band und startete die Proben. Ich wollte, dass nichts aus der Konserve kommen sollte, sondern wir an diesem Weihnachtsabend auch live vor Ort spielten. Nun brauchte ich nur mehr die Interpreten, also meldete ich mich bei Didi Kühbauer und berichtete von meiner Idee. Er sagte zu, wir trafen uns im Trainingszentrum und ich teilte die Liedtexte an die Spieler aus. Koya Kitagawa waren alle Lieder verständlicherweise unbekannt, Taxi Fountas war zwar begeistert, hatte aber seine Probleme. Andere agierten schüchtern, machten aber mit. „Ihr kennt die

Weihnachtspullover aus unserem Fanshop? Das wird der Dresscode für euch alle", gab ich vor – es lief wie am Schnürchen. Und schließlich war er da, der Tag der Veranstaltung, über die ich mich bisher nicht wirklich drüber getraut hatte. Aber ich sollte mich irren, denn dieser 15. Dezember 2019 wurde ein ganz besonderer Nachmittag und Abend. Alles war rechtzeitig fertig geworden und der Duft von Mandeln, Maroni, Punsch und Kaiserschmarrn erfüllte die Stadionbereiche. Die wunderbar dekorierten Hütten glänzten weihnachtlich, auf dem Spielfeld thronte eine große Bühne mit unzähligen echten Weihnachtsbäumen, zwei überdimensionalen Weihnachtsstiefeln und stimmiger Beleuchtung. Knapp vor dem Einlass holte ich noch einmal mein Team zusammen: „Danke euch allen, es war eine unglaubliche Leistung, das hier zu realisieren. Jetzt muss nur noch alles hinhauen. Gehen wir's an!" Zauberer, Jongleure, Artisten und Sänger standen für die Unterhaltung bereit, ein Weihnachtsmann wartete mit seinem Geschichtenbuch, es gab Back- und Bastelstationen für die Kleinsten und Zahlreiches mehr. Robert, der mit unserer „Hawaii-Partie" ordentlich anpackte, lief mir über den Weg. „Sag' mir, warten Leute vor dem Stadion?", traute ich mich kaum zu fragen. „Mach' die Tore auf, da stehen Tausende draußen", grinste er mich an. Ich war glücklich und das gab mir neues Adrenalin: Unser Aufwand sollte sich gelohnt haben! Denn die Fans strömten ins Innere und wussten zunächst gar nicht, wohin mit den Blicken – unglaublich schöne Bilder im grün-weißen Weihnachts-Wunderland. „Gratuliere, das habt ihr großartig gemacht, eine super Idee", dieses Lob hörte ich schon zu

Beginn des Nachmittags hunderte Male und es war Balsam für mich. Die Stunden verronnen und die Leute sammelten sich auf unserer Haupttribüne, am Schluss war sie bummvoll. Der Höhepunkt konnte starten: „Meine Damen und Herren, hier kommt Rapid!“, kündigte ich unsere Mannschaft, Trainer und Betreuer an, die alle mit dem Weihnachtspulli herauskamen, ebenso der Präsident Martin Bruckner, die Geschäftsführer und Alt-Präsident Michael Krammer. Sie sammelten sich auf der Bühne und sangen Weihnachtslieder und unsere Fans auf der Tribüne stimmten ein. Die Texte dazu liefen auf den Vidiwalls ab, es war weihnachtlich stimmungsvoll, aber auch lustig und unterhaltsam – einfach wunderschön. Über 6 000 Menschen waren nach Hütteldorf gekommen und einige überhaupt zum ersten Mal. Sie alle fühlten sich wohl, waren begeistert und gaben ihre Eindrücke weiter; einfach ein super Tag für Rapid und auch für mich, denn die ganze Organisation war ja alles andere als locker. Die Belohnung war nicht nur das vorweihnachtliche Gemeinschaftsgefühl für die Rapid-Familie, sondern es zeigte auch die Notwendigkeit: Ein solches Projekt hatte es einfach auch bei uns gebraucht!

Drück' nicht den falschen Knopf

Nach der Wundersaison 1995/96 mit dem 30. Meistertitel und dem Einzug ins Europacup-Finale ging man bei Rapid einen neuen Weg. Die personell extrem dünn besetzte Geschäftsstelle musste entlastet werden. Es liefen so viele Anfragen bei Rapid ein, das war nicht zu bewältigen. So entschied der damalige Manager, Werner Kuhn, das „Callcenter“ an eine renommierte Direct-Marketing-Firma in Floridsdorf auszulagern. Alle, die seinerzeit Rapid unter 01-91001 anriefen, kamen in das Callcenter, wo vorwiegend Studenten Anfragen von Fans und Interessierten entgegennahmen.

Als ich mit meinem neuen Klubservice-Team so richtig durchstarten durfte, behielten wir das zunächst bei, und es funktionierte auch recht gut. Man darf nicht vergessen, das Internet und selbst E-Mails spielten damals kaum eine Rolle, alles wurde entweder durch persönliche Vorsprache bei uns in der kleinen Geschäftsstelle hinter dem Block West oder eben durch Anrufe per Telefon versucht zu erfragen, bestellen und zu erledigen. Natürlich gab es auch oft Beschwerden über die Leute, die sich da am Telefon melden, wenn man bei Rapid anruft, denn sie waren nicht alle fachkundig, und es konnte leider schon passieren, dass so ein Student halt nicht wusste, wie Rapid am Wochenende gespielt hatte.

Ich kannte damals niemanden dieser Firma, mir fiel aber rasch einer der Burschen, die regelmäßig Anrufe verbunden haben, auf, über den es ein erstaunlich gutes Feedback selbst bei kritischen Rapid-Fans gab. Dieser sendete mir wöchentlich per Telefax oft seitenlange Ausführungen, was denn gerade die drängendsten Themen und Probleme der grün-weißen Community waren und wie man gewisse Dinge auch verbessern sollte. Zudem wirkte er bei den Telefongesprächen, die wir miteinander hatten, nicht nur freundlich und mit einem gewissen Schmäh behaftet, sondern er schien auch ein glühender Rapid-Anhänger zu sein. Also lud ich ihn, um mir persönlich ein Bild machen zu können, einmal zu einem Heimspiel in den VIP-Club ein. Und wer kam daher? Ein typischer Publizistik-Student, Mitte 20, mit langen, gelockten Haaren und zwei riesigen Ohrringen, die durch die Jim Morrison „Frisur" durchschimmerten.

Der junge und offensichtlich sehr lebensfrohe Mann bestätigte aber den guten Eindruck, den ich von ihm hatte, und erzählte mir zudem, was er denn sonst noch bei seinem Nebenjob in dieser Direct-Marketing-Company machte. Ich war dann schon ziemlich überrascht, als er mir schilderte, dass er nicht nur für die Telefongespräche im Zusammenhang mit Rapid zuständig sei, sondern auch die Wünsche und Sorgen von Kunden anderer drei oder vier Firmen erledigte. Es hieß, konzentriert sein, denn da gab es auf seinem Arbeitsplatz ein Schaltpult, er drückte einen Knopf und musste sich dementsprechend mit dem richtigen Firmennamen melden. Es wäre jetzt sehr schlecht gewesen, wenn ein Rapid-Fan anrief und er sich mit Fa. Forstinger meldete. Also sollte er aufmerksam arbeiten und ja den richtigen Knopf drücken, weil vor allem eine Firma, die er neben Rapid auch betreuen musste, die Hotline des bekannten Erotik-Anbieters Beate Uhse war. Für mich gleichbedeutend mit einer Sexhotline. Ich stellte mir das so bildlich vor, er sieht ein Lämpchen auf seiner Schaltfläche brennen und meldet sich mit „herzlich willkommen beim SK Rapid", gibt Auskünfte über Spieltermine, den Kartenverkauf, über Mitgliedschaften. Beim nächsten Anruf hätte es sein können, dass er Auskünfte über das neue Sortiment von Dildos geben musste. Er fand das zu meinem Erstaunen alles super, weil er sich die Zeit frei einteilen und für sein bescheidenes Studentenleben auch recht gutes Geld verdienen konnte. Aber ich dachte mir, wozu brauchen wir ein externes Callcenter? Holen wir den Burschen und die ganze Thematik – natürlich ohne Beate Uhse – doch direkt nach Hütteldorf.

Ich fragte ihn, ob er in Zukunft in meinem Klubservice-Team arbeiten möchte, und ohne eine Minute zu zögern, sagte er, der sich beim ersten Kennenlernen als

„Freut mich, Peter Klinglmüller, aber lieber einfach Peda oder Pedro“ vorstellte, sofort zu. Es wäre schon lange sein Traum gewesen, im Fußball, und im Speziellen beim SK Rapid, zu arbeiten. Pedro verstärkte ab da mein Team und kümmerte sich um unsere eigene Hotline, die nun schon etwas vermehrter eintreffenden E-Mails und verkaufte auch Eintrittskarten, Mitgliedschaften und vieles mehr.

Er wollte aber noch mehr machen. Zuerst überzeugte er Werner Kuhn und mich, dass er – auch aufgrund seines Studiums, das er zu dieser Zeit noch unbedingt beenden wollte – über eine feine Feder verfügte, und folglich übernahm er immer mehr die Redaktion des Rapid-Magazins und der Stadionzeitung. Zudem ärgerte er sich als Neo-Internetfreak maßlos, dass der Online-Auftritt seines Vereins „erbärmlich“ war, und schrieb ein fast hundert Seiten starkes Konzept samt detaillierter Inhalte für eine zeitgemäße Homepage skrapid.at. Sein Vorschlag war großartig und das Projekt wurde recht flott erfolgreich umgesetzt. Immer mehr wuchs er in das Thema Medien und Pressearbeit hinein, und auf einmal war Pedro der Ansprechpartner für all diese Anfragen im Verein. Und derer gab es zahllose um die Jahrhundertwende. Kurzum, vom Klubservice und Telefondienst war der einstige Mann der Beate Uhse Sexhotline plötzlich weiter entfernt als ein Pornofilm von einer Oscar-Nominierung! Also lag es auf der Hand, die damals noch bei keinem österreichischen Bundesligaklub besetzte Stelle des Pressesprechers ins Leben zu rufen und mit Peter zu besetzen. Ich war zwar traurig, einen super Mitarbeiter in meinem Team zu verlieren, aber für Rapid war es so richtig. Wir arbeiteten auch weiterhin eng zusammen und ich dachte mir oft, dass es unbedingt notwendig und wohl nicht meine schlechteste Personalentscheidung war, einen Studenten von einer Sexhotline nach Hütteldorf geholt zu haben ...

Kapitel 21

Triplecheck

Alles nach Protokoll: Die Arbeit mit der UEFA

Der Begriff des „Triplechecks“ in Verbindung mit meiner Arbeit mit der UEFA hat mich über viele Jahre begleitet. Und das kam so: Jahr für Jahr haben Fußballvereine das Ziel, sich für einen europäischen Bewerb zu qualifizieren. Dabei ist die Champions League (UCL) der Optimalfall und die Europa League (UEL) eine erstrebenswerte, aber auch nicht selbstverständliche Geschichte. Bei Rapid wurde jährlich das Ziel ausgegeben, in der Bundesliga zumindest einen Platz zu erreichen, der für die Teilnahme an einem europäischen Bewerb berechtigt. Sportlich ist es sowieso immer in Sachen Prestige spannend, wenn man sich mit anderen großen Vereinen messen kann, aber auch der finanzielle Anreiz war hier immer sehr wichtig für unseren Klub. Wenn man so in der Gruppenphase der UEL mit dabei war, bedeutete das einen stabilen wirtschaftlichen Zuwachs mit Antrittsgeldern, Prämien und ausverkauften Spielen. In der UCL wiederum spielte es dann Hollywood und man brauchte zumindest für einige Zeit nicht mehr jeden Euro fünfmal umdrehen. Mit ein bisschen Losglück konnten wir uns auf wunderbare Auswärtsreisen freuen, die zu speziellen internationalen Klubs oder auch richtigen Krachern führten, was auch für unsere Fans immer eine außergewöhnliche Geschichte wurde. Aber für mich gab es noch einen weiteren Faktor, der meine Vorfreude steigerte. Ich war bei Rapid für die Organisation der Spiele in Zusammenarbeit mit der UEFA in Wien und auswärts zuständig. Mehr als zwei Jahrzehnte teilten wir uns die Arbeit intern auf: Sportmanager Stefan Ebner war für die administrative- und mein Team und ich für die organisatorische Umsetzung verantwortlich. Hier wartete ein Feld auf mich, durch das ich einiges lernen konnte – etwa, dass sich sehr viel am Sprichwort „Wer zahlt, schafft an“ orientierte. Die UEFA schüttete sehr viel Geld an die Vereine aus und gab somit die Regeln vor. Auf hunderten Checklisten war korrekt und strikt angeführt, was man alles als Klub beachten musste. Das war streng, aber bestimmend, organisiert, aber manchmal auch kleinlich. Nichts wurde dem Zufall überlassen. Auch bei Rapid nicht.

Generell lief es so ab: Wenn sich unsere Mannschaft für den Europacup qualifizierte, standen zunächst einmal die notwendigen Quali-Spiele für die Gruppenphase an. Da blieb es beim überblicksmäßigen Mailverkehr mit den UEFA-Leuten; hier wurde uns nur mitgeteilt, was wir beachten müssten. Dennoch war der Großteil in unserer eigenen Hand, die Spiele so zu organisieren, wie wir sie gewohnt waren, samt den Auswärtsreisen. Wenn man aber dann im Hauptbewerb stand, hieß es für Stefan und mich, nach Monaco zu reisen. Dort wurden uns die Gruppengegner zugelost und man lernte bereits erste Verantwortliche der anderen Vereine kennen. „Das ist sehr wichtig, denn hier können wir schon viel abarbeiten: Wie groß das Stadion ist, wie es in der jeweiligen Stadt zugeht und wie die Kartenpreise sind“, gab mir Stefan mit und mit der Zeit war ich voll drin in den Abstimmungen. Bepackt mit zahlreichen Infos ging es wieder nach Wien, wo wir die Organisation starteten und sie nach außen kommunizierten. Je nach Attraktivität unserer Gegner setzte natürlich ein Run auf die Karten ein und je näher der Spieltag rückte, umso intensiver wurde auch die Zusammenarbeit mit der UEFA selbst.

Als erstes meldete sich der sogenannte Venue Director bei mir, dem wir Bilder vom Zustand des Rasens im Stadion und eine ausgefüllte Checkliste senden mussten. Dann war der UEFA-Delegierte dran, wo wieder eine Liste mit zig Fragen bei mir einging, damit auch er sich einen Überblick zu unserem Verein machen konnte. Zwei Tage vor dem Heimspiel landete dann ein richtiger Tross von sechs UEFA-Leuten bei uns, die ihre bereitgestellten Büros bezogen und mit uns alles nach Protokoll abarbeiteten. Eine Besprechung folgte der nächsten, Checklisten inklusive. Gesprochen wurde immer auf Englisch, da die Mitarbeiter der UEFA aus verschiedenen Ländern kamen. Der oberste Chef des Teams war der Venue Director, der für den Austragungsort des Spiels zuständig war. Unterstützt wurde er von drei Personen, die sich um das Branding des Stadions kümmerten. Jeder Zugang, jede Tür und jede Tribüne musste mit Planen der UEFA verdeckt werden, damit nur deren Sponsoren sichtbar waren, aber nicht mehr unsere. Klingt streng und war es auch: Wäre uns da ein Fehler passiert, hätten wir schon Strafe zahlen müssen. Die UEFA war nun quasi Hausherr. Ein Kollege kümmerte sich rein um die medialen Angelegenheiten und der wichtigste von allen war der UEFA-Delegierte. Bei ihm war auch ich etwas nervös, denn er schrieb alles nieder und beobachtete auch immer das Verhalten der Fans im Stadion. Er notierte mögliche Verfehlungen, „und wenn er den Stift zückt, heißt das wahrscheinlich, dass wir eine Strafe bekommen“, raunte ich meinen Mitarbeitern zu. Am „Matchday -1“, der Tag vor dem Spiel, lief es bereits minutiös nach Protokoll und wir waren voll im Einsatz, um alles nach den Vorgaben herzurichten. „Andy, can you make a doublecheck?", also „Andy, kannst du noch einmal alles kontrollieren?", das war der Satz, den ich in dieser Phase immer sicher 50-mal oder öfter hörte. Man wollte, dass ich noch einmal über alles drüber schaue, obwohl wir es bereits überprüft hatten. „Könnt ihr checken, ob die Tore richtig stehen?" fragte man mich. „Ja, sie stehen jedes Wochenende so, die verändern sich nicht", gab ich gereizt zurück. Aber tatsächlich musste ich auch sie abmessen und siehe da: Das Tor war 7,32 Meter breit, das passte, aber 2,47 Meter hoch statt 2,44. Es steckte somit um drei Zentimeter zu wenig tief im Rasen. Drei Zentimeter! Gefestigt hatte man seitens der UEFA hier jedenfalls den Ruf, alles zu kontrollieren.

Am selben Tag kam das Gästeteam zum Abschlusstraining an und auch hier musste alles passen. Die Kabinen mit Fußbällen, Getränken, Früchten und Müsliriegeln auszustatten, war ebenso wichtig wie die Sicherheit. Es durfte niemand zusehen, selbst wenn bereits Fans der Gastmannschaft angereist waren und von außen Stimmung machten. Als wir etwa gegen Galatasaray oder Beşiktaş Istanbul spielten, konnte es schon sein, dass hunderte begeisterte Fans unseres Gegners

Mit der UEFA zu arbeiten, war immer herausfordernd, aber man konnte viel lernen.

Wenn wir in der Champions League spielten, dann war der Arbeitsaufwand noch größer!

vor den Toren standen, um sich Autogramme zu sichern oder Fotos zu schießen. Aber je öfter wir solche Abläufe herunter spulten, umso mehr Routine gewann auch ich. Ich gewöhnte mich daran. Die Spieltage starteten immer sehr zeitig. Um 10:00 Uhr folgte eine Begehung mit der UEFA im Stadion und so schauten wir, dass bereits frühmorgens alles hergerichtet war. Der Rasen musste auf die richtige Länge gestutzt sein – nicht höher als 3 cm –, es brauchte ein bestimmtes Muster – wegen der Sichtbarkeit und Linienführung – und auch beim Branding und den Beschilderungen sollte nun alles stimmen. Das war ohne Zweifel eine große Verantwortung für uns alle und mir dröhnte der Kopf.

Um 10:30 Uhr startete die Sicherheitsbesprechung und das bedeutete erneut die magischen Worte „Doublecheck!" Alles wurde noch einmal intensiv besprochen und kontrolliert, besonders die Themen Sicherheit und Fans waren von großem Interesse. In diesen Stunden vor dem Spiel wurde ich sicher 30-mal oder öfter angefunkt: „Andy, we have a problem!", weil der UEFA wieder etwas auf- oder eingefallen war. Aber meist waren es glücklicherweise keine richtigen Probleme und die aufkommenden Fragen wurden schnell gelöst. Nur bei Choreografien, die unsere Fans oft wochenlang vorbereitet hatten, gab es manchmal schwere Diskussionen: Plötzlich hatte der UEFA-Delegierte mit irgendetwas einen Stress, ich sah es anders und so hieß es „Doublecheck!" Diesmal aber mit der UEFA-Zentrale in der Schweiz. Fasst immer passte es danach. Nur ein, zwei Mal hieß es: „Das geht nicht!", aber ich ließ nicht locker und setzte mich zusammen mit unserem Präsidenten und der Geschäftsführung für die Choreografien der Fans ein. „Wenn jetzt Sanktionen kommen, nehmen wir sie in Kauf", einigten wir uns. Aber es passierte nie etwas. Und so konnten wir uns wieder dem Ablaufplan widmen, der 60 Minuten vor- und bis zum Ende des Spiels auf die Sekunde genau einzuhalten war. Hier war die UEFA ganz streng: Hätten wir Fehler begangen oder hätte es Verzögerungen gegeben, wäre ein falscher Werbespot auf den Vidiwalls eingespielt worden oder hätten sich Personen in Bereichen, wo sie nichts zu suchen hatten, aufgehalten, dann hätte es eine gesalzene Strafe für unseren Verein gegeben.

Rund eine Stunde nach Spielende folgte das De-Briefing, wo die Geschehnisse rund um das Spiel noch einmal besprochen wurden, nicht das Ergebnis an sich. Auch da konnte es zur Sache gehen, wenn die Herren der UEFA etwa die Nadel im Heuhaufen suchten und irgendeine Kleinigkeit nicht gepasst hatte. War es da sportlich für uns nicht so gelaufen, wie erhofft, dann waren da vor allem bei mir schnell viele Emotionen dabei! Wobei es unterm Strich bei uns fast nie Probleme in der Organisation gab und wir in den Tagen darauf wieder ein super Zeugnis von der UEFA bekamen. Und ich selbst konnte mir von den Kollegen durch die strikten Abläufe einiges abschauen in Sachen Umsetzung und „Doublecheck"! Dieser wurde übrigens später zu einem Running Gag bei uns. Als ich oft müde von Besprechungen mit der UEFA zurück ins Büro kam, fragten mich meine Mitarbeiter immer: „Quälen sie dich schon wieder? Wollen sie diesmal schon einen „Triplecheck?"

Kapitel 22

Hinter jedem erfolgreichen Mann …

… steht eine starke Frau

Bei meinen vielen Moderationen, die ich bei diversen Veranstaltungen und auch bei Rapid machen durfte, hatte ich oft sehr prominente und erfolgreiche Menschen als Gegenüber. Wenn ich dann neben dem beruflichen Erfolg das Familienleben ins Spiel brachte, leitete ich meist ein mit: „Hinter jedem erfolgreichen Mann ...“ oder „Hinter jeder erfolgreichen Frau ...“. Der Satz wird dann sinngemäß damit beendet, dass es einen starken Partner braucht. So auch bei mir. Darum widme ich diese Geschichte meiner Frau und meinen Kindern, wäre doch all das, was ich mit Rapid erreicht habe, ohne sie nicht möglich gewesen.

Meine Frau Sabine lernte mich in meinen Anfangsjahren bei Rapid kennen. Was sie schon bald akzeptieren musste: Dass sie mich mit meiner zweiten großen Liebe, dem SK Rapid, teilen musste. Wie man sich vorstellen kann, war das nicht immer leicht. Und wie man in diesem Buch unschwer erkennt, habe ich mein Leben ganz meinem Herzensklub untergeordnet, und das muss auch der Partner überhaupt einmal akzeptieren. Es half ungemein, dass Sabine hier immer sehr tolerant, hilfsbereit und einfühlsam war, also wesentliche Tugenden besitzt, sodass das „System Marek“ bis zum heutigen Tag so perfekt funktioniert. Sie war seit Beginn unserer Beziehung an meiner beruflichen Seite. Sie brachte sich in unsere Textilfirma ein und war mir auch sonst immer eine sehr große Stütze. Als ich den Schritt machte und Rapid als meinen neuen Hauptjob definierte, trafen wir beide eine Vereinbarung: „Es kommen sehr intensive Jahre auf mich zu und du weißt, ich mache keine halben Sachen. Also schau‘ bitte, dass bei uns in der Familie, bei dir und mit den Kindern, alles klappt und halte mir den Rücken frei.“ Ist diese Abmachung egoistisch? Ja, vielleicht. Aber ich wusste, wenn ich mit Rapid etwas schaffen und erreichen wollte, würde es sehr kräftezehrend und zeitaufwendig sein – allein wegen der Entfernung zwischen dem Waldviertel und Wien und natürlich wegen der Besonderheit unseres Vereins. Genau so kam es auch, wie wir wissen, und Sabine unterstützte mich, wo sie nur konnte, perfekt. Sie machte das großartig! Unsere Kinder Lukas und Katharina wuchsen prächtig heran, waren tüchtig in der Schule und meine Familie bereitete mir sehr viel Freude. Gab es mal private Probleme, so versuchte Sabine sie zu lösen, um möglichst wenig an mich heranzulassen.

Für meine Moderationen abseits von Rapid organisierte sie alles im Hintergrund, ordnete die Anfragen, die Termine und erledigte den administrativen Bereich. Somit konnte ich mich ganz auf Rapid und mein zweites Standbein, das Moderieren bei Veranstaltungen, konzentrieren. So sehr wir ein Herz und eine Seele waren, so schwer war es manchmal für sie. Wenn ich mich bei Rapid mit Problemen herumschlagen musste oder etwas Negatives über unseren Verein oder mich in der Zeitung stand, dann konnte ich diese Themen nicht vor der Haustür liegen lassen. Hier bewies Sabine viel Einfühlungsvermögen und wurde eine Art Psychologin für mich, der ich all meine Sorgen anvertraute. „Das machen alle Partner", wird man jetzt sagen. Ja, aber es handelte sich hier um Rapid und da gab es ständig etwas. Sabine schenkte mir unglaublich viel Energie, wenn es galt, mich aufzurichten: bei den negativen Geschichten, die aus Foren kamen, aus den sozialen Medien, wo oft sehr viele Menschen auf jegliche Verhaltenswerte pfiffen, oder bei den Querschießern und Energieräubern. Das belastete auch unser Familienleben.

Denn Rapid war bei mir so dominant, dass es ein Abschalten selbst im Urlaub nie gab. Das müssen dein Partner und auch deine Kinder erst einmal verstehen, dass es aus solch einem „Workaholic"-Dasein kaum ein Entkommen gibt. Natürlich konnte ich mir Dinge leisten, die sich jemand anderes vielleicht nicht gönnt. Aber das oft nur in der Theorie, denn so richtig Zeit nur für die Familie war sehr selten und, das Geschaffene zu genießen, ebenso wenig. Die nächste Aufgabe wartete schließlich schon. Wo es ging, versuchte ich also, zu improvisieren. Lukas war schon als kleiner Bub viel mit mir unterwegs – mehr dazu in einer anderen Geschichte in diesem Buch –, bei Kathi wiederum versuchte ich, meine Abwesenheit mit besonderen Erlebnissen zu kompensieren wie erste Reihe bei Konzerten wie von Miley Cyrus oder Justin Bieber. Meine Liebe hatten sie, aber ihnen Zeit zu schenken, gelang mir leider viel zu selten.

Um zumindest meine Frau ein bisschen öfter zu sehen, kam mir eines Tages eine Idee. Ich verantwortete ja auch die Organisation des VIP-Clubs bei Rapid. Wie in allen Bereichen, wuchsen wir auch hier, nicht nur räumlich, sondern in Sachen Qualität des Service und der Kulinarik. Sabine hatte ihre schulische und berufliche Ausbildung in der Gastronomie und arbeitete lange im elterlichen Betrieb. Mit dem Einverständnis des damaligen Managers, Werner Kuhn, fragte ich, ob sie an Spieltagen bei uns mitarbeiten könnte, und sie freute sich sehr. Aber auch ich: Bei ihr wusste ich, dass ich mich bei den Aufgaben zu 100 % auf sie verlassen kann, außerdem war sie wieder mehr in meiner Nähe. Zuerst noch im kleineren Rahmen im Hanappi-Stadion, waren es dann in der Ausweichheimat Happel-Stadion schon rund 1 000 Gäste im VIP-Bereich. Und im Allianz Stadion war sie mit ihrem eigenen Team an Hostessen schließlich schon für 2 300 Gäste zuständig. Sabine übte diese Funktion bei Rapid viele Jahre aus, erfreute sich größter Beliebtheit bei den VIP-Gästen und half mit, viele kleine und auch größere Probleme zu lösen.

Ich ging meinen Weg immer sehr klar und bin deswegen unendlich dankbar, mit Sabine jemanden gefunden zu haben, der mich immer unterstützte und mir Kraft schenkte. Sie akzeptierte es, tolerierte viel und nahm zahlreiche Entbehrungen auf sich. Sehr vieles nur, damit ich mich beruflich voll entfalten konnte. Meine Dankbarkeit dafür lässt sich fast gar nicht in Worte fassen und meine Liebe kennt keine Grenzen.

Sabine mit einem Teil ihres Hostessen-Teams am Matchtag.

adidas

Kapitel 23

Das werde ich nie vergessen #2

Sie rufen deinen Namen

Großartige Choreografien, bekannte Fangesänge und laute Sprechchöre sind wichtige Elemente des Fußballs und vor allem auch ein essenzieller Teil der grün-weißen Fankultur. Natürlich hört man speziell Sprechchöre auch abseits des Fußballs, etwa bei Konzerten oder großen Sportveranstaltungen, aber im Endeffekt an keinem Ort so laut wie im Fußballstadion. Viele Spieler werden immer wieder „besungen" – das bedeutet, dass der Name im Zusammenhang mit einem Lied oder einfach generell als Melodie verwendet wird, was natürlich in einem vollen Stadion sehr laut und für den jeweiligen Spieler umso motivierender sein kann.

Auch bei Rapid war das schon zu Beginn meiner Zeit so. Ich kann mich beispielsweise erinnern, wenn Michael Konsel in den 1990ern zum Aufwärmen kam, begann der Block West sehr laut und rhythmisch „Michael, Michael!" zu schreien, was für unseren damaligen Torhüter schon auch ein schönes Zeichen der Wertschätzung war. Für manche Spieler wurden sogar sehr bekannte Melodien für deren Namen verwendet wie etwa „La donna è mobile" für Dejan Savicevic und Jozef Valachovic, das Lied „La Cucaracha" bei Lagonikakis, „Speedy Gonzales" bei Pashazadeh und viele andere mehr. Einige Spieler bekamen sogar eigene, persönliche Lieder, die man gleichzeitig auch als große Anerkennung und Lobeshymne für sich selbst werten konnte. So sangen die Rapid-Fans oftmals „Rene Wagner Goal", „Helge Payer ist Österreichs Nummer 1" oder ernannten Steffen Hofmann bei der Mannschaftsaufstellung oder bei erzielten Toren zum „Fußballgott".

Es war nicht selbstverständlich, dass die Fans einzelne Spieler besangen und bejubelten. Dies versuchte ich früher auch immer wieder den jungen Spielern, die neu zum SK Rapid kamen, zu vermitteln: „Es ist schon etwas Besonderes, wenn tausende Menschen deinen Namen rufen, das musst du wertschätzen!" Ich erklärte ihnen oftmals die Fanszene ein bisschen näher, erzählte, was Fans für den Verein geben, welche Zeit sie opfern und wieviel Geld sie investieren, um mit dabei zu sein und die Mannschaft anzufeuern. Deshalb ist es auch immens wichtig, jeden Fan spüren zu lassen, dass er ein wesentlicher Teil dieses Vereins ist.

Dies funktionierte meiner Meinung nach über viele Jahre auch sehr gut, denn es gab ein ehrliches, schönes Zusammenspiel zwischen Mannschaft und Fans, was sich aber im Laufe der Zeit ändern sollte. Natürlich ist diese Beziehung immer einfacher, wenn die Mannschaft gut spielt, Titel gewinnt oder erfolgreich ist. Die sportliche Entwicklung war in diesem Fall aber gar nicht ausschlaggebend, dass sich in den letzten Jahren doch etwas Wesentliches geändert hat. Während früher manche Spieler jahrelang bei Rapid waren und diesen großartigen Klub für sich als den absoluten Top-Verein sahen, empfinden mittlerweile doch einige Rapid eher als Sprungbrett für Höheres und eine Identifikation mit dem Verein ist nicht mehr so gegeben wie damals. Wobei man hier festhalten muss, dass dies nicht bei allen so ist, wie man an den Beispielen Steffen Hofmann oder Mario Sonnleitner sehr gut sehen kann. Nichtsdestotrotz ist es in den letzten 15 Jahren doch öfters vorgekommen, dass Spieler den Verein bereits nach kurzer Zeit verließen, um manchmal sogar innerhalb Österreichs zu anderen, doch auch bekannten Vereinen zu wechseln. Zwischen dem „Wappenküssen" beim Torjubel und einer spontanen Verabschiedung verging in den letzten Jahren immer weniger Zeit, die Unterschrift bei einem anderen Klub war schnell getan. Dies enttäuschte die Fans oftmals sehr, weil sie es eben von bestimmten Spielern nie erwartet hätten, dass sie so einen Schritt gehen. Natürlich hat auch die Entwicklung im internationalen Fußball dazu beigetragen, denn hier sieht man immer wieder, dass Spieler Trikots wechseln „wie die Unterwäsche" und dies teilweise auch, ohne mit der Wimper zu zucken, mit dem Lokalrivalen, was bei den Fans verständlicherweise sehr schlecht ankommt.

Deshalb entschied eines Tages der Block West, die Mannschaft natürlich weiter lautstark anzufeuern und zu unterstützen, jedoch nicht mehr einzelne Spieler. Ich versuchte hier oft, eine Änderung herbeizuführen, weil ich der Meinung war, dass persönliche Sprechchöre schon bei dem einen oder anderen Rapidler noch ein paar Prozent mehr an Leistung herauskitzeln könnten, aber es folgten leider immer wieder Beispiele, die einen Neubeginn verhinderten. Während man sich manchmal gerade an einen erfolgreichen jungen Spieler gewöhnt hatte, war er auch schon wieder weg. Dennoch machte ich bei der Mannschaftsaufstellung und den Toren so weiter, dass ich den Vornamen sagte, und hier halfen schon alle Fans mit und schrien den Nachnamen. Dies funktionierte sehr gut und freute mich auch dementsprechend, denn auch dies habe ich nie als selbstverständlich angesehen. Sonst allerdings hatte sich das „Spieler Besingen“ aber aufgehört.

Umso schöner waren die Momente, als ich von den Rapid-Fans „Andy Marek“-Gesänge hörte, beispielsweise bei internationalen Auswärtsspielen, bei verschiedensten Veranstaltungen oder einfach im Stadion. Diese waren immer öfters der Fall und jedes Mal aufs Neue eine unglaubliche Wertschätzung, die mir da entgegengebracht wurde. Ich musste mir dies allerdings sehr schwer und über viele Jahre erarbeiten, aber es fühlte sich wirklich sehr gut an und gab mir in schwierigen Momenten unheimlich viel Kraft. Egal, ob „Andy, wir danken dir“, oder „Andy Marek, Andy Marek“ oder „Andy Marek hat keine Haare“ – es freute mich jedes Mal sehr und ganz speziell war der Abend im Februar 2020, an dem ich von tausenden Rapid-Fans im Stadion eigentlich fast in Dauerschleife hörte: „Andy Marek, der Beste auf der Wöd!“ Das ist etwas, was ich mein Leben lang nicht vergessen werde und wofür ich allen Rapid-Fans sehr dankbar bin.

Apropos nicht vergessen: Eine skurrile Situation gab es einmal beim Wiener Stadthallenturnier. Da riefen auf der einen Seite die Rapid-Fans meinen Namen und auf der anderen Seite hieß es „Marek du Oarsc.....!“ Naja, ich wusste, von wem es kam, und es war ein weiteres Zeichen dafür, dass ich Rapid so richtig verkörperte und für mich ein Vereinswechsel nie in Frage gekommen wäre.

Schlaflos wegen der Ballons

Vor einem anstehenden Heim-Derby hatten die Ultras wieder so einiges vorbereitet: Eine große Choreo sollte ins immer emotionale Stadtduell einleiten. Das wurde so im Vorfeld besprochen und die Veranstaltungsbehörde genehmigte alles, was wir ihr vorlegten. Einen Tag vor dem Spiel meldete sich der Choreo-Verantwortliche der Ultras namens Tommaso bei mir: „Wäre es zusätzlich möglich, morgen eine Gasflasche in den Block West zu bekommen?“ Ich schlug die Hände über dem Kopf zusammen. „Erstens eine Gasflasche, zweitens bekomme ich die Anfrage einen Tag vor dem Spiel und drittens, wofür braucht ihr denn diese?“, löcherte ich ihn. Er antwortete: „Wir wollen einige große Luftballons aufblasen, die wir dann steigen lassen. Sie heben ein langes Spruchband bis zum Tribünendach nach oben!“ Das klang für mich nach einer coolen, kreativen Idee: „Gut, ich werde versuchen, das bei der Veranstaltungsbehörde noch bewilligt zu bekommen“, entgegnete ich. Es war Samstag und sehr kurzfristig. Aber ich erreichte den zuständigen Herrn der Veranstaltungsbehörde, erklärte die Situation und versicherte, dass die Gasflasche, gefüllt mit Helium, sofort nach dem Aufblasen aus dem Stadion gebracht würde. Der Herr Diplomingenieur war natürlich gar nicht begeistert, aber auch er versuchte immer, Lösungen zu finden. Nach intensiven Verhandlungen sagte er wie sehr oft: „Die Burschen sollen es machen, aber Sie, Herr Marek, übernehmen die Verantwortung und schauen, dass alles passt!“

Wir hatten es geschafft und ich freute mich schon: Es würde gut aussehen, wenn zehn oder mehr große Ballons ein Spruchband in die Höhe zogen und alle Blicke darauf gerichtet wären. Und auch für mich wäre es ein Vertrauensbeweis für die Beziehung in Richtung Ultras nach dem Motto „Seht her, der Andy hat uns auch das geschafft!“ Ich meldete mich also wieder bei Tommaso: „Ihr könnt es machen, aber die Heliumgasflasche muss vor Spielbeginn aus dem Stadion gebracht werden!“ Er war begeistert und versprach mir, dass es genauso umgesetzt würde. Ich war zufrieden, aber am Abend schoss mir eine berechtigte Frage durch den Kopf: „Was wird denn eigentlich auf diesem Spruchband stehen?“ Darüber hatten wir nicht gesprochen. Wie von der Tarantel gestochen sprang ich auf. Mir fiel ein Spruch ein, der damals sehr gerne von der Fanszene in Richtung Austria verwendet wurde. Würden sie diesen nehmen? Das gäbe sicher wieder unliebsame Diskussionen mit allen, in der Öffentlichkeit und überhaupt. Hierbei handelte es sich um einen Satz, mit dem man dem Verein aus Favoriten Hass und sogar den Tod wünschte – eine milieubedingte Aussage, die nicht ernst zu nehmen war, aber dennoch verständlicherweise, diplomatisch ausgedrückt, für viele die berühmte Grenze des guten Geschmacks überschritt. Wenn nun ein großes Spruchband in 20 Metern Höhe mit Ballons ans Stadiondach schwebt und dieser Spruch würde zu sehen sein – die Reaktion wäre nicht schwer zu erahnen: „Wie kommt das ins Stadion und wer hat das erlaubt?“ Zu sagen, es wäre hineingeschmuggelt worden, noch dazu mit zahlreichen großen Ballons, wäre verständlicherweise unglaubwürdig. Ich wusste, das würde medial aufpoppen und wir hätten sicher ein großes Thema.

Es war so gegen 21:00 Uhr und ich rief bei Tommaso an: „Ich habe noch eine Sache! Es kann nicht sein, dass auf dem Spruchband in 20 Meter Höhe irgendwas mit ‚Tod und Hass‘ steht, denn dann habe ich ein riesiges Problem, weil ich ja die Ballons mit Heliumfüllung genehmigt habe!“ Schweigen in der Leitung. Nach einer längeren Pause: „Lass mich nachdenken, ich muss das in der Gruppe besprechen.“ Ich konnte die halbe Nacht nicht schlafen. Habe ich mich deutlich ausgedrückt? Habe ich klar signalisiert, dass diese Aufschrift nicht geht? Hat Tommaso dies auch verstanden? Wenn sich die Burschen etwas in den Kopf gesetzt und lang geplant hatten, waren sie manchmal schwer wieder davon abzubringen. Er meldete sich nicht mehr, ich aber wollte auch nicht betteln und noch einmal intervenieren, er musste doch die Sensibilität klar und deutlich verstanden haben.

Der Sonntag war da, Derby-Zeit. Keine Reaktion von Tommaso. Wollte er mir wegen dieses Themas aus dem Weg gehen? Kurz vor Spielbeginn startete am Block West eine große Choreografie, viel Action und alles knisterte. Ich stand auf meinem Platz bei der Trainerbank, neben mir mein Mitarbeiter Clemens Pieber, den ich in die Geschichte eingeweiht hatte. Wir beide hofften, dass nicht der genannte Spruch aufscheinen würde und bereiteten uns innerlich auf Stress im Nachlauf vor. Ich schaute zum Block West und sah schon die großen, weißen Ballons mit einem Meter Durchmesser langsam aufsteigen. Der Schiedsrichter brachte beide Teams auf das Spielfeld und ich getraute mich gar nicht mehr, den Kopf in Richtung Block West zu drehen, so nervös war ich. „Siehst du schon das Spruchband?", fragte ich Clemens. „Ja, und es ist riesig, die Ballons ziehen es nach oben." Schweißgebadet legte ich nach: „Was steht drauf, ist es Tod und Hass?" Er antwortete: „Ich lese etwas auf Italienisch, es steht groß geschrieben: ‚Viola Merda'!"

Jetzt blickte auch ich zum Block West, ich atmete auf. Es war nicht der unliebsame Spruch, sondern ein deutlich kürzerer. Ob das geplante Spruchband schließlich zu schwer für die Ballons war oder es mir zuliebe abgeändert wurde, habe ich nie nachgefragt. Mit dieser Aufschrift war uns auf jeden Fall allen viel Stress erspart geblieben, es regte sich niemand über die Sache auf und die Botschaft, die der Block West aussendete, saß trotzdem.

Das Derby ging ohne Komplikationen über die Bühne und endete mit einem torlosen 0:0. Das spannendste an diesem Nachmittag war die Choreo am Block West, wobei ich diese Stunden bis zur Enthüllung nie vergessen werde.

Umzingelt

Nicht alle, die dieses Buch lesen, können noch etwas anfangen mit dem traditionellen Wiener Stadthallenturnier. Es war in den Weihnachtsfeiertagen eine Institution, jeder Fußballfan schaute in der vermeintlich ruhigen Zeit in der Wiener Stadthalle vorbei, wo sich die unterschiedlichen, natürlich mehrheitlich Wiener Vereine auf dem Parkett duellierten. Ich erinnere mich selbst noch an meine Jugendzeit. Da fand ich unter dem Weihnachtsbaum immer wieder eine Eintrittskarte für den ersten Spieltag, den 26. Dezember, an dem der Bewerb losging. Viele Jahre später sollte ich selbst eine organisatorische Rolle bei diesem traditionsreichen Turnier einnehmen. Ich war verantwortlich für den grün-weißen Merchandising-Stand im Foyer.

Wir schrieben das Jahr 2003 und die Vorbereitungen liefen. Natürlich ging es beim Turnier großteils um die sportliche Rivalität zwischen Rapid und Austria, aber nicht nur: „Unser Stand muss immer größer, schöner und besser frequentiert sein als jener des Stadtrivalen“, gab ich als Motto vor. So war es dann auch, denn wer die Stadthalle in diesen Tagen betrat, sah zunächst rund 300 m^2 Grün-Weiß und schräg seitlich davon 50 m^2 in Violett. Mein Klubservice-Team und ich gaben alles, damit jeder Gast über Rapid sprach und mit uns in Berührung kam. Ein Rahmenprogramm mit Autogrammstunden unserer Spieler, Geschicklichkeitsbewerbe, Gewinnspiele und ein Quiz lockten zu unserem Stand, während ich dort auch moderierte. Wir wollten die Leute unterhalten und auch mit unseren Fanartikeln begeistern und man sah sehr schnell viele Fans mit Rapid-Einkaufstaschen. Es lief gut, Hunderte drängten sich zu uns. Wenn ich von der Bühne zu unserem Rivalen schaute, dann war das dort bei Weitem nicht so. Und es half natürlich auch hier, wenn Rapid gut spielte, denn das erzeugte zusätzlich Stimmung im Foyer. Bei unserem Stand wurde gesungen, gejubelt, mitgegrölt und ich stimmte immer wieder Fangesänge wie „Hier regiert der SCR an", die man dann in der ganzen Stadthalle hörte. Ganz gleich also, wie das Turnier schließlich ausgehen sollte, ich wollte, dass jeder Fan sagte: „Rapid war überall präsent und hat zumindest im Foyer haushoch gewonnen!"

Ging man in die Haupthalle, dann teilten sich die Fanlager so auf: Grün-Weiß hatte auf der Südtribüne und hinter dem Tor auf der Ostseite die Plätze, die Austria auf der Nord und da vor allem im 2. Rang. Es war ein Spieltag, an dem gerade die Violetten eine Partie bestritten, und ich dachte mir, warum auch immer, dass ich mal in den Buffetbereich der Nordtribüne schaue. „Viel kann hier ja jetzt nicht los sein, die Fans werden ja sicher ihre Mannschaft anfeuern und auf den Plätzen sein", ging mir durch den Kopf und so schlenderte ich durch den fast leeren Gang und kaufte mir ein Getränk. Beim Zahlen merkte ich plötzlich, dass langsam acht bis neun violett gekleidete Personen auf mich zukamen. Hier handelte es sich nicht um einen Kinderchor, sondern um eine Abordnung der deutlich härteren Anhänger – das war ohne Zweifel sichtbar. Irgendwie hatte ich das Gefühl, dass sie mich einkesseln und umzingeln, wobei ich jetzt auch nicht der Typ bin, der davonlief. Ich kam dennoch schön langsam ins Schwitzen und verspürte eine leichte Nervosität. Mein Blick schweifte herum: „War irgendwo etwas Grünes zu sehen?" Nein, alle unsere Fans waren natürlich auf der anderen Seite der Halle. Hilfe rufen oder weglaufen war also keine Option, auch war ich dafür viel zu stolz. Wenngleich mir durch den Kopf schoss, was ich in den letzten Tagen beim Moderieren alles für Grün-Weiß gesagt und dabei auch gegen Violett gestichelt hatte. Es könnte also heikel werden. Ich kannte keinen dieser Typen, wobei, vielleicht einen vom Sehen, konnte aber nur abwarten, was jetzt kommt.

„Na, wos is mit dir jetzt, auf amoi bist nimmer so goschert, wia auf eichan Stand da unten, oder?", hörte ich schon und nun schwitzte ich ganz ordentlich, auf der Stirn und den Handflächen. „Wir wollen di net", meinte ein anderer, „du bist a so a grünes G'sindl!" Was sollte ich jetzt tun? An meiner unterlegenen Situation hatte sich nichts geändert, es war einfach nirgends jemand in Grün-Weiß zu sehen. Also tat ich, was ich am besten konnte, nämlich die Abordnung in ein Gespräch verwickeln. „Wo liegt euer Problem? So, wie ihr zu eurem Verein steht, stehe ich zu meinem", fing ich an: „Und ich kann nichts dafür, dass euer Verein nicht imstande ist, so etwas, wie wir es hier aufziehen, auf die Beine zu stellen!" Das war scheinbar kein schlechter Einwand, denn nun begannen sie untereinander zu diskutieren und schienen sich uneins. Dann sagte einer, ich glaube, er war eine Art graue Eminenz der Gruppe und eine ziemliche Kante: „Marek, du bist zwoa a grünes Oarschloch, aber so an wi' di, hätten wir schon gern bei unserm Verein." Nachsatz: „Und jetzt schleich di!" Somit war wohl alles gesagt. Ich wusste, wie schwer den Violetten diese Einsicht gefallen sein musste, es war aber von meiner Seite nicht mehr notwendig zu antworten. Also nahm ich die Beine in die Hand und ging schnell zu unserem Stand auf der anderen Seite der Halle. Ich wechselte mein ziemlich feuchtes Poloshirt, schnappte mir das Mikrofon und legte wieder los: „Hier regiert der SCR!" Im Hinterkopf hatte ich aber noch die bangen Minuten, die mich zuvor innehalten ließen und die ich nie vergessen werde. Und wie das Turnier schließlich ausging? Nun, Rapid gewann am 4. Jänner 2004 das Finale – gegen die Austria. Das Match im Foyer hatten wir zudem sowieso wieder haushoch gewonnen.

Zoki und die Taschentücher

Einleitend möchte ich Zoran „Zoki" Barisic zu seiner großen Rapid-Karriere gratulieren. Er war nicht nur als Spieler, Co- und Cheftrainer höchst erfolgreich, sondern überzeugt heute durch seine professionelle Arbeit als Geschäftsführer Sport bei unserem Verein. Dabei ist Zoki immer als Mensch so wunderbar nahbar, ehrlich und kameradschaftlich trotz der großen Verantwortung, die er seither souverän meistert. Er ist einfach über die Jahre hinweg zu einem ganz wichtigen Baustein im Hause Hütteldorf geworden. Aber, so souverän, wie er jetzt ist, war er nicht immer, und davon handelt diese kleine Geschichte.

Am 5. September 2006 organisierte ich eine Pressekonferenz, bei der wir unser neues Trainerteam vorstellten. Dieses bildeten Peter Pacult mit seinem Co-Trainer Zoran Barisic, wie mich Präsident Rudi Edlinger und Werner Kuhn einige Tage vorher informierten. Ich war begeistert: Pacult kannte ich recht gut, ein Rapidler mit internationaler Erfahrung, und Barisic war ein alter Freund, den ich sehr wertschätzte. Auch, als er von Rapid weggegangen war, imponierten mir seine bekannten Freistöße weiterhin, selbst wenn er den einen oder anderen gegen uns versenkte. Ich bereitete alles vor, Ort der Veranstaltung war unser VIP-Bereich im Hanappi Stadion, der aus allen Nähten platzte. Viele Medienvertreter und Kamerateams waren ebenso vertreten wie Rudi Edlinger und Werner Kuhn. Nach einer Begrüßung bat ich unseren Präsidenten als ersten, eine kurze Zusammenfassung über das neue Trainerteam zum Besten zu geben. Er machte dies sehr ausführlich und aufgrund der großen Anzahl an Menschen stieg die Hitze im Raum. Nach Begrüßungsworten von Peter Pacult und ein paar Fragen von meiner Seite blickte ich zu Werner Kuhn, der neben Zoki saß und ihm immer wieder ein Taschentuch reichte. Barisic schwitzte wie nur was, sowas hatte ich vorher noch nie gesehen - der Schweiß lief ihm in Bächen über das Gesicht, als hätte jemand einen Kübel Wasser drüber geleert! Falls man den Film kennt: Er erinnerte mich an den Piloten aus „Die unglaubliche Reise in einem verrückten Flugzeug".

Zoki also wischte sich immer wieder ab und Werner reichte ihm schon das nächste Taschentuch. Ich musste das Lachen zurückhalten, denn dieser Prozess spielte sich sicher sieben oder acht Mal ab. Neben seinem Sessel lag am Boden schon ein Berg voll Taschentüchern, dabei war er noch lange nicht dran mit seinem Interview. Als ich ihn endlich vorstellte, begrüßte er die Journalisten mit: „Is' eich a so haaß?" Keiner pflichtete ihm bei, denn es war eigentlich ganz in Ordnung. Dennoch gab ihm Werner schon das nächste Taschentuch. Ich konnte nicht mehr und bekam einen Lachkrampf! Es war mir unmöglich, weiterzusprechen und das merkte auch Peter Pacult, der ebenfalls zu lachen begann. Der dramatische Höhepunkt: Das Packerl mit den Taschentüchern war leer! Aber da öffnete Werner Kuhn seine Aktentasche und zauberte Nachschub herbei. Zoki beantwortete die Fragen, Werner assistierte wieder weiter und Zoki wischte sich ab. Es war wie im Kabarett! „Warum warst du denn so nervös?", grinste ich ihn nachher an. „War ich nicht, in dem Raum war es so heiß! Die Klimaanlage dürfte nicht funktioniert haben!" Aber komischerweise schwitzte niemand außer ihm, es war wohl eher stressbedingt.

Wenn ich jetzt so überlege, wie Zoki im Laufe der Jahre hunderte Interviews souverän gegeben hat und wie nervös er bei seinem Antritt war, dann ist das unglaublich und bringt mich heute noch zum Schmunzeln.

RAPID

Kapitel 24

Gemeinsam. Kämpfen. Siegen.

Sie organisierte mich: Martina Mosovsky

Mit Martina, die mich über so viele Jahre begleiten sollte, kam ich so zusammen: Philip Newald, unser damaliger Marketingleiter bei Rapid, trat an mich heran: „Ich kenne da die Eltern von einem jungen Mädchen ganz gut. Sie baten mich zu fragen, ob wir einen Platz für ein Praktikum haben?" Ich sagte zu und lud das Mädchen ein. Das war im Sommer 2002, und was noch keiner im Vorfeld ahnen konnte: Wir hatten damit in diesem Jahr, neben einem gewissen Steffen Hofmann, noch einen zweiten super Transfer getätigt. Der eine wurde zum Rekordspieler, die andere zu einem ganz wichtigen Bestandteil unseres Klubs.

Das Praktikum verlief gut, sie war sehr interessiert und nach dem Absolvieren der Matura holte ich Martina Mosovsky 2004 fix in mein Team. Sie war am Anfang für die Hotline und Info-Mails zuständig, und da wir damals noch nicht viel Platz hatten, saß sie eine Zeit lang in einem sehr kleinen, fensterlosen Raum, in dem sich die ganzen Ticket- und Drehkreuz-Server befanden. Es war dadurch unglaublich heiß und es war gut, dass das Arbeitsinspektorat hier nicht vorbeischaute. Aber das Ambiente war ihr nicht so wichtig, vielmehr wollte sie ihre Tüchtigkeit und ihren Fleiß unter Beweis stellen. Clemens wiederum wuchs gerade in das Thema Merchandising hinein, bekam bald sein eigenes Büro im Fanartikel-Lager in der Mitisgasse, und somit wurde sein Platz frei. Damit hatte Martina einen neuen Arbeitsbereich in unmittelbarer Nähe zu mir. Da wir nun in einem Büro saßen, bekam sie alles mit, was ablief. Jedes Telefonat und Gespräch von mir, jede Idee, jegliches Wissen saugte sie auf und wollte nach und nach alles niederreißen. Als ich einmal in der Früh ins Büro kam, saß sie auf meinem Platz: „Ich hoffe, du bist nicht böse, aber du hattest 250 ungelesene Mails in deinem Postfach. Ich habe jetzt begonnen, einige abzuarbeiten, und wenn du willst, helfe ich dir künftig dabei!" Das war ein Vorschlag, den ich nur zu gern annahm und seither half sie mir jeden Tag. So wurde sie nach und nach die Organisatorin meines überladenen Lebens und schaffte Ordnung. Oft bekam ich bereits um 7:00 Uhr die erste SMS von ihr: „Achtung Andy: Heute haben Herr Körner und Herr Krankl Geburtstag!

Und vergiss' nicht auf Blumen für deine Frau, es ist Valentinstag!" Martina checkte meinen Terminkalender, organisierte ihn und schaute, dass ich überall pünktlich hinkam. Mit der Zeit hatte sie so viel Wissen aufgebaut, dass wir oft nur mehr mit Stichworten kommunizierten und jeder wusste, was gemeint war. Sie wurde meine persönliche Assistentin, die spürte, wie ich tickte, und was für Rapid wichtig war. Martina kannte keine Uhr, sie lebte in ihrem Job auf, und wenn ich morgens ins Büro kam, war sie schon da. Wenn ich ging, blieb sie noch.

Diese Selbstständigkeit machte ihr sichtlich Freude und sie wuchs immer mehr ins Aufgabengebiet des Klubservice hinein. Das merkten auch die Fans, und so wurde sie schnell zur optimalen Ansprechpartnerin für alle Belange. Bei unseren Auswärtsspielen fuhr sie mit, setzte sich an die Rapid-Kasse und wickelte den Kartenverkauf genauso ab, wie sie sich an der Organisation von Veranstaltungen beteiligte. Martina versuchte alles, was ich ihr vorgab, genauso umzusetzen, und gab das auch an die anderen Mitarbeiter weiter: „Macht das so, wie Andy es will. Ihr wisst, wenn das nicht so sein sollte, flippt er wieder aus!" Der Anspruch eines Perfektionisten eben, aber das lernte sie von mir. Und auch bei der Menge an Projekten hörte ich nicht einmal „das schaffe ich nicht". Und wenn sie Hilfe benötigte, stimmte sie sich mit mir ab, aber dann löste sie schon das Thema. Da waren ordentliche Brocken dabei: Ticketing, Fanklubs, Fanreisen, Veranstaltungen, Spieltags-Organisation, UEFA-Abwicklung, Legendenclub. All das verantwortete sie und machte es sehr gut. „Keine Sorge, um deine Termine kümmere ich mich auch noch", beruhigte sie mich und sortierte diese. Fast jeden Tag telefonierten wir spät in der Nacht, wenn ich am Heimweg ins Waldviertel war. „Tut mir leid, dass ich mich so spät noch melde!" – „Kein Problem, ich wäre enttäuscht, wenn du nichts von mir brauchst", kam von ihr zurück. Martina war und ist eine Arbeitsmaschine, die sich entschlossen für ihre Ziele einsetzt. Vielleicht macht das ihr Sternzeichen (Löwe) mit ihr, vielleicht auch ihr ausgeprägter Gerechtigkeitssinn. Da aber auch ich Löwe bin, flogen hie und da zwischen uns auch mal die Fetzen und es herrschte ein paar Stunden Funkstille. Aber die beendete ich meist mit einem Satz, den auch meine Tochter als Kind zu mir sagte, wenn sie etwas ausgefressen hatte: „Sind wir wieder Freunde?". An die Arbeit, weiter ging es, und alles war vergessen. Wenn ich einmal generell nach Rapid-Problemen niedergeschlagen war, richtete sie mich wieder auf; wenn auch das nichts half, rief sie, durch ihr mittlerweile großes Netzwerk, namhafte Menschen an, die mir daraufhin Mut zusprachen. Martina eignete sich ein immenses Gespür für Rapid an, wie man mit Fans umgeht, wie man zu reagieren hat, und entwickelte sich so nicht nur zu einer wichtigen Person für mich im Klubservice, sondern im gesamten Verein. Im Laufe der Zeit organisierte sie bereits größere Veranstaltungen und ich musste einfach am Schluss nur noch alles abnicken, meist gab es gar nichts mehr zu verbessern. „Danke, dass du mir so viel gelernt hast", sagte sie mir dann in ruhigen Minuten und das war die schönste Anerkennung für mich überhaupt.

Wir waren ein unaufhaltsames Team und irgendwann schlug ich Christoph Peschek vor, dass sie den nächsten Schritt machen sollte, weg von der reinen Assistentin, hin zur Abteilungsleiterin in unserem Bereich. „Jemand mit diesem großen Wissen ist fast unersetzbar", gab ich zu bedenken und seitdem leitet sie den Bereich Consumer, VIP & Events im Klubservice des SK Rapid. Besonders schön: Über die Jahre wuchsen wir nicht nur beruflich, sondern auch privat zusammen und unsere Familien verstehen sich blendend. Martina wurde zur Firmpatin von Kathi und Lukas war sowieso ihr Ein und Alles – nun ist sie übrigens seine Chefin. Vor einem Augenblick hatte ich große Angst: Als ich ihr sagen musste, dass ich Rapid verlasse. Am Anfang glaubte sie, das wäre wieder einmal eine Laune von mir, bis sie begriff, dass ich es dieses Mal ernst meinte. Das konnte selbst Martina, die mein Leben viele Jahre organisierte, nicht mehr ändern, aber sie ging auch aus dieser Situation gestärkt hervor. Und es macht mich stolz, zu sehen, wie sie nun Rapid mitorganisiert.

Mit Rat und Tat an meiner Seite: Clemens Pieber

Es kam immer wieder vor, dass man mich als „Alphatier“ bezeichnete, womit ich nicht wirklich etwas anfangen konnte. Ich machte mich bei Wikipedia schlau: Damit verbindet man ein Leittier in einer Herde oder einem Rudel. Auf die Arbeit bei Rapid bezogen, war damit also gemeint, dass ich die Richtung vorgab, in die wir arbeiteten, und es so gemacht wurde. Aber ein so genanntes „Alphatier“braucht auch die entsprechenden Leute in seinem Team, die clever und zielstrebig sind, Ideen haben und etwas weiterbringen wollen. Sie müssen dabei nicht immer ganz vorne stehen, sondern unterstützen lieber von der Seite und sind super Teamplayer. So würde ich auch meinen „ältesten“ Mitarbeiter, Clemen, sehen, der sich als wesentlicher Bestandteil des SK Rapid Klubservice verdient gemacht hat. Als „mein Mann der ersten Stunde“ beim Verein war und ist er sogar länger fix angestellt als ich: Zwar startete ich in Hütteldorf bereits 1992, aber zunächst als reiner Stadionsprecher, während er ab 1995 voll mit dabei war. Als dann unser Klubservice 1998 gegründet wurde, hatte er somit schon einige Rapid-Erfahrung auf dem Buckel.

Als ich damals im Sommer mein kleines Team erstmals zum Fleischknödel-Essen ins Waldviertel holte, sagte Clemens zu mir: „Das war sehr beeindruckend, was du uns hier erzählt hast und was du mit uns vorhast. Ich verspreche, dass ich mit dir diesen Weg gehen will und dich unterstütze, wo nur geht!" Hier hatte ich somit einen sehr loyalen Mitarbeiter, auf den ich mich verlassen konnte. Und er war von Anfang an dabei, entwickelte unsere Abteilung mit und brachte viele Ideen ein, die wir umsetzten, um zum Erfolg für den SK Rapid beizusteuern. Clemens holte mich immer auf den Boden der Tatsachen, wenn ich manchmal zu euphorisch an ein Thema heranging: „Überleg' mal, ob das jetzt wirklich so gut ist, was du machen willst!" Dabei immer wieder mit dem Zusatz: „Herr Andy". Warum? Nun, diesen Floh hätte ich ihm nicht ins Ohr setzen sollen, denn ich erzählte ihm einmal, dass mich meine Mitarbeiterinnen in der Firma Marek seinerzeit immer so nannten. Und so begleitete mich dieser Spitzname bis nach Hütteldorf.

Bei allem, was wir taten, war ihm immer wichtig, nicht zu sehr im Vordergrund stehen zu wollen, sondern vielmehr, dass der Weg, den wir gemeinsam gingen, auch vernünftig war. Das schätzte ich ungemein an ihm. Da ich nie Ruhe gab und immer neue Projekte umsetzen wollte, brachte ich auch einmal das Thema Merchandising ins Spiel: „Wir sollten den Fanartikel-Verkauf im eigenen Haus haben und nicht durch externe Firmen machen lassen." Clemens' erste Reaktion: „Andy, da kenne ich mich überhaupt nicht aus! Ich weiß nicht, wie man Produkte entwirft. Ich weiß nicht, wo man sie bestellt, wie man sie kalkuliert und mit Mode habe ich so gar nichts am Hut!" – „Dafür hast du ja mich an deiner Seite, ich hab' das alles schon in meiner eigenen Firma im Waldviertel gemacht", gab ich ihm mit und dadurch viel Wissen weiter. Also setzte sich Clemens hin und zog diese ganze Abteilung mit meiner Hilfe ungemein professionell auf. Wir schauten uns an, was bei anderen Klubs angesagt war, und ab 2002 lebte er sich in die Thematik so richtig hinein.

Etwas später kam noch eine zweite große Nummer in sein Aufgabengebiet; eine, die niemand gerne betreut: die Sicherheit im Stadion. Eine ganz heikle Geschichte, wie wir alle wissen, wenn wir an Spieltage denken. Da gingen wir durch schwierige Zeiten, Clemens verlor einiges an Gewicht und auch Nerven und ich musste ihn immer wieder aufrichten. Das war schließlich ein Knochenjob, aber wie bei allen anderen Bereichen im Klubservice erledigte er seine Arbeit hervorragend. Auch bei unseren Veranstaltungen schaute er bald, dass sicherheitstechnisch alles seine Ordnung hatte. Vor einigen Jahren holte ich ihn zu mir ins Büro und fragte: „Willst du die gesamte Leitung des Merchandisings und die Fanshops übernehmen?" Wie es seine Art war, dachte er zuerst nach: „Ich will nicht in der ersten Reihe stehen." Aber ich ließ nicht locker und überzeugte ihn. Das Thema blieb zwar in meiner Abteilung, aber Clemens kümmerte sich nun verantwortlich dafür, und somit hatte ich wieder neue Freiräume. Abgesehen davon stand er mir weiterhin immer mit Rat und Tat zur Seite und ich legte sehr viel Wert auf seine Meinung. Clemens hatte das Gefühl für Rapid und entwickelte sich über die Jahre immer mehr zu einer Führungsperson. Eine seiner Ideen war zu Beginn der Covidpandemie, eigene Rapid-Schutzmasken herzustellen. Diese verkauften sich in den unterschiedlichsten Motiven wie die warmen Semmeln und nach über 100 000 abgesetzten Masken kann man stolz sagen, dass allein diese Aktion Rapid sehr geholfen hat. So wie es Clemens weiterhin macht – er war nicht nur ein wichtiger Begleiter meiner Zeit in Hütteldorf, sondern ist es auch heute noch täglich bei unserem Verein.

Alle wussten, was ich wollte: Das Klubservice-Team

In fast jeder Geschichte in diesem Buch erwähne ich das SK Rapid Klubservice. Die Abteilung, die ich als Anlaufstelle für die Rapid-Familie ins Leben gerufen und aufgebaut habe, die für die zahlreichen Anfragen ebenso zuständig ist, wie für die Lösung von unzähligen Problemen. Eine Abteilung, die im Laufe der Jahre zur größten im wirtschaftlichen Bereich unseres Vereins geworden ist. Was vielleicht einfach klingt, war eine Knochenarbeit, die uns immer alles abverlangte, aber wir waren immer mit der entsprechenden Leidenschaft für Grün-Weiß bei der Sache. Und alle meine Mitarbeiter wussten, wenn sie neu zur Abteilung stießen, was ich von ihnen verlangte. Und das wurde immer mehr. Die Anzahl der Aufgaben und Herausforderungen mit den vielen digitalen Spielfeldern, die neu aufpoppten, wuchs und wir mussten auf die Schnelllebigkeit in der Gesellschaft reagieren können. Umso wichtiger war die Einstellung dazu: Um den Berg an Arbeit zu bewältigen, durfte man das Ganze nicht nur als Job sehen, sondern als Sonderstellung, weil man beim besten und traditionsreichsten Fußballverein Österreichs arbeitete. Das konnte nicht jeder, aber alle da draußen verlangten von einem das Maximale.

„Manchmal habe ich das Gefühl, ich bin in einer Sekte, so wie du uns auf Dinge einschwörst", sagte Clemens einmal zu mir und das hatte schon einen wahren Kern. Zwar ging es hier nicht um eine Glaubensgemeinschaft oder eine andere Zusammenkunft, sondern vielmehr darum, dass wir immer unser Bestes für

Rapid geben mussten. Jedes Projekt, das ich anging und ins Leben rief, sollte so perfekt wie möglich umgesetzt werden, damit wir den Fans oder den Stadionbesuchern gegenüber eine professionelle Arbeit ablieferten. „Das erwartet man von uns, und darum erwarte ich das von euch“, gab ich meinem Team immer wieder mit: „Wer das nicht so sieht oder möchte, muss sich nach etwas anderem umsehen, denn wir gehen dieses Tempo weiter!“ Und obwohl ich somit die Latte sehr hoch gelegt habe, zogen alle immer an einem Strang und wir hatten von allen Abteilungen die geringste Fluktuation an Mitarbeitern im Verein. Wahrscheinlich brauchte ich nicht viel Überzeugungskraft, weil ich schon bei jedem Einstellungsgespräch immer meine Vorstellungen sehr glaubhaft vermittelte. Alle wussten somit, was auf sie bei Rapid zukommt.

Das alles begann 1998 zu viert mit Sonja Pendl, Clemens Pieber, Heimo Kraus und mir. Dazu gesellte sich bald Astrid Salzer, die bis heute als gute Seele des Vereins immer genau verstand, was ich wollte. Astrid war am Telefon und im Fancorner die erste Anlaufstelle für Anfragen, Wünsche und auch Beschwerden aller Art, und somit musste sie da schon als Troubleshooter viel abfangen. Sie machte das sehr gut. Im Laufe der Jahre wurde alles beim Verein größer, intensiver und erreichte vor allem durch das neue Stadion eine andere Dimension. Der Aufwand und das Arbeitspensum stiegen also, meine Ziele mit dem Klubservice-Team

Ein Teil meines super Teams: Eduard Arnold, Edi Andrich, Clemens Pieber, Edmund Hübner, Astrid Salzer und Martina Mosovsky.

SK Rapid Klubservice-Team

blieben die gleichen wie zu Beginn: Allen Rapid-Fans, vom Arbeiter bis zum VIP-Fan, vom Ultra bis zum Sympathisanten, einen unkomplizierten Stadionbesuch zu ermöglichen. Rapid zum Klub zu formen, den man angreifen und fühlen kann, der Traditionen hochhält, nicht auf Menschen vergisst, denen es nicht so gut geht, und der der Rapid-Familie ein besonderes Stadionerlebnis bietet. Damit einhergehen sollte ein volles Stadion, steigende Zahlen an Mitgliedern und Abonnenten, was durch Fanbindung auch geschah. Durch die Zuwächse konnte man für neue, wirtschaftliche Ertragsfelder sorgen. Ich erlebte in den 80ern und Anfang der 90er noch mit, wie viel Potenzial bei Rapid brach lag, und dass man außer dem Kartenverkauf kaum etwas für die Fans veranstaltete. Ich wollte etwas verändern und ich glaube, das ist mir, mithilfe meines treuen, zuverlässigen und professionellen Klubservice-Teams über die Jahre hinweg auch gelungen.

Hier möchte ich noch einmal alle Aufgabengebiete, die in meine Abteilung gehörten, anführen: Ticketing, Mitgliederwesen, Merchandising und Fanshops, Organisation des Spieltages, Organisation aller Veranstaltungen, Fanbetreuung und Fanklubs, internationale Fanreisen, Organisation des VIP- und Business-Bereichs, Jugendcamps, Stadionführungen, Umsetzung der öffentlichen Auftritte der Spieler, Organisation des Rapideums.

All diese Themen wurden in den letzten mehr als zwei Jahrzehnten von meinen Mitarbeitern im SK Rapid Klubservice abgewickelt. Ich kann eure wertvolle Arbeit nicht in Worte fassen, versuche es aber dennoch, und möchte euch damit an dieser Stelle noch einmal meine große Wertschätzung vermitteln: DANKE! Ihr wart ein super Team und habt das großartig gemacht!

„Wer unter mir Geschäftsführer wird, ist mir egal"

Diese Überschrift muss man natürlich mit einem Augenzwinkern sehen und so verstehen - sie stammt in abgewandelter Form von Christoph Peschek selbst, der bei meiner Verabschiedung aus Hütteldorf lachte und sagte: „Dem Andy war es sowieso egal, wer unter ihm Geschäftsführer ist!" Aber nein, so war es nicht. Der Reihe nach. Als 2013 Michael Krammer sein neues Präsidiums-Team vorstellte, gab es da bereits Christoph Peschek, den ich zwar im Stadion als langjährigen treuen Fan und Besucher wahrnahm, aber persönlich noch nicht besonders gut kannte. Er wurde als unser neuer Vizepräsident bestätigt und nach wenigen Wochen fiel mir bereits auf, dass er sehr interessiert an meiner Arbeit bei Rapid war. Er signalisierte mir immer wieder: „Wenn du etwas von mir brauchst, stehe ich dir jederzeit zur Verfügung!" Ihm war unter anderem das Thema Fans ein ganz besonders wichtiges, da er sich für diese auch einsetzen wollte. Das zeigte er durch seine umgängliche und wortgewandte Art auch bei unseren Mitgliederversammlungen und bei diversen Fanklub-Besuchen, wo er mit mir hinging und oft Rede und Antwort stand. Zu diesem Zeitpunkt hatte ich zwar nicht das Gefühl, dass er nach etwas Höherem strebte, es war ihm einfach wichtig, die Abläufe im Tagesgeschäft näher kennen- und verstehen zu lernen, ohne sich darin einzumischen. In erster Linie bot er immer seine Hilfe an und versuchte, Probleme zu lösen.

Im Herbst 2014 wurde bekannt, dass Rapid einen neuen wirtschaftlichen Geschäftsführer sucht. Es bewarben sich einige namhafte Persönlichkeiten, unter anderem auch Christoph selbst. Mich fragten damals viele: „Andy, warum bewirbst du dich nicht?" Aber das war für mich gar kein Thema, denn ich hatte mit meinem

Klubservice so viele Projekte am Laufen, dazu würde in eineinhalb Jahren unser neues Stadion eröffnet werden und hier gab es genug Arbeit. Aber auch ich war gespannt, wer denn schlussendlich unser neuer Vorgesetzter werden würde. Die Entscheidung fiel auf Christoph Peschek und ich freute mich sehr. Allerdings hatte ich die Hoffnung und den Wunsch, dass er sich in seiner neuen Funktion nicht groß verändern sollte. Denn so, wie er vorher auftrat, war es eine unglaubliche Bereicherung für unseren Klub. Am 1. Februar 2015 trat er seinen neuen Job an und auf Wienerisch gesagt, tat er das auf erfrischende Weise, denn er „ließ nicht den Checker raushängen". Ganz im Gegenteil: Dort, wo sich Christoph sicher war und er Erfahrung hatte, vertrat er seine klare Linie. Wo es Neuland gab, holte er sich Expertisen von jenen ein, die mehr Wissen hatten, was er wirklich großartig machte.

Innerhalb kurzer Zeit wuchs er in die Führungsrolle hinein, veränderte Dinge zum Guten, ließ aber auch die Meinung seiner Abteilungsleiter gelten. Wir tauschten uns zeitweise sehr intensiv aus. Unsere tägliche Telefonzeit war so zwischen 8:00 und 9:00 Uhr, wenn ich auf dem Weg vom Waldviertel ins Büro war. „Ich verlasse mich voll und ganz auf dich und du kannst dich auch auf mich verlassen", sagte er immer wieder und schenkte mir so den nötigen Freiraum in meiner Arbeit. Ich gab ihm wiederum die relevanten Rückmeldungen, damit er auf dem Laufenden blieb. Ich merkte, dass ihm meine Meinung sehr wichtig war.

Es war aber auch für mich ein Segen, dass sich hier neben mir endlich jemand dem großen Thema Fanarbeit annahm. „Wo es brennt, steht er wie eine Wand hinter mir", lobte ich ihn oft, denn wenn sich einmal wieder eine Situation ungut für mich zuspitzte, stand er mir zur Seite und half. Etwa beim unsäglich aufgebauschten „Hoit de Pappn"-Sager, mit dem ich in der Emotion auf Beschimpfungen vom damaligen WAC-Trainer reagierte. Dieser schlug mediale und öffentliche Wellen, aber Christoph verteidigte mich vehement und legte sich auch mit einigen Personen an.

Was ihn vor allem zu Beginn absolut auszeichnete, dass sich Christoph neues Wissen sehr schnell aneignete und sich so mit vielen Thematiken beschäftigen konnte. Er war und ist offen für alles, und so fiel es ihm dann auch leichter, sich großen Projekten anzunehmen, die in seiner bisherigen Amtszeit umgesetzt wurden. Unter seiner Führung ging bei unserem Verein sehr viel weiter und er bewies hier ebenso oft seine Handschlagqualität. Wenn wir mal im Zuge unserer Zusammenarbeit intensiv diskutierten, dann geschah das immer auf hohem Niveau, und da, wo wir uns gegenseitig aufrichten mussten, etwa bei Querschüssen von Neidern und Besserwissern, gelang uns das ebenfalls. So entwickelte sich über die Jahre hinweg eine echte Freundschaft und großartige Zusammenarbeit. Danke auch an seine Assistentin Tanja, die unsere Terminkalender immer gut abstimmte.

Als ich Christoph meine Entscheidung mitteilte, Rapid zu verlassen, war er sehr traurig und extrem niedergeschlagen – diesen Moment werde ich nie vergessen. Ich versicherte ihm, auch weiterhin bei Fragen zur Seite zu stehen, was ich auch mache. Ich konnte ihm viel von meiner Erfahrung mitgeben, nur in Sachen Mode sträubte er sich: „Da bin ich sehr konservativ", bleibt er standhaft gegen meine Ratschläge. Viel wichtiger: Rapid ist bei ihm in guten Händen und mit einem Jahr oder mehr Abstand kann ich festhalten: „Es war mir egal, wer unter mir Geschäftsführer war – aber Christoph machte seine Sache sehr gut!"

Wir fanden schnell zusammen: SHFG 11

Es war im Juni 2002, ein richtig heißer Tag, an dem die Sonne vom Himmel glühte. Weil gerade beim Gerhard-Hanappi-Stadion die umfangreiche Überdachung erfolgte, waren wir in Container hinter dem Block West ausgewandert. Da hatte ich auch mein Büro. Ich wollte gerade beim Fenster durchlüften, als ich draußen einen jungen Burschen orientierungslos herumirren sah. Er wusste offenbar nicht, wohin. „Ein Spieler unserer U16", dachte ich mir, war aber verwundert über seine altmodische, weite, graue Hose, die er trug. Ich öffnete das Fenster: „Wo musst du denn hin?" Mit einem leicht fränkischen Akzent kam zurück: „Können Sie mir sagen, wo ich die Profispieler des SK Rapid finde?" Ich war mir ganz sicher, dass das ein Autogrammjäger ist, der auf Unterschriften aus war. „Du musst noch ein bisschen warten. Die Spieler trainieren in rund einer Stunde, dann kannst du sie sehen und dir Autogramme holen", lächelte ich. „Nein, das will ich gar nicht", kam zurück, „Ich bin ein neuer Spieler und komme zum Training!" Ja, da stand er, jener Mann, der Rapid-Geschichte schreiben sollte, der von unseren Fans zum „Fußballgott" geadelt und sich zu einem sehr guten Freund von mir entwickeln würde. Steffen Hofmann, 21 Jahre jung, mit einem Aussehen, als wäre er gerade 16 geworden. Ich stellte mich vor und brachte ihn zur Kabine.

Nach einiger Zeit lernte ich ihn immer besser kennen und merkte schnell, dass er nicht nur super erzogen und sehr höflich war, sondern dass aufgrund seines Talents einiges in ihm schlummerte. Das wurde auch relativ schnell offensichtlich und es war Gold wert, dass wir mit Josef Hickersberger genau den richtigen Trainer hatten, der ihn fördern sollte. Steffen bekam schnell die Kapitänsschleife und verstand ebenso rasch, dass es für einen Profi mehr gibt, als nur am Rasen zu stehen. „Wie geht man mit den Fans um? Wie muss ich mich verhalten?", zeigte er sich wissbegierig und ich versuchte, ihm alles Notwendige zu vermitteln. Es ging von einer unserer Veranstaltungen zur nächsten und bald suchte er Kontakt zu den Capos der Ultras und den anderen führenden Fanklubs der aktiven Szene. Ich half ihm dabei und er lernte ganz genau, worauf es im Doppelpass zwischen Fußball und Fans ankommt. „Von nichts kommt nichts" und das traf bei ihm vollends zu – und ja, es half natürlich, dass er sensationell kickte, wodurch ihm sowieso schnell einige Türen zu den Herzen der Anhänger aufgingen. Steff wusste, dass jede Anfrage und jeder Termin, bei dem er dabei sein sollte, dem Verein half und schließlich auch mir in Sachen Fanarbeit. So wurde er im Laufe der Jahre zu einer Art „Schalldämpfer", wenn es Stress gab und er als Kapitän vermittelnd einschreiten konnte – seine Meinung hatte bei allen im Verein und bei unseren Fans entsprechendes Gewicht. Und wesentlich war: Er verließ sich voll auf mich. Oft fragte er: „Ist das jetzt wichtig?“ Ich: „Ja, ist es.“ Er: „Gut, dann mache ich es.“ So kam er häufig zum Handkuss bei meinen Masterplan-Terminen, wenn ich die Spieler für Fantreffen oder Autogrammstunden einteilte, aber er wusste, dass es notwendig war und er als Kapitän eben eine Sonderstellung einnahm. Auf der anderen Seite konnte er dadurch jederzeit auf mich zukommen, wenn ihm irgendwo der Schuh drückte.

Es war ein ausgezeichneter Doppelpass, denn auch ich wusste, wie man „Everybody‘s Darling“ richtig in Szene setzte. Etwa bei seiner Vertragsverlängerung. Noch bevor es jemand wusste, nahm ich schnell ein Video mit ihm auf und spielte dieses nach Rücksprache mit Präsident und Trainer auf den Vidiwalls im ausverkauften Stadion gegen Salzburg ab. Was daraufhin los war auf den Rängen, kann man sich vorstellen, der Jubel und die zusätzliche Motivation für das Spiel waren so groß (weniger bei den Journalisten, die gerne eine Vorabinfo gehabt hätten). Oder, als er nach einem kurzen Intermezzo bei 1860 München wieder zu Rapid zurückkehrte. Das perfekte Drehbuch für einen Moderator wie mich, um ihn entsprechend zu inszenieren! Steffen und ich ergänzten uns in sehr vielen Dingen und wir beide wussten, was wir aneinander hatten. Auch in der Mannschaft hatte

er natürlich einen großen Stellenwert, und wenn es mal ein heikles Thema von meiner Seite für die Spieler gab, dann besprach ich mich zuerst mit Steffen und wir beratschlagten, wie wir es weiter angehen sollten. Im Laufe unserer Jahre bei Rapid erlebten wir auch sehr schwierige Phasen und oft ging es ihm nicht anders als mir: Als Kapitän musste er Stellung nehmen. Somit war in derselben Situation automatisch eine Seite erfreut, die andere enttäuscht. Da mussten wir uns gegenseitig stärken. Aber natürlich überwiegen die vielen positiven, unvergesslichen Momente: Als er zweimal den Meisterteller in die Höhe stemmen konnte. Wie er gegen Saloniki vom Mittelkreis das Tor zum endgültigen Aufstieg erzielte. Wie er über Derby-Tore jubelte. Oder wie ich ihm das Skifahren lernte. Manche Momente schmerzten auch körperlich: Wenn wir ein wichtiges Spiel gewannen, er mich nach dem Schlusspfiff am Spielfeldrand sah und vor Freude zu Boden riss – einmal so stark, dass ich mir die Zehe quetschte, aber egal, Hauptsache Sieg!

Auf zwei Erlebnisse bin ich besonders stolz. Das eine betraf den Beginn unserer Zusammenarbeit, das andere den Schluss. Steffen war gerade wenige Wochen in Wien, da schleppte ich ihn zu einem speziellen Abend für VIP-Gäste und Sponsoren, um ihn ganz neu vorzustellen. Dementsprechend schüchtern war er, aber er sah eine junge, hübsche Frau, die ihm gefiel und die ich kannte. „Kannst du mir ihre Telefonnummer organisieren?“, fragte mich Steff. Ich konnte. Sie wurde

seine Frau und drei Kinder folgten – alles richtig gemacht! Als er viele Jahre später seine Rapid-Karriere schließlich beendete, organisierte ich für ihn eine Verabschiedung im Kursalon Hübner und ein großes Abschiedsspiel in Hütteldorf. „Ich konnte mich 16 Jahre auf dich verlassen und so weiß ich auch, dass du mir meinen Abschied toll gestalten wirst", bedankte sich Steffen im Vorfeld bei mir und schönere Worte des Vertrauens kann es gar nicht geben. Der Rekordspieler unseres Vereins und ich arbeiteten exzellent zusammen und heute besitzt er dadurch auch ein gewisses Modeverständnis. Wenn ich an seine Hose bei seiner ersten Ankunft in Hütteldorf denke, dann war das auch absolut notwendig!

Mein Freund Fredi

Oft sagt man ja: „Liebe auf den ersten Blick". Nur: Das war es zwischen mir und Alfred Körner, unserer großen Rapid-Legende, zu Beginn so gar nicht. Jedes Mal, wenn wir uns sahen, wirkte er mürrisch und ich hatte das Gefühl: „Der mag mich nicht. Naja, soll so sein." Ich hörte zwar immer wieder Geschichten über seine erfolgreiche Rapid-Karriere und hatte großen Respekt vor ihm, aber weitere Berührungspunkte gab es eigentlich nicht. Das änderte sich erst um die Jahrtausendwende. Alfred Körner war bei uns für den „Klub der Alt-Internationalen" zuständig, einer geselligen Runde von ehemaligen Fußballern oder Verantwortlichen, die sich jeden Freitag am Nachmittag im leeren VIP-Club des Gerhard-Hanappi-Stadions zu ihrem persönlichen Stammtisch traf. Da ich die Verantwortung über die Räumlichkeiten hatte, schaute ich hie und da vorbei und war dann irgendwann sein Ansprechpartner. Mein Name? Nicht „Andy" oder „Marek", sondern für ihn war ich damals der „Marktschreier" – wegen meiner Moderationen. Nein, nicht unbedingt ein Kosename oder einer, der mir getaugt hätte. Aber es war eben seine Begrüßung und danach kamen meist wertschätzende Worte für mich, mit einem Grinsen vorgetragen. Wenn er da so in seiner großen Runde saß, klang das oft so: „Marktschreier, kumm her", und auf mich zeigend: „Der is' so super, wos der alles mocht für Rapid! Der orbeit Tog und Nocht, solche brauchat ma' mehr!" Das war mein Einstieg in diese Runde, und wenn „Fredi" lobte, dann hatte das auch Gewicht.

Wir lernten uns dadurch aber immer näher kennen und einmal veranstaltete ich im Waldviertel einen Rapid-Abend. „Möchten Sie auch kommen, Herr Körner?", fragte ich ihn und er sagte zu. Die Leute waren begeistert, als er das Wort ergriff und von alten Zeiten erzählte. Im Zuge dessen hielt er eine Laudatio auf mich und bot mir danach das Du-Wort an. Ganz die alte Schule! Nun sahen wir uns immer öfter, zumindest jeden Freitag, wenn er wieder zu seiner Runde in den VIP-Club ging. Da schaute er immer vorher bei mir im Büro vorbei und wir plauderten. Es war schön, ihm zuzuhören, und irgendwie wurde er in dieser Zeit zu meinem väterlichen Freund. Gab es ein Problem, so war er für mich da und versuchte, mich wieder aufzubauen. Nach dem Platzsturm 2011 etwa war er der erste, der mich anrief, als ich gerade am Heimweg ins Waldviertel war: „Kopf hoch, Andy! De nächsten Tog wean hart, aber du wirst es moch'n. Wannst mi brauchst, i bin do für di'!" Ich war wirklich dankbar, mit ihm jemanden gefunden zu haben, der jederzeit ein offenes Ohr hatte. Und umgekehrt. Als 2009 seine geliebte Frau schwer erkrankte und jahrelang im Koma lag, war ich oft für ihn da. Er besuchte sie sechs Jahre lang jeden Tag im Spital, und um ihn etwas abzulenken, nahm ich Fredi zu Rapid-Veranstaltungen wie den Fanklub-Abenden, Sponsoren-Treffen und vielen mehr mit. Da lebte er auf, konnte seine Geschichten erzählen und alle hörten ihm gespannt zu. Bei Rapid liebte man ihn und er wollte bei jedem Event dabei sein, schöpfte dadurch Kraft und gab diese auch oft an mich weiter. Wenn eine Veranstaltung vorbei war, kam er oft mit demselben Satz zu mir: „I brauch wos von dir!" Er meinte Sachen aus dem Fanshop, um die ihn seine Freunde anbettelten. Ich gab ihm alles, was er wollte, denn seinen Einsatz für unseren Verein konnte man gar nicht hoch genug schätzen. Wir fertigten sogar Autogrammkarten für ihn an, denn egal, wo er auch hinging, überall wollte man ein Foto oder seine Unterschrift haben. Und das machte er auch sehr gerne.

Manches Mal passierte es, dass ich vergaß, ihm einen Termin zu sagen. Sodass, wenn etwa in einer halben Stunde eine Veranstaltung für unsere Sponsoren beginnen würde, nun Fredi fehlte. Also griff ich zum Hörer: „Es tut mir leid, du weißt noch nichts davon, aber es wäre wunderbar, wenn du noch kommen könntest!" – „Bist du narrisch? I bin scho im Pyjama! Aber ja, i kumm no vorbei!" Wir holten ihn von zu Hause ab und der Abend war wieder gerettet. Ein anderes Mal brauchte ich ihn ebenfalls sehr kurzfristig: „I würd gern kommen, aber i muass bei meinem Sohn im Haus bleiben, der kriagt an Sand geliefert." Sein Sohn hatte ihn gebeten, der Lieferfirma den Platz zu zeigen, wo sie eine große Menge Sand abladen sollte. Aber Fredi wollte mir nicht absagen, schrieb einen großen Zettel: „Hier den Sand für Körner abladen" und brachte ihn direkt am Zaun bei der dafür vorgesehenen Stelle an. Er stieg ins Auto und fuhr nach Hütteldorf. Zwei Stunden später läutete mein Telefon, Fredis Sohn war am Apparat: „Andy, ist der Papa bei dir? Sag' ihm, die haben den Sand beim Nachbarn abgeladen!" Denn der Wind hatte den Zettel verblasen und vor die Garage auf das Nachbargrundstück geweht!

Aber so war Fredi. Immer mit Rapid in Gedanken und mir ein richtiger Freund. Als er den 90er beging, organisierte ich im Namen des SK Rapid ein großes Fest und wir ließen ihn hochleben. Er war überglücklich. Einige Male war ich auch bei ihm zu Hause, wo er mir immer einen Nuss-Schnaps anbot. „Den muasst trinken, des is Pflicht!", warnte er mich und das tat ich, es war ein Privileg. Sein Sohn Fredi Junior sagte mir einmal: „Da Papa hat dich wirklich gern, denn sonst hätte er dich nicht in seine Wohnung lassen!" Fredi war ein echter Rapidler, der so viel für seinen Herzensklub gemacht hat. Ein großartiger Mensch, der sich oft sehr kritisch, aber immer ehrlich zeigte und da war, wenn ich ihn brauchte. Bei jedem Heimspiel in den letzten 20 Jahren schaute ich, ob er auf seinem Platz saß, und er winkte mir zu. Als ich mich von Rapid am 16. Februar 2020 verabschiedete, war sein Platz leer. So viel hatten wir zusammen mitgemacht, aber diesen emotionalen Moment, den ich mit ihm teilen wollte, erlebte er bereits von anderer Stelle aus mit.

Kapitel 25

Rapid verlässt man nicht, außer man wird krank

Mir kann so etwas nicht passieren

Es war im Rahmen einer Veranstaltung, bei der es um das Thema „Vorsorgeuntersuchung" ging. Ich moderierte und wurde natürlich gefragt, ob ich mich selbst regelmäßig einem Check unterziehe. „Ja, mache ich", schwindelte ich und redete um die Sache herum, obwohl ich mich bisher so gar nicht mit der Materie beschäftigt hatte. Ich fühlte mich immer fit, lebte gesund und blieb, Gott sei Dank, von größeren Krankheiten verschont. Und wenn ich denn überhaupt einmal krank war, fiel das in den Bereich der Seltenheit. Ich konnte also auf Holz klopfen und sah keine Notwendigkeit, mich einer routinemäßigen Kontrolle zu unterziehen.

Rund um meinen 55. Geburtstag war dann aber doch der Zeitpunkt da. Alle meine Freunde ließen sich immer wieder untersuchen und kontrollierten so bestimmte Werte. „Ach, was soll's, mach ich es auch einmal", sagte ich mir und ging bald darauf zum Rundumcheck. Das Ergebnis war sehr erfreulich: „Sie sind pumperlg'sund" attestierte mir der behandelnde Arzt: „Allein der PSA-Wert ist etwas erhöht, beobachten sie das einfach weiter. Kein Grund zur Sorge!" Ich wusste zu diesem Zeitpunkt nicht, was das für ein Wert wäre – er bezieht sich auf die Prostata –, aber versicherte, genau auf meinen Körper zu hören. Das Wichtigste, ich war gesund und konnte somit weiter meine 120 % leisten: Vollgas bei Rapid und auch sonst, wo ich sie brauchte! Es war schon so, dass auch in meinem Umfeld immer wieder über Krankheiten und diverse Leiden gesprochen wurde, ich wollte mich damit aber überhaupt nicht beschäftigen und an mögliche Krankheitsfälle denken: „Mir kann so etwas nicht passieren", redete ich mir immer wieder ein. Wenn es mich einmal wo zwickte, wischte ich diesen Umstand bedenkenlos weg. Ich verspürte keinerlei Ermüdungserscheinungen meines Körpers und war das Gegenteil von einem Hypochonder, der immer wieder neue, vermeintliche Krankheitssymptome verspürt. Ja, ich mutete meinem Körper viel zu, aber mit dieser Einstellung sollte ich auch weiter mein Tempo gehen können.

Den ärztlichen Rat mit dem PSA-Wert behielt ich im Hinterkopf. Ich ließ ihn regelmäßig kontrollieren, er war weiter etwas erhöht, aber nicht bedenklich. Als ich mit meinem älteren Bruder um diese Zeit einmal über das Thema Gesundheit plauderte, fragte er mich: „Wie lange hast du eigentlich noch vor, bei Rapid zu bleiben?“ Meine Antwort war sehr klar und deutlich: „Bei Rapid geht man nicht von selbst, höchstens man wird krank!“ Das war für mich keine Floskel, sondern ich meinte es wirklich so. Ich hatte viel Freude an meiner Arbeit und sprichwörtlich keine Zeit, um krank zu werden. Es gab immer etwas zu tun, und wenn es mal ruhiger zu ging und sich Tage zum Ausspannen anbahnten, konnte es sein, dass ich mir einen Schnupfen oder eine Grippe einredete. Aber das musste schnell aus meinem Kopf, die nächste Aufgabe wartete. Bei Rapid sowieso, denn durch den Stadionbau und die Eröffnung vergrößerten sich meine Aufgabenfelder und die Ruhephasen wurden immer weniger. So vergingen Wochen und Monate und im Sommer 2019 fühlte ich mich plötzlich irgendwie nicht so gut wie immer. Ich schleppte mich ein wenig dahin: Manche Tage waren besser, andere nicht so gut. Als wollte mir mein Körper etwas sagen. So beschloss ich, im September wieder einen Generalcheck durchführen zu lassen. Innerhalb eines Tages unterzog ich mich allen notwendigen Untersuchungen und die Ergebnisse liefen bei meinem Arzt zusammen. „Andy, es schaut gut aus, deine Werte sind in Ordnung. Lediglich der PSA-Wert ist erhöht.“ „Ja, das weiß ich schon vom letzten Mal.“ Er antwortete: „Diesmal ist er aber doppelt so hoch!“ Wie ein Reflex zog ich mir meinen inneren Schutzschild hervor: „Mir kann doch so etwas nicht passieren!“ Auf die Empfehlung des Arztes wurde bei mir noch eine Magnetresonanz der Prostata gemacht, die etwas zeigte. Man konnte aber nicht erkennen, was genau. Also war der nächste Schritt eine so genannte Biopsie. Ein guter Freund kannte sich damit aus und empfahl mir, einen Primarius im Linzer Elisabethinen-Spital zu kontaktieren. Ich bekam sofort einen Termin und wurde biopsiert. „In einer Woche haben Sie das Ergebnis, ich melde mich bei Ihnen“, sagte der Primarius und mir war klar, dass alles gut sein würde. Bei mir wäre sicher nichts Bedenkliches auszumachen.

Gleich am Tag nach der Biopsie moderierte ich den „Tag des Sports“ in Wien, eine Veranstaltung mit zigtausenden Menschen, und ich fühlte mich sehr gut. Es war keine Zeit, über irgendwas nachzudenken, und meine Untersuchung hatte ich bereits verdrängt. So verging rund eine Woche, mein Handy läutete und eine Linzer Nummer schien auf. Der Herr Primarius meldete sich: „Herr Marek, hätten Sie morgen Zeit, dass Sie bei uns vorbeikommen? Wir haben bei der

Gewebeprobe leider etwas gefunden." Sofort schoss es mir in den Kopf, zum ersten Mal in meinem Leben: „Kann auch mir so etwas passieren?". Schon am nächsten Tag war ich mit meiner Frau Sabine am Weg nach Linz und dort angekommen, schwächte ich selbst diesen Termin noch ab. Wir setzten uns locker zusammen und ich begann mit: „Herr Primarius, darf ich mit Ihnen ein Interview führen?" Er lächelte und war einverstanden. „Gibt es etwas Positives, Das Sie uns sagen können?" Mein Gegenüber antwortete: „Ja, wir haben es doch relativ rechtzeitig entdeckt und die Operationstechnik zur Beseitigung dieses Problems hat sich in den letzten Jahren sehr gut weiterentwickelt!" „Und das Negative ist ...?" „Herr Marek, Sie haben Prostatakrebs!" Und ja, das war nicht nur ein Schock, sondern jetzt wusste ich, dass natürlich auch mir so etwas passieren konnte!

Aber wie es eben in meiner Natur lag, fragte ich sofort nach, wie dringend die Operation wäre – ich hätte ja so viele Termine, wo ich nicht fehlen dürfte! Da grätschte mir Sabine hinein, noch bevor ich den Satz ausgesprochen hatte: „Bist du noch ganz normal?!" Und so fixierten wir gemeinsam einen Operationstermin, der sich „wie durch Zufall" so ausging, dass gerade zu diesem Zeitpunkt kein Rapid-Spiel anstand. Wir fuhren wieder nach Hause und ich machte so weiter als wäre nichts. Auf Anraten meiner Frau las ich auch nicht über Krankheiten im Internet nach, um mich nicht wahnsinnig zu machen. Ich kam nicht viel zum Nachdenken, weil so viel zu tun war. Am Samstag, dem 2. November moderierte ich dann noch beim Heimspiel gegen St. Pölten, ehe ich einen Tag später ins Krankenhaus einrückte. Und da spürte ich erstmals, dass es sich nicht mehr nur um eine Verkühlung oder Grippe handelte, sondern dass es mehr war. Viel, viel mehr: Am Montag wurde ich operiert und damit musste ich mich erst einmal zurechtfinden!

Die Entscheidung

„Herr Primarius, ist alles gut gegangen?" Das waren meine ersten Worte nach dem Aufwachen. Ich hatte die Prostata-Operation hinter mich gebracht. „Ja, alles ist zufriedenstellend verlaufen", beruhigte er mich: „Die Prostata wurde komplett entfernt und es liegt nun hinter Ihnen!" Drei Stunden hatte die Operation gedauert und ich fühlte mich schwach und müde. Es war auch keine Überraschung, dass ich noch etwas mehr als eine Woche im Spital bleiben musste, und so war ich entsprechend ausgerüstet, um auch von hier arbeiten zu können. Aber ich ließ alles liegen: Den Laptop schaltete ich nicht ein, das Handy holte ich nicht hervor – außer um mit meiner Familie zu telefonieren – und den Fernseher drehte ich keine zweimal auf. Ich war erledigt und hatte Zeit zum Nachdenken: Es war keine Kleinigkeit, wie ich sie im Vorfeld immer heruntergespielt hatte. Vielleicht war ich auch falsch an das Thema herangegangen, weil ich noch nicht wusste, was mich erwarten würde. Es mag lächerlich klingen, aber ich fühlte mich erstmals in meinem Leben irgendwie hilflos und kaputt.

Die Tage vergingen und es klopfte an meiner Tür. Der Primarius setzte sich neben mein Bett: „Wie fühlen Sie sich?" – „Schwach", sagte ich und darauf entgegnete er: „Herr Marek, ich habe Sie nicht gekannt. Ich kenne mich im Fußball nicht so aus, aber einige Kollegen von mir sind totale Rapid-Fans. Sie haben mir ein bisschen von Ihnen erzählt." Ich unterbrach: „Hoffentlich nichts Schlechtes?!" – „Ganz im Gegenteil. Ich habe gehört, dass Sie bei Rapid sehr geschätzt werden und dass Sie beim Verein viel bewegen!" Diese Aussage freute mich, aber was danach kam, beschäftigte mich sehr: „Ich habe aber auch erfahren, dass Sie ein Workaholic sind und ein unglaubliches Tempo gehen. Sie fahren da jeden Tag hunderte Kilometer und wollen immer alles niederreißen. Herr Marek, Sie müssen vom Gas runter, sonst werden Sie bald wieder in einem Krankenhaus sein, das kann ich Ihnen versichern." Ich wollte sofort mit ihm zu diskutieren beginnen, aber der letzte Satz, den er hinzufügte, ließ mich verstummen: „Ihr Körper wird es Ihnen sowieso zeigen und Sie werden merken, was ich meine, sollten Sie nichts ändern." Das saß! Ich hatte in diesen Tagen viel Zeit zum Nachdenken und erinnerte mich an all das Schöne, das ich mit Rapid verband. Aber ich dachte auch an die Erlebnisse, wo es 100 % brauchte und dass sie viel an Kraft gekostet hatten. So grüblerisch fand mich Sabine vor: „So kenne ich dich gar nicht. Kopf hoch, alles wird wieder gut." – „Das hoffe ich", antwortete ich, aber ich war nicht so positiv wie sonst. Einen Gedanken konnte ich hier nicht mehr verdrängen, selbst wenn ich es wollte: „Ich weiß nicht, ob ich in Zukunft noch diese Energie in der Form wie sonst für meinen Herzensklub habe ...".

Bald konnte ich, nach einer sehr guten Behandlung, das Krankenhaus verlassen und meine Frau brachte mich nach Hause. Ich war müde und erschöpft, doch anders als ich, hatte sich mein Terminkalender nicht verändert. Dieser war weiterhin voll und die erste Veranstaltung rückte näher. Die Warnung des Primarius war aber hängengeblieben: „Ihr Körper wird es Ihnen zeigen, was geht und was nicht!" Was ging nun? Es stand die große Hauptversammlung in Hütteldorf an, bei der ein neuer Präsident gewählt werden würde und die ich ebenso organisieren musste wie die Weihnachtsfeiern, den Weihnachtsabend im Stadion und natürlich das normale Tagesgeschäft. Aber ich fühlte mich einfach nicht mehr so gut wie vorher. Einschneidend war hier auch eine Begegnung mit meinem Bruder, der mich im Waldviertel besuchte. Wir hatten uns lange nicht gesehen und ich berichtete ihm alles über die letzten Wochen und meine aktuelle Lage. Tony war immer ein großer Förderer von mir, bewunderte meine Arbeit, und wenn ich Probleme hatte und es bei Rapid Stress gab, redete er mir zu und half, drüber hinwegzukommen. Nur an diesem 14. November 2019 merkte er an: „Du hast einmal zu mir gesagt, Rapid verlässt man nicht, außer man ist krank. Und jetzt habe ich das Gefühl, es ist an der Zeit für dich.“ Ich hatte nicht gedacht, dass er sich an meine Worte erinnerte, und umso tiefer drang diese Botschaft in mich hinein. Was sollte ich nun machen? Würde ich mein Tempo wie gewohnt gehen, bräuchte ich meine 100 % an Energie. Diese verspürte ich nicht mehr. Aber für Rapid brauchte ich sie, denn eines wollte ich nie: es halbherzig machen, sodass irgendjemand einmal sagt, egal, wer in meinem Umfeld: „Der Marek ist a nimmer des, wos er amoi wor. Auf den kannst di a nimmer so verloss'n!“ Das würde gar nicht gehen.

Wenige Wochen vor meinem Entschluss entstand dieses Bild. Als ich Präsident Michael Krammer und Geschäftsführer Christoph Peschek über meine Entscheidung, den SK Rapid zu verlassen, informierte, gab es allerdings für uns drei nichts mehr zu lachen.

In der Zwischenzeit erhielt ich meinen histologischen Befund, der sehr gut ausfiel. Ich würde keine großen Nachbehandlungen brauchen und wieder gesund werden. Ich freute mich sehr darüber, aber trotzdem: Es war anders. Und so weihte ich Sabine in meine Gedankenwelt ein. Ich hatte innerlich eine Entscheidung für mich gefunden und meine Frau war nicht glücklich. Denn sie wusste, wie wichtig Rapid für mich war, andererseits aber auch, dass ich diesen Schritt nie andenken würde, wenn er nicht notwendig wäre. Und meinem Sohn Luki, der ganz in Rapid hineingekippt war, musste ich es sehr schonend beibringen, denn es würde ihm wohl das Herz zerreißen. Aber auch er verstand die Entscheidung und erkannte die absolute Ernsthaftigkeit der Lage. Ich ließ noch ein paar Tage vergehen. Dann kontaktierte ich Präsident Michael Krammer. „Ich werde aufhören müssen", sagte ich. Seine Antwort: „Kannst du dich noch erinnern, Andy? Du hast mir einmal gesagt, du willst nicht mehr. Das war nach Fanproblemen und damals habe ich dich überredet. Du warst wieder an Bord. Aber jetzt geht es nur um dich und deine Gesundheit und das respektiere ich völlig!" Er war großartig! Den zweiten, den ich sogleich informierte, war unser Geschäftsführer, Christoph Peschek. Das Gespräch schreibe ich bewusst nicht nieder, weil es sehr emotional, persönlich und intensiv war. Er wollte mich nicht gehen lassen, verstand aber meine Entscheidung, und so lagen wir uns in den Armen und weinten. Ich musste und durfte in meinem Leben so viele Entscheidungen treffen. Aber Rapid nach 27,5 Jahren verlassen zu müssen, war wirklich meine schwerste!

Die Hauptversammlung

Von meiner Entscheidung, den SK Rapid zu verlassen, wussten zu diesem Zeitpunkt nur mein engster Familienkreis, Michael Krammer und Christoph Peschek. Wann wäre aber der richtige Zeitpunkt, das Ganze in der Öffentlichkeit zu verkünden? Ich hatte mit unserem Geschäftsführer Christoph Peschek vereinbart, dass ich natürlich nicht von heute auf morgen gehen würde, sondern alles vernünftig übergeben würde. Das Ziel war, mich beim ersten Heimspiel 2020, am 16. Februar, von den Fans im Stadion zu verabschieden, und dass dies zugleich mein letzter Arbeitstag sein würde. Die Hauptversammlung des SK Rapid nahte und ich entschloss mich, es an diesem Abend bekannt zu geben. Am selben Abend würde auch die Wahl zum neuen Präsidenten stattfinden und ich wollte eines verhindern: Wenn ich einen späteren Zeitpunkt für die Bekanntgabe wählte, würde es vielleicht heißen: „Der Marek hat sich mit dem neuen Präsidenten nicht verstanden, darum geht er." Dem war natürlich nicht so und ich kam damit solchen Gerüchten gleich zuvor.

Mein Krankenhausaufenthalt blieb ziemlich geheim und ich sammelte langsam wieder Kräfte. Ich erledigte, sobald ich mich besser fühlte, die notwendigen Aufgaben wie gewohnt mit meinem Team und so organisierten wir die Hauptversammlung – meine übrigens achte bei Rapid, in deren Rahmen eine Präsidentenwahl stattfand. Doch diesmal war alles anders: Früher gab es immer einen Vorschlag für die Wahl und dieses Präsidium konnte dann gewählt werden. Nun standen erstmals in der Vereinsgeschichte gleich zwei Kandidaten parat. Was auch bedeutete, dass Monate lang ein richtiger Wahlkampf gelaufen war, der sich über alle Medien, hin zu TV-Sendungen und sogar bis in die Hauptnachrichtensendung „Zeit im Bild" verlagerte. Wahnsinn – das gab es wirklich nur bei Rapid! Martin Bruckner und Roland Schmid, die beide zur Wahl standen, schenkten sich bei aller Professionalität und Rapid-Verbundenheit dabei nichts. Beide wollten Präsident werden. Klar war: Fehler durften wir uns als Verein in diesem erhitzten Klima nicht erlauben, denn alles musste passen. Das Wahlergebnis selbst könnte recht knapp werden und wir brauchten es nicht, dass nachher jemand behauptete, das Ganze wäre nicht mit rechten Dingen zugegangen. Der Abend rückte näher und damit auch die Verkündung meiner Entscheidung, die mich ja emotional sehr belastete. Dennoch konnte ich es nicht im Voraus sagen. Man muss sich das vorstellen: Meine Assistentin Martina saß jeden Tag neben mir und wir tauschten uns über alles aus. Nur das sagte ich ihr nicht?! So entschloss ich mich doch dazu und erzählte ihr wenige Tage vor der Hauptversammlung die ganze Geschichte. Sie fiel aus allen Wolken und versuchte, mich noch von der Entscheidung abzubringen: „Das kannst du mir und uns nicht antun!" Wir telefonierten noch sehr lange und oft. „Schau, ich mache das nicht aus Lust und Laune, es geht hier um meine Gesundheit", sagte ich ihr: „Wer, wenn nicht du, die mich seit 20 Jahren jeden Tag begleitet hat, weiß das besser, welches Tempo ich gegangen bin?" Sie verstand oder versuchte, es zu verstehen, und wir mussten uns wieder auf die Organisation konzentrieren. Zur Hauptversammlung meldeten sich immer mehr Rapid-Mitglieder an, das Interesse war riesig. Wir personalisierten die Tickets, denn um zu wählen, musste man zumindest seit drei Jahren eine Mitgliedschaft besitzen. Dann war er da, der 25. November 2019. Der Tag der Entscheidung. Und in meinem Fall: der Abend der Entscheidungen.

Der Einlass ins Stadion, wo wir die Veranstaltung auf Ebene 1 und 2 des Business-Bereichs abhielten, erfolgte um 17:00 Uhr. Rund 2 500 Mitglieder würden eintrudeln und alles wäre rappelvoll. Kurz zuvor holte ich alle meine engsten Mitarbeiter im Klubservice zusammen: „Ich möchte, dass ihr es von mir erfahrt und nicht später auf der Bühne hört. Ich werde schweren Herzens Rapid verlassen.“ Es wurde sehr emotional und irgendwie konnte und wollte es keiner glauben. Aber wir hatten nicht viel Zeit, um sentimental zu werden, denn vor der Türe warteten die Mitglieder auf den Einlass. So gingen wir an die Arbeit und versuchten wie immer, das Beste für Rapid zu geben. Ein gutes Dutzend meiner Mitarbeiter war nun eingeweiht und wenn wir uns in den nächsten Minuten über den Weg liefen, gab es traurige Blicke oder Tränen. Die beiden Ebenen füllten sich und erstmals überfiel mich ein Gefühl, das ich so auch noch nicht kannte. Trotz hunderter Veranstaltungen, die ich schon für Rapid moderiert hatte, war ich nervös und aufgewühlt. Die Veranstaltung begann wie gewohnt mit Interviews, ich bat Cheftrainer Didi Kühbauer zu mir auf die Bühne, unsere Geschäftsführer und der Präsident gratulierten Legende Rudi Flögel zum 80. Geburtstag und ich plauderte mit Laurin Rosenberg, unserem Museumskoordinator über die Entwicklung des Rapideums.

Eine halbe Stunde später begann die Hauptversammlung offiziell mit der Rapid-Hymne und ich begrüßte nicht nur alle Anwesenden, sondern auch die vielen Mitglieder, die via Livestream von zu Hause aus zuschauten. Ich machte nun etwas, das bei mir sonst ungewöhnlich war: Ich griff auf eine von mir vorgefer-

Aus Nervosität konnte ich zu diesem Zeitpunkt fast das Mikrofon nicht halten.

Nach meiner Bekanntgabe umarmte mich Zoran Barisic und sagte mir ins Ohr: „Erhol' dich, und dann kommst du wieder zurück, wir brauchen dich!"

tigte Rede zurück und legte sie mir zurecht, um die richtigen Worte zu finden. Nervös begann ich zu erzählen, dass ich mir nie vorstellen hätte können, meinen Herzensverein zu verlassen. Während ich meine Beweggründe erläuterte, war es mucksmäuschenstill. Es lief innerlich in mir wie im Film ab und immer wieder musste ich tief durchatmen. Ich brachte zum Ausdruck, dass ich die für Rapid nötigen 100 % nicht mehr bringen kann, und deshalb musste ich diese Entscheidung treffen. Am Ende meiner Ausführungen gab es Standing Ovations. Unser scheidender Präsident Michael Krammer und das Präsidium machten mich zum „Ehrenmitglied des SK Rapid." Das freute mich riesig. Ich hatte den emotionalen Part hinter mir, richtete mich wieder auf und schaute, dass alles so über die Bühne ging, wie wir es organisiert hatten. Es war mir besonders wichtig, dass auch Michael Krammer und seine Präsidiumskollegen an diesem Abend ihren würdigen Abgang bekamen, was dann auch so war.

Die Hauptversammlung lief ganz nach Protokoll und die Wahl selbst ging tatsächlich sehr knapp aus. Am Schluss lag auch diese Veranstaltung hinter uns, professionell wie immer, für mich sicher die schwierigste im emotionalen Sinn. Aber mein Geheimnis, das ich so lange herumgetragen hatte, war nun endlich draußen. Und auch in mir löste sich dadurch eine große Anspannung. Es lag nun hinter mir!

WIEN
TRADITION SINCE
RAPID
RAPID

Kapitel 26

Vom Beifahrer zum Nachfolger

Lukas als ständiger Begleiter

Als ein guter Vater hast du vor allem den Wunsch, so oft wie möglich Zeit mit deinen Kindern zu verbringen. Aber das ist leichter gesagt als getan. Denn auch, wenn man es so dringend will, ist man an berufliche Pflichten gebunden. Was in meinem Fall hieß: Rapid forderte mich voll und ganz, von früh bis spät und durch das Pendeln war ich seltener bei meiner Familie, als mir lieb war. Ist man somit kein guter Vater? Oder ist man vielmehr Meister im Improvisieren, wenn man versucht, sein Kind am beruflichen Leben teilhaben zu lassen oder es sogar dafür zu begeistern? Bei meinem Sohn Lukas war mir sehr schnell bewusst, dass ihm Fußball und Rapid sehr viel Spaß machten. Er war noch keine 6 Jahre alt, da sagte er mir schon den kompletten Kader von Rapid inklusive Rückennummern auf und ich staunte nicht schlecht. Als ich ihn dann das erste Mal ins Stadion mitnahm, merkte ich, dass das ein ganz großes Erlebnis für ihn war und er wie viele Kinder in seinem Alter so richtig von Rapid begeistert wurde. Und zu Rapid an sich kam noch ein wichtiger Aspekt für ihn dazu: Sein Vater moderierte hier im Stadion jedes Heimspiel. Das erzeugte eine innige Verbundenheit, denn oft erwischte ich ihn, wie er in seinem Zimmer, ganz allein, mit einem improvisierten Mikro die Mannschaftsaufstellungen präsentierte und mich nachmachte: „Mit der Nummer 1 ..." Ja, er hielt sogar meine Moderations-Kärtchen in den Händen oder imitierte meine Sprache. „Für dein Alter machst du das schon sehr gut", lobte ich ihn, denn es erfüllte mich natürlich mit viel Stolz. Das Umfeld passte auch: von der Bettwäsche bis zum Kapperl, den Trikots und den Fahnen – alles in Grün-Weiß war für ihn wichtig. Weil er in der Schule sehr tüchtig war, beschloss ich, ihn zur Belohnung auch immer wieder ins Stadion mitzunehmen.

Es war ein Spieltag und Lukas noch keine zehn Jahre, als ich ihn spontan fragte: „Willst du heute die Tombola im VIP-Bereich moderieren?" Er machte große Augen und normalerweise wäre eine Antwort gekommen wie „Das trau ich mich nicht" oder dergleichen. Aber er sagte, wie aus der Pistole geschossen: „Ja, mach ich!" Selbst ich war überrascht, aber ich ließ ihn machen. Seine Tombola

sorgte für große Begeisterung und auch Gelächter, weil er ein paar Fachausdrücke oder Namen,wie zum Beispiel „Schakwes Lehmans" (Uhrenspezialist Jacques Lemans), noch nicht so ganz korrekt aussprach. Aber die Freude überwog und zurück in Groß-Siegharts berichtete er jedem stolz von seinem Auftritt. Mir war aber auch bewusst, dass ich hier nun eine Tür aufgestoßen hatte, die man nicht mehr zubrachte. „Wann fahren wir wieder moderieren?", fragte er oft und so ging es nicht nur zu unseren Spielen, sondern auch zu Veranstaltungen abseits des Platzes bis nach Tirol oder Vorarlberg. Lukas wurde zu meinem ständigen Begleiter. Er hörte genau zu, was ich sprach und schnappte durch meine oft stundenlangen Telefonate über die Freisprecheinrichtung im Auto alles auf. Dadurch eignete er sich schnell sehr viel Wissen über die Abläufe bei Rapid an. „Manches davon darfst du niemandem erzählen, das sind Vereins-Geheimnisse", schärfte ich ihm ein. So vergingen die Jahre, und weil er sehr unkompliziert, spontan und auch schulisch gut drauf war, lud ich ihn immer öfter ein, mich bei meinen Moderationen zu unterstützen. Das entwickelte sich von der Tombola im VIP-Bereich bis hin zu Spielen der Nachwuchsmannschaften im Stadion, bei dem er zum Mikro griff. Er bekam von mir das besondere Privileg, die Rapid-Spiele unten neben mir an der Seitenlinie mitzuverfolgen. Aber nicht, um nur einen guten Blick aufs Feld zu bekommen, sondern weil er mir mit vielen Themen wirklich helfen konnte: „Such' mir schnell etwas aus dem Internet heraus", wies ich ihn an oder „Schnell, wie steht es bei den anderen Spielen?" Lukas griff selbst oft zum Funkgerät und informierte so die Techniker für die Vidiwall, um Infos einzublenden und

Abläufe des Programms abzusichern. Er lebte sich immer intensiver in alle Bereiche ein, sodass er für mich nicht nur mehr der Sohn allein war, sondern eine sehr wertvolle Stütze bei meiner Arbeit. Seine Meinung war mir wichtig, denn er hatte durch die vielen Autofahrten mit mir ein entsprechendes Gefühl entwickelt, worauf man bei Rapid achten musste, was es zu vermeiden galt und wie es mit den Fans stand. Nicht nur einmal bremste er mich: „Willst du das jetzt wirklich so machen? Ich weiß nicht, ob das gut ankommt in der Öffentlichkeit!" Er entwickelte das gewisse Gespür für Rapid und ich sah in ihm nun immer öfter den jungen Andy vor 25 Jahren. Das bekamen auch unsere Anhänger mit, sie lernten ihn kennen und mochten ihn. Rapid war so auch eine Schule: Oft sah mich Lukas traurig oder zerknirscht, aber er fand trotz seiner Jugend die passenden Worte, durch die ich mich wieder aufrichtete.

Mit der Eröffnung des neuen Stadions, Lukas war 19 Jahre alt, vertraute ich ihm eine sehr wichtige und große Nummer an. „Traust du dir zu, im großen Business-Club an den Spieltagen zu moderieren?", fragte ich und hoffte auf seine Zusage. Er war sofort Feuer und Flamme. Da musste auch sein geliebtes Fußballspielen beim SV Groß-Siegharts hintangereiht werden, denn jedes zweite Wochenende gehörte nun ganz Rapid. Ich erstellte ein Programm und die dementsprechenden Abläufe, Lukas musste 2 300 VIP-Gäste unterhalten. Er machte seine Sache richtig gut. Während des Matches kam er wieder zu mir nach unten zum Spielfeld, wo er weiter die Kommunikation mit unserer Videotechnik übernahm. Zudem brachte er sich auch immer mehr in unserem Thema „Rapid TV" ein. Unsere Kommunikationsabteilung klopfte bei Lukas an und schnell moderierte er live vom Spieltag via Facebook und aus dem Stadion bei „Matchday live". Durch sein Studium im Bereich Medienmanagement gab er mir viele nützliche Hinweise. In den Ferien arbeitete er bei Ö3 in der Sportabteilung mit und erhielt dort bald die

Sprechfreigabe. Damit durfte er auf Sendung Sportbeiträge moderieren – eine besondere Auszeichnung für Lukas. Nach dem Ende des Studiums hatte er nun mehr Zeit für Rapid und da arbeitete er sich mit voller Energie ein. Ich besetzte ihn unter anderem auch für die Betreuung unserer VIP-Fans auf internationalen Reisen, was gar nicht einfach war, aber auch das checkte er und lebte hier zur Zufriedenheit aller richtig auf.

Hier lösten wir gemeinsam ein Problem bei unserem Gastspiel bei den Rangers in Glasgow.

Er war glücklich und fühlte sich wohl bis zu dem Augenblick, als ich ihm sagte: „Luki, ich werde Rapid verlassen!" Auch er versuchte, mich umzustimmen: „Wie soll es weitergehen, Papa, wir brauchen dich!" Das war ein Rückschlag für ihn, denn es gab uns bisher immer zu zweit. Aber er merkte, dass meine Entscheidung gefallen war. Und er grübelte. Er grübelte bis zu dem Tag, an dem ich ihm das Stadionmikro ganz übergeben sollte, ...

Der eine Marek geht – der andere Marek kommt

In den Wochen nach meiner Bekanntgabe, dass ich Rapid verlassen werde, gab es für mich zwei wichtige Themengebiete: Zum einen wollte ich noch alle geplanten Veranstaltungen professionell umsetzen, zum anderen musste ich alles so vorbereiten, damit ich im Februar 2020 meine Abteilung, immerhin die größte im wirtschaftlichen Bereich des Vereins, geordnet an meine Nachfolger übergeben konnte. Ich schleppte mich in diesen Tagen ziemlich kraftlos umher, der ganze Stress hatte merklich an meinen Reserven genagt. Aber wie ich eben war, wollte ich natürlich trotzdem allen beweisen, dass auch im Zeitpunkt meines Abgangs alles perfekt geregelt ist. Immer wieder setzte ich mich mit Christoph Peschek zusammen. „Andy, man kann dich nicht ersetzen. Wir müssen versuchen, deinen bisherigen Bereich auf mehrere Köpfe aufzuteilen", brachte unser Geschäftsführer an. Eine mögliche Entscheidung über das Nachfolgeszenario schoben wir hin und her, bis wieder die Frage kam: „Kannst du deinen Entschluss nicht noch einmal überdenken?" Das rührte mich, aber, ehrlich gesagt, fühlte ich mich in diesen letzten Wochen überhaupt nicht wohl. Bei jedem Arbeitsschritt, den ich setzte, wusste ich: „Das mache ich jetzt zum letzten Mal bei Rapid", andererseits schoss mir in den Kopf: „Es ist auch absolut notwendig!" Ich verspürte zwar dieselbe Leidenschaft, aber nicht mehr die gleiche Kraft in meinem Körper.

An einem Nachmittag kurz vor Weihnachten holte mich Christoph in sein Büro. „Was ist eigentlich mit Lukas, was hat er in Zukunft vor?", fragte er. „Er hat mir vermittelt, dass er gerne all das, was er jetzt macht, auch weiterhin bei Rapid fortführen möchte", betonte ich. Unser Geschäftsführer dachte nach, dann kam die entscheidende Frage: „Er macht seine Sachen sehr gut. Glaubst du, er könnte auch ein größeres Aufgabengebiet übernehmen?" Innerlich jubelte ich und die Frage freute mich so ungemein, dass sie mir zusätzliche Energie schenkte. Ich selbst hätte das Thema nie in den Raum gestellt, das hätte zu sehr nach Protektion geklungen – „Eh klar, der Sohn vom Andy Marek!" Aber nun kam die Frage von unserer Geschäftsführung und Christoph legte nach: „Auch Zoki (Zoran Barisic, Geschäftsführer Sport, Anmerkung) ist der Meinung, dass wir Lukas fix bei uns anstellen sollten!" Ich stimmte zu. Nicht, weil er mein Sohn ist, sondern weil er Rapid lebte und er bereits über die Jahre hinweg in vielen Bereichen seine Kenntnisse und auch seine Medienausbildung sehr gut einbrachte. Zu Hause teilte ich ihm die freudige Nachricht mit: „Du wirst bei Rapid angestellt und darfst weitermachen – große Aufgaben kommen auf dich zu!" Mein Sohn brach fast in Tränen aus. Von nun an war er beruflich auf sich allein gestellt und sollte sich alles Weitere selbst mit der Geschäftsführung ausmachen.

Unabhängig vom Klubservice gab es ein immenses Interesse an der Position des Stadionsprechers. Teilweise gingen die Anfragen direkt an mich, zum anderen Teil an Christoph Peschek. Viele Bewerber waren Profis, bei denen es zwar stimmlich passen könnte, aber die grün-weiße Verbundenheit fehlte. Andere überschätzten sich total und da ich sie kannte, wusste ich, dass sie keinen zusammenhängenden Satz herausbringen würden. Wie hätte das vor 20 000 Menschen erst werden sollen? „Willst du nicht wenigstens als Stadionstimme bei uns bleiben?“, fragte mich Christoph, wobei er sich sogleich die Antwort selbst gab: „Ich weiß aber eh, dass bei dir halb nichts geht!“ Das stimmte: Es hätte nicht funktioniert. Denn wenn ich nur den Sprecher gäbe, dann wären erst recht wieder alle zu mir gelaufen und hätten mich mit Themen überschüttet. Ich hätte Probleme lösen müssen, aber diese Kraft hatte ich, wie gesagt, nicht mehr in mir. Und halbe Sachen waren nie meins, also hieß es, einen Nachfolger zu finden. Nach einer Vorauswahl blieben schließlich drei sehr gute Kandidaten im Rennen, einer davon war Lukas. Ich machte gleich klar: „Jetzt muss ich mich ausklinken, denn ich will nicht, dass es wirkt, als würde ich meinen Sohn hier in die Position drängen!“ Auch sollte keiner sagen: „Der ist das nur geworden wegen seinem Vater!“ Ich legte Christoph nahe, unsere Fans in die Entscheidungsfindung miteinzubeziehen. Schließlich ging es ja auch um das Zwischenspiel im Stadion selbst, und wenn es da von Anfang an nicht passt, wäre das sehr schlecht. Die Meinungen waren auch hier unterschiedlich. Für manche Fanvertreter war klar, der Luki muss es machen. Andere fragten mich, ob er denn überhaupt wollte oder ob ich ihn dazu bewegen würde. „Es ist schon sein Wunsch“, bemerkte ich, aber mehr Werbung wollte ich nicht machen, ich wollte mich da vielmehr herausnehmen. Auch Lukas fragte mich immer wieder: „Gibt es schon eine Entscheidung?“ Ich konnte ihm nichts sagen, weil ich es selbst nicht wusste. Bis mir eines Tages Christoph mitteilte: „Wir wollen, dass Lukas der neue Stadionsprecher wird: Er hat eine super Stimme, kennt sich aus und hat vor allem das ‚G‘spür‘ für Rapid!“

Ich freute mich, wollte aber vor der endgültigen Bekanntgabe noch einen Abend mit den Vertretern der aktiven Fanszene einberufen. Hier war es mir wichtig, gemeinsam mit der Geschäftsführung die Pläne für das Klubservice nach meinem Abgang darzulegen und dazu gehörte auch die Position des Stadionsprechers. Knapp 30 Männer kamen, setzten sich mit uns zusammen, dort, wo wir uns auch nach schwierigen Ereignissen zur Aussprache trafen. Diesmal wurde es für mich aber nur sehr emotional. Denn auch hier wurde mir wieder bewusst, dass mein Abschied näher rückte: Zum letzten Mal ein Treffen mit den Personen, mit denen ich in mehr als zwei Jahrzehnten viel umgesetzt, erreicht, aber auch schwere Diskussionen ausgefochten hatte. Jetzt waren wir alle sehr sentimental, bei manchen sogar aus echt freundschaftlichen Gründen. Aber auch für sie war es wichtig zu sehen, wie es weitergehen würde, und so legten wir die Pläne offen.

Die Worte, die ich zu ihnen sagte, lagen mir sehr am Herzen: „Fast keiner von euch hat je bei Rapid im Stadion eine andere Stimme gehört, ihr seid mit meiner Stimme groß geworden. Jetzt aber verabschiede ich mich. Mein Nachfolger muss wissen, was auf ihn zukommt, was er zu tun hat, er darf sich nicht zu wichtig nehmen, muss die Rituale kennen, wie man mit dem Block West umgeht, wann es besser ist, nichts zu sagen und wann es wichtig ist, zu reagieren!" Es war sehr still und alle hörten zu, als ich ausführte: „Sollte Lukas für euch der Richtige sein, dann freue ich mich. Aber ich will nicht, dass ihr euch meinetwegen für ihn entscheidet. Ich weiß, was er kann und er würde es sicher sehr gut machen!" Sie besprachen kurz und stimmten ab: einstimmig dafür! Direkt danach rief ich Lukas an und er stieß zu uns. Ich merkte ihm seine Nervosität an, aber Oliver, der Capo der Ultras, ergriff sogleich das Wort: „Du bist sehr mutig, denn die Fußstapfen, in die du trittst, sind riesengroß. Aber wir sind überzeugt, dass du dein Bestes geben wirst, und wir werden dich dabei unterstützen!" Lukas brachte seine Dankbarkeit zum Ausdruck und war in diesem Augenblick der glücklichste Mensch der Welt! Ich war und bin auch heute noch überzeugt, dass er die richtige Wahl als Stadionsprecher ist. Nicht nur, weil er durch und durch Rapidler ist, sondern auch wirklich die Qualität und Fähigkeit dazu hat. Und ja, seine Stimme ähnelt der seines Vaters wirklich sehr! So nahm die Geschichte ihren Lauf und am 16. Februar 2020 war es so weit: Der eine Marek ging – und der andere Marek kam!

Kapitel 27

Der Abschied

Der letzte Tag

Wenn man etwas über 27,5 Jahre lang macht, dann wird der Beruf irgendwann viel mehr als nur ein Job – er ist ein Teil deines Lebens. Und wenn du das Privileg hast, diesen mit viel Herzblut zu absolvieren und lieben zu können, ist der letzte Tag natürlich sehr emotional. Bei mir war das der 16. Februar 2020, mein letztes Heimspiel. Bereits um 8:00 Uhr läutete das Telefon und Christoph Peschek meldete sich. „Willst du es dir nicht noch einmal überlegen?“, fragte mich unser Geschäftsführer. Meine Entscheidung war gefallen, aber es ist ein schönes Gefühl, wenn dich deine Vorgesetzten nicht gehen lassen wollen. Du bekommst zwar viel Wertschätzung, aber dein Körper signalisiert dir: „Du machst das Richtige!“ Also stand ich wie immer zeitig auf, ging eine Runde mit meinem Hund, und nachdem ich geduscht und das Frühstück hinter mir hatte, überlegte ich: „Was soll ich heute anziehen?“ Schließlich würde es doch einige Fotos und Aufnahmen geben, also warf ich mich in Schale. Und dann stieg ich ins Auto, so wie bei 598 Spielen in dieser langen Zeit, um mich auf den Weg nach Wien zu machen. Aber an diesem Sonntag Vormittag wurde mir bewusst, dass ich ab jetzt alles zum letzten Mal in der für mich gewohnten Art und Weise, in meiner Rolle bei Rapid, vollzog. Ich meldete mich bei Martina, die angespannt und traurig wirkte: „Heute lässt du bitte alles nur auf dich wirken!“ Sie und das Klubservice-Team hatten die Organisation meines letzten Tages übernommen, „lass‘ dich einfach überraschen.“ „Seltsam, das ist wohl das erste Mal, wo ich nicht vorgebe, was geschehen wird“, schoss es mir durch den Kopf. Ja, dass 23 000 Karten für das Match verkauft worden waren, wusste ich. Sonst nicht wirklich etwas.

In Hütteldorf angekommen, erwartete mich bereits ein Kamerateam beim Einparken, dieses sollte mich den ganzen Tag über begleiten. Pünktlich um 12:00 Uhr gab es mit meinem Team die Spieltags-Besprechung, die ich routinemäßig wie immer durchführte, wie hunderte Male zuvor. Ich konnte diesmal aber nur die Dinge anführen, von denen ich auch wissen durfte. Nach dem Abklappern meiner Checkliste sagte Martina: „Andy, wir würden dich bitten, dass du jetzt gehst, wir haben noch was zu besprechen!" Jetzt ging es um die Vorbereitungen für meinen Abschied, also ging ich hinaus und schloss die Tür. Klar, gewisse Dinge waren nicht zu übersehen und mir bereits bekannt: Im großen Eingangsfoyer, durch das die rund 2300 VIP-Gäste kommen würden, war eine Sonderausstellung zu meinen Ehren aufgebaut mit lauter Exponaten, die mich in meinem Rapid-Leben begleitet haben. Mir war gar nicht aufgefallen, dass man mir diese Dinge entwendet hatte, um sie hier aufzubauen. Auch wusste ich, dass am Block West die Vorbereitungen für eine Choreo liefen; was es werden würde, war mir aber nicht bekannt. Ich wollte mich überraschen lassen und machte weiter. Es folgte der übliche Kontrollgang durch alle Räumlichkeiten und Tribünen, wo ich schaute, dass alles passte. Hier begegneten mir zwei Arten von Menschen: Jene, die sich von mir herzlich verabschiedeten und teilweise kleine Geschenke überreichten. Und jene Menschen, die etwas für mich planten und darum nicht wollten, dass ich in ihre Nähe kam. Also konzentrierte ich mich auf das Wesentliche im VIP-Bereich. Die Tische mussten perfekt eingedeckt sein, Pflanzen geradestehen, die Position der Ordner sollte passen und vieles mehr. Auch an meinem letzten Tag musste schließlich alles seine Ordnung und Richtigkeit haben.

„Einlass!" Diese Anweisung gab ich genau um 15:00 Uhr in meinem Funkgerät durch und die Türen zum Stadion öffneten sich. Die Fans strömten hinein und ich begrüßte die VIP-Gäste im Foyer per Mikrofon. „Geh' Andy, moch ma zum Abschied noch a Foto", hörte ich immer wieder und gerne kam ich dieser Bitte nach. Obwohl mein Büro schon ziemlich geräumt war, sollte es sich nun wieder füllen, so viele persönliche Geschenke bekam ich. Sogar das Schiedsrichterteam überreichte mir lange vor dem Anpfiff ein Trikot und bedankte sich für die gute Zusammenarbeit. Und zwei Verantwortliche unserer Gäste, des WSG Tirol, kamen auf mich zu und übergaben mir eine sehr schöne Swarovski-Uhr, was ich sehr zu schätzen wusste. Jedes Mal, wenn ich in diesen Stunden Martina begegnete, wich sie mir aus, genauso wie alle anderen. Keiner wollte sich verplappern und mir etwas erzählen, alles sollte überraschend wirken. Eine Stunde vor Anpfiff, um 16:00 Uhr, schaltete ich zum 599. Mal mein Mikro bei einem Bewerbsspiel unseres Vereins ein: „Grüß Gott, meine Damen und Herren, herzlich willkommen beim SK Rapid!" Wie ich das tat, begann der Block West, der schon sehr gut gefüllt war, zu klatschen und startete mit „Andy, wir danken dir"-Sprechchören. Mir schossen die Tränen in die Augen und das sollte sich auch lange nicht mehr ändern. Denn egal, was ich auch machte – Ehrungen und Glückwünsche für Geburtstagskinder, das Anmoderieren der Aufwärmphase usw. – ich war in einer

Wolke von Dankbarkeit und Emotionen gefangen. Es folgten die Mannschaftsaufstellungen und bei jedem Spieler kam der Name von den Tribünen mit riesiger Energie zurück aufs Feld. Ich holte Teams und Schiedsrichter auf den Rasen und gleich sollte es losgehen. Doch nun wartete ein sehr besonderer Moment auf mich – nicht meinetwegen, sondern wegen Alfred Körner. Mein enger, lieber Freund, die große Rapid-Legende, war wenige Wochen vor meinem Abschied verstorben und ich sprach einen Nachruf auf ihn. Der Block West gedachte mit zwei Spruchbändern, eins für Fredi und das zweite für einen langjährigen Fan und Gründer der Ultras Rapid, der ebenfalls verstorben war. Nach einem stillen Gedenken pfiff der Schiedsrichter an.

Ich drehte mich zum Block West und aus tausenden Kehlen kam unentwegt „Andy Marek – der Beste auf der Wöd'". Eine Choreo startete und ein überdimensionales Porträt von mir wurde über die ganze Höhe bis ans Dach gezogen. Ich war perplex. Es war einfach großartig und ich konnte nicht mehr, als zum Block zu winken. Und als hätte es das Drehbuch genau so vorgesehen, erzielte Max Ullmann in diesem Moment das 1:0. Ich fand meine Stimme wieder und schrie zum 1 146. Mal „TOR für RAPID!" ins Mikro, bevor es wieder weiterging. Mir zu Ehren wurde eine Zettelchoreografie durchgezogen, 7 500 Fans hoben ihre vorbereiteten Zettel, was das Bild „DANKE ANDY" ergab, darunter war noch das große Spruchband „Für deinen unermüdlichen Einsatz für Rapid und den Block West!" zu lesen. Über das ganze Spiel hinweg gab es immer wieder Spruchbänder zu sehen, die an mich gerichtet waren: „Es gibt solche Stimmen,

die man einmal hört und nie wieder vergisst, deine ist eine davon! Danke Andy Marek!“ etwa und viele weitere. So oft konnte ich die aktive Fansszene bei ihren Choreos unterstützen und nun bedankte sie sich auf ihre kreative Weise! Dann fiel Tor Nummer zwei durch Taxi Fountas, der sofort in meine Richtung gerannt kam, mich umarmte und mir ins Ohr sagte: „It's for you my friend!“ Unglaublich schön! Ich war komplett fertig und Martina und Lukas, die neben mir saßen, machten mich immer wieder aufmerksam: „Schau‘ mal zum Block, da gibt es schon wieder etwas für dich!“ Die nächste Fahne mit meinem Profil, das nächste Transparent: „Stets da, für Fan und Verein, lässig und erholsam mögen deine nächsten Jahre sein!“ oder „Danke für Alles, Andy“. So ging es weiter bis zum Schlusspfiff, in einem Spiel, das wir mit 2:0 gewannen. Ich sagte zum letzten Mal den Endstand durch und legte das Mikrofon zur Seite. Aber das war es noch nicht ... denn nun nahm mich Martina bei der Hand und sagte lachend: „Jetzt musst du am Spielfeld bleiben! Wir haben noch einiges für dich vorbereitet!“ Die folgenden Momente sollten meine Rührung nur noch vergrößern.

Nach dem Schlusspfiff

Was da während des Spiels auf mich eingeprasselt war, also die ganzen Ereignisse, Gefühle und Bilder, das musste ich erst einmal verarbeiten. Aber dafür blieb keine Zeit. Ich hatte das Endergebnis durchgesagt, schaute mich im Stadion um und erblickte plötzlich tausende Andy Marek-Profile: Es waren Papp-Masken produziert und an den Eingängen ausgeteilt worden, die sich nun alle nach und nach aufsetzten. Während die Mannschaft ihre Siegesrunde am Platz ging, warteten irgendwie alle darauf, was jetzt noch kommen sollte. Auch ich war gespannt. Martina holte mich aufs Feld und die Spieler kamen auf mich zu; sie trugen ein Transparent mit der Aufschrift „Danke der Stimme Rapids, Danke Andy!“. Jeder umarmte mich, während vom Block West und auch den anderen Tribünen unentwegt Gesänge kamen: „Andy, wir danken dir!“ Christoph Peschek und Zoran Barisic übergaben Geschenke und Christoph hielt eine emotionale Rede, die immer wieder von Applaus unterbrochen wurde. Dann war ich selbst an der Reihe, aber weil alles so surreal war, brachte ich nur ein paar Sätze heraus. Ich verspürte zum ersten Mal ein Gefühl der Traurigkeit und wurde sentimental. Nicht wegen der schönen Szenen, sondern weil ich langsam realisierte, dass es jetzt wirklich mein letztes Spiel war. „Das Stadion will sich jetzt von dir verabschieden“, sagte mir Martina ins Ohr und plötzlich gingen die Lichter aus. Aus den Lautsprechern erklang ein Lied, vor dem ich selbst immer Angst hatte: „Time to Say Goodbye“. Ich hatte es über die Jahre bei den Verabschiedungen unserer verdienstvollen Spieler eingespielt und es ging unter die Haut, so auch bei mir. Ich begann eine Ehrenrunde zu gehen und alle Tribünen abzuschreiten. Keinen hielt es mehr auf den Sitzen, überall lauter Applaus und viele zückten ihre Handys. Ein Blitzlichtgewitter, dazu kam ein Scheinwerferkegel, der mich im Fokus behielt, und mir wurde trotz der kühlen Temperaturen richtig warm ums Herz. Von der Haupttribüne ging ich zur Nord, blieb zwischendurch stehen und die Tränen liefen mir herunter. Es war wie im Film. Ich erinnerte mich an meinen ersten Tag bei Rapid, als mich rund 400 Fans belächelten und nun standen da 23 000 und skandierten meinen Namen. So haben sich die Zeiten geändert.

Jakub, Wolfgang, Reini, Alex, Roman, Seba, Markus, Roland, Gerhard und Oliver überreichten mir stellvertretend für die Ultras sehr schöne Geschenke.

Während ich über die Ost zum Block West schritt, brannten im Mittelkreis drei große Aufsteller, welche die Zahl „599“ formten, für die Anzahl der Spiele, die ich in Serie moderiert hatte. Vor unserer Fantribüne drückte mir Robert vom Klubservice schließlich einen Bengalen in die Hand: „Kennst du dich aus, wie es geht?“ – „Ehrlich gesagt, nein“. Er zeigte es mir und schon entzündete sich das Freudenfeuer in meiner Hand. „Hunderte Male habe ich mit Fans, den Behörden und der Bundesliga über die Jahre hinweg zum Thema Pyrotechnik diskutiert und dabei immer versucht, die Argumente unserer Fans einzubinden. Jetzt halte ich symbolisch selbst einen Bengalen in der Hand“, dachte ich mir lächelnd. Die Capos der Ultras, mit denen sich eine Freundschaft entwickelt hatte, überreichten mir Geschenke und der Block ging ab, als wäre gerade ein Tor gefallen. Oliver und Jakub richteten sehr emotionale Worte an mich, ehe ich selbst an der Reihe war: „Danke für das, was wir hier gemeinsam aufgebaut haben, die unvergesslichen Momente und für alle Dinge, die mithalfen, um den SK Rapid noch außergewöhnlicher werden zu lassen!“ Ich drehte mich um, das Licht im Stadion ging wieder an und traute meinen Augen nicht: Unzählige Menschen, die mich mein Leben lang begleitet hatten, bildeten am Rasen ein Spalier in Richtung Spielertunnel. Da waren die Präsidenten, die in meiner Zeit Rapid führten, viele ehemalige Spieler und Trainer, Sportdirektoren und Betreuer, meine Familie samt Geschwistern, Schwiegereltern, dazu noch Künstler, Sänger, Kabarettisten, mit denen mich

eine Freundschaft verbindet, und natürlich meine Kollegen und Mitarbeiter. Zum Teil waren sie wirklich von weit hergekommen. Und sogar die Landeshauptfrau Johanna Mikl-Leitner und ihr Vorgänger Erwin Pröll waren hier dabei und verabschiedeten mich. Es flossen Tränen, trotz der großen Freude des Wiedersehens. Alle schenkten sie mir ihre Zeit und ich musste mich erst einmal sammeln und in mich gehen, um zu begreifen, was da los war. Aber die Zeit gab es immer noch nicht, vielmehr sollte ich noch einmal zum Block West. Unter großem Applaus nahm ich ein letztes Mal das Mikro in die Hand, weil ich noch ein großes Bedürfnis auf dem Herzen hatte. „Wir haben so viele Jahre wunderbar zusammengearbeitet. Jetzt habe ich eine Bitte an euch: Gebt meinem Sohn Lukas dieselbe Chance, die ihr mir seinerzeit gegeben habt. Ich verspreche euch, er wird euch nicht enttäuschen", richtete ich mich bewegt an den Block, holte Lukas zu mir und auch dieser war natürlich völlig fertig. Mit einem langen „DAAAAANKE!", vielleicht dem längsten in meiner Rapid-Karriere, verabschiedete ich mich vom Block West. Alle hatten sich unglaublich viel Mühe gegeben, um mir den Abschied aus Hütteldorf so würdig, aber auch schwer zu machen: Martina und mein Klubservice-Team, einige andere Mitarbeiter, die Fans im Stadion und die vielen persönlichen Besucher, die meinetwegen gekommen waren. Es war unglaublich schön. Sie alle erzeugten Emotionen in mir, die ich selbst nicht für möglich gehalten hätte. Danke für alles!

Das Denkmal im Block West

An diesem 16. Februar 2020 war er also da: mein persönlicher Schlusspfiff, mein letztes Spiel an der Seitenlinie und in Sachen Gesamtorganisation. Das Stadion leerte sich und ich ließ den Blick schweifen. Das, was sich gerade abgespielt hatte, würde ich nie vergessen. Ich war gerührt, musste mich aber sammeln, denn im Spielertunnel warteten noch ein paar Journalisten und ein Kamerateam, um von mir einige Worte zum Abschied zu bekommen. Was ich hier zum Besten gab? Ich weiß es gar nicht mehr, denn alles, was in diesen Minuten und Momenten davor abging, war wie ein Film für mich. Ich lief wie auf Schienen, war unglaublich emotionalisiert und brachte selbst kaum ein Wort heraus – wer würde das bei mir denken?

Aber irgendwie hatte ich das dann auch bald geschafft und verabschiedete mich von den Medienvertretern. Ich wollte schon zu meiner Familie in den VIP-Bereich, da schnappte mich Martina bei der Hand: „Andy, du musst noch mit mir hinter die West gehen. Da möchte sich jemand von dir verabschieden!" Ich war müde und erschöpft, aber natürlich ging ich auch diesen Weg mit. „Jetzt wirst du schauen", sagte Martina. Alle Tribünen hatten sich mittlerweile geleert und am großen Block West tummelten sich nur noch wenige Fans, die einige Utensilien abbauten, die sie vorher in einer überwältigenden Choreografie für mich benötigt hatten. Ich öffnete also das Tor für den hinteren Bereich des Blocks, dachte mir nicht wirklich etwas und da empfingen mich schon Oliver und Jakub, die Capos der Ultras. Sie führten mich auf eine provisorische Bühne und vor mir standen plötzlich tausende Rapid-Fans. Sie alle hatten gewartet, in der „Säulenhalle" hinter dem Block West. Ein unfassbares Bild, es war zum Bersten voll. „Wir wollen dir etwas ganz Besonderes zuteilwerden lassen", kündigte mir Oliver an.

Da war die komplette aktive Fanszene versammelt, unzählige Fanklubs, Menschen, die ich vom Anfang meiner Rapid-Karriere kannte, und andere, mit denen ich viele Stunden über die Jahre verbracht hatte. Sie alle sangen im Rhythmus: „Andy Marek ... der beste auf der Wöd"". Unvergesslich! Ich sah mich um und auch hier hatte man an alles gedacht. Die Bühne diente dazu, dass man eine gute Sicht auch von ganz hinten hatte, eine Tonanlage war aufgebaut worden, ich wusste nicht, worum es ging, ich ließ mich einfach treiben. Martina zwinkerte mir zu und hatte Tränen in den Augen, daneben sah ich unsere ehemaligen Spieler Veli Kavlak und Ümit Korkmaz. Auch Geschäftsführer Christoph Peschek und viele andere waren da, sie alle klatschten mir Beifall. „Wir haben etwas für dich", sagte

Oliver, „Damit alle, die in Zukunft auf den Block gehen, an dich erinnert werden!" Er deutete auf eine Säule, die noch mit grünem Stoff verhüllt war. „Das hast du dir verdient. Nimm' den Stoff herunter!" Das tat ich und im selben Augenblick ließen „Andy, wir danken dir"-Sprechchöre aus tausenden Kehlen die West erzittern. Mein Körper war eine wandelnde Gänsehaut und ich starrte auf die Säule: Da war ein Bild von mir zu sehen, darunter eine Tafel mit der Aufschrift: „Andy Marek, die Stimme Rapids, 1992–2020 – Eine Säule der Hütteldorfer Fankultur – Danke für alles, Ultras Rapid – 12 Block West!" Mir blieben die Worte weg, ich war nur mehr gerührt. Ich dankte allen, meine Stimme versagte immer wieder und es umgab mich ein unbeschreibliches Gefühl der Wertschätzung. Man sang, klatschte und ließ mich hochleben, ehe ich mich zum letzten Mal mit einem sehr lauten „DAAAAANKE!" verabschiedete. „BITTE!", schallte es zurück.

Es vergingen einige Monate und ich war wieder einmal im Stadion zugegen, diesmal als Besucher. Ich schlenderte durch die Säulenhalle hinter dem Block West und blickte in Ruhe auf meine Ehrentafel. „Ultras sprechen oft nicht mit Vereinsmitarbeitern, es gibt oft nur wenige Berührungspunkte mit Vereinsvertretern, mir haben sie eine eigene Ehrentafel in ihrem ‚Wohnzimmer' gewidmet", dachte ich mir „Ich dürfte doch einiges richtig gemacht haben in meinem Leben mit Rapid und für die Fankultur!" Ich drehte meinen Kopf zur Seite, ließ viele schöne Momente geistig Revue passieren und ging zufrieden weiter.

BRIGHT
CONTRAST
PEAKING
OFF ON
MIC ON OFF
PGM
RET 1
RET
CALL
PROD ENG
INTERCOM
SONY
INTERCOM
PROMPTER
RET CTRL

Kapitel 27,5

Daaaaanke! – Bitte!

27,5 Jahre Andy Marek bei Rapid

Es war eine unglaubliche Zeit, die ich natürlich nie vergessen werde und die ich versucht habe, in diesem Buch einigermaßen zusammenzufassen. Lange habe ich überlegt, was denn das optimale Abschlusskapitel wäre, und bin zum Entschluss gekommen, dass ich hier nun einfach ein paar Zahlen und Fakten, die ich von Gerald Pichler und Franz Fiala bekommen habe, für sich sprechen lassen möchte.

Andy Marek bei Rapid
10 068 Tage – 25. Juli 1992 bis 16. Februar 2020
27 Jahre 6 Monate 23 Tage

Pflicht-Heimspiele für Rapid moderiert (Meisterschaft, Cup, Europacup) von 1992–2020

599 Spiele (496 Meisterschaft, 27 Cup, 76 Europacup)
344 Siege (287 Meisterschaft, 16 Cup, 41 Europacup)
131 Unentschieden (117 Meisterschaft, 14 Europacup)
124 Niederlagen (92 Meisterschaft, 11 Cup, 21 Europacup)

Moderationen, Zuschauer und Tore in den Stadien 599 Pflichtspiele – 1 147 Tore für Rapid

Stadion	Spiele	Zuschauer gesamt	Zuschauer im Schnitt	Rapid Tore
Gerhard-Hanappi-Stadion	424	4 858 015	11 458	865
Ernst Happel Stadion	96	2 300 085	23 959	148
Allianz Stadion	79	1 485 866	18 808	134

601 Gegentore musste ich leider auch ansagen

Insgesamt durfte ich 264 verschiedene Rapid-Spieler anmoderieren, das sind die TOP 10 nach der Anzahl ihrer Einsätze in Heimspielen:

264 Spiele: Steffen Hofmann
168 Spiele: Peter Schöttel
162 Spiele: Mario Sonnleitner
147 Spiele: Helge Payer
134 Spiele: Rene Wagner
129 Spiele: Markus Katzer
119 Spiele: Stefan Kulovits
112 Spiele: Michael Hatz
110 Spiele: Markus Heikkinen
109 Spiele: Stefan Schwab

Insgesamt durfte ich 1 147 Rapid-Tore ansagen, das sind die TOP 10 Torschützen bei den Heimspielen:

79 Tore: Steffen Hofmann
48 Tore: Rene Wagner
32 Tore: Hamdi Salihi
32 Tore: Roman Wallner
30 Tore: Nikica Jelavic
29 Tore: Christian Stumpf
26 Tore: Deni Alar
24 Tore: Didi Kühbauer
24 Tore: Stefan Schwab
23 Tore: Terrence Boyd

Insgesamt durfte ich 34 verschiedene Endstände ansagen, das sind die TOP 5, gemessen an ihrer Häufigkeit:

2:0	58 x
1:1	55 x
1:0	53 x
2:1	53 x
3:0	44 x

Insgesamt durfte ich 15 Rapid-Trainer miterleben, das sind die TOP 5, gemessen an der Anzahl der Heimspiele, wo ich moderieren durfte:
108 Spiele: Ernst Dokupil
102 Spiele: Peter Pacult
77 Spiele: Zoran Barisic
75 Spiele: Josef Hickersberger
50 Spiele: Heribert Weber

Insgesamt durfte ich 99 verschiedene Gegner bei den Heimspielen anmoderieren, das sind die TOP 5, gemessen an ihrer Häufigkeit:
56 x: Derby
55 x: Sturm Graz
43 x: Admira
42 x: SV Ried
40 x: Wacker Innsbruck

So, das waren nun 27,5 Kapitel mit unzähligen Geschichten über mein Leben mit Rapid. Unglaublich schöne Momente, spannende und lustige Stories sowie auch persönliche Rückschläge haben nicht nur dieses Buch, sondern eben vor allem auch mich geprägt. Schön, dass ihr diese Reise im realen Leben oder jetzt, verkürzt, beim Lesen dieses Buches, mit mir mitgemacht habt. Am Ende möchte ich jetzt rückblickend einfach nur eines an (fast) alle ganz laut sagen:

DAAAAANKE !

WESTS
für deinen unermüdlichen Eins
OMV
Ottakringer
BLOCK WEST